I0031890

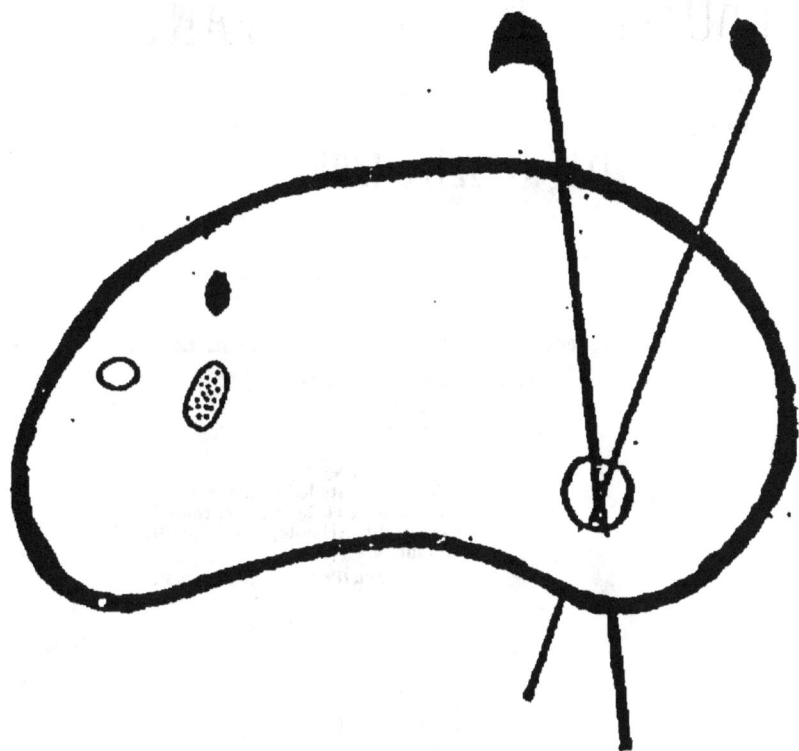

DEBUT D'UNE SERIE DE DOCUMENTS
EN COULEUR

Conserver la Couverture

16 S 1

PROTECTION DE L'ENFANT

ET

DE L'ADULTE

par

Eugène ORY

S.-Inspecteur du service des Enfants assistés de la Loire.
(MÉDAILLE DE L'ACADÉMIE DE MÉDECINE)

> « L'enfant est le commencement
> « de l'homme, et le commencement,
> « comme dit Aristote, est la moitié
> « du tout ! »
>
> J. REINACH (*Préface des Récidivistes*).

PRIX : 4 FRANCS

(*Se vend au profit des Crèches de la Loire*)

SAINT-ÉTIENNE

IMPRIMERIE DU RÉPUBLICAIN DE LA LOIRE. — J. DESSEYRE ET Cie
Rue de la République, 11

1883

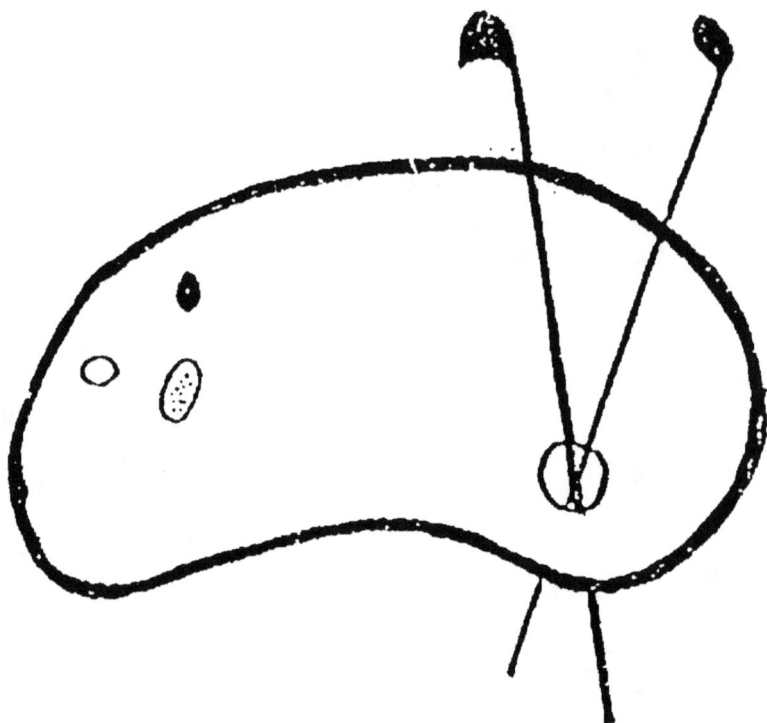

FIN D'UNE SERIE DE DOCUMENTS
EN COULEUR

LA

PROTECTION DE L'ENFANT

ET DE L'ADULTE

8°R

5208

RESPECTUEUX ET SYMPATHIQUE

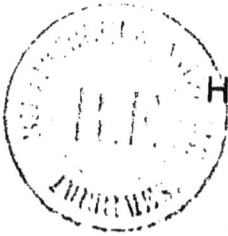

HOMMAGE

à

M. THÉOPHILE ROUSSEL

SÉNATEUR

Promoteur des différentes lois de protection des enfants
et des adultes.

———

E. O.

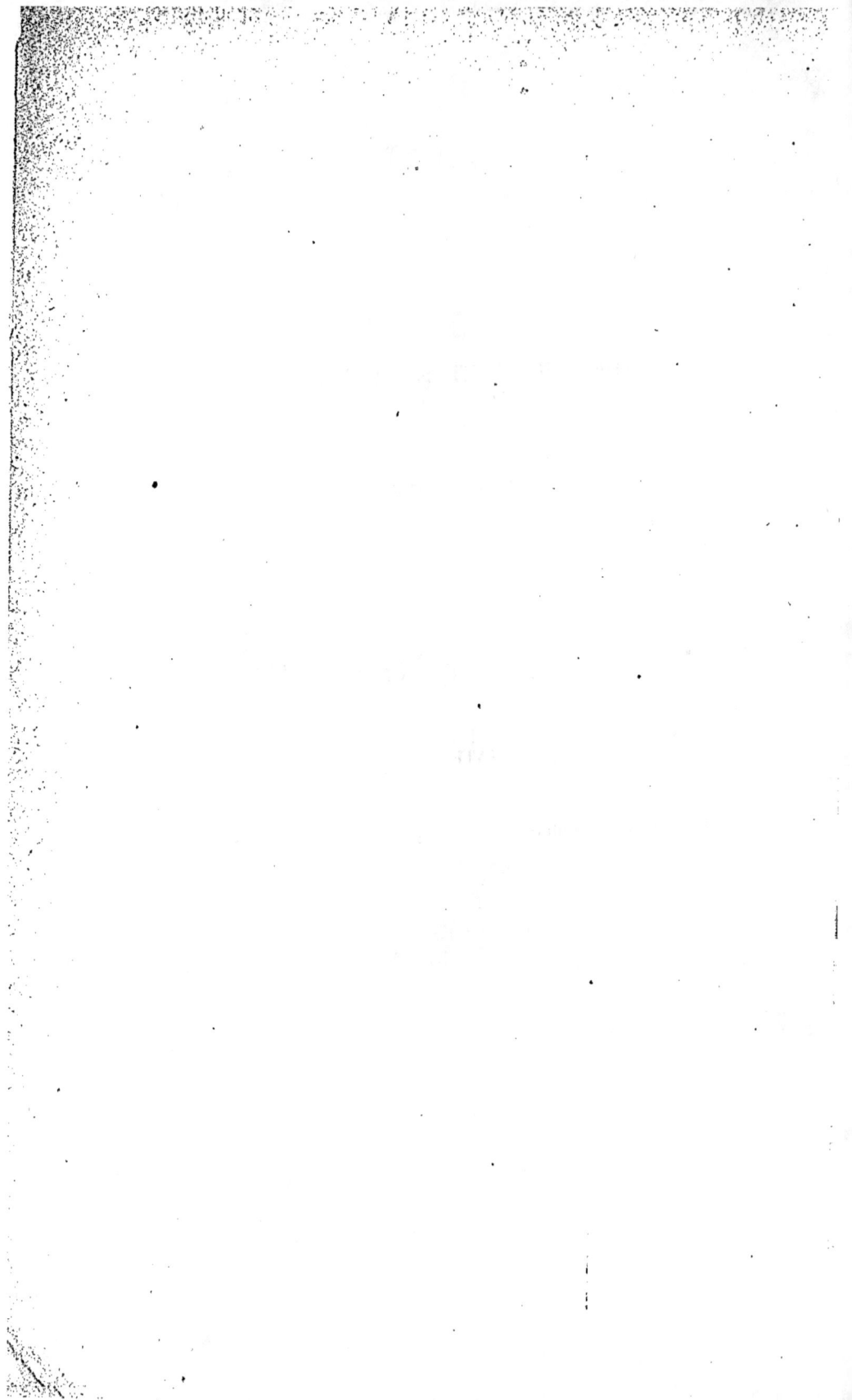

LA

PROTECTION DE L'ENFANT

ET

DE L'ADULTE

par

Eugène ORY

S.-Inspecteur du service des Enfants assistés de la Loire

(MÉDAILLE DE L'ACADÉMIE DE MÉDECINE)

> « L'enfant est le commencement
> « de l'homme, et le commencement,
> « comme dit Aristote, est la moitié
> « du tout ! »
>
> J. REINACH (Préface des *Récidivistes*).

SAINT-ÉTIENNE

IMPRIMERIE DU RÉPUBLICAIN DE LA LOIRE. — J. BESSEYRE ET Cⁱᵉ

Rue de la République, 14

1883

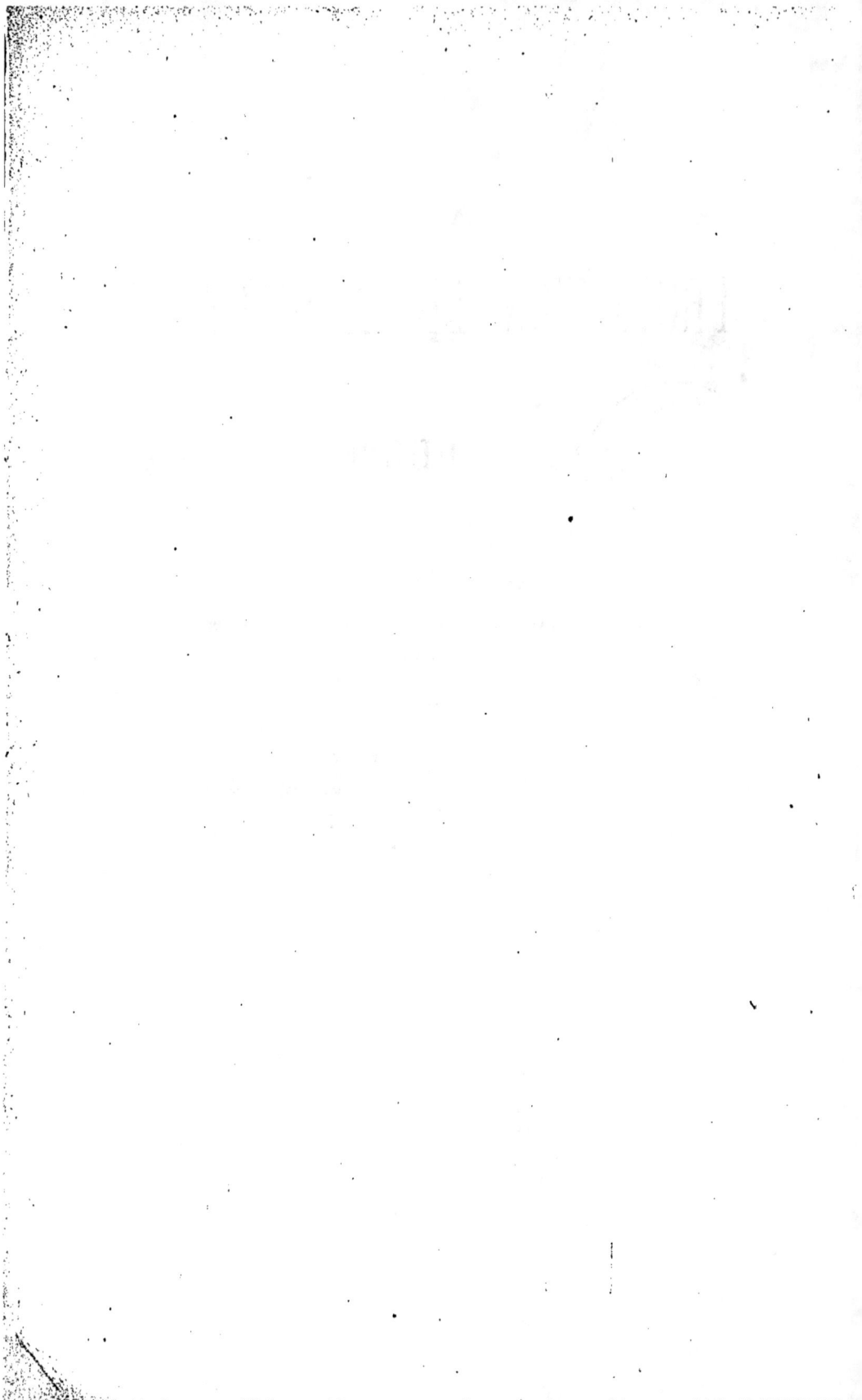

LA
PROTECTION DE L'ENFANT
et
DE L'ADULTE

CONSIDÉRATIONS GÉNÉRALES

—

Le 16 juillet 1882, le département du Calvados célébrait l'organisation définitive du service de la protection du premier âge, tel qu'il est prescrit par la loi que les amis de l'humanité et les patriotes ardents connaissent sous le nom de *loi Roussel*.

A cette solennité, consacrée à l'enfance et à la patrie, et présidée par cet homme excellent, ce savant distingué, ce travailleur infatigable qui a eu l'insigne honneur d'attacher son nom à cette loi humanitaire et de préservation nationale, M. le préfet du Calvados a prononcé un discours dont j'extrais le passage suivant :

« Il y a un siècle, la France était la nation la plus « peuplée de l'Europe ; elle comptait 26 millions « d'habitants. La Russie, avec son territoire im- « mense, n'en comptait que 25 millions ; l'Autriche « en avait 17 ; la Prusse et les autres Etats allemands « en avaient ensemble 19 ; l'Angleterre 12. Quant aux « Etats-Unis, qui venaient de naître, ils avaient trois « millions d'habitants.

« Aujourd'hui, quelle différence ! Je prends les
« chiffres récents ; pour la France, ceux du recense-
« ment de 1882. Du premier rang, la France est des-
« cendue au cinquième. De 25 millions, la population
« de la Russie a monté à 90 ; l'Allemagne de 19 à 46 ;
« l'Autriche de 17 à 38 ; les Etats-Unis de 3 à 52 mil-
« lions. En cinquième ligne vient la France qui, en
« un siècle, tandis que ses voisines, ses rivales, dou-
« blaient, triplaient, décuplaient leur population, ne
« voyait la sienne augmenter que de moins de moitié
« et passer de 26 à 37 millions. L'Angleterre, qui
« n'avait que 12 millions d'habitants en 1780, en a
« 36 millions aujourd'hui ; c'est-à-dire, à bien peu de
« chose près, autant que la France. Et voici venir
« derrière nous l'Italie qui en compte déjà 29 millions.

« On a calculé que, si la progression continue, les
« proportions restant les mêmes, en 1932, dans cin-
« quante ans, les Etats-Unis auront 190 millions d'ha-
« bitants ; la Russie 158 ; l'Allemagne 83 ; l'Angle-
« terre 63 ; l'Autriche 51 ; et la France en aura 44, le
« même nombre qu'on aura alors l'Italie.

« De sorte que l'Allemagne, l'Autriche, l'Angleterre,
« la Russie et les Etats-Unis représentaient, il y a
« cent ans — et l'on signalait déjà alors, l'on déplo-
« rait le faible accroissement de la population fran-
« çaise — une force de 68 millions d'habitants en
« présence de la France qui en comptait 26 ; qu'en
« 1882, les mêmes pays auxquels il convient mainte-
« nant d'ajouter l'Italie, comptent ensemble 291 mil-
« lions d'habitants et la France 37, et que, dans cin-
« quante ans, quand la France en comptera 44, ils en
« compteront 589 millions.

« Que deviendra la France alors ?

« Oh ! je sais bien que les chiffres sont arides.

« Mais, pour qui veut réfléchir, ils ont ici une bien
« grande et bien triste éloquence. »

Citons encore, mais en empruntant ailleurs :

« Il ne nous servirait de rien, est-il dit dans l'ex-
« posé des motifs qui accompagne le projet de
« M. Audiffred, député de la Loire, et de plusieurs
« de ses collègues, projet récemment déposé et re-
« latif aux mesures à prendre pour remédier à la
« dépopulation de la France, il ne nous servirait de
« rien d'être devenus par notre travail et l'esprit
« d'épargne de nos populations une des nations les
« plus riches du monde si, par notre faiblesse numé-
« rique, le capital national que nous avons constitué
« sur notre sol, était exposé à devenir la proie de
« voisins plus nombreux et plus entreprenants. »

C'est là le côté politique de la question, car la nécessité du *combat pour la vie* s'impose aux nations
comme aux espèces animales.

Mais, au point de vue économique et social, il est
évident que notre prospérité agricole, industrielle et
commerciale est gravement compromise, quant à la
production et à la consommation, par ce déficit constant et même croissant de notre population.

Depuis longtemps, cette redoutable question politique, sociale et économique, disons le tout d'un mot,
cette question *nationale*, VITALE dans toute la force
du terme, s'est inscrite à l'ordre du jour de nos Aca-
démies et de nos Assemblées, et a préoccupé nos
gouvernements successifs, surtout en 1840, en 1848,
en 1869, en 1872, en 1874, et actuellement.

Mémoires et rapports à l'Académie des sciences, à
l'Académie de médecine, à l'Académie des sciences

morales et politiques ; pétitions, propositions, discussions dans nos Chambres ; enquêtes administratives et parlementaires, rien n'a manqué pour attirer
l'attention publique sur ce problème qui a deux
faces !

Comment remédier au défaut des naissances ?

Comment amoindrir la mortalité infantile ?

Car on s'est toujours accordé, on s'accorde encore
et on s'accordera toujours à ramener la question à
ces deux termes :

1o D'où vient que la France compte moins de naissances que la plupart des autres pays d'Europe ?

2o Et d'où vient qu'en France on compte une plus
grande mortalité de jeunes enfants ?

Disons tout de suite que, par compensation de cette
infériorité relative, la mortalité générale a diminué
chez nous, mais pas assez cependant pour combler
le déficit causé par la diminution des naissances et
la mortalité excessive des enfants. Il serait puéril, il
serait dangereux de compter sur la prolongation notable de la vie des adultes dans notre pays, par comparaison avec les autres pays, pour contrebalancer
efficacement le ralentissement de notre population
sous l'influence néfaste de ces deux mauvaises
causes.

Le mal est réel, indéniable ; il faut y remédier.

Si cette question semblait, et à bon droit, d'un si
grand intérêt national avant la guerre de 1870-71,
combien ne doit-on pas s'en préoccuper aujourd'hui,
dans l'état de paix armée, presque aussi funeste que
la guerre, où se trouve l'Europe ; après l'année ter-

rible pendant laquelle nous avons perdu un million et demi de nos compatriotes, les Alsaciens et les Lorrains, sans compter toutes les victimes de la guerre et de l'insurrection de la Commune.

Dans sa remarquable déposition, lors de l'enquête parlementaire de 1872, sur l'organisation de l'assistance publique dans les campagnes (proposition Tallon et consorts), M. Malarce a dit :

« Puis donc que nous venons de perdre une riche
« province, peuplée d'une des plus vaillantes et labo-
« rieuses races d'hommes, puisque l'accroissement
« ordinaire de notre population, si faible cependant
« depuis ce siècle, a fait place dans ces dernières
« années à un mouvement de diminution, ce qui ne
« s'était encore jamais vu malgré tant de guerres,
« tant de révolutions politiques et de crises sociales,
« et de disettes, et d'épidémies qui ont troublé le
« dix-neuvième siècle, appliquons-nous aujourd'hui
« à réparer nos pertes en élevant la valeur de ce qui
« nous reste, c'est-à-dire en ménageant à la France
« pour l'avenir une pépinière d'hommes plus nom-
« breuse et mieux conservée. »

Pendant la guerre franco-allemande, le jeune et illustre peintre Henri Regnault, qui faisait son service comme simple soldat aux avant-postes, fut tué à l'attaque de la redoute de Montretout, le 17 janvier 1871.

Sachant qu'il allait au combat, il avait fait coudre sur la doublure de sa tunique cette indication : *Henri Regnault, peintre, fils de M. Victor Regnault, membre de l'Institut.*

Son corps fut ramené à Paris avec deux ou trois cents autres, parmi lesquels on le reconnut. Dans la capote, on retrouva un carnet sur lequel, sans doute, pendant un des derniers jours au campement, il avait tracé au crayon ces quelques pensées :

« Nous avons perdu beaucoup d'hommes ; il faut
« les refaire et meilleurs et plus forts.

« La vie pour soi seul n'est plus permise.

« L'égoïsme doit fuir et emmener avec lui cette
« fatale gloriole de dédaigner tout ce qui était hon-
« nête et bon. Aujourd'hui la République nous com-
« mande à tous la vie pure, honorable, sérieuse.
« Nous devons tous payer à la patrie le tribut de
« notre corps et de notre âme. Ce que les deux peu-
« vent produire ensemble, nous le lui devons. Toutes
« nos forces doivent concourir au bien de la grande
« famille, en pratiquant nous-mêmes et en dévelop-
« pant chez les autres les sentiments d'honneur et
« l'amour du travail. »

« Ménageons pour l'avenir une pépinière d'hommes *plus nombreuse* et *mieux conservée* », dit M. Malarce ; « il faut refaire des hommes et *meilleurs* et *plus forts* », dit Henri Regnault.

Ces deux mots se complètent et, réunis, forment un programme national qui, s'il était réalisé, assure-rait notre sécurité à l'extérieur et notre prospérité à l'intérieur.

Travailler à le réaliser dans le plus bref délai pos-sible doit être la constante et unique préoccupation de la République, telle que la rêvent les gens de cœur, les hommes honnêtes, les démocrates sincères et sensés, les vrais patriotes, ceux enfin qui se di-raient volontiers *socialistes*, si on n'avait abusé de ce beau nom pour en fausser la signification, en déna-turer la portée.

Je veux parler de ce socialisme le seul vrai, le seul bon, qui, étant essentiellement *pratique*, veut les actes et répudie les déclamations, avec phrases à panaches, déclamations inutiles quand elles ne sont pas dangereuses, voire même criminelles ; de ce socialisme qui aura peut-être contre lui une infime minorité d'égoïstes et d'imbéciles, de fous et de gredins, mais est assuré du concours de tous ceux qui sont disposés à mettre en pratique la maxime de l'excellent et regretté Bersot, directeur de l'Ecole normale supérieure :

« Une société bien organisée doit ressembler à ces familles villageoises où les aînés portent les petits dans leurs bras. »

Et ils sont nombreux, plus nombreux qu'on ne croit, en France, les socialistes de cette espèce-là.

Combien sommes-nous, en effet, qui, partis de rien ou de peu, savons par expérience que le pain quotidien ne se cueille pas aux buissons de la route et que les alouettes ne tombent pas toutes rôties dans le chapeau du pèlerin ; qui nous sentons moralement solidaires de tous les Français qui s'essoufflent à atteindre, avec le temps, la région moyenne, modeste et saine, où l'on gagne un peu plus en peinant un peu moins ?

Combien sommes-nous de ces *parvenus*, ou plutôt, de ces *arrivés*, échappés d'hier du prolétariat, soldats de la grande et noble armée du travail, promus récemment au grade d'officiers, je veux dire de bourgeois, qui nous ferions un devoir, un honneur, une joie, de hâter le recrutement de la classe moyenne et d'annexer à la bourgeoisie tous les malheureux qui n'ont rien ?

Nous sommes une légion, la majorité du pays.

Ce qui nous manque, c'est la méthode, c'est l'entente, c'est l'esprit d'initiative pour diviser et sérier d'abord et ensuite aborder et résoudre toutes ces questions sociales qui constituent la grande question nationale posée plus haut.

Ce qui est le principal obstacle à vaincre, c'est cette frivolité qui n'est pas encore de l'égoïsme, mais qui est presque aussi dangereuse par ses conséquences, cette insouciance, cette légèreté trop commune, qui vit au jour le jour, qui trouve plus commode de ne pas voir les questions que d'essayer de les résoudre. Heureux quand elle ne les nie pas!

Pascal a là-dessus un très beau mot. Il a dit quelque part : « Les hommes n'ayant pu guérir la mort, la misère, l'ignorance, se sont avisés, pour se rendre heureux, de n'y point penser. »

Eh bien! je m'adresse à ceux qui ne sont pas de cette triste école, qui n'ont pris leur parti ni de l'ignorance, ni de la misère. Je leur demande la permission d'esquisser à larges traits les lignes de ce vaste programme que j'ai cru devoir appeler du nom de *Socialisme pratique*, que j'ai résumé dans les deux mots de M. Malarce et de Henri Regnault et qui, serré de plus près par une courte analyse, se ramènera au mot de M. Reinach, mis en tête de cette étude, comme épigraphe :

« *L'enfant est le commencement de l'homme, et le commencement, comme dit Aristote, est la moitié du tout !* »

C'est aussi l'avis de M. le sénateur Théophile Roussel.

Dans le volumineux rapport qu'il vient de faire au Sénat sur la question des enfants abandonnés, délaissés ou maltraités, rapport qui est un monument de travail, de science, de conscience, de patriotisme et d'humanité, il dit avec une pénétrante conviction et une éloquence communicative :

« Le problème ouvrier trouvera sa solution dans « l'éducation morale et manuelle, non d'un certain « nombre d'enfants d'ouvriers, mais de tous les en- « fants pauvres, et surtout des abandonnés, délaissés « ou maltraités. »

Je n'ai pas l'intention et encore moins la prétention de faire *ex professo* un chapitre de morale sociale où je traiterais des devoirs et des droits respectifs des citoyens et de l'Etat ; je n'en dirai que juste ce qu'il faut (me contentant d'affirmer sans prouver, une dis- cussion en règle me mènerait trop loin et j'ai hâte d'arriver à mon sujet) pour circonscrire nettement le but de cette étude et en marquer les divisions.

Depuis la fameuse *Déclaration des Droits de l'homme et du citoyen*, de 1789, je trouve qu'on parle aux citoyens beaucoup trop de leurs *droits* et pas assez de leurs *devoirs*.

Il ne faut pas séparer ces deux choses, car, suivant un mot aussi juste que charmant de Lamennais : « le « droit et le devoir sont comme deux palmiers qui ne « portent point de fruits s'ils ne croissent à côté l'un « de l'autre. »

Une erreur capitale, dangereuse, commise même par des maîtres, Cousin, par exemple, dans son livre *du Vrai, du Bien et du Beau*, c'est la prétendue corrélation du droit et du devoir dans deux individus différents. C'est mon devoir à votre égard, dit-on, assez communément, qui constitue votre droit à mon égard. Non. On n'a qu'un droit ; celui de faire

son devoir; on est inviolable en exerçant son devoir.
Le droit et le devoir sont corrélatifs, c'est vrai, mais
dans la même personne. Voyez la conséquence de la
doctrine contraire : le devoir de charité, de fraternité, de solidarité (je ne tiens pas au mot, bien que
je préfère le dernier, car ces trois mots répondent à
la même idée religieuse, philosophique et sociale,
suivant le point de vue auquel on se place, mais qui
doit réunir sur le même terrain tous les gens de
bonne volonté), ce devoir constituerait pour certains
le *droit à l'assistance*, je ne parle ici que de l'assistance publique.

Je le déclare nettement : je n'admets pas plus le
droit à l'assistance que le droit au travail et autres
de même genre. Je ne le reconnais que pour l'enfant,
l'infirme et l'aliéné indigents ; je l'admets, dans certains cas, pour le malade et le vieillard indigents. C'est
qu'alors ils sont tous des enfants petits ou grands,
qui ne peuvent pas encore, ne pourront jamais,
ou ne peuvent plus gagner leur vie en travaillant et
n'ont personne au monde qui puisse les nourrir, les
habiller, les loger, les instruire, en un mot, les faire
vivre.

Ceux-là seuls ont le droit à l'assistance dans le
sens large du mot. Je le répète : en réalité, l'homme
fait, vivant dans une démocratie, n'a qu'un droit,
celui de faire son devoir, et à toutes ces affirmations
exclusives des droits du citoyen qu'on ne cesse de
faire depuis 89, de nos jours et ici même à Saint-
Étienne, plus que jamais et que partout ailleurs,
sans avoir les mêmes excuses qu'il y a bientôt cent
ans, je préfère cette modeste devise que j'ai trouvée
en tête de je ne sais plus quel petit journal républicain de la région et que je voudrais voir gravée,

non seulement dans l'esprit, mais dans le cœur de tous les républicains, sans et surtout avec épithètes :

Un bon citoyen doit remplir ses devoirs avant de réclamer ses droits;
L'homme ne vaut que par le travail qu'il produit ou par le bien qu'il fait.

Cet enseignement moral est indispensable dans une société démocratique comme la nôtre, dont le ressort est, suivant Montesquieu, la VERTU, qu'il définit l'amour de la patrie, l'obéissance à la loi, le dévouement et le sacrifice à l'intérêt général.

Cet enseignement est heureusement introduit dans nos écoles primaires, et je renvoie à un de ces excellents manuels, honorés de la condamnation de la congrégation de l'*Index*, pour y chercher la réponse à cette question :

Quels sont les devoirs d'un citoyen?

Ses droits, je n'en parle pas; du reste, ils découlent naturellement des devoirs de l'Etat, que je résumerais ainsi :

Assurer : à l'extérieur, la sécurité, l'indépendance, la dignité nationale; à l'intérieur, l'ordre, en respectant la liberté de tous et de chacun, *sub lege libertas!* Se conformer au principe d'Egalité en favorisant à tous l'accès des emplois publics donnés au plus digne, au plus méritant; veiller à ce que chacun ait au moins le minimum d'instruction qui est nécessaire dans un pays où tout le monde doit voter; ne perdre aucune valeur en permettant, en donnant gratuitement à quiconque peut passer l'examen nécessaire, l'instruction à tous ses degrés; être, selon le mot récent de M. Jules Ferry, le « gardien de l'idéal » et, dans cet ordre d'idées, après avoir assuré, en bas, l'instruction primaire; au milieu, l'instruction secondaire; en haut, l'instruction supérieure, favoriser les lettres, les sciences et les arts ; encourager l'agriculture, l'industrie, le commerce ; seconder l'initiative privée lorsqu'elle est impuissante, notamment pour les grands travaux d'intérêt général ; enfin, organiser l'assistance publique dans la mesure indiquée plus haut comme minimum.

Je dois dire cependant que, en fait d'assistance notamment et en toute chose, moins on demandera à l'Etat, moins on laissera faire à l'Etat, plus feront l'initiative privée et l'association libre, mieux cela vaudra.

Je ne fais nulle difficulté d'avouer que sur ce point je suis un vrai américain... de Lorraine.

L'Etat doit-il à l'intérieur, aux hommes faits et valides, plus que le maintien de l'ordre, le respect de l'égalité et de la liberté, cette garde de l'idéal, cette entreprise de travaux au-dessus de l'initiative privée et présentant un intérêt général?

Non.

Lui demander plus serait aussi ridicule que de lui demander de faire la pluie et le beau temps.

L'Etat n'a pas le devoir, donc n'a pas le droit de se faire patron et banquier, c'est-à-dire de fournir à l'ouvrier, comme certains le veulent, le travail, l'outil, le capital.

Ce n'est pas dans l'intervention de l'Etat qu'il faut chercher la solution des questions sociales, qui sont, avec la question de sécurité extérieure, la grande préoccupation de tous ceux qui aiment la Patrie et la République et professent le mot si connu :

Homo sum, et nihil humani a me alienum puto !

Ce mot de *solution*, d'ailleurs, est impropre ; il n'y a de possible que les améliorations.

Or, qui pourrait le nier? ces améliorations dans la condition du travailleur se sont produites chaque année, presque chaque jour, depuis 1789.

L'ouvrier est mieux nourri, mieux vêtu, mieux logé qu'à aucune autre époque. La science accroit chaque jour ses conquêtes et diminue la dureté du labeur sans atteindre le salaire. (Je parle évidemment en général; je n'oublie pas cependant, — et comment l'oublier quand on habite Saint-Etienne, — qu'il y a des crises locales terribles, passagères heureusement). La consommation augmente parallèlement à la production, et la concurrence n'est qu'un stimulant utile.

Il est bien certain que le progrès individuel, c'est-à-dire l'accession du pauvre au capital, pourrait, devrait marcher plus vite, au grand profit de tous. Par l'association des efforts, par la mise en commun des épargnes, par une solidarité établie entre les hommes de bon vouloir et d'initiative qui ont besoin de crédit, dans le sens vrai du mot (1), par le concours

---

(1) Je me suis demandé souvent ce qu'il adviendrait de la société française si tous les déposants des caisses d'épargne se connaissaient les uns les autres, si l'on pouvait établir une communication régulière, un échange d'idées et de services entre ces particuliers, tous résolus à sortir du prolétariat, tous endurcis aux privations, accoutumés à prélever quelque chose sur le strict nécessaire? Voyez-vous cette élite du prolétariat s'entr'aidant aux jours difficiles ou s'associant pour créer des entreprises agricoles, industrielles, commerciales, coloniales? La clientèle des caisses d'épargne est assez forte pour faire concurrence aux Docks de Londres, pour fonder un autre Creusot, pour souscrire un emprunt d'un milliard, pour défricher l'Algérie.

Malheureusement, elle ignore sa force, elle ne se connait pas elle-même. Tous ces citoyens unis, non seulement par la solidarité nationale, mais par des ambitions, des habitudes et des vertus identiques, demeurent étrangers les uns aux autres dans la bonne et la mauvaise fortune.

La caisse d'épargne elle-même ne les connait pas : elle prend leur argent pour le verser au Trésor; elle le rend accru d'un minime intérêt lorsque le déposant en a besoin. Mais à cet homme qu'elle devrait estimer, puisqu'elle a eu la preuve de ses efforts, de ses privations, de sa conduite régulière, elle n'avancera pas un centime. Si tu as besoin

2

honnête et sagement intéressé des riches, on peut
— donc, on doit — abréger les étapes qui séparent
encore aujourd'hui l'ouvrier du bourgeois, pour me
servir de la détestable classification dont les orateurs
de réunions publiques m'ont rabattu les oreilles ;
classification que répudiait hautement et avec raison, ici même, au Cirque de la rue de la République,

---

d'argent, homme sobre, homme rangé, honnête homme, porte tes nippes au Mont-de-Piété.

Ne vous semble-t-il pas un peu contradictoire que, dans la même ville, un propriétaire ne puisse prêter qu'à 3 °/₀ et emprunter qu'à 9 °/₀.

Je ne veux pas médire du Mont-de-Piété, qui m'a rendu, et peut-être à vous aussi, d'incontestables services. Mais je déplore que le crédit, au sens propre du mot, c'est-à-dire le prêt sur garanties morales, n'existe pas encore chez nous. Prêter sur hypothèque, prêter sur titres, prêter sur gages, ce n'est pas faire confiance à la personne, mais à la chose.

Le crédit personnel, le seul qui puisse accélérer l'émancipation des prolétaires est encore à créer. Nous en sommes toujours à la devise narquoise des cabaretiers de l'ancien régime : Crédit est mort, les mauvais payeurs l'ont tué.

Personne ne s'est avisé que les bons payeurs pourraient bien le ressusciter un jour ou l'autre.

Ce qui manque au prolétariat, c'est une organisation de crédit assez puissante, assez active, assez prompte dans ses résultats pour que les vivants se procurent dès aujourd'hui, sans hypothéquer autre chose que leur renom d'honnêtes gens économes et laborieux, l'instrument d'un travail moins pénible et plus lucratif.

Le problème est assez ardu, car il s'agit de décider le capitaliste, mortel prudentissime, à prêter son argent aux travailleurs sur leur réputation, c'est-à-dire sur une garantie toute morale.

Cependant, la solution est trouvée depuis plus de trente ans par un socialiste allemand, M. Schultze, de Delitsch, qui vient de mourir. S'il est à peu près impossible qu'un prolétaire isolé, vivant du travail de ses mains, trouve en dehors de son entourage immédiat les moyens d'emprunter l'argent qui lui manque, soit pour réparer les effets d'un chômage, d'une maladie, d'une perte imprévue, soit pour étendre ou perfectionner son outillage, il se peut, et M. Schultze l'a prouvé, qu'un papier garanti solidairement par dix, vingt, trente ouvriers honorables et connus pour tels se fasse admettre à l'escompte et force moralement la caisse des banquiers les plus récalcitrants. La banque populaire de Delitsch a fait école, elle a fait groupe, elle a donné naissance à plus de mille banques établies sur le même principe, qui font plus d'un milliard d'affaires tous les ans.

L'Italie, en 1863, est entrée dans la même voie ; elle compte aujourd'hui plus de cent banques populaires, qui toutes se portent bien.

La France, qui jadis avait l'honneur et le profit de toutes les idées généreuses, ne saurait moins faire aujourd'hui que de suivre l'Allemagne et l'Italie sur le terrain du socialisme pratique.

M. Henry Maret, préférant les ranger tous sous l'étiquette de *travailleurs*, les uns aspirants, les autres arrivés au capital.

Je voudrais que mon appel pût être entendu de tous les travailleurs arrivés pour qu'ils s'efforcent — c'est leur devoir, c'est leur intérêt, — d'adoucir toutes les inégalités sociales, de diminuer, par le *dévouement personnel* et le *concours pécuniaire* (les deux sont indispensables) la distance qui sépare les uns des autres.

Qu'ils se rappellent toujours le mot de Borsot, cité plus haut :

« Que les *aînés* portent les *petits!!!* »

Je voudrais pouvoir leur faire comprendre qu'ici surtout, dans un milieu populeux et ouvrier comme Saint-Etienne, Roanne, Saint-Chamond, Rive-de-Gier, Le Chambon, etc., etc., ils n'auront le droit d'être la classe dirigeante que s'ils sont la classe enseignante, donc moralisante.

Si nous jetons un regard d'ensemble sur la France entière, nous verrons que l'œuvre est déjà en bonne voie, quoi qu'on en dise.

Dans beaucoup d'usines, les patrons font participer les ouvriers aux bénéfices, et ils s'en trouvent bien. On pourrait citer plusieurs associations ouvrières de production en pleine prospérité. Ainsi, peu à peu, l'association sera pratiquée volontairement un peu partout.

L'intérêt individuel sera une arme plus puissante que l'intervention de l'Etat pour conquérir à l'ouvrier sa place légitime.

Est-ce à dire que, dans cet ordre d'idées, l'Etat n'ait rien à faire, ne puisse, ne doive rien tenter ?

Je ne le prétends pas.

Quelques lois pourront faciliter et activer ce progrès. Or, ces lois sont, sinon toutes, au moins celles qui sont possibles et qui sont urgentes, sur le chantier législatif : responsabilité en cas d'accidents, caisses de vieillesse, sociétés de secours mutuels, associations ouvrières, syndicats professionnels, logements à bon marché, crédit agricole, etc., etc.

Mais il y a là une pente glissante, fatale ; qu'on y prenne garde. N'a-t-on pas déjà dépassé la mesure lors de la commande de meubles à l'industrie parisienne, en dehors de toute adjudication ? Ce n'est pas encore l'atelier national au profit exclusif des Parisiens, c'est un acheminement. En encourageant exclusivement l'ouvrier parisien, non seulement on lèse la justice sociale en la personne de l'ouvrier de province, mais on risque d'encourager ce dernier à déserter le pays natal pour aller à Paris, où l'attend une situation presque privilégiée. C'est donc un remède qui peut aggraver le mal, loin de le guérir, en augmentant à plaisir cet encombrement d'ouvriers, cette pléthore de main-d'œuvre dont on souffre.

En matière économique, il ne faut pas se le dissimuler, l'action de l'Etat doit être réduite au minimum.

Nous sommes sûr qu'avec le Ministère actuel, non seulement la mesure ne sera pas dépassée, mais que, si le temps ne fait pas défaut à nos ministres, la besogne de l'Etat, en cette matière, sera bientôt avancée, et que nous aurons de meilleures institutions sociales, économiques, administratives, politiques.

La besogne fondamentale est en excellente voie.

Répandons, avant tout, l'instruction. C'est la principale arme que nous ayons contre le vice et la misère.

C'est ainsi que nous pourrons avoir, comme le veut M. Malarce, une population mieux conservée ; ou, comme le demande Henri Regnault, des hommes meilleurs et plus forts.

En effet, étant plus instruits, ils seront d'abord plus honnêtes.

Etant plus instruits, ils gagneront plus, ils seront plus heureux, donc plus forts et, par conséquent, plus honnêtes. Car je suis complètement de l'avis du fondateur du fameux *Familistère de Guise*, M. Godin, qui estime que l'amélioration morale est la conséquence forcée de l'amélioration matérielle. Comme lui, je crois fermement que cette amélioration matérielle elle-même ne peut être obtenue que si l'on procure, ou plutôt si l'on aide les ouvriers à se procurer par l'association, l'épargne et la prévoyance, les *équivalents de la richesse*, c'est-à-dire des avantages analogues à ceux que procure la fortune : logements commodes, salubres, agréables, à bon marché, avec facilité d'en devenir propriétaires, rien ne moralise comme la propriété ; bonne alimentation (associations alimentaires, restaurants économiques, etc.) ; services médicaux et pharmaceutiques (sociétés de secours mutuels) ; caisses de retraite pour la vieillesse, assurances en cas d'accident, de mort. Ce n'est pas encore assez ; à l'indispensable, à l'utile il faut joindre l'agréable : bibliothèques, cercles, sociétés de musique vocale et instrumentale, théâtre, etc., etc., en un mot, tout ce qui rend l'homme plus fort d'abord, et ensuite plus heureux, finalement, meilleur. Je ne me lasse pas de répéter la formule de Regnault.

Que tout cela soit organisé par les ouvriers, aidés

par ceux qu'ils appellent des bourgeois, et bientôt le prolétariat aura, sinon tout, au moins une grande partie des satisfactions qu'il désire très légitimement et que certains demandent pour lui d'une façon si singulière.

Quelques penseurs, hardis et profonds, trouveront certainement cette méthode banale et terre à terre, et s'en moqueront.

Tant pis... pour eux et surtout pour ceux des ouvriers qui les croiront sur parole.

Je la crois, pour moi, préférable aux boniments creux comme j'en ai tant entendu, rue de la République, de la part de théoriciens qui perpétuent, pour la satisfaction de leur amour-propre ou de leur coupable ambition, la méfiance et la haine entre le riche et le pauvre, entre le patron et l'ouvrier, entre le capital (le travail d'hier) et le travail (le capital de demain).

Cette besogne, qui constitue un si gros chapitre de ce que j'appelle le socialisme pratique, n'est pas arrivée, certainement, au degré d'avancement désirable en ce qui concerne l'initiative privée des possesseurs du capital.

Mais les aspirants au capital ont-ils fait leur devoir ?

Poser la question, c'est la résoudre.

A qui la faute ?

Pas au gouvernement, à coup sûr; il faudrait être de mauvaise foi pour lui demander plus qu'il ne doit faire, et pour nier que, depuis quelque temps surtout, grâce au Ministère actuel, il cherche à faire vite et bien la part qui lui incombe dans cette œuvre que j'appellerai : aide et encouragement à l'homme fait et valide.

Je n'examine pas comment l'Etat a fait ce que j'ai
dit être de son devoir en ce qui concerne la politique
extérieure et intérieure, la garde de l'idéal et les travaux publics.

Je ne rappelle ces choses que par esprit d'ordre et
pour mémoire.

Avant de passer à l'assistance publique, telle que
je l'ai déjà définie et circonscrite, je citerai un passage du discours de M. Jules Ferry, à la fameuse
séance où, en compagnie de Littré, il fut reçu
franc-maçon par la loge la *Clémente Amitié*, de
Paris :

« Disons-le bien haut : il n'est pas douteux qu'à
« prendre les choses dans leur ensemble, et malgré
« des reculs locaux et passagers, ce qui caractérise
« la marche constante de l'humanité, depuis cent
« ans, dans la société occidentale, c'est un progrès
« constant de sociabilité, c'est la charité qui prend
« de plus en plus le pas sur l'égoïsme individuel. Ce
« phénomène se peut caractériser d'un mot : c'est de
« plus en plus le *droit* du plus fort remplacé par le
« *devoir* du plus fort. »

Ce qu'il fallait démontrer, comme on dit dans les
traités de géométrie.

Nous avons vu ce que l'Etat doit dans une société
démocratique à l'homme fait et valide ; voyons maintenant ce qu'il doit à l'enfant et à l'adulte, et à ces
autres enfants qui, vu leur faiblesse, leur incapacité
intellectuelle ou physique, ne peuvent ni se protéger
eux-mêmes ni se suffire à eux-mêmes, je veux dire
l'infirme, l'aliéné, le malade, le vieillard indigents.

C'est en cela que consiste l'assistance publique
que j'envisage comme un devoir de l'Etat (département ou commune, je n'entre pas dans le détail),

mais qui n'est pas — j'insiste là-dessus à dessein —
un droit, à mon avis, pour les intéressés, sauf pour
l'enfant et pour l'infirme ou l'aliéné indigents.

En effet, l'Etat et les possesseurs du capital ayant
fait ou étant supposés avoir fait tout leur devoir à
l'égard de l'homme fait, le travailleur pauvre a pu,
donc, a dû, étant valide, se pourvoir, lui et sa famille,
non seulement contre le chômage, mais encore
contre la maladie, l'accident, la vieillesse, et se
mettre à l'abri, lui et sa famille, de l'effet de ces
fléaux inévitables, même de la mort pour ce qui
concerne sa famille, par le travail, guidé par la
science, complété par l'économie et l'épargne, aidé
par l'association, et notamment l'assurance, et, par-
dessus tout, rehaussé, anobli par la moralité.

Malheureusement, ceci n'est, actuellement, qu'une
supposition, et il sera nécessaire, pendant longtemps
encore, d'accorder cette assistance publique à un
grand nombre de malades et de vieillards indigents,
par les bureaux de bienfaisance, à domicile; et
dans les hospices, les asiles; sans parler de tout ce
que peut faire pour eux l'ingénieuse et inépuisable
charité privée.

Il sera même toujours nécessaire de s'occuper de
cette partie de l'assistance publique, parce qu'il y
aura toujours des infortunes imméritées ou excès-
sives, des malheurs inattendus, imprévoyables. Mais
ce sera l'exception, et peut-être trouvera-t-on le
moyen de suffire à tout par une assistance à domicile, très fortement organisée, et qui est la meilleure
de toutes, puisqu'elle conserve ou reconstitue la
famille, ou, au moins, l'équivalent de la famille.

Je déclare qu'en thèse générale je n'aime pas les
agglomérations, les casernements ni pour les enfants,

ni pour les adultes, ni pour les hommes faits, ni pour les vieillards.

Sauf les cas exceptionnels, la famille ou l'équivalent de la famille, sous le contrôle de l'Etat.

Je ne veux pas m'étendre plus longuement sur le chapitre de la protection des malades et des vieillards indigents, d'abord parce que je n'ai pas la compétence suffisante, et ensuite parce qu'il me paraît évident que, quand l'œuvre de protection de l'enfant et de l'adulte — œuvre déjà en bonne voie, — sera complètement organisée et aura eu le temps de porter tous ses fruits (la besogne, quant aux hommes faits, étant simultanément faite, ou, au moins, très avancée dans le sens et la mesure indiqués plus haut), on verra se réduire à des cas rares, presque exceptionnels, l'œuvre de la protection du malade et du vieillard.

Je laisse à d'autres plus compétents la question des infirmes et des aliénés qui sont, somme toute, l'exception. Je me borne à appeler, de tous mes vœux, une prompte réforme de la législation sur les aliénés qui me paraissent, en certains cas, insuffisamment protégés par la législation actuelle.

Je veux consacrer toute mon attention à ce que j'appelle l'œuvre de la protection de l'enfant et de l'adulte, qui est de beaucoup la plus importante, puisque, bien faite : 1° elle prépare la voie et assure le succès de l'œuvre que j'ai appelée aide et encouragement à l'homme fait ; et, 2°, elle diminue singulièrement l'œuvre de la protection du vieillard et du malade.

C'est ce qui fait la valeur du mot de M. Reinach, pris comme épigraphe de ce travail.

Ensuite, cette question rentre directement dans le

cercle de mes études favorites et de mes fonctions spéciales. Elle comprend, en effet, pour une *première partie :* la loi du 23 décembre 1874, sur la protection du premier âge ; le secours temporaire à domicile aux femmes mariées et aux filles-mères pauvres; les sociétés de charité maternelle, l'œuvre des crèches ; et, dans une *deuxième partie :* le service des enfants assistés proprement dits, de un jour à 21 ans, trouvés, abandonnés, orphelins pauvres, enfants de détenus ou de malades traités dans les hôpitaux, sans compter les moralement abandonnés, les délaissés, les maltraités, ceux, en un mot, qui font l'objet de cette loi que le gouvernement, d'accord avec M. Roussel et quelques-uns de ses collègues, a préparée et qui se discute au moment où j'écris ces lignes. Je ne doute pas du vote final. S'occuper des récidivistes, c'est bien, car c'est enrayer le mal; s'occuper de ces enfants, c'est mieux, car c'est prévoir le mal. Il vaut mieux prévenir que punir; faire de l'hygiène que de la médecine.

En traitant cette vaste question, je répondrai, ou plutôt j'essaierai de répondre, en une certaine mesure, à l'appel de l'Académie des sciences morales et politiques qui, s'inspirant heureusement de la grande préoccupation du moment, a proposé, pour le prix quinquennal qui sera décerné en 1885, le sujet suivant :

« De la protection de l'enfance au point de vue des « enfants trouvés et assistés, ou délaissés par leur « famille. Rechercher comment, soit dans l'anti-« quité, soit chez les peuples modernes, a été résolu « le problème de la protection des enfants trouvés « et assistés, ou délaissés par leur famille. Indiquer « quels seraient, aujourd'hui, les meilleurs moyens « de le résoudre. »

Je dis : j'essaierai de répondre, car je sais trop ce qui me manque pour mener à bien un tel labeur, en supposant que j'aie, d'une part, les loisirs suffisants, et, de l'autre, les renseignements nécessaires, surtout en ce qui concerne l'historique de la question, dont je ne puis guère traiter que le dernier alinéa, en indiquant quels seraient aujourd'hui, à mon humble avis, et après expérience personnelle, les meilleurs moyens de résoudre ce problème qui me passionne comme homme, comme Français, comme républicain.

J'ai cru devoir, dès maintenant, rédiger et même livrer à la publicité la première partie, celle qui traite de la protection de l'enfant du premier âge, en insistant tout particulièrement sur les crèches, parce qu'il m'a semblé, après les discussions et les votes du Conseil général dans sa dernière session, qu'il y avait opportunité et utilité à saisir directement l'opinion publique, donc l'initiative privée (sans laquelle l'administration et l'assemblée départementale, malgré leurs excellentes intentions, resteront impuissantes) de cette importante question des crèches qui font absolument défaut, et cependant rendraient de si grands services dans la Loire.

Les lecteurs n'ont peut-être pas oublié les deux citations du début et particulièrement la première face du problème à résoudre.

Avant de rechercher comment on rendra la population *mieux conservée, plus forte et meilleure*, il faut, logiquement, se demander comment on la rendra *plus nombreuse*, comment on remédiera à l'insuffisance des naissances.

Cette question s'impose, mais je ne ferai que l'indiquer, presque l'effleurer, par esprit d'ordre, la deuxième question : le remède à la mortalité infantile, étant mon vrai sujet. Le ralentissement dans le nombre des naissances est un fait incontestable et qui est depuis déjà longtemps constaté.

Généralement, il suffit de bien déterminer les causes d'un mal pour en trouver le remède.

Procédons de même ici.

Les principales causes de ce ralentissement sont : la diminution des unions légitimes et le peu de fécondité de ces unions. On ne se marie pas assez, on se marie trop tard et on a peu d'enfants, quand on en a. Ce mal remonte à plus d'un siècle et il va toujours en empirant. Il faut le reconnaitre.

Il y a deux manières d'aimer sa patrie ; on peut, par chauvinisme, la proclamer le premier pays du monde ; on peut montrer ce qui lui manque et tâcher de le lui donner. La deuxième manière est, à mon avis, la meilleure.

· Les mêmes causes restreignent le nombre des mariages et la fécondité des ménages.

Rappelons d'abord l'influence effroyable du célibat ecclésiastique et surtout monastique.

La loi militaire actuelle est moins désastreuse, de ce côté, que l'ancienne qui retardait le mariage pour une grande partie de la jeunesse française et, de fait, par là même, donnait le goût du célibat à beaucoup de jeunes gens.

L'émigration continue des ouvriers des campagnes dans les villes, en jette un trop grand nombre hors de la famille régulière dans des habitudes mal réglées et souvent immorales. Ces faux ménages donnent lieu à des naissances illégitimes, le moins qu'ils peuvent, mais il y en a toujours trop.

Discuter les remèdes à ces émigrations intérieures des paysans dans les villes me mènerait trop loin. Encore une fois, j'ai hâte d'arriver à mon sujet de prédilection.

L'acte du mariage est, chez nous, entouré de trop de formalités difficiles, longues, pénibles, même coûteuses. Il y a là des améliorations à apporter, sans prendre la méthode américaine si facile et si commode à suivre, même en voyage, suivant la formule consacrée.

Combien de ménages faux ne se régularisent pas, en France, à cause de ces formalités ?

Fondons partout des sociétés ayant le même but que les sociétés dites de Saint-Régis, et qui existent dans plusieurs villes.

La question de la limitation volontaire du nombre des enfants est très délicate. A première vue, elle semble ne ressortir que de la morale privée ; c'est une affaire de mœurs. C'est vrai ; mais elle peut aussi, et plus qu'on ne le croit généralement, se rattacher à des causes sociales qui sont du domaine de l'économiste.

Il est établi par la statistique et avéré par l'expérience vulgaire que les familles très riches et les familles très pauvres, les dernières surtout, sont celles qui donnent le plus d'enfants. Les familles moyennes redoutent les enfants en grand nombre, parce que, chez nous, on n'a pas, comme en Angleterre et en Allemagne, l'habitude de la colonisation ou de l'émigration.

Or, en France, les classes moyennes composent à peu près toute la nation, ce qui n'existe pas ailleurs, surtout en Angleterre.

La division de la richesse, le morcellement de la propriété foncière ont créé cet état social et produit dans nos mœurs nationales les défauts dont on ressent aujourd'hui les tristes effets.

Je ne fais qu'indiquer cette idée qui mériterait de longs développements.

Autre vice national : le luxe, qui ne permet pas les familles nombreuses. Les enfants sont une charge et on réduit ses charges le plus possible.

L'éducation donnée aux garçons et aux filles est aussi une cause de restriction des naissances.

On ne sait pas assez se contenter pour les garçons de l'éducation et de l'instruction professionnelles ; au lieu de rester à la charrue ou au comptoir paternel, on prend des carrières libérales ou administratives qui coûtent fort cher et où on ne réussit pas, où on gagne peu. Le père ne peut payer que les frais d'un garçon, à ce prix, et il n'en veut pas d'autre.

Les filles sont trop souvent élevées dans des habitudes de dépense et de luxe qui effraient les pères d'abord et ensuite éloignent les prétendants.

Conclusion : on se marie peu ; quand on se marie, on cherche à n'avoir point d'enfants ou à n'en avoir qu'un. Et on y réussit que trop. Du fond de l'enfer, sa demeure dernière, Malthus doit être content !

A cela que faire

A mon avis, rien ou peu de chose. C'est là plutôt une question de mœurs qu'une affaire législative. C'est le cas de répéter le mot d'un ancien : *quid vanæ proficiunt leges sine moribus ?*

Il ne peut guère être question de mesures de rigueur contre les célibataires d'abord et ensuite contre les gens mariés sans enfants. On pourrait peut-être procéder par encouragements. Le mieux est encore de tâcher de ne plus avoir de lois assez peu perfectionnées pour rendre les charges publiques plus lourdes au père de famille laborieux qu'au célibataire désœuvré.

———

Mais, alors même que la vie nationale acquerrait toute la facilité, toute l'expansion, tout le bon ordre, toute la moralité nécessaires à une plus grande puissance prolifique, il resterait encore une autre difficulté à résoudre, la vraie, la grande.

Ce n'est pas tout de compter un grand nombre de naissances, il faut encore sauvegarder les enfants nés, puis les rendre forts, instruits, en un mot, capables d'être plus tard d'honnêtes gens, de bons citoyens, des ouvriers laborieux, économes, et, si c'est possible, des gens heureux.

Après tous ces préliminaires, que j'ai jugés indispensables, mais qui auraient été moins longs, si j'avais eu plus de temps, je suis enfin arrivé à mon sujet.

Pour terminer cette introduction, une question personnelle ; je dois la soulever bien que je n'ignore pas que le « moi est haïssable », suivant le mot de Pascal.

Je suis un inconnu ici, je dois donc me présenter moi-même à mes lecteurs. . si j'en trouve.

. Un curé — mettons-le en Espagne, si vous voulez bien — ayant prêché avec beaucoup d'éloquence contre la gourmandise, avait si fortement impressionné son auditoire, parmi lequel se trouvait sa gouvernante, que celle-ci, en rentrant au presbytère, crut bien faire en jetant par la fenêtre le succulent déjeuner préparé pour le prédicateur, et en le remplaçant par quelques légumes. Le curé arrive et se plaint de la frugalité de son déjeuner. La gouvernante lui rappelle alors les termes de son magnifique sermon, mais celui-ci répond :

— Vous êtes allée quelquefois sur la place, le dimanche, voir danser?

— Oui, répond la gouvernante.

— Avez-vous vu quelquefois la musique danser ?

— Non, certes.

— Eh bien, moi, je suis... la musique.

Je le déclare hautement, sans forfanterie comme sans fausse modestie, je ne suis pas la musique.

Ce que je dis de faire, je le fais.

Je puis dire de ce travail ce que Montaigne disait de son livre : il est fait de bonne foi. Je prie le lecteur d'être bien persuadé, pour emprunter un mot de Sénèque, que « ce que je dis, je le sens, que non seulement je le sens, mais je l'aime. »

Ceux qui connaissent mon passé pourraient dire ce que j'ai tenté pour rendre les enfants plus forts, en contribuant à fonder des sociétés de gymnastique, plus instruits, donc meilleurs, en contribuant de ma parole et de ma souscription aux œuvres de propagande de l'instruction ; pour rendre les hommes faits plus forts et meilleurs par des sociétés appropriées à leurs besoins.

Je crois que, dans mes fonctions actuelles, j'ai fait ce qu'il était en mon pouvoir pour combattre le fléau de la mortalité infantile, comme exécuteur de la loi Roussel.

En ce moment, j'essaie, dans le même ordre d'idées, de provoquer un mouvement d'initiative privée en faveur de l'œuvre des Crèches dans la

Loire, et en vue d'une meilleure application de la loi de protection du premier âge.

N'ayant malheureusement ni l'influence, ni l'autorité, ni la fortune nécessaires pour agir directement, j'ai fait ce que j'ai pu ; j'offre mes veilles, le fruit de mes laborieux loisirs, tel quel, sans m'illusionner sur sa valeur.

« Fais ce que dois, advienne que pourra », dit la belle et fière devise de nos pères.

J'ai la conscience d'avoir fait mon devoir. Cela me suffit.

La réussite ne dépend pas de moi.

A bon entendeur, salut !

PREMIÈRE PARTIE

« Depuis un siècle, dit le docteur Rodet (*Almanach*
« *des jeunes Mères*), plus de dix-sept millions d'en-
« fants ont péri chez nous avant d'avoir atteint la fin
« de leur première année, et, sur ces dix-sept mil-
« lions, il en est la moitié qui auraient vécu si la
« mortalité avait été réduite à ses proportions inévi-
« tables. Quelle cause puissante de dépopulation et
« d'affaiblissement pour notre pays ! »

On a beaucoup discuté et écrit sur la mortalité des
jeunes enfants en France. Sans même connaître les
documents statistiques, on sentait là un mal grave,
une effroyable plaie. Je n'entrerai pas dans de longs
développements sur cette funèbre statistique ; je me
contenterai de rappeler quelques chiffres incontestables et incontestés.

La mortalité générale des enfants de un jour à un
an est, en France, d'environ 17 pour cent. Pour les
enfants nourris par leurs mères elle est de 7 à 10
pour cent. Pour ceux mis en nourrice elle varie de
15 à 33 pour cent ; le plus ordinairement elle est de
20 à 25 pour cent. Pour les pupilles du premier âge
à la charge de l'assistance publique elle varie, suivant
les départements ; mais elle ne descend guère au-
dessous de 25 pour cent ; le plus communément elle
est d'environ 35 pour cent et parfois elle atteint les
chiffres vraiment épouvantables de 60, 70, 80 et
même 90 pour cent.

Ces chiffres sont effrayants ; cependant ils sont encore meilleurs que ceux anciennement relevés. Dans le premier tiers de ce siècle et le dernier quart du siècle précédent, pour ne pas remonter trop haut, la mortalité générale des enfants du premier âge n'est jamais descendue au-dessous du quart ; on vient de voir qu'elle est actuellement du sixième, elle a donc diminué d'un douzième ou de huit centièmes.

Pour les enfants assistés de un jour à un an elle était (Rapport au roi, présenté, en 1818, par le ministre de l'intérieur Lainé), pour 1787, 1788 et 1789, de 91 pour cent ; en 1815, 1816, 1817 (même Rapport), de 75 pour cent. Selon Benoiston de Châteauneuf, elle était de 60 pour cent en 1824 ; les enquêtes suivantes, notamment celle de 1862, et celles plus récentes, le dépouillement des rapports des inspecteurs départementaux donnent une moyenne qui varie entre 25 et 50 pour cent. Il y a parfois des chiffres supérieurs, mais ils sont locaux et vraiment exceptionnels.

C'est mieux, mais c'est encore terriblement loin d'être, je ne dirai pas bien, mais à peu près satisfaisant.

(Je ne traiterai pas ici la question des enfants assistés, qui fera à elle seule l'objet de la deuxième partie, en les prenant de un jour à 21 ans ; je ne m'occupe dans cette première partie que de la question générale de la protection du premier âge.)

Un premier enseignement ressortirait de ces chiffres, s'il n'était déjà donné par la nature et le simple bon sens.

La principale cause de la mortalité excessive des

enfants du premier âge, c'est le défaut d'allaitement, maternel, c'est l'usage immodéré de l'allaitement mercenaire qui est, trop souvent, encore l'allaitement artificiel. La cause la plus efficace ensuite de cette immense tuerie de jeunes enfants, c'est l'ignorance des mères et des nourrices ; ces dernières pèchent souvent, en sus, par défaut de conscience ou, tout au moins, par une indifférence poussée parfois jusqu'à la cruauté et au cynisme pour la vie des malheureux petits citadins confiés à leurs soins. Ces causes, en y joignant la misère d'un trop grand nombre de mères (légitimes ou naturelles), résument toutes les autres.

L'enfant a droit à sa mère, selon une énergique expression rappelée par M. Quentin, dans un des excellents rapports qu'il a rédigés comme directeur de l'Assistance publique de la Seine.

Plutarque a dit quelque part (traducteur Amyot) : « La nature mesme nous montre que les mères sont « tenues d'allaiter et nourrir elles-mesmes ce qu'elles « ont enfanté ; car à ceste fin elle a donné à toute « sorte de beste, qui fait des petits, la nourriture du « laict. »

Avec le docteur Monot, de Montsauche (Nièvre), dont les nombreux travaux sur la matière sont si connus et si estimés, je dirai : « Encouragement de « l'allaitement maternel ; moralisation de l'industrie « nourricière ; surveillance médicale des enfants « élevés hors du domicile paternel : dans ces préceptes reposent la conservation de l'existence de « cent mille enfants que la France perd indûment « chaque année. »

Un trop grand nombre d'enfants sont privés de l'allaitement maternel dont ils ont besoin, auquel ils ont droit :

1º Parce que certaines mères *ne veulent pas* les nourrir. Elles ont peur des charges qu'impose la maternité pour différentes raisons bien connues et qui se peuvent ramener aux suivantes : coquetterie, légèreté, insouciance, égoïsme, immoralité ;

2º Parce que certaines mères *ne peuvent pas* nourrir, étant empêchées, les unes, par défaut de santé, manque de lait, etc., causes majeures devant lesquelles il faut s'incliner, mais qui, somme toute, sont assez rares, presque exceptionnelles ; d'autres, par les nécessités du commerce dont elles ont la charge, de la position, etc., ici encore il faut s'incliner, mais en faisant la réserve qu'il ne faut pas prendre pour cause ce qui n'est trop souvent qu'un prétexte ; d'autres enfin, et ce sont les plus nombreuses et les plus intéressantes, et, à la fois, les plus pardonnables, par la nécessité où elles se trouvent de gagner leur vie en travaillant, soit chez elles, soit surtout dehors, voire même par la misère dans laquelle elles se débattent ;

3º Enfin, certaines mères voudraient, pourraient nourrir ; elles le font et, trop souvent, hélas ! malgré leur bonne volonté, leur vif désir de faire leur devoir, leur amour pour leur jeune progéniture, elles tuent leurs enfants par ignorance des règles les plus élémentaires de l'hygiène infantile, par obéissance à la triste routine, par respect pour les préjugés les plus absurdes et les plus dangereux ; celles-là forment la catégorie, trop nombreuse, de celles *qui ne savent pas* élever leurs enfants.

Pour la première catégorie, les mères qui pourraient, mais ne veulent pas nourrir leurs enfants, que

faire? Rien. C'est une question de mœurs. En attendant, pour l'enfant une bonne nourrice (et il s'en
trouve encore) vaut mieux qu'une mauvaise mère.

Pour la deuxième catégorie, celles qui ne peuvent
pas par raison de santé, rien à dire ni à faire.
Celles-là, du reste, prennent les mesures nécessaires, je parle de celles qui sont aisées. Il y a la
nourrice sur lieu, ou la nourrice au village voisin,
bien payée, convenablement choisie, et surveillée
continuellement ; il y a aussi l'allaitement artificiel
à domicile, lequel bien dirigé ne donne pas fatalement de mauvais résultats, au contraire. L'allaitement mixte se recommande à celles qui ont un commerce à gérer, une position accaparante ; avec une
bonne domestique (il y en a encore), ce procédé est
excellent, et il est préférable à la mise en nourrice.

Est-il à dire qu'il faille absolument renoncer à
l'allaitement mercenaire hors du domicile maternel ?
Non, évidemment ; pour bien des mères des deux premières catégories, il s'impose, il est utile, il réussit.

Mais alors, il faut la surveillance incessante exercée sur les nourrices par les familles et, à leur défaut, en cas d'empêchement ou de négligence, la
surveillance administrative, je veux dire médicale,
au nom de l'administration ; de plus, l'enseignement
aux nourrices de la science nourricière.

C'est à l'accomplissement de ce double *devoir de
l'État* (surveillance et enseignement), devoir qui correspond *au droit de l'enfant* d'être protégé dans sa
santé et dans sa vie, non seulement dans le cas
d'impuissance, d'éloignement, de négligence des
parents, mais encore dans le cas d'ignorance des
parents aussi bien que des nourrices, et surtout dans
le cas de manque de conscience de ces dernières,
que répond la loi de 1874, dite *loi Roussel*.

Le système des secours temporaires, ou crèches
à domicile, par les soins de l'assistance privée et
publique (sociétés maternelles, protectrices de l'enfance, associations ouvrières, bureaux de bienfaisance, services départementaux des enfants assistés,
etc.), et surtout les crèches proprement dites, qui
sont le corollaire indispensable de la loi Roussel,
le complément logique du secours à domicile, tant
que celui-ci ne sera pas assez puissamment organisé
pour suffire à tout (et ce temps est encore bien
éloigné), tout cela est destiné à donner satisfaction
à celles des mères de la deuxième catégorie qui ne
peuvent pas, par gêne ou par misère, nourrir leurs
enfants et sont réduites à les placer tant bien que
mal, plutôt mal que bien, en nourrice, en sevrage
ou en garde hors de leur domicile, alors qu'elles
pourraient les élever elles-mêmes, grâce à toutes ces
mesures, tout en gagnant leur vie par le travail, soit
à la maison, soit même à l'atelier.

J'ajoute que ces crèches surtout seront, en outre,
le meilleur moyen de compléter cette éducation
scientifique de la mère et de la nourrice, puisque on
a pu dire d'elles, et je le prouverai bientôt, qu'elles
sont de véritables *écoles professionnelles de maternité.*

Voilà ce qui, avec la loi Roussel (partie de l'enseignement), donnera satisfaction à la 3e catégorie,
celles qui ne savent pas.

En résumé, donc, cette première partie de mon
travail qui a trait à la protection de l'enfant en bas
âge se résume en ces trois chapitres principaux, que
je vais traiter successivement avec les développements voulus :

1° Loi Roussel ou protection des enfants placés
hors du domicile maternel ;

2° Secours temporaires à domicile, destinés à favoriser et à encourager l'allaitement maternel pour les mères et les filles-mères pauvres ;

3° Crèches, comme moyen à la fois le plus efficace et le plus moralisateur de secourir les mères et les filles-mères pauvres, qui garderont leurs enfants au lieu de s'en séparer, et comme écoles profession-nelles de maternité pour *toutes* les mères, les simples visiteuses et les patronesses même aussi bien que les clientes de ces utiles établissements.

C'est ce troisième point qui fait l'objet principal de ce travail, pour les raisons d'opportunité énoncées plus haut, et parce que la Loire, qui est un dépar-tement où ces œuvres sont appelées à rendre les plus signalés services, en est absolument dépourvu ; je ne sais pourquoi.

I. — La loi Roussel.

Après avoir largement démontré, avec des rapports officiels irréfutables, que la mortalité des enfants est due en grande partie à la négligence ou à l'igno-rance des parents ; à la négligence, à l'ignorance, à la cupidité, à l'improbité des nourrices et des gar-deuses, M. le Préfet du Calvados termine le discours dont j'ai cité un extrait au début de ce travail, par les chiffres de mortalité donnés plus haut, et il dit éloquemment :

« Là aussi les chiffres ne sont pas muets. Ils
« sonnent comme un reproche et comme une menace.
« Et cela se passe au dix-neuvième siècle, dans un

« temps où l'on a fait les inventions les plus mer-
« veilleuses, les plus délicates, mais où l'on n'a pas
« encore découvert le moyen de préserver ces frêles
« existences. Cela se passe en France, dans un pays
« où l'on est habile et renommé pour l'épargne de
« l'argent, mais où l'on ne sait pas économiser la
« plus précieuse des richesses nationales, parce
« qu'en elle est la sauvegarde, la défense de toutes
« les autres, la vie humaine !

« Eh bien ! un homme est venu, qui, devant ce
« honteux spectacle, n'a pas cru qu'il fût suffisant
« de s'en tenir à l'indignation. Il a osé regarder le
« problème en face ; il est descendu dans cet abîme
« de la mortalité enfantine ; il en a scruté les som-
« bres détails ; il a crié grâce pour toutes ces pauvres
« petites victimes de l'ignorance et de la cupidité ;
« il a exigé de la société qu'elle protégeât ceux que
« leurs mères se déclarent impuissantes à protéger
« elles-mêmes ; et, de ses émotions, de sa pitié, de
« ses amertumes et de ses angoisses de patriote, de
« ses recherches de savant, de son labeur acharné,
« de son énergie à triompher des résistances qui se
« multipliaient sous ses pas, est sortie la loi qui nous
« rassemble aujourd'hui et qui gardera son nom :
« LA LOI ROUSSEL. »

Nous aurions voulu pouvoir joindre nos applaudissements à ceux de l'assistance et saluer, nous aussi,
le promoteur de cette loi ; offrir le tribut de notre
reconnaissance et de notre admiration à celui dont
la forte et bienfaisante initiative a déjà sauvé des
centaines et sauvera encore des milliers d'existences
à l'humanité, des milliers de citoyens et de soldats à
la patrie, et, si la loi en discussion au Sénat sur les
enfants abandonnés, délaissés et maltraités est votée,
comme cela n'est pas douteux, conservera pour le

bien des milliers de consciences à l'humanité et à la patrie (1).

L'année dernière, en mars, je mettais la dernière main à un mémoire que l'Académie de médecine (Commission permanente de l'hygiène de l'enfance), a bien voulu honorer d'une médaille de bronze. Ce mémoire était intitulé : *Quelques réflexions sur la loi du 23 décembre 1874.*

J'ai été récompensé de mes peines au-delà de

---

(1) On dit : on n'est pas prophète dans son pays. Eh bien ! M. Roussel a fait mentir le proverbe, et c'est justice.

« Le 14 juillet 1882, dans la petite ville de Saint-Chély (Lozère), la fête nationale a été rehaussée par une cérémonie touchante, en l'honneur de M. Roussel, qui a fait don à sa commune de sa maison paternelle.

« A 1 heure 1/2, les sapeurs-pompiers, précédés de la fanfare locale, sont venus se ranger devant la maison commune. Le maire, les conseillers municipaux, les principaux fonctionnaires, tous les habitants étaient là réunis, et au moment où les tambours battaient, où la musique jouait la *Marseillaise*, le Maire, aux applaudissements de toute l'assistance, découvrait une belle plaque en marbre noir, portant, en lettres d'or, l'inscription suivante :

L'an 1876, le 16 août,
M. Théophile Roussel, sénateur,
ancien député,
Conseiller général de la Lozère,
membre de l'Académie de médecine,
chevalier de la Légion d'honneur,
a fait à sa ville natale
donation de sa maison paternelle.
Ses concitoyens,
voulant perpétuer le souvenir
de sa générosité,
ont fait graver cette inscription
pour lui en témoigner
leur profonde reconnaissance.

« Puis, le maire a prononcé, au milieu du plus profond silence, une allocution qui a été très applaudie et dans laquelle il a retracé à grands traits les travaux parlementaires de M. Roussel et les nombreux services que cet homme de bien n'a cessé de rendre à ses concitoyens, à la patrie, à l'humanité ! » Extrait du *Moniteur de la Lozère.*

De tels témoignages honorent à la fois et ceux qui les rendent et ceux qui les reçoivent ; c'est un devoir pour tout homme de cœur, pour tout bon Français de s'y associer.

mes espérances en recevant cette distinction, mais j'ai eu, en outre, d'autres satisfactions auxquelles je n'ai pas été moins sensible.

M. le sénateur Théophile Roussel, — le père et le parrain de cette loi humanitaire et de préservation nationale, — ne m'en voudra peut-être pas de la petite indiscrétion que je vais commettre en disant qu'il a bien voulu m'accuser réception, en termes très flatteurs, de mon opuscule et me dire que ce mémoire ne « serait pas perdu de vue, par lui, du moins, en temps utile, c'est-à-dire aussitôt que l'on pourra s'occuper de reviser la loi et le règlement. »

Par une coïncidence très heureuse pour moi, la circulaire ministérielle du 22 juillet 1882 (circulaire dont j'aurai à reparler) a consacré les principales réformes que je déclarais indispensables au bon fonctionnement de la loi.

Le rapport officiel fait au Conseil général de la Loire, à la session d'août 1882, par un homme autorisé, compétent, M. le docteur Reuillet, conseiller général de la Loire, a décidé M. le Préfet à demander et M. le Ministre à autoriser exceptionnellement, dans ce département, des dérogations partielles au règlement. Ces dérogations (que je réclamais aussi) deviendront, je n'en doute pas, après réussite, des précédents et des exemples pour tous les autres départements et elles s'imposeront comme la règle de tous les services.

, Enfin, la *Loire médicale* du 15 août dernier contenait, sur la loi de protection du premier âge, un article excellent de M. le docteur Kahn, médecin-inspecteur de la circonscription de La Fouillouse, avec lequel je me trouvais, sans le savoir, sans lui avoir jamais parlé, sans qu'il connût mon travail, qui n'était pas encore officiellement récompensé par l'Académie, en parfaite communauté d'idées, ainsi qu'on le verra plus loin.

Il va sans dire que je n'ai pas l'intention de reproduire ici ce mémoire ; mais je dois, au moins, le résumer très brièvement et dire quelles sont les réformes, améliorations, innovations, que je réclamais, qui sont déjà réalisées. Je veux encore insister à nouveau sur les autres que je persiste à réclamer, après une pratique plus longue, plus intime, donc plus décisive de la loi.

Je suis heureux, je suis fier même de le déclarer : je n'ai rien à retirer et j'ai fort peu de chose à ajouter à ce que j'ai écrit, six mois à peine après mon entrée dans le service, maintenant que je touche à la fin de ma deuxième année de stage dans un département très riche en exemples de toutes sortes, en matière de protection de l'enfant et de l'adulte, et où il y a encore tant à faire pour les enfants assistés proprement dits, les enfants secourus (légitimes et naturels) et la protection du premier âge, dont je m'occupe plus spécialement, mais avec le regret de n'y avoir pas toute la liberté et l'initiative nécessaires, ce qui est fort légitime, du reste, n'ayant pas la responsabilité en ma modeste qualité de simple sous-inspecteur.

Loin, bien loin de ma pensée est toute idée de critique publique sur le service auquel j'ai l'honneur et la joie d'appartenir, mais je m'inspirais, en disant cela, du mot si juste d'un ancien qui prétendait qu'en certaines matières rien n'est fait tant qu'il reste quelque chose à faire. Or, l'assistance départementale (service des enfants assistés et secourus, protection du premier âge, tel qu'il est actuellement organisé) est bien au premier rang de ces matières,

puisqu'elle a pour mission d'arracher à la mort
d'abord, à la misère ensuite, des existences humaines, et, plus tard, de disputer au vice de jeunes
consciences.

Du reste, je traite une question générale, je pourrais presque dire idéale, et je ne ferai d'allusion
particulière au service de la Loire que quand je
trouverai des arguments à l'appui de ma thèse
dans des faits qui peuvent, de droit, quoique locaux,
être généralisés par voie d'analogie ou d'induction,
comme dirait mon ancien professeur de philosophie.

Les rapports de M. l'Inspecteur sont là pour faire
connaître à qui de droit la situation particulière du
service de la Loire ; m'en occuper ici serait une
ingérence anti-hiérarchique, presque une incon-
venance.

Je n'insiste pas sur ce point, mais il fallait le toucher, ne serait-ce que pour enlever à *qui que ce soit*
la tentation de vouloir lire entre les lignes ce qui
n'y est pas.

J'use (en attendant mieux) de mon droit d'initiative... sur le papier. Voilà tout.

———

Le mémoire, soumis à la haute appréciation de
l'Académie, était divisé en trois parties. Dans la première, je présentais quelques réflexions générales
où je montrais l'inexécution presque générale et
complète de la loi en donnant pour causes l'ignorance, la négligence et même la mauvaise volonté
des parents et surtout des nourrices à l'égard de ses
prescriptions (déclarations et certificats réglementaires).

Pour combattre l'ignorance, je demandais que l'on

donnât à la loi une publicité suffisante, qui lui a manqué jusqu'ici à peu près partout : affichage en permanence, rappels fréquents dans l'année, à son de caisse, par l'appariteur public, recommandation aux offices par MM. les curés, pasteurs et rabbins, membres de droit, du reste, des commissions locales.

L'affichage a été mis en pratique, cette année, dans la Loire, dans le courant de janvier et pour les fêtes de la Pentecôte, dans toutes les communes du département, au nom du Préfet. La municipalité de Saint-Etienne a fait elle-même, et sur une vaste échelle, l'affichage en ville. L'effet produit a été excellent. Qu'on en juge : à Saint-Etienne, il n'y a jamais eu plus de 700 déclarations, dans une année, de mise en nourrice d'enfants hors du domicile maternel. Aujourd'hui, 10 mai, à l'heure où j'écris ces lignes, c'est-à-dire au tiers de l'année, il y en a déjà 480 inscrites sur le registre n° 1 affecté aux déclarations des parents, et le chiffre moyen des enfants figurant sur le registre n° 2 (déclarations des nourrices), et sur le registre du médecin-inspecteur, est de 90 pour la ville quand, auparavant, il était au plus de 60.

Il y aura donc, en 1883, pour Saint-Etienne seulement, environ 1,500 déclarations de parents, soit le double des années précédentes, et un tiers en plus de déclarations de nourrices.

Il faut remarquer que cette déclaration, faite par les parents à Saint-Etienne, qui est la principale source de l'industrie nourricière dans la Loire (au moins la moitié des enfants tombant sous l'application de la loi dans le département est originaire de Saint-Etienne), assure, ou, tout au moins, facilite la déclaration correspondante de la nourrice dans les communes de placement, grâce à la transmission de l'avis de placement au maire de cette commune, si toutefois ce magistrat tient la main à l'exécution de la loi, en ce qui le concerne, c'est-à-dire, mande la nourrice et l'oblige à faire sa déclaration et à prendre le carnet, si elle a eu le tort de ne pas l'avoir fait *avant de prendre l'enfant.*

Je persiste à croire que la lecture souvent renouvelée au prône des principaux articles concernant les déclarations exigées des parents et particulièrement des nourrices (1), produirait un excellent effet surtout dans les communes rurales.

---

(1) Voici les articles qui résument toute la loi et qui sont nécessaires pour l'intelligence de ce qui va suivre à quiconque n'est pas familiarisé avec la loi.

Loi du 23 décembre 1874.

Article premier. — Tout enfant, âgé de moins de deux ans, qui est placé, moyennant salaire, en nourrice, en sevrage ou en garde, hors du domicile de ses parents, devient, par ce fait, l'objet d'une surveillance de l'autorité publique, ayant pour but de protéger sa vie et sa santé.

Art. 7. — Toute personne qui place un enfant en nourrice, en sevrage ou en garde, moyennant salaire, est tenue, sous les peines portées par l'article 346 du Code pénal, d'en faire la déclaration à la mairie de la commune où a été faite la déclaration de naissance de l'enfant, ou à la mairie de la résidence actuelle du déclarant, en indiquant, dans ce cas, le lieu de la naissance de l'enfant, et de remettre à la nourrice ou à la gardeuse un bulletin contenant un extrait de l'acte de naissance de l'enfant qui lui est confié.

Art. 8. — Toute personne qui veut se procurer un nourrisson ou un ou plusieurs enfants en sevrage ou en garde, est tenue de se munir préalablement des certificats exigés par les règlements pour indiquer son état civil et justifier de son aptitude à nourrir ou à recevoir des enfants en sevrage ou en garde.

Toute personne qui veut se placer comme nourrice sur lieu, est tenue de se munir d'un certificat du maire de sa résidence, indiquant si son dernier enfant est vivant et constatant qu'il est âgé de sept mois révolus, ou, s'il n'a pas atteint cet âge, qu'il est allaité par une autre femme remplissant les conditions qui seront déterminées par le règlement d'administration publique prescrit par l'article 12 de la présente loi.

Toute déclaration ou énonciation reconnue fausse dans lesdits certificats entraîne l'application au certificateur des peines portées au paragraphe 1er de l'article 155 du Code pénal.

Art. 9. — Toute personne qui a reçu chez elle, moyennant salaire, un

Je sais quelques communes du département de la Loire où cela a eu lieu sur la démarche personnelle que j'ai faite au curé, lors de mes tournées d'inspection ; l'effet a été bon.

Il faudrait, à ce sujet, une mesure générale que les évêques ne se refuseraient pas à prendre, si le Gouvernement la leur demandait.

En attendant, bien des maires pourraient la demander aux curés de leurs communes, et ils auraient certainement satisfaction.

Une circulaire préfectorale, en date du 11 janvier

---

nourrisson ou un enfant en sevrage ou en garde, est tenue, sous les peines portées à l'article 346 du Code pénal :

1° D'en faire la déclaration à la mairie de la commune de son domicile, dans les trois jours de l'arrivée de l'enfant, et de remettre le bulletin mentionné en l'article 7 ;

2° De faire, en cas de changement de résidence, la même déclaration à la mairie de sa nouvelle résidence ;

3° De déclarer, dans le même délai, le retrait de l'enfant par ses parents ou la remise de cet enfant à une autre personne, pour quelque cause que cette remise ait lieu ;

4° En cas de décès de l'enfant, de déclarer ce décès dans les vingt-quatre heures.

Après avoir inscrit ces déclarations au registre mentionné à l'article suivant, le maire en donne avis, dans le délai de trois jours, au maire de la commune où a été faite la déclaration prescrite par l'article 7.

Le maire de cette dernière commune donne avis, dans le même délai, des déclarations prescrites par les numéros 2, 3, 4 ci-dessus, aux auteurs de la déclaration de mise en nourrice, en sevrage ou en garde.

Règlement d'administration publique.

Art. 27. — Toute femme qui veut prendre chez elle un enfant en nourrice doit *préalablement* obtenir un certificat du maire de sa commune et un certificat médical. Elle doit, en outre, se munir du carnet.

Art. 31. — Les conditions concernant les certificats, l'inscription et le carnet, sont applicables aux femmes qui veulent se charger d'enfants en sevrage ou en garde, à l'exception de la condition d'aptitude à l'allaitement au sein.

Code pénal.

Art. 346. — Toute personne qui, ayant assisté à un accouchement, n'aura pas fait la déclaration à elle prescrite par l'article 56 du Code civil, et dans les délais fixés par l'article 55 du même Code, sera punie d'un emprisonnement de six jours à six mois, et d'une amende de seize francs à trois cents francs (16 fr. à 300 fr.).

4

1883, insérée au *Recueil des Actes administratifs*, a conseillé cette démarche aux maires de la Loire.

Il faudrait, dans le même ordre d'idées, en vue de faire connaître la loi, tenir la main d'une façon ferme à l'exécution de l'article 20 du règlement d'administration publique du 27 janvier 1877, qui exige que les officiers de l'état civil donnent quelques explications, à ce sujet, à toute personne venant faire une déclaration de naissance, afin que chacun sache qu'il y a des formalités à remplir lorsqu'on met ou que l'on prend un enfant, de moins de deux ans, en nourrice, en sevrage ou en garde.

J'en dirai autant des bulletins de naissance portant imprimés les articles 7 et 9 de la loi et 346 du Code pénal.

L'emploi de ces bulletins a été recommandé, dans la Loire, par le *Recueil* (circulaire précitée) ; le nombre des communes qui en font usage est déjà considérable, mais ce n'est pas suffisant.

Les circulaires ministérielles des 20 mars et 15 juin 1877 en recommandent l'emploi ; ne pourrait-on pas en faire une obligation par mesure générale décrétée par le Ministre compétent ?

Voilà pour les ignorants.

Quant à ceux qui montrent de l'insouciance, de la négligence, de la mauvaise volonté, je ne connais qu'un moyen de les mettre au pas, c'est la sévérité de la répression, en cas de délit constaté.

Cette sévérité, je la recommandais formellement à l'égard des nourrices. Mais, n'osant la réclamer à l'égard de tous les parents, j'avais imaginé un biais, pour éviter le grave inconvénient de laisser sans sanction, comme on le fait, l'inobservation de la loi de la part des parents. Je disais : modifiez un peu la loi à l'égard des parents qui peuvent et qui veulent surveiller eux-mêmes leurs enfants ; que la déclaration soit *facultative* pour eux, *obligatoire* pour les autres ; cela ne tirera pas à conséquence, puisque, rien n'étant changé à l'article 9 concernant les nourrices, il faudra toujours que les parents aient satisfait préalablement à l'article 7 qui les concerne, pour que les nourrices puissent être en règle avec l'article 9. Et j'ajoutais en substance : ainsi, ce que certains parents négligents, insouciants, voire même grincheux, qui repoussent tout ce qui vient de l'Etat par excès de susceptibilité, par défiance même, n'auront pas fait par respect pour la loi, ils le feront pour éviter des ennuis à la nourrice ou gardeuse de leur enfant. Le meilleur moyen, disais-je encore, pour amener certaines gens à apprécier les bienfaits de la surveillance instituée par la loi, c'est de les inciter à solliciter eux-mêmes cette surveillance, au lieu de la leur offrir, au lieu surtout de la leur imposer, sans oser cependant sévir, quand ils commettent des infractions à la loi.

Il y a eu des nourrices poursuivies dans certains départements ; je ne sache pas qu'un seul procès-verbal ait été dressé à des parents pour défaut de déclaration, conformément à l'article 7.

Et, cependant, les délinquants sont innombrables.

Je le répète : je ne cherchais qu'un biais pour tourner la difficulté, pensant qu'on n'osait l'aborder de face, regrettant même, au fond, qu'on ne l'osât ; mais ma pensée a été mal comprise ou, plutôt, je me suis mal expliqué.

Je lis, en effet, dans le rapport de la commission de l'Académie, à propos de mon mémoire, les lignes suivantes, dont je voudrais réparer le fâcheux effet pour moi :

« L'auteur croit que les termes de l'article 1er de
« la loi sont trop impératifs et constituent un empié-
« tement sur les droits de l'autorité paternelle, et il
« propose une modification dans le texte. C'est à
« tort, selon nous, car il faut que la loi impose la
« nécessité de sauvegarder la vie des jeunes enfants,
« tel est son but essentiel. »

Ce n'est pas l'autorité paternelle que je voulais
ménager, elle ne doit pas entrer en ligne de compte
ici ; il n'y a à considérer que le *droit* absolu que
l'enfant a d'être protégé par l'Etat dans sa vie et sa
santé quand les parents ne peuvent, ne veulent ou
ne savent le faire efficacement. Et j'ajoute qu'il n'y
a pas de parents qui ne rentrent dans un de ces trois
cas, du moment que l'enfant n'est pas élevé dans
leur domicile.

Je suis tout prêt à contresigner la page suivante
du docteur Monot, de la Nièvre. Je ne compile pas,
je me ménage des appuis en me mettant à l'abri
d'autorités incontestées :

« Cette surveillance est-elle compatible avec la
« liberté individuelle? Ne porterait-elle pas atteinte
« aux droits de la famille?

« Nous pouvons affirmer que la cause de l'enfance
« est gagnée quand, jetant les yeux autour de nous,
« nous voyons quel immense appui, quelle sympathie
« profonde les pouvoirs publics, les gens de bien,
« prêtent aux âmes généreuses qui ont entrepris de
« la protéger ; mais que diront nos petits-fils quand,
« jetant les yeux en arrière, ils constateront que les
« animaux ont eu leur loi protectrice avant qu'on
« eût songé à s'occuper du sort des enfants qui
« succombent chaque année faute de soins ou par
« suite de manœuvres criminelles restées impunies?

. . . .

« Sans doute le père n'a plus le droit de tuer bru-
« talement, de sa propre main, l'enfant qui le gêne,
« mais n'a-t-il pas, sous le fallacieux prétexte que
« nul n'a le droit d'intervenir dans les affaires de
« famille, la faculté de le laisser périr lentement,
« d'inanition ou d'accident? Qu'on le sache bien,
« l'impunité assurée à la négligence a plus d'une
« fois encouragé le crime : l'infanticide souvent se
« déguise sous forme d'accident !

« Certes, nous le reconnaissons, la famille est ce
« qu'il y a de plus respectable ; le seuil de la vie
« privée a quelque chose de sacré, mais, en définitif,
« quand il y va de l'intérêt public, lorsque la loi mo-
« rale et l'humanité doivent en obtenir satisfaction,
« n'a-t-on pas le droit de le franchir ?

« L'Etat n'intervient-il pas dans toutes les ques-
« tions commerciales? N'intervient-il pas pour sau-
« vegarder les transactions entre particuliers ? Ne
« veille-t-il pas à la bonne qualité des aliments ven-
« dus au public? etc.. etc. Une loi spéciale ne pro-
« tège-t-elle pas l'enfant dans les manufactures ?
« Le chef de l'usine, le patron d'apprentissage n'ont
« plus la faculté de faire travailler le jeune ouvrier
« au-dessus d'un certain nombre d'heures : pourquoi,
« alors qu'il s'agit d'un enfant plus jeune, qui n'a ni
« la force, ni l'intelligence d'appeler au secours s'il
« est maltraité par son père ou par sa nourrice, l'au-
« torité n'aurait-elle pas le pouvoir d'intervenir pour
« le protéger? Sous le prétexte que la liberté indivi-
« duelle doit être respectée, que les droits de la
« famille sont sacrés, on laisserait succomber cha-
« que année des milliers d'enfants par l'incurie ou
« l'imprudence des parents ! La chose n'est pas
« admissible.

« Notre liberté n'est-elle pas entravée chaque jour

« par des arrêtés de police de toute nature? Personne
« cependant ne songe à se plaindre, alors surtout
« que ces arrêtés interviennent pour notre sécurité
« personnelle ; et lorsqu'il s'agit de sauvegarder la
« vie du jeune enfant, de prescrire des mesures de
« prudence, la société ne pourrait intervenir? Etrange
« anomalie, singulier préjugé, fruits d'anciennes
« erreurs conservées jusqu'à nous, mais qu'il est
« temps de secouer et de réduire à leur juste
« valeur !

« Au surplus, tout le monde reconnait que les
« parents ont des devoirs à remplir vis-à-vis des
« enfants : ils sont obligés de les nourrir, de les
« entretenir, de les élever. Pourquoi ne les force-
« rait-on pas à remplir ces devoirs prescrits par la
« loi ? L'enfant lui-même n'a-t-il pas le droit d'exiger
« que les parents dont il tient la vie, qu'il n'avait
« pas demandée, l'élèvent, le nourrissent, veillent
« sur lui, subviennent à ses besoins physiques et
« moraux? N'a-t-il pas droit à la protection de la
« société dont il fait partie, aux charges de laquelle
« il contribuera comme citoyen plus tard, quels que
« soient les secours qu'il aura reçus, alors que tout
« jeune sa faiblesse l'exposait à tous les dangers ?

« Ainsi donc, sous quelque aspect que nous exa-
« minions la question, au point de vue moral comme
« au point de vue de la loi, la surveillance des nour-
« rissons est une obligation contre laquelle nul n'a
« le droit de s'élever ; et cependant le public n'est-il
« pas toujours imbu de ce préjugé déplorable que le
« père a sur son fils mineur une autorité illimitée ?
« Qu'il le nourrisse mal, qu'il le vêtisse mal, qu'il le
« laisse croupir dans un milieu hygiénique détes-
« table, qu'il le fasse mourir à petit feu, cela ne
« regarde personne ! S'il le frappe, pourvu qu'il ne

« lui fasse point de blessures graves, on s'en inquiète
« peu ; mais si, à côté de lui, un charretier est sur-
« pris maltraitant son cheval, la loi protectrice des
« animaux, la loi Grammont, lui est appliquée.

« Il y a assez longtemps que l'enfant souffre et
« succombe victime de la brutalité, de l'ignorance
« des parents, de ce préjugé qui consiste à penser
« que le seuil de la famille est inviolable.

« La société a le devoir de fournir aide et pro-
« tection à tous ceux qui souffrent, et spécialement
« aux petits enfants qui deviendront plus tard des
« citoyens ; elle a le devoir de les moraliser en les
« instruisant, d'arrêter cette corruption précoce dont
« nous avons chaque jour des exemples navrants
« sous les yeux.

« Ce droit de surveillance des enfants élevés par
« leurs parents admis, combien ce droit devient plus
« puissant et plus incontestable si l'enfant confié à
« une nourrice mercenaire est emporté loin de la
« famille !

« Cette mesure devrait-elle même être critiquée
« et la liberté des parents entravée, qu'on ne devrait
« pas s'arrêter devant ces considérations, lorsqu'on
« songe que dans cette question est engagé l'avenir
« de la patrie.

« Pour nous résumer, nous dirons que, ni le res-
« pect de la liberté individuelle, ni l'autorité de la
« famille ne peuvent être invoqués utilement contre
« le droit de vivre que tout enfant apporte avec lui
« en naissant, et ce droit est d'autant plus fort et
« plus incontestable que cet être auquel il appartient
« est plus faible et plus incapable de le faire res-
« pecter lui-même. »

Cette éloquente page est la justification de la loi

de protection du premier âge ; elle est aussi celle de la protection des enfants abandonnés, délaissés ou maltraités, actuellement en discussion au Sénat et présentée, elle aussi, par M. Roussel ; elle est encore celle de la loi sur l'instruction obligatoire.

En résumé, donc, si l'on veut que la loi du 23 décembre 1874 produise les pleins effets qu'on est en droit d'attendre d'elle, il faut d'abord lui donner la publicité suffisante, et, ensuite, quand on pourra croire que, en réalité, nul ne l'ignore, conformément à l'adage : nul n'est censé ignorer la loi, il faut sévir contre tous ceux qui ne s'y conformeront pas : parents et nourrices.

Les avis là-dessus sont unanimes ; je n'en citerai que deux, émanant d'hommes compétents, autorisés, exécuteurs de la loi Roussel à divers titres : je prendrai, cette année encore, un médecin-inspecteur et un inspecteur départemental ; je n'ai que l'embarras du choix.

Le médecin sera M. le docteur Kahn, de Saint-Etienne. L'an dernier j'avais cité M. le docteur Diard, de Rambouillet (médaille de bronze de l'Académie de médecine).

M. Kahn dit (*Loire médicale* du 15 août 1882) :

« Voilà donc un premier mal ; le placement des
« enfants n'est pas entouré des précautions exigées
« par la loi. Quel en serait le remède ? A notre avis,
« il serait facile en ce qui concerne les parents :
« c'est l'ignorance de la loi qui en est le plus souvent
« la cause. Donc, qu'on la fasse connaître par une
« publicité suffisante et réitérée ; que lors de la
« déclaration d'un nouveau-né à la mairie, l'employé

« soit chargé de s'enquérir si l'enfant doit être placé
« au dehors et, dans ce cas, d'apprendre ou rappeler
« au père l'obligation que la loi lui impose. Nul
« doute que celui-ci, se trouvant à la mairie, ne
« s'empresse de faire la déclaration demandée qui
« ne lui coûte aucun dérangement. Pour les nour-
« rices, gardes, etc., la même publicité suffira vis-
« à-vis de celles qui négligent ces formalités par
« ignorance. En outre, dans chaque commune, le
« garde-champêtre pourrait, pendant ses tournées,
« s'informer des enfants récemment placés, se faire
« représenter les certificats exigibles et avertir les
« retardataires de faire leur déclaration. Quant aux
« récalcitrants, quelques applications bien distri-
« buées des pénalités édictées par la loi, auraient
« vite raison de leur mauvais vouloir, et consti-
« tuerait un excellent exemple pour celles qui
« seraient tentées de les imiter.

L'an dernier, j'avais cité comme autorité M. Lavergne, inspecteur du service de l'Allier (médaille
d'argent de l'Académie de médecine); cette année,
je choisis l'inspecteur du Morbihan, d'abord parce
que c'est le département le plus possible éloigné de
nous et ensuite parce que sa déposition est présentée
d'une façon originale et saisissante. Qu'on en juge :

« La loi n'est pas connue et par suite elle n'est
« pas appliquée. On peut se demander pour quel
« motif; car enfin, si toute loi répond à une néces-
« sité manifestement constatée, elle doit apporter
« avec elle le moyen de s'imposer et de se faire
« obéir.

. . . .

« Les obligations imposées par la loi du 23 dé-
« cembre 1874 sont complètement inconnues de la
« majeure partie des déclarants. Pourquoi ? parce

« que la loi qui doit être, dès sa promulgation,
« cohnue de tout le monde, n'est pas mise d'une
• façon permanente à la portée des populations
« intéressées à la connaître. Aucune mesure géné-
« rale n'est prescrite en vue d'étendre la connais-
« sance de la loi.

. . . .

« L'Administration française, pour atteindre ce
« degré de perfection, que le monde admire et nous
« envie, est minutieuse, on ne veut pas dire méti-
« culeuse. Elle veille avec une vigilance incessante
« et infatigable à l'exécution de toutes les mesures
« recommandées en vue de sauvegarder la plénitude
« de ses droits.

« Dans les questions de *fiscalité*, quand il s'agit
« d'assurer au Trésor national les ressources qui lui
« sont nécessaires, l'administration, dans la gestion
« de ces intérêts qui s'appellent de premier ordre,
« l'administration, dis-je, sait bien employer des
« procédés pratiques pour assurer ses rentrées : Pas
« un hectolitre de cidre n'est charrié sans être l'objet
« d'une rigoureuse sollicitude ; parti à telle heure,
« il doit arriver à destination à jour fixe, à heure
« déterminée et, pour qu'il ne s'égare, des agents,
« voire des inspecteurs, munis d'une *carte de circu-*
« *lation*, auront le don d'ubiquité pour surveiller les
« droits de la régie.

« En contributions directes, le perfectionnement
« est admirable et digne d'être imité. Pour que nul
« ne l'ignore (je demande pardon de mentionner ici
« des détails devenus vulgaires), chaque contribuable
« (c'est-à-dire des millions de citoyens) reçoit dans
« le premier mois de l'année un *Avertissement*. Ce
« feuillet, tout simple qu'il est, indique à chacun
« d'un côté, au *recto*, la somme à payer, par an ou

« même par mois, pour sa voiture, pour son cheval
« ou même pour son chien..., au *verso* le citoyen
« trouve des renseignements sur la marche à suivre
« s'il veut réclamer ; la feuille lui coûte 0 fr. 05, sans
« même qu'il s'en doute.

« Si pour assurer l'exécution des lois de finances,
« on est arrivé à ces détails de promulgation, serait-il
« donc impossible d'inventer des procédés analogues
« pour établir dans toute sa plénitude l'application
« de la loi la plus importante de toute, la plus essen-
« tielle à l'Etat, celle qui a pour mission de sauve-
« garder la vie humaine dans la personne des petits-
« enfants.

« Tant que ne seront pas prises les mesures les
« plus sérieuses pour donner à la loi Roussel la
« vigueur qu'elle mérite, magistrats et fonction-
« naires, chargés d'en surveiller l'application, auront
« beau courir le pays de bourg en ville, ils n'impo-
« seront pas l'autorité de la loi là où font défaut les
« prescriptions formelles de l'administration supé-
« rieure.

. . . .

« Comme conclusion, nous nous permettons d'ex-
« primer un vœu :

« Afin de mettre à l'état permanent la loi du 23
« décembre 1874, sous les yeux des citoyens, il serait
« nécessaire de faire placarder dans toutes les mai-
« ries, avec renouvellement d'affiche, au moins une
« fois par an, la loi de protection des enfants du
« premier âge. Ce placard, placé sous la garde de
« l'autorité locale, devrait être remplacé, dès sa
« disparition, pour une cause quelconque.

« Puis, que, dans chaque canton, des hommes
« dévoués, des dames dont le cœur est toujours
« ouvert aux inspirations généreuses, prennent en

« main la cause de la protection et on ne tardera
« pas à voir s'établir une vaste et patriotique entente
« qui pourrait devenir une *association* nationale et
« philanthropique ou conservatrice de la vie humaine
« dans la protection des petits enfants, des petits
« enfants d'aujourd'hui qui constitueront, au XX°
« siècle, la force de la patrie, la puissance et la
« gloire de la République. »

Depuis ce matin, je vois passer sous mes fenêtres
un grand nombre de cavaliers qui se rendent au
boulevard Jules-Janin pour le recensement des chevaux et mulets susceptibles d'être requis en cas de
mobilisation.

Aucun des intéressés ne manquera à l'appel à
l'heure dite.

Pourquoi ?

Parce que : 1° la loi a eu une publicité suffisante, et
que : 2° les intéressés savent ce qu'il leur en cuirait
d'y contrevenir.

On peut bien faire, pour obtenir le recensement
exact des enfants mis en nourrice, ce qui est fait
pour le recensement des chevaux et mulets.

Je pourrais multiplier les exemples de ce genre.

Je me permettrai d'ajouter un autre moyen de
propagande de la loi : c'est le concours des sages-
femmes.

Le Conseil général de Meurthe-et-Moselle, sur
l'avis du Comité départemental de la protection, a
rendu obligatoire l'enseignement de la loi de protection dans les cours de maternité, et, pour avoir
le diplôme de sage-femme, il faut justifier que l'on
est apte à faire connaître la loi à ses futures
clientes.

Pour ma part, je puis dire qu'en janvier 1883, faisant l'intérim du bureau en l'absence de M. l'Inspecteur, j'ai proposé à la signature de M. le Préfet, qui a bien voulu l'approuver, une circulaire dont ci-après le texte, et je suis persuadé que cette circulaire, adressée à toutes les sages-femmes du département, n'a pas été étrangère à l'heureuse amélioration constatée plus haut par les registres de protection de la ville de Saint-Etienne :

DÉPARTEMENT *Saint-Etienne, le 20 janvier 1883.*

DE LA LOIRE

PROTECTION
du premier âge.   Madame,

Je vous adresse, sous ce pli, un carnet destiné aux nourrices, gardeuses ou sevreuses des enfants légitimes ou naturels, placés hors du domicile maternel et qui sont appelés à bénéficier de la surveillance médicale et administrative instituée par la loi du 23 décembre 1874.

Les principales prescriptions de cette loi et du règlement qui l'accompagne, sont contenues dans ce carnet, pages 4 et suivantes jusqu'à 12.

J'appelle votre attention tout spécialement sur les obligations qui incombent, soit aux parents qui mettent un enfant en nourrice (article 7 de la loi); soit aux nourrices, gardeuses ou sevreuses (articles 8 et 9 de la loi, 27 et suivants jusqu'à 34 du règlement), avec la pénalité qui est attachée à leur non exécution, en vertu de l'article 346 du Code pénal (six jours à six mois d'emprisonnement, 16 fr. et 300 fr. d'amende).

En résumé : les parents ne doivent pas placer un enfant en nourrice, sans le déclarer eux-mêmes ou le faire déclarer à la mairie de leur résidence et donner à la nourrice son bulletin de naissance. Vous pouvez être chargée de faire cette déclaration.

Les nourrices, *avant de prendre un nourrisson*, doivent se munir du certificat d'un médecin, de celui du maire de leur commune et du carnet.

Dès qu'elles ont reçu l'enfant chez elles, elles doivent faire une déclaration au maire de leur commune; une déclaration analogue doit être faite dès qu'elles le rendent aux parents, ou si, par l'ordre de ces derniers, elles le confient à une autre nourrice, ou enfin si l'enfant vient à décéder.

En un mot, l'administration et le médecin-inspecteur doivent être tenus au courant de tous les placements, déplacements, retraits et décès des enfants en bas-âge, placés hors du domicile maternel.

Il est de votre devoir de faire connaître ces diverses obligations à toutes vos clientes et de recommander aux nourrices de se conformer, pour l'hygiène de leurs nourrissons, aux prescriptions, émanées de l'Académie de médecine, reproduites aux pages 14 et 15 dudit carnet.

Je dois également appeler votre attention sur les articles 11 de la loi et 36 du règlement, qui concernent plus particulièrement les sages-femmes.

En vertu de ces deux articles, vous ne devez ni vous entremettre à placer des enfants sans l'autorisation de l'administration, ni confier, même avec l'assentiment des parents, des enfants à des nourrices qui ne seraient pas munies des certificats et du carnet réglementaires.

Vous devez faire vous-même la déclaration exigée par l'article 7, *avant le départ de l'enfant en nourrice*, si l'accouchement a eu lieu dans votre domicile.

En manquant à ces dispositions, vous vous exposeriez à une pénalité sérieuse. Je dois, en effet, ne pas vous laisser ignorer que, pour ma part, je n'hésiterais pas à déférer les délinquantes à la justice.

J'attache un intérêt tout spécial à la stricte exécution, dans la Loire, de la loi de la protection du premier âge.

Recevez, Madame, l'assurance de ma considération distinguée.

Le Préfet de la Loire,
P. GLAIZE.

L'obligation imaginée par le Conseil général de Meurthe-et-Moselle s'adresse aux futures sages-femmes ; une circulaire de ce genre, et mieux, une série de conférences à l'usage des sages-femmes actuellement en exercice, me paraissent très utiles, indispensables même.

Quant à l'enseignement de la science nourricière, je ne puis que répéter ce que j'ai déjà dit, l'an dernier et, qui revient comme un refrain sur les lèvres ou au bout de la plume de quiconque parle ou écrit sur la protection de l'enfant du premier âge : Le meilleur moyen de combattre les funestes préjugés et les pratiques de la plus détestable routine qui condamnent à la mort tant d'enfants à la ville et à la campagne, c'est de donner la plus grande publicité aux excellentes recommandations de l'Académie de médecine, qui sont imprimées dans les carnets de nourrice.

L'an dernier, je réclamais et je réclame, cette année encore, l'impression en gros caractères bien lisibles et sous forme d'affiches ; la distribution de ces placards à toute personne qui fait une déclaration de naissance : j'ajoute, cette année : l'impression de ces conseils dans tous les livres populaires, journaux illustrés, almanachs, catéchismes, livres de piété, etc. Dans les écoles primaires à la dernière année, les filles devraient *les apprendre par cœur* ; elles sont de droit les petites mères des jeunes frères et sœurs. « Les aînés portent les petits » dit Bersot.

Les fillettes les sauront pour elles-mêmes et les apprendront à leurs mères, double profit. Je parlerai plus loin des conférences rurales par les médecins-inspecteurs et des crèches, écoles professionnelles de maternité. Ajoutons, comme couronnement, l'enseignement privé. Chaque mère de famille, qui *sait*, peut et doit se faire l'éducatrice de sa voisine, plus ignorante.

Ici encore, j'ai une autorité.

Le 21 août 1877, à Rouen, se réunissait le Congrès annuel des Sociétés protectrices de l'enfance.

Au programme figuraient plusieurs questions.

La troisième était celle-ci :

« Des moyens pratiques de faire pénétrer chez les
« jeunes mères de toutes les classes les connais-
« sances relatives à l'hygiène de la première en-
« fance. »

M. le docteur Laurent a traité cette question dans
un intéressant mémoire où il a proposé tous les
moyens préconisés ci-dessus, et, à part quelques
objections de détail peu importantes, l'assemblée a
été unanime à les approuver et à émettre un vœu
pour que toutes ces mesures soient prises.

La deuxième partie du mémoire était consacrée à
l'examen en détail des raisons qui empêchent le bon
fonctionnement de la loi Roussel, avec indications
des amendements que je proposais aux prescriptions du règlement et des circulaires ministérielles
explicatives.

La première raison (manque et insuffisance des
déclarations prescrites aux parents et aux nourrices
et, pour ces dernières, la non-obtention des certificats et du carnet, *avant la prise de l'enfant*), a été
suffisamment traitée ; le remède, c'est la publicité
d'abord et ensuite l'exactitude dans la constatation du
délit et la sévérité dans sa répression légale.

J'insiste à nouveau sur l'intervention presque
exclusive du garde-champêtre pour la recherche et
la constatation du délit, et je me contente de rappeler ce que j'ai dit, l'expérience n'ayant fait que
m'ancrer plus fortement encore dans cette opinion
qui est aussi, on l'a vu, celle de M. Kahn.

Lorsque le maire d'une commune apprend qu'une de ses adminitrées a pris chez elle moyennant salaire, un nourrisson ou un enfant en sevrage ou en garde sans en avoir reçu la déclaration exigée par l'article 9, il envoie chez elle le garde-champêtre qui constate le fait, dresse procès-verbal et la chose suit son cours.

Ainsi, le maire n'apparaît pas; le garde-champêtre, que cela ne gêne pas, puisque c'est sa fonction, a seul la responsabilité de cette mesure énergique.

La difficulté ne me paraît pas bien grande encore d'obtenir satisfaction pour l'obtention des certificats et du carnet.

Quand le garde-champêtre va chez une femme pour lui faire sentir tous les inconvénients de n'être pas en règle avec l'article 9, il lui est facile, du même coup, de s'assurer de l'exécution de ces nouvelles prescriptions. Dans la négative, il constate le fait sur le procès-verbal, d'où, application sévère de la peine par le juge, en vertu de l'article 346 du Code pénal précité.

S'il s'agit de la nourrice sur lieu (article 8), je disais:

On comprend l'importance de cet article, car on sait que, pour se placer avantageusement dans les villes, comme nourrrices sur lieu, les femmes et les filles-mères de la campagne sèvrent prématurément leurs enfants et les font élever tant bien que mal, au biberon et même à sec. Il faut, d'une part, donner une grande publicité à la loi, pour que les personnes des villes qui sont assez aisées pour prendre à la maison une nourrice, exigent que cette nourrice ait satisfait à cette obligation, par respect pour la loi et par intérêt pour l'enfant de la nourrice. Il faut, d'autre part, quand l'occasion se présente, sévir contre la nourrice sur lieu, qui n'est pas en règle avec cet article si sage.

Le premier agent de police venu, rencontrant une nourrice en ville, n'a qu'à lui demander si elle a ce certificat; si, non, procès-verbal.

Ce n'est pas plus difficile que cela.

L'affichage de la condamnation dans la commune de la nourrice ou sevreuse, ou gardeuse, ou nourrice sur lieu, et mieux, dans toutes les communes de son canton, sera très utile pour donner une grande publicité à tous ces salutaires exemples. Et, dans cet ordre d'idées, on peut être assuré du concours de la presse de toute nuance.

En résumé donc, sur cette première question (insuffisance des déclarations et non-obtention des certificats réglementaires), plus que jamais je persiste à dire que l'unique moyen d'obtenir :

1° Que les déclarations imposées aux parents et aux nourrices — les dernières surtout — soient faites exactement ;

2° Que les nourrices se munissent des certificats divers exigés avec tant de raison par la loi et le règlement;

C'est la sévérité dans la constatation du délit par l'intermédiaire du garde-champêtre, en laissant, autant que possible, le maire en dehors de cette constatation.

Plutôt que de la faire ainsi rigoureusement, beaucoup de maires préféreraient résigner leurs fonctions.

Et cela s'explique : on n'aime pas à se faire des ennemis de ses électeurs, de ses voisins, de ses amis même.

Quant aux obligations diverses imposées par la loi
aux directeurs des bureaux de placement, aux meneurs et meneuses, je n'ai aucune observation à
présenter.

Il faut purement et simplement tenir la main à
l'exécution stricte de la loi à l'égard de ces industriels qui peuvent faire beaucoup de mal, si l'on n'est
pas très sévère à leur endroit.

Les demandes d'autorisation doivent être scrupuleusement contrôlées par MM. les Préfets et accordées seulement à bon escient.

Les sages - femmes, surtout dans les grands
centres, doivent être l'objet d'un contrôle incessant,
d'une surveillance sévère de la part de qui de droit.

Il me reste à parler des déclarations que les
maires ont à transmettre à leurs collègues et aux
médecins-inspecteurs concernant l'arrivée, le départ
et le décès des enfants protégés. Je disais l'an
dernier :

Pour éviter toute perte de temps qui pourrait être
très préjudiciable à la santé et à la vie des enfants,
en transmettant ces avis par l'intermédiaire des
préfets, comme cela se fait ; pour épargner, par suite
de ces lenteurs, des courses inutiles et des pertes de
temps désagréables et onéreuses aux médecins-inspecteurs, il faut que les maires et les médecins-
inspecteurs aient entre eux la franchise postale
directe.

Il est inutile d'insister sur ce point. Cependant il
est nécessaire de constater que cette question a fait
un grand pas. On lit, en effet, dans le rapport présenté
par le Ministre au Président de la République sur

l'application de la loi Roussel, pour les années 1880, 1881 et 1882 :

« La concession de la franchise postale pour les
« communications réglementaires échangées entre
« les communes de placement et les communes
« d'origine d'une part, et entre les municipalités et
« les médecins-inspecteurs d'autre part, réaliserait
« une amélioration pratique très féconde, une de
« celles qui sont instamment réclamées dans les dé-
« partements et dont l'importance a été plusieurs
« fois signalée d'une manière pressante par le comité
« supérieur.

« Aujourd'hui, et à défaut de cette franchise, les
« avis sont adressés aux préfets et aux sous-préfets
« qui doivent, à leur tour, les porter à la connais-
« sance des intéressés. D'un côté, la charge qui
« incombe de ce chef au service des postes, est deux
« fois plus considérable que celle qui résulterait
« d'une transmission directe. D'autre part, à raison
« de l'entremise obligée des préfectures et des sous-
« préfectures, les notifications ne peuvent, le plus
« souvent, parvenir à destination dans les délais
« prescrits et subissent d'inévitables lenteurs, très
« préjudiciables à l'action tutélaire de la loi ; car, en
« pareille matière, le degré d'efficacité de l'inter-
« vention administrative dépend, en grande partie,
« de sa promptitude.

« Cet échange d'avis entre les médecins-inspec-
« teurs et les maires a pour objet l'exécution d'une
« loi d'intérêt général ; il s'agit ici d'un service pu-
« blic dans l'acception rigoureuse du terme.

« Enfin, ainsi que vous le faisait remarquer un de
« mes prédécesseurs dans son rapport précité
« du 8 juillet 1880, aucune fraude ne serait à redou-

« ter, puisque la correspondance circulerait à décou-
« vert, au moyen de sorte de cartes postales, et que
« les agents des postes seraient ainsi à même d'exer-
« cer sur les transmissions un contrôle très facile et
« très sûr.

« Je me propose de reprendre l'étude de cette
« question de concert avec M. le Ministre des postes
« et des télégraphes et d'appeler tout particulière-
« ment sa bienveillante sollicitude sur le grand
« intérêt qui s'attache à la concession de la franchise
« demandée. »

———

Le deuxième obstacle que rencontre la loi, c'est la
difficulté pour constituer et faire fonctionner les
commissions locales.

Je disais l'an dernier : On connaît la composition
des commissions locales. Certes, le rédacteur de la
circulaire ministérielle du 15 juin 1877 avait raison
de compter sur le concours dévoué et actif des
maires, desservants, pasteurs, rabbins et instituteurs;
il avait raison de dire « qu'il n'est guère de
« commune où ne se rencontrent quelques femmes
« dévouées au bien, habituées aux soins que
« réclame l'enfance ; » mais, il faut tenir compte
des difficultés de la pratique, qui, parfois, ruinent
les espérances les plus fondées en annihilant les
meilleures intentions et en effrayant les bonnes
volontés les plus louables.

Or, on peut être dévoué au bien, mais n'avoir pas
le temps de consacrer plusieurs journées par mois à
la visite des enfants quand on a son ménage à tenir,
sa maison à faire marcher, ses champs à cultiver,
en un mot, ses intérêts à surveiller; on peut être
dévoué au bien et n'avoir pas l'indépendance de

position et de fortune ou même simplement l'énergie nécessaire pour s'exposer à se faire des ennemis irréconciliables de voisins, d'amis, de simples connaissances.

Et ce sont là, précisément, les deux raisons principales qui empêchent plus particulièrement les magistrats municipaux et les mères de famille de s'acquitter strictement des obligations que la loi impose aux membres des commissions locales obligés parfois de provoquer des mesures de rigueur contre les nourrices ignorantes, peu consciencieuses ou indignes.

D'autre part, l'instituteur, secrétaire de la commission, est trop absorbé par sa classe pour pouvoir faire des tournées fréquentes.

Enfin, il faut bien avouer que ce n'est pas aux curés que revient le soin de visiter les nourrices à domicile. Cependant, leur place est indiquée à la commission locale, parce qu'ils peuvent lui donner des renseignements utiles.

Je crois devoir publier ici une lettre d'un maire d'une commune de la Loire, qui est certainement l'interprète et l'écho des maires de l'immense majorité des communes de France; j'en appelle à l'expérience de tous ceux qui, à un titre quelconque, s'efforcent de faire exécuter la loi Roussel :

S***, le 10 avril 1883.

Monsieur le Sous-Préfet,

....

Notre commission est tout à fait incomplète.

M. le curé, alléguant pour motif que les prêtres sont exclus de bien d'autres commissions dont ils faisaient jadis partie de droit a refusé formellement de faire partie de celle-ci.

Madame X***, qui avait d'abord consenti à faire partie de ladite commission, a décliné à la dernière heure ce mandat, sous prétexté que son mari s'y opposait et qu'elle se ferait des ennemis en exerçant la mission qui lui serait confiée par la loi.

Ainsi donc, Monsieur le Sous-Préfet, vous jugerez par cela combien il est difficile parfois à un maire de campagne de remplir son ministère selon la loi et de donner satisfaction aux rappels réitérés de l'administration supérieure.

C'est le cas de dire : *ab uno disce omnes*, et je me permets de recommander cette lettre à qui de droit et tout particulièrement à l'honorable et dévoué docteur Kahn, qui a d'excellentes idées sur le rôle des commissions locales, mais me paraît un peu méconnaître les difficultés que nous rencontrons pour les constituer d'abord et les faire fonctionner ensuite.

Voici ce qu'il dit :

« Leur action devrait être des plus efficaces. Ce « sont elles qui pourraient se rendre compte, par des « visites fréquentes et inattendues, de la manière « dont les enfants sont nourris et soignés; les « visites mensuelles du médecin ne font que montrer « les résultats dont ces commissions devraient cons- « tater les causes que l'homme de l'art, le plus sou- « vent, ne peut que soupçonner.

« Là, encore, il nous semble qu'il ne serait pas « impossible d'arriver à un bon résultat, par un « choix intelligent des membres de ces commissions. « Il suffirait, pour cela, de les composer de per- « sonnes de bonne volonté, ayant le loisir de faire « les visites nécessaires, qui, en somme, se rédui- « raient pour chacune d'elles à deux ou trois par « semaine, à leur jour et à leur heure. »

Plus loin, parlant des difficultés que rencontre le médecin-inspecteur dans les pays difficiles comme la Loire au point de vue topographique, il revient à la charge et à propos de cette visite mensuelle du médecin, il dit :

« Quel en est donc le but ? Surprendre la nourrice « et s'assurer ainsi de la manière dont elle soigne « l'enfant. Mais n'est-ce pas là précisément le rôle « des membres de la commission locale, et est-il « besoin d'être docteur en médecine pour reconnaître « qu'un enfant n'est pas débarbouillé aussi soigneu- « sement qu'il le faudrait, ou qu'on lui fait avaler « une bouillie quelconque et non du lait ?

« Enfin, en concluant, il réclame « un choix intelli- « gent des membres des commissions locales, qui « amène de leur part la surveillance active qu'ils « doivent exercer. »

C'est plus facile, hélas ! à dire qu'à faire, et il faut d'abord convaincre les dames qu'elles peuvent accepter cette charge sans se faire fatalement des ennemis.

Je ne vois, pour les rassurer, que la participation du garde-champêtre, dans la proportion et la mesure indiquées plus haut, et j'insiste à nouveau mais dans un ordre d'idées un peu différent.

Dans nombre de communes rurales de plusieurs départements, s'est introduit peu à peu un *modus vivendi* qui donne peut-être la solution de cette grave difficulté (je dis grave, car je crois que l'on ne peut méconnaître l'importance de la commission locale dans le fonctionnement de la loi Roussel. C'est un rouage essentiel de la machine.)

Le garde-champêtre, dans ses tournées ordinaires, visite toutes les nourrices une et plusieurs fois par mois. Quand la commission se réunit, soit pour sa séance mensuelle réglementaire, soit d'urgence, il lui rend compte de ses visites. L'exactitude de ses dires est contrôlée d'une part, par l'opinion locale

qui est généralement bien renseignée dans les commune rurales, et, de l'autre, par les renseignements
particuliers que les membres de la commission ont
sur des enfants dont ils connaissent bien les nourrices qui sont leurs voisines. Si tout va bien, le procès-verbal de la séance le constate et la séance est
levée. Si, au contraire, sur le rapport du garde-
champêtre, une mesure de rigueur ou de simple préservation est jugée indispensable, cette mesure est
décidée, et, chose essentielle, c'est le garde-champêtre qui la notifie à la nourrice.

Si la chose paraît douteuse, un membre de la
commission est délégué pour faire une enquête.

Par cette pratique, la lettre du règlement est peut-
être méconnue, les prescriptions ministérielles sont
un peu éludées ; mais, ce qui est l'important, l'esprit
de la loi est conservé et son but atteint.

En effet, se voyant sous le coup d'une surveillance
administrative incessante, rigoureuse, inflexible, qui
leur apparaît sous la figure redoutée du garde-
champêtre, personnification vivante de la loi, les
nourrices, sevreuses ou gardeuses sont tenues constamment en haleine.

De peur d'être surprises, de se voir enlever leurs
nourrissons, de se sentir désignées à l'opinion locale
comme mauvaises nourrices et même de s'attirer de
graves désagréments, elles soignent mieux les
enfants qui leur sont confiés. Il arrive alors qu'il y a
diminution des enfants malades, et que la mortalité
est sensiblement abaissée.

Que veut-on de plus ? N'a-t-on pas, comme le
demande l'article premier « protégé la vie et la
santé du nourrisson ? »

Je ne dis pas qu'il faille conseiller et encore

moins imposer partout cette pratique ; il suffit de la
tolérer, là où elle est nécessaire. Il est évident que
là où les commissions locales fonctionnent bien,
c'est-à-dire dans les communes compactes, il faut
les laisser exercer seules cette surveillance. Mais là
où elles fonctionnent mal ou même pas du tout,
c'est-à-dire dans les communes très étendues, composées de hameaux éloignés les uns des autres ou
de maisons disséminées, avec des chemins difficiles, il vaut mieux autoriser les maires à se servir
du garde-champêtre pour seconder la commission
dans la visite des enfants.

Il faut encore le faire, quand, par le refus des
mères de famille, — cas trop fréquent, — la commission locale ne peut fonctionner ou même se
constituer. (1)

C'est ainsi que les choses se passent, je le répète,
dans nombre de communes, et il faut reconnaître
qu'elles n'en vont pas plus mal, au contraire.

Cela ne vaut-il pas mieux que d'avoir des commissions fonctionnant seulement sur le papier, comme
cela est trop commun, en France, et dans la Loire ni
plus ni moins, peut-être moins que dans les autres
départements ?

Poser cette question, c'est y répondre.

Il est évident que cette pratique augmentera un
peu la besogne des gardes-champêtres, que j'ai, du
reste, déjà associés à l'exécution de la loi Roussel,
en les chargeant *exclusivement* de la constatation *à
domicile* des délits commis par les nourrices, ou-

---

(1) En tout cas, il faut toujours laisser au garde-champêtre la responsabilité apparente des mesures de rigueur et de préservation, en lui
laissant, exclusivement, le soin de les notifier aux intéressées.

blieuses des prescriptions des articles 8 et 9 de la loi, 27, 28, 29 et 30 du règlement.

Une légère indemnité supplémentaire suffira pour que ces modestes et utiles fonctionnaires se chargent de la partie de la besogne redoutée par les membres des commissions ; je veux dire, l'espèce d'inquisition qu'exige la surveillance à domicile et la répression qui peut en résulter pour la délinquante. Je reviendrai plus loin sur ce point. Il sera nécessaire de récompenser, par des gratifications et par des distinctions honorifiques, ceux d'entre eux qui se seront distingués par leur intelligente activité et leur zèle patriotique dans l'accomplissement de ces tournées d'inspection et de surveillance.

Il va sans dire que ces récompenses honorifiques doivent aussi, à l'occasion, être données aux membres de commissions locales : maires, curés, instituteurs et, plus particulièrement aux mères de famille, dont il faut stimuler le zèle, leur concours étant des plus précieux.

La circulaire du 8 août 1881 dit excellemment : « Lorsque des personnes dévouées veulent bien, sans « aucune rémunération, seconder l'application des « mesures de protection, elles assurent au service le « bienfait d'une action en quelque sorte perma- « nente dont ne saurait tenir lieu le contrôle néces- « sairement intermittent de l'Inspecteur du service « des enfants assistés et des médecins-inspecteurs. »

Et, puisque je suis en train de parler des récompenses honorifiques, je me permettrai une observation sur celles accordées aux nourrices signalées pour les bons soins donnés à leurs nourrissons. La même circulaire dit à ce propos : « Je serai en me- « sure de distribuer à la fin de l'année des récom-

« penses honorifiques, mentions honorables, mé-
« dailles de bronze et exceptionnellement médailles
« d'argent. La composition et la gravure de ces
« récompenses, *véritables objets d'art*, ont entraîné
« de longs délais qui ne m'ont permis jusqu'à pré-
« sent d'accueillir aucune des demande formulées. »

Objets d'art ! c'est possible ; mais comme dit le
fabuliste, le moindre ducaton ferait mieux leur
affaire. Qu'on leur donne un diplôme, qu'elles feront
encadrer et conserveront précieusement appendu
dans leur demeure, et, en belles espèces sonnantes
et trébuchantes, le prix de la médaille ; elles appré-
cieront mieux leurs récompenses.

Je voudrais aussi... mais, selon mon habitude, je
laisse la parole à un homme plus autorisé.

L'inspecteur du Calvados, un ancien préfet,
M. Lefort, dit dans un de ses rapports :

« Il est dit dans la circulaire du 14 juin 1880 que,
« lorsque le Ministre aura statué sur la participation
« de l'Etat aux récompenses, l'Administration pré-
« fectorale prendra des mesures pour les faire distri-
« buer officiellement.

« Je crois qu'il serait d'un excellent effet que cette
« distribution eût lieu au chef-lieu d'arrondissement
« avec une certaine solennité, et surtout, dans le cas
« où la nourrice récompensée ne pourrait y venir,
« d'inviter le maire de la commune où l'un des
« membres de la commission locale à venir recevoir
« pour elle la récompense qui serait remise avec un
« diplôme la mentionnant.

« Ce serait un moyen de stimuler l'amour-propre
« et le zèle des nourrices qui conserveraient ce titre
« honorifique et pourraient le montrer aux personnes

« auxquelles elles s'adresseraient pour leur deman-
« der d'élever des enfants.

« Il serait bon aussi que les parents des enfants
« confiés à des nourrices fussent invités à cette distri-
« bution et que la liste de celles qui seraient récom-
« pensées fût communiquée aux journaux de Caen
« et à ceux du chef-lieu de l'arrondissement auquel
« elles appartiennent.

« En résumé, j'ai l'honneur de vous proposer
« qu'on donne à cette cérémonie au moins autant de
« solennité et de publicité qu'on en donne lorsqu'il
« s'agit de distributions publiques de récompenses à
« ceux qui se sont distingués dans l'élevage des
« animaux. Il s'agit là de l'élevage des enfants ! »

A rapprocher d'un mot du docteur Monot (déjà
cité) et qui a été récompensé par l'Académie de médecine qui lui a décerné une médaille d'or, et a
reproduit un de ses mémoires, celui auquel j'ai fait
plus haut de si larges emprunts :

« Si chaque département consacrait chaque année
« en faveur de cette œuvre (encouragements et
« récompenses aux bonnes nourrices) une somme
« égale à celle qu'il vote pour les comices, les courses
« de chevaux, l'amélioration de la race bovine et
« chevaline, elle serait plus que suffisante pour la
« faire prospérer. »

Dans sa déposition déjà citée, M. Malarce dit à
propos des récompenses à accorder aux nourrices :

« Que l'on fasse au moins pour le bon élevage des
« enfants ce que l'on fait dans les comices agricoles
« pour encourager le bon élevage des bestiaux. »

————

Tous les journaux de Paris ont publié la note suivante, il y a quelques jours :

« Le 13 mai, la Société protectrice des animaux a
« tenu à une heure et demie sa 31e séance publique
« annuelle, au Cirque d'Hiver, sous la présidence de,
« M. Fery d'Esclands.

« La musique du 89e régiment de ligne prêtait son
« concours à la cérémonie.

« Après une allocution du président, M. Balin,
« secrétaire général, a lu le rapport sur les travaux
« de la Société.

« On a procédé ensuite à la distribution des
« récompenses. Des prix ont été décernés aux au-
« teurs d'œuvres littéraires et artistiques et d'œuvres
« de science, propres à populariser les doctrines de
« la Société, aux inventeurs d'appareils, de procédés
« ou d'application de nature à améliorer la condition
« des animaux, aux instituteurs qui ont fait péné-
« trer les doctrines de la Société dans leur ensei-
« gnement, aux élèves des écoles communales spé-
« cialement distingués pour leur douceur envers les
« animaux, et à tous ceux qui se sont signalés par
« des mérites divers dignes de l'attention de la
« Société.

« Les lauréats sont au nombre de 730. Il a été dis-
« tribué 4 médailles d'or, 10 médailles de vermeil,
« 58 médailles d'argent, 217 médailles de bronze,
« 40 rappels de médailles, 400 mentions hono-
« rables.

« Un intéressant concert a suivi la distribution des
« récompenses, etc. »

La protection des enfants vaut bien celle des animaux, ce me semble.

Un procédé qu'on ne saurait trop recommander
aux maires et aux membres des commissions locales,
pour éviter ces inimitiés de village devant lesquelles

ils reculent, quand il s'agit de prendre une mesure de rigueur ou simplement de préservation, c'est de prévenir par lettre personnelle l'Inspecteur du service que tel enfant placé à tel endroit ne reçoit pas les soins désirables, et indiquant les nom et adresse des parents ou de la fille-mère. L'Inspecteur fait prévenir les intéressés qui se rendent immédiatement chez la nourrice, retirent l'enfant et peuvent montrer la lettre de l'Inspecteur qui a seul, à l'égard de la nourrice, la responsabilité de cette dénonciation aux parents.

J'ai vu ce procédé réussir une dizaine de fois, au moins, depuis que je suis ici.

A ces dix enfants, ainsi sauvés, il faut en joindre autant préservés par des mesures prises directement par des commissions locales plus énergiques, mieux pénétrées de l'étendue de leurs devoirs.

Ces faits ont été, du reste, consignés tout au long par M. l'Inspecteur dans son rapport au Comité départemental, au commencement de cette année, et je me crois dans mon droit strict et dans la convenance, en usant de ces renseignements ici, puisque c'est moi-même qui les lui ai fournis, ayant dans mes attributions le dépouillement des procès-verbaux des séances des commissions locales, des bulletins médicaux, en général, la protection du premier âge, sauf la partie financière.

Troisième obstacle à l'exécution de la loi : Difficultés que rencontrent les médecins-inspecteurs pour accomplir leur mission.

L'an dernier je disais, en me résumant ici :

La circulaire du 8 août 1881 dit avec raison :

« Les enfants ne peuvent bénéficier de la surveil-
« lance prescrite qu'autant qu'ils sont exactement
« suivis dans tous leurs déplacements et immédiate-
« ment signalés aux médecins-inspecteurs. L'un des
« griefs les plus légitimes de ces derniers, celui qui
« détermine leurs réclamations les plus générales et
« les plus vives, est précisément l'insuffisance des
« indications que leur transmettent les maires au
« sujet de l'arrivée et du départ des enfants. »

Supposons cette première et grande difficulté écartée, ce qui, je l'ai dit plus haut, peut s'obtenir assez
facilement : 1° En punissant les nourrices qui ne font
pas la déclaration exigée par l'article 9 ; 2° en accordant aux maires la franchise postale directe pour
transmettre rapidement lesdites indications aux médecins ; supposons, dis-je, cette difficulté écartée, il
reste encore d'autres difficultés que les médecins
rencontrent dans l'accomplissement de leur tâche.

Il ne faut pas oublier que l'inspection médicale est
le rouage essentiel du service de la protection. Aussi,
tous les efforts de l'administration, des comités locaux et départementaux, des inspecteurs départementaux, doivent tendre à aplanir les difficultés
devant les médecins-inspecteurs. Quoi qu'on fasse,
l'indemnité sera toujours peu en proportion avec le
service demandé, les obligations qui leur sont imposées (1) n'étant guère susceptibles d'être réduites,
sous peine de ne pas atteindre le but de la loi.

Ce sont ces difficultés que je me propose main-

---

(1) Art. 10. — « Le médecin inspecteur doit se transporter au domicile de
la nourrice, sevreuse ou gardeuse, pour y voir l'enfant dans la huitaine
du jour où il est prévenu, par le maire, de l'arrivée de l'enfant dans sa
commune.

« Il doit ensuite visiter l'enfant *au moins une fois par mois* et à toute
réquisition du maire. »

tenant d'examiner pour en chercher, sinon la suppression, au moins l'atténuation.

On ne peut, je crois, imposer une réglementation uniforme ; je ne dirai pas pour toute la France, mais même pour un seul département, en ce qui concerne : 1° le taux de l'indemnité qui est allouée aux médecins ; 2° les visites exigées d'eux pour la surveillance des nourrissons.

En effet, la difficulté du service varie avec la configuration topographique des circonscriptions, et, par conséquent, la peine n'étant pas égale, la rémunération ne peut l'être.

Voilà qui condamne, en principe, comme peu équitable, le procédé d'abonnement par an et par enfant, uniforme pour tout un département.

Ce mode de rémunération est très simple, mais il n'est de mise que pour les circonscriptions faciles, c'est-à-dire composées de communes compactes, peu distantes les unes des autres, et reliées entre elles par de belles routes ou de bons chemins.

En ce cas, l'abonnement annuel par enfant fixé à 10 francs *au minimum*, à 12 francs, 1 franc par visite, *au maximum*, me paraît convenablement rémunérateur, car on peut compter sur le dévouement traditionnel des médecins.

Mais, ce taux ne peut être conservé dans les circonscriptions laborieuses, c'est-à-dire composées de communes éloignées les unes des autres, d'un accès difficile, et surtout composées de hameaux, de maisons disséminées.

En ce cas, il faut absolument tenir compte, pour la fixation de l'indemnité, et de la distance et de la difficulté ; autrement le chiffre de 1 franc par visite, en moyenne, serait, comme le dit la circulaire d'août

1881, « en trop grande disproportion avec le service « demandé. » Il faut alors donner 1 fr. 50 et même 2 francs pour certaines visites, ce qui élèverait la moyenne annuelle par enfant protégé à 15 francs au minimum et 20 francs au maximum.

En outre, il faut qu'il y ait un contrôle pour le nombre des visites faites ; il faut, de toute nécessité, comme le dit très bien la même circulaire, éviter « le grave inconvénient de placer sur un même pied, au point de vue des honoraires, les médecins qui s'astreignent à toutes les visites règlementaires et ceux qui s'en affranchissent plus ou moins. »

L'emploi du carnet à souche, imaginé par le Comité supérieur de la Protection, me semble à la fois indispensable et irréprochable. Le bulletin isolé est peut-être plus simple encore.

Reste la question du nombre, ou plutôt de la forme des visites.

Certains comités départementaux ont émis l'idée que l'on pourrait n'exiger des médecins qu'une visite *trimestrielle*. La circulaire du 8 août, au contraire, dit formellement : « La visite des enfants doit être *mensuelle*, comme le prescrit le règlement. » La circulaire et le règlement ont raison. Avec la visite trimestrielle, la protection serait dérisoire.

Mais, on pourrait peut-être, dans certaines circonscriptions (cas dont les préfets, après avis des comités départementaux, seront seuls juges), autoriser les médecins-inspecteurs, pendant la belle saison seulement, à réunir toutes les nourrices avec leurs nourrissons au centre du village, sauf à voir à domicile les enfants qui ne leur auraient pas été présentés à cette réunion collective.

Cela simplifierait singulièrement leur tâche et ne

présenterait pas grand inconvénient, puisque ces réunions ne pourraient avoir lieu que quand la saison est favorable et pour les enfants auxquels cette sortie ne pourrait être nuisible, vu leur bon état de santé.

Il ne faudrait pas s'exposer au danger que le préfet d'Eure-et-Loir a voulu dernièrement conjurer, en interdisant sévèrement, et avec raison, aux nourrices de faire effectuer « aux enfants bien portants ou malades, en tout temps et en toute saison, des voyages religieux ou des pèlerinages. »

Voici les avantages que cette pratique présenterait :

La commission locale choisirait, pour le jour de sa réunion mensuelle, le jour de la venue du médecin, et cette visite serait annoncée assez à l'avance, par voie d'affiche et par l'appariteur public, au prône, et même à domicile par le garde-champêtre, qui aurait la liste de tous les enfants protégés placés dans la commune.

Le médecin assisterait à cette réunion ; puis, après, il examinerait les enfants rassemblés à la maison commune en séance publique. L'éloge ou le blâme fait par lui des nourrissons serait d'abord, pour les nourrices, une récompense ou une peine effective.

Ce serait une sorte de concours de bébés.

Qu'il y ait dans chaque mairie une balance métrique pour peser les nouveaux-nés et, par là, voir les progrès réalisés d'une visite à l'autre.

Enfin, le médecin profiterait de l'occasion pour faire, sur l'hygiène infantile, une petite conférence dont toutes ses auditrices, mères de famille et nourrices mercenaires, profiteraient.

C'est une idée que préconise aussi M. le docteur

Bernard, de Grenoble, dans une brochure qu'il a soumise à l'examen de l'Académie de médecine, sur l'allaitement et le sevrage des enfants.

Le rédacteur du rapport fait au nom de l'Académie dit à ce propos : « Voici une bonne idée ; l'auteur « demande que les médecins-inspecteurs fassent une « fois ou deux par an, dans chaque commune, des « leçons d'hygiène infantile à l'usage des nourrices ; « les leçons seraient copiées et répandues dans les « campagnes par les instituteurs. »

Il est certain que cette habitude excellente serait le complément naturel de la publicité ordonnée par le règlement, pour les prescriptions de l'Académie, que tant de nourrices ignorent, par la raison toute simple qu'elles ne savent pas lire.

Cette conférence serait utile, quand elle ne serait qu'une lecture avec commentaires de ces prescriptions.

Depuis que j'ai écrit ces lignes j'ai eu, dans cet ordre d'idées, des auxiliaires précieux, ici même.

M. Kahn a dit dans l'article déjà mis à contribution, après avoir montré tous les déboires et les ennuis du médecin-inspecteur, à la recherche de ses petits protégés dans ce département si difficile au point de vue topographique :

« Qu'au lieu de forcer le médecin à perdre une « journée entière pour visiter tous les enfants à do- « micile, au risque de ne pas les y rencontrer, on lui « permette de réunir tous ceux de la même commune « dans un endroit convenu, la mairie, par exemple, « au jour et à l'heure fixés d'avance, et soyez sûr « qu'il n'y manquera pas. Cela pourra bien quelque- « fois le gêner, mais il saura qu'on l'attend et remet- « tra ses visites de la ville pour aller faire son ins-

« pection. Celle-ci ne sera pas moins sérieuse pour
« autant, et il s'assurera tout aussi bien qu'à domi-
« cile de l'état de santé des enfants. S'il en remarque
« qui. lui paraissent souffrir, il les désignera à la
« commission locale pour que la surveillance s'exerce
« sur eux plus particulièrement ; au besoin, il ira
« lui-même voir ceux-là à domicile s'il en reconnaît
« la nécessité. Mais au moins, de cette façon, il
« n'aura perdu habituellement que trois heures, et il
« pourra, avec les quelques francs que lui rapporte
« son excursion, se payer le luxe d'une voiture qui
« lui permettra de revenir à sa clientèle sans être
« obligé d'attendre l'heure du train ou de l'omnibus.
« S'il arrive qu'au jour fixé pour la visite des en-
« fants, le temps soit trop mauvais pour les appor-
« ter, qu'il soit convenu d'avance qu'elle sera remise
« à huitaine. »

De son côté, M. le docteur Reuillet, rapporteur de
la commission du Conseil général, a dit (session
d'août 1882) :

« Votre commission est d'avis d'appeler l'attention
« de M. le Ministre sur l'utilité qu'il y aurait d'auto-
« riser le médecin, d'accord avec le maire et la com-
« mission locale, là où elle existe, à réunir à la mai-
« rie, par exemple, tous les enfants du premier âge,
« dans les communes à habitations disséminées. On
« pourrait faire ces réunions tous les deux mois au
« moins pendant la belle saison, et dans l'intervalle
« pourraient avoir lieu des visites à domicile, faites
« à l'improviste.

« Le jour et l'heure de ces réunions à la mairie
« devraient être fixés d'un commun accord. D'utiles
« conseils d'hygiène donnés publiquement produi-
« raient de bons effets, et chaque nourrice aurait

« assurément à cœur d'apporter le plus beau nour-
« risson.

« Cette proposition mérite d'être étudiée, car nous
« désirons tous que la loi Roussel, qui est bonne,
« humaine, patriotique, produise ses meilleurs résul-
« tats. Sans doute, dans les départements qui avoi-
« sinent Paris, elle est plus facile à exécuter, elle
« aura plus d'avantages, parce qu'elle y était plus
« nécessaire ; mais dans la Loire aussi elle doit avoir
« d'heureuses conséquences, et c'est pour cela qu'il
« faut en faciliter l'application. »

A la même session d'août, en suite et par exécution
de la circulaire du 22 juillet 1882, le Conseil général
a adopté le principe du paiement par visite (1 franc
par visite), au lieu du mode d'abonnement annuel
qui avait suscité de nombreuses plaintes.

Mais ici encore je laisse la place à un document
officiel, une circulaire adressée par M. le Préfet de
la Loire à tous les médecins-inspecteurs, en date du
16 janvier 1883, à l'époque où j'ai eu seul la responsabilité du service, faisant, comme je l'ai dit, l'intérim
du bureau pendant une absence forcée de l'Inspecteur :

DÉPARTEMENT
DE LA LOIRE

Saint-Étienne, le 16 janvier 1883.

PROTECTION
des
Enfants du premier âge

Monsieur,

J'ai l'honneur de vous adresser, sous ce pli, un exemplaire du
Recueil des actes administratifs, contenant une circulaire aux
maires du département, relative au service de la protection du
premier âge.

Les recommandations que cette circulaire renferme, auront,
je l'espère, toute votre approbation ; elles ont surtout pour but

d'obtenir l'envoi régulier et immédiat des avis réglementaires aux médecins-inspecteurs.

En présence des observations qui m'ont été soumises par quelques médecins, dans les rapports qu'ils m'ont adressés sur la marche de ce service pendant l'année 1882, et sur sa nouvelle organisation pour 1883, telle qu'elle a été exposée dans une circulaire du 1er décembre dernier, je crois devoir insister sur les raisons qui ont amené le Conseil général, sur la demande de M. le Ministre de l'Intérieur, à subsister le mode de paiement par visite à l'abonnement annuel.

Je ne puis mieux faire que de citer ici un passage relatif à cette question, extrait du rapport adressé récemment à M. le Président de la République par M. le Ministre de l'Intérieur :

« Des différents systèmes proposés pour la rémunération des « médecins-inspecteurs, le paiement par visite est le plus « simple, le plus juste, le plus efficace ; voici comment il se « pratique :

« Le médecin-inspecteur emporte, dans ses visites aux enfants « du premier âge, un carnet à souche sur lequel il consigne, « séance tenante le plus souvent, les observations et avis que « l'état de l'enfant lui suggère ; mensuellement il fait parvenir « à la Préfecture la liasse des bulletins détachés de leur souche. « Sur le vu de ces bulletins, les bureaux de la Préfecture liqui-« dent la créance du médecin-inspecteur et en mandatent à son « profit le montant. Dans les cas d'urgence, que le médecin « apprécie sous sa responsabilité, il transmet de suite au Préfet, « sans attendre la fin du mois, les bulletins concernant tels « ou tels enfants.

« Cette méthode est d'une extrême simplicité : elle dispense de « la production de mémoires le médecin-inspecteur, et ne « l'astreint qu'au minimum indispensable d'écritures et de for-« malités.

« Elle est parfaitement juste, puisque, le taux de la visite « étant une fois déterminé, le chiffre des honoraires dépend « exactement du nombre de visites effectuées.

« Elle est plus efficace qu'aucune autre, car, seule, elle permet « à l'administration de se tenir au courant des faits intéressant « la protection, au fur et à mesure qu'ils se produisent, et de « prendre ou de provoquer, en temps utile, les décisions qu'ils « peuvent motiver.

« Afin de dissiper certains malentendus qui m'ont été signalés

« par quelques préfets, je crois devoir répéter ici que la trans-
« mission mensuelle des bulletins de visite a exclusivement pour
« but de faire porter à l'inspection médicale tous ses fruits, et
« que cette procédure n'est inspirée à aucun degré par un senti-
« ment de suspicion à l'égard des médecins-inspecteurs dont
« j'apprécie hautement le désintéressement et le zèle. J'ajoute
« que le Comité supérieur compte parmi ses membres des méde-
« cins éminents, qui n'auraient jamais donné leur adhésion à
« l'application d'une mesure tant soit peu contraire à la dignité
« professionnelle. »

Ainsi que je vous le disais dans ma circulaire précitée du
1er décembre dernier, cette mesure aura pour premier effet de
donner satisfaction aux plaintes que quelques-uns d'entre vous
m'ont adressées, se trouvant lésés par les recensements inexacts
faits par les maires à la fin de chaque année.

Ces recensements devaient, vous le savez, servir *exclusivement*
de base à la répartition des indemnités accordées aux médecins-
inspecteurs, dans l'ancien système de l'abonnement annuel par
tête d'enfants existant dans le service au 31 décembre de l'année
précédente.

Ce n'est pas tout. Il serait contraire, à la fois, à l'équité et à
la convenance de vous offrir une indemnité en trop grande disproportion avec les sacrifices qui vous sont demandés. Cette
considération ne m'a pas échappé; mais il n'était pas possible
de demander au Conseil général, pour l'année 1883, de plus larges
crédits, en raison de la situation des finances départementales,
alors que la dépense afférente à ce service était portée de 14,485
francs en 1882, à 21,119 francs pour 1883, par suite de l'augmentation de l'indemnité médicale portée de 10 à 12 francs par enfant
et par an (1 franc par visite), et de la rémunération allouée aux
secrétaires de mairie.

Aussi, ai-je demandé à M. le Ministre, et j'ai été assez heureux
pour l'obtenir, à être autorisé, par une dérogation au règlement
spécial au département de la Loire, à prendre deux mesures de
nature, je l'espère, à vous permettre de remplir plus facilement
les obligations que vous impose la nouvelle organisation :

1° Au lieu du carnet à souche, dont il est question plus haut,
vous êtes autorisés à vous servir des bulletins isolés, plus ma-
niables et plus commodes, dont vous avez reçu le nombre pré-
sumé nécessaire, sauf à vous en adresser de nouveaux, dès que
cette première provision sera épuisée ;

2° Conformément au vœu émis par le Conseil général dans sa

dernière session (vœu que j'ai vivement appuyé auprès de M. le Ministre), vous pourrez, d'accord avec les maires et les commissions locales des communes de votre circonscription, réunir, tous les deux mois, à la mairie, pendant la belle saison, les enfants confiés à votre surveillance. Ainsi, tous les deux mois, vous pourrez, à cette occasion, vous acquitter de la visite règlementaire, indépendamment (cela va de soi) des visites que vous pourrez faire à l'improviste, quand les besoins de votre clientèle vous le permettront, sans dérangement ou perte de temps pour vous.

« Je ne conteste pas, dit M. le Ministre, que ces sortes de « concours exciteraient l'émulation des nourrices, et je ne m'op- « pose pas à ce qu'ils aient lieu, si vous en reconnaissez l'utilité. « Je vous ferai observer toutefois que, pour les nourrices habi- « tant des hameaux assez éloignés du centre de la commune, « ces déplacements seraient assurément onéreux, et que d'autres « pourraient attribuer à ces déplacements les indispositions de « leurs nourrissons, indispositions fréquentes pendant les cha- « leurs si préjudiciables au premier âge.

« J'estime d'ailleurs que ces inspections pourraient difficile- « ment être imposées aux nourrices, et qu'il faudrait faire appel « à la bonne volonté de ces dernières pour arriver à un résultat. « On pourrait notamment subordonner l'obtention des récom- « penses honorifiques ou pécuniaires à l'acceptation de ce mode « complémentaire d'inspection. »

Je n'ai pas besoin d'insister sur les réserves faites par M. le Ministre. Il me suffit d'avoir appelé sur ce point votre attention et votre sollicitude, et je vous laisse la liberté et le soin de vous entendre avec les autorités locales pour ces réunions mensuelles dont je suivrai les résultats avec le plus vif intérêt.

Je verrais avec plaisir Messieurs les maires choisir le jour de cette visite pour la réunion de la commission locale à laquelle vous pourriez ainsi assister, à l'issue de cette sorte de concours des nourrissons confiés à votre surveillance.

De la sorte, la commission profiterait, pour s'en faire l'interprète, des observations que cette visite vous aurait suggérées, en se chargeant de répandre autour d'elle les conseils d'hygiène infantile que vous aurez donnés aux nourrices, trop souvent inexpérimentées, imprudentes ou adonnées aux pires pratiques de la routine.

Je sais que, malgré ces facilités accordées exceptionnellement sur ma demande, à titre d'essai et d'exemple, à l'inspection mé-

dicalo de la Loire pour le service de la protection, ce service
continuera à vous imposer des obligations, en retour desquelles
une indemnité insuffisante, je le reconnais, vous est offerte; mais
je sais aussi par expérience que, en attendant que les ressources
budgétaires du département nous permettent de faire mieux, je
puis compter sur votre dévouement à cette œuvre humanitaire et
de préservation nationale, dont le succès, dans cette période
d'organisation, dépend surtout du zèle et du dévouement tradi-
tionnels du corps médical.

Agréez, Monsieur, l'assurance de ma considération la plus
distinguée.

Pour le Préfet de la Loire :
Le Secrétaire général délégué,
P. GRANET.

Je n'ajouterai qu'un mot : cette expérience réussira,
j'en ai la conviction, et, après réussite, elle servira
de règle probablement à tous les services.

Une observation aussi sur la portée de ces
bulletins médicaux qui « ont pour but exclusif de
« faire porter à l'inspection médicale tous ses fruits
« et permettent à l'administration de se tenir au
« courant des faits intéressant la protection, au fur et
« à mesure qu'ils se produisent, et de prendre ou de
« provoquer, en temps utile, les décisions qu'ils
« peuvent motiver. »

Je puis affirmer que, depuis le commencement de
cette année, le dépouillement des bulletins envoyés
tous les mois, aussitôt après chaque visite souvent,
a permis au service de la Loire de prendre les
mesures ou de les faire prendre par qui de droit,
parents et filles-mères, pour retirer immédiatement
d'entre les mains de mauvaises nourrices une
dizaine d'enfants assistés ou secourus temporairement
et légitimes.

———

Quatrième obstacle : Nombre et difficultés des
écritures, statistiques, registres, etc., etc., imposés

aux maires, secrétaires de mairie et médecins·
inspecteurs.

J'écrivais l'an dernier, je résume toujours :

« M. A. Delisle, employé à la préfecture d'Eure-et-
Loir, se trouvant en face de l'organisation si
complexe, si difficile, de la loi Roussel, a eu l'heureuse idée de condenser les textes principaux : loi,
règlement, circulaires ministérielles, dans des cadres
synoptiques, où sont groupés, d'une façon métho-
dique et fort ingénieuse, tous les points généraux et
spéciaux de l'application de la loi.

Grâce à ce cadre peu étendu, chacun des
exécuteurs de la loi, à quelque titre que ce soit, est
immédiatement fixé, d'un seul coup d'œil, sur ce
qu'il a à faire, tel jour et dans telle circonstance
donnée.

Or, lorsqu'un seul tableau suffit pour condenser
les obligations imposées : au préfet, au comité
départemental, à la commission locale, au médecin-
inspecteur, à l'inspecteur départemental, aux nourrices, sevreuses ou gardeuses, il en faut d'abord
deux pour celles qui sont imposées aux maires ; puis
deux encore pour les registres que ces magistrats
municipaux doivent tenir au courant, sans le contrôle
des juges de paix, et ce, sous peine de tomber sous le
coup de l'article 50 du Code civil (1 à 100 francs
d'amende !!!)

N'y a-t-il pas, dans ce simple fait, la preuve
évidente de l'exagération des exigences du règlement
à l'égard des maires, dont un grand nombre sont,
par leurs habitudes, leur instruction et les nécessités de la vie rurale, peu aptes aux travaux
bureaucratiques, étant, d'ailleurs, peu ou point
secondés, sauf par les instituteurs qui ont déjà tant
à faire?

Je crois qu'il y a lieu de réaliser une simplification des écritures qui leur sont imposées.

Il me semble qu'il suffit simplement d'exiger des maires :

1o Qu'ils président la commission locale, quand il y en a, et que, quand il n'y en a pas, ils exercent seuls dans leurs communes la surveillance instituée par la loi. Comme dit la circulaire du 15 juin : « Leurs devoirs sont, dans ce cas, d'autant plus « étroits qu'ils supportent seuls la responsabilité des « accidents qui peuvent survenir. »

2o Qu'ils délivrent les certificats éxigés des nourrices, gardeuses ou sevreuses et des nourrices sur lieu ;

3o Qu'ils inscrivent sur des registres *moins compliqués* les déclarations des parents et des nourrices ; lesquels registres rendent inutile la deuxième partie du registre des commissions locales quand, ce qui est le cas le plus ordinaire, l'instituteur est, à la fois, secrétaire de la mairie et de la commission ;

4o Qu'ils transmettent les indications d'arrivée, de départ, de décès des enfants protégés, d'abord aux médecins, par franchise postale directe, ensuite aux inspecteurs départementaux.

Ce sont ces fonctionnaires qui seraient seuls chargés de les transmettre, suivant les cas, aux maires des communes de naissance des enfants, de déclaration de l'article 7, de nouvelle résidence des nourrices et des parents.

Il me semble encore, dans cet ordre d'idées, qu'on pourrait sans inconvénient dispenser les inspecteurs départementaux de transmettre cet avis aux maires des communes de naissance des enfants, quand les parents ont quitté ces communes pour aller se fixer ailleurs.

Quel intérêt, en ce cas, peuvent présenter ces avis à ces magistrats municipaux ?

C'est là, je crois, une écriture superflue.

Il suit de là que l'Inspecteur départemental, centralisant tous ces renseignements, aurait sous la main tous les éléments nécessaires pour faire la statistique exacte et établir sûrement le mouvement des enfants protégés, besogne dont, du même coup, les maires et les médecins-inspecteurs se trouveraient débarrassés, à leur grande satisfaction.

Si je ne me trompe, c'est là le seul moyen d'arriver à cette régularité des écritures qui n'est pas, comme le dit avec raison la circulaire d'août 1881, « une affaire de forme, mais est la condition indispensable de l'application de la loi. »

Il ne faut pas se le dissimuler : on en demande trop, beaucoup trop, à ces malheureux maires ; aussi, beaucoup d'entre eux, découragés, effrayés même, ne font rien, ne pouvant faire le tout.

Quelques-uns, même, vont jusqu'à offrir leur démission en réponse aux mises en demeure qui leur sont faites, et ce ne sont pas, malheureusement, les moins intelligents et les moins influents.

Qu'on juge, par là, de la situation fausse qui est faite en ce cas aux Préfets.

Dans les Vosges, où le service de la protection est admirablement organisé, pour stimuler le zèle des secrétaires de mairie, chaque année on donne des gratifications de 50, 40, 30 et 25 francs à ceux d'entre eux qui ont montré le plus de zèle, d'activité et de régularité ; un excellent journal de la région, le *Progrès de l'Est*, après avoir mentionné les noms

de ceux ainsi récompensés, dit : « Les secrétaires
« municipaux s'accordent à désirer voir ramener les
« registres à un format plus maniable, voir réduire
« les écritures. Ce sont là de justes réclamations
« qu'il faut appuyer, car ce n'est qu'en débarrassant
« le service de ces aspérités qu'on obtiendra un bon
« fonctionnement. »

Je prenais, en terminant, la liberté de recommander ces lignes à l'attention du Comité supérieur
et de l'Administration centrale, qui a si bien compris
la nécessité de faciliter la tâche sous le rapport des
écritures, aux médecins-inspecteurs, dont les habitudes et les occupations sont peu compatibles aussi
avec ces travaux bureaucratiques.

Depuis que j'ai écrit ces lignes, la circulaire du
22 juillet 1882 a passé et les votes des Conseils généraux sont intervenus ; presque tous ces *desiderata*
ont été accomplis.

En effet, les secrétaires de mairie seront indemnisés, à peu près partout, sur la base suivante :

Un émolument de 0 fr. 50 sera attribué aux secrétaires pour chaque déclaration, dûment enregistrée,
d'envoi d'un enfant en nourrice, en sevrage ou en
garde (art. 7 de la loi, à la condition que copie de la
déclaration ait été transmise, dans les trois jours,
au maire de la commune, lieu de destination de
l'enfant (art. 23 du règlement d'administration publique), et que postérieurement les notifications prescrites par l'article 9 de la loi aient été faites.

Un émolument d'un franc sera attribué aux secrétaires par chaque enfant placé dans leur commune, à
la condition qu'il soit justifié de l'accomplissement
du travail d'écritures concernant cet enfant.

Un émolument de 0 fr. 25 sera attribué aux secrétaires de mairie pour chaque enfant sorti de leur service (changement de la nourrice, sevreuse ou gardienne, retrait ou décès de l'enfant), à la condition qu'il soit justifié de l'envoi des notifications à la commune d'origine par application de l'art. 9 de la loi.

L'adoption presque générale du carnet à souche facilite la tâche aux médecins et réduit les écritures et statistiques imposées aux praticiens et aux maires.

J'insiste pour des registres moins compliqués pour les maires et leurs secrétaires. Un exemple fera mieux comprendre ma pensée, il faut prendre son bien partout où on le trouve. Je puis bien faire ce que Molière lui-même faisait :

Si parva licet magnis componere rebus !

Un secrétaire de mairie de la Seine-Inférieure, celui de la commune de Saint-André-sur-Cailly, propose la modification suivante :

(Suit le tableau)

NOURRICE : Date de l'inscription ; Nom de la nourrice ; Date et lieu de sa naissance ; Sa demeure ; Son état-civil.

Numéros d'ordre.	DATE de la déclaration.	NOMS et PRÉNOMS de l'enfant.	SEXE	DATE de la naissance.	LIEU de la naissance.	NOM du PÈRE	NOM de LA MÈRE	TAUX du SALAIRE mensuel.	MODE de l'élevage	DATES de		MOTIF de LA SORTIE (En cas de décès indiquer la cause.)
										l'entrée.	la sortie.	

— 96 —

Au lieu de répéter, à chaque déclaration, les renseignements concernant les nourricés, comme le
porte le registre imprimé n° 2 règlementaire, celui
dont le spécimen est ci-dessus ne les mentionne
qu'une fois, en ouvrant une page à chaque nourrice ;
le registre est déjà plus maniable et moins gros, et
il y a moins d'écritures, il est moins compliqué.

Ce n'est pas le seul avantage qu'il présenterait.
Sur cette page sont inscrits, au fur et à mesure des
déclarations, les enfants que la nourrice prend successivement pour les élever. De cette façon, on voit
d'un seul coup d'œil la situation des enfants dont la
nourrice est chargée.

On trouverait là les éléments sûrs de la statistique dont parle M. Roussel, quand il demande une
comptabilité sociale des jeunes existences qu'il s'agit
de protéger ou des décès qu'on n'a pu éviter.

. Ce registre ainsi conçu est, en quelque sorte, le
compte-ouvert de chaque nourrice au grand-livre
national de la protection des enfants du premier
âge ; il répondrait, en une certaine mesure, à ce
desideratum exprimé par M. le docteur Gibert, de
Marseille (et approuvé par l'Académie de médecine),
dans un mémoire couronné où il est traité de la surveillance de l'industrie nourricière et du *répertoire
communal*, dont je ne veux pas parler plus longuement, le mot seul indique l'idée.

Il est encore à remarquer que, dans la confection
de ce registre, on a négligé certaines indications
complètement inutiles dans la pratique et que les
nourrices sont presque toujours dans l'impossibilité
de donner. Et cependant il renferme, sous une forme
beaucoup plus simple, tous les renseignements
demandés dans le registré officiel.

7

Enfin, pour faciliter les recherches, ce registre est paginé, et une table alphabétique comprend tous les noms des nourrices qui y sont inscrites.

Sans se prononcer d'une façon absolue sur cette réforme de détail, je crois qu'il y a lieu d'étudier, en haut lieu, un moyen de simplifier les registres des déclarations, si on veut les avoir tenus régulièrement et sans lacunes.

————

La circulaire du 22 juillet 1882 a fait réaliser presque partout une autre réforme excellente : c'est l'indemnité allouée aux juges de paix.

Je cite ici le rapport ministériel déjà invoqué :

« Il est conforme à l'esprit et au texte de la loi
« que la vérification des registres de la protection
« ait lieu sur place, car il faut qu'ils soient cons-
« tamment tenus à jour, qu'ils reçoivent immédia-
« tement les déclarations et mentions règlemen-
« taires. D'autre part, la vérification dans les mairies
« entrainera pour les juges de paix, dont le traite-
« ment est très modique, des frais trop onéreux
« pour qu'il soit équitable d'imposer cette obligation
« sans une compensation matérielle.

« M. le Garde des Sceaux et mon prédécesseur ont
« pensé qu'il conviendrait d'allouer des indemnités
« de déplacement et qu'elles pourraient être cal-
« culées sur les bases du tarif des transports en
« matière criminelle.

« La vérification ponctuellement opérée par les
« juges de paix fournira aux administrations dépar-
« tementales de précieux éléments de contrôle ; il y
« a d'ailleurs, comme mon prédécesseur l'a fait
« observer à juste titre, un grand intérêt à associer
« étroitement à l'œuvre de la protection les magis-

« trats qui sont en contact permanent avec les popu-
« lations de nos campagnes, qui sont ainsi, et grâce
« au caractère de leur juridiction, particulièrement
« à même de vulgariser les prescriptions de la loi,
« d'en faire comprendre les salutaires conséquences
« et d'én assurer le respect. »

En assurer le respect surtout, il est temps qu'en
y arrive.

Qu'on complète l'œuvre en allouant une indemnité
fixe aux gardes-champêtres. On a vu plus haut que,
pour les secrétaires de mairie, chaque enfant revient
en tout, au maximum, quand il est placé hors de la
commune de sa naissance, à 1 fr. 75; ajoutons 0 fr. 25
pour le garde-champêtre de la commune de placement, cela fera 2 francs par tête d'enfant. Ce sera
une légère dépense en plus et elle ne sera pas
perdue. M. le Ministre lui-même sera cette fois
mon garant pour cette affirmation; il dit dans son
rapport :

« On supposait généralement que l'effectif des
« enfants ayant droit à la protection légale était, en
« nombre rond, de cent mille; il y a un an, cet
« effectif devait déjà être augmenté de plus d'un
« cinquième. J'ai la conviction que le chiffre relevé
« en 1881 (121,303) est encore fort au-dessous de la
« réalité ; car il est partout supérieur à celui que la
« notoriété publique accuse ou que révèle une en-
« quête sommaire. Dans toutes les zones du terri-
« toire, même dans celles où n'existe pas l'industrie
« nourricière proprement dite, on constate, à mesure
« que la loi s'exécute mieux, une augmentation
« extrêmement rapide du nombre des enfants à pro-
« téger.

« A l'appui de ce que je viens d'énoncer, je puis
« citer, entre bien d'autres, le fait suivant qui est

« consigné dans les délibérations du Conseil général
« d'Indre-et-Loire (séance du 26 août 1882).

« Une commune de ce département comptait offi-
« ciellement 25 nourrissons en situation d'être pro-
« tégés ; le médecin-inspecteur, M. le docteur
« Caillet, voulut bien « promettre au garde-cham-
« pêtre de lui donner, de sa poche, 50 centimes par
« enfant qu'il ferait inscrire, et le résultat de cette
« mesure a été de prouver qu'il y avait dans cette
« commune 53 enfants du premier âge devant être
« soumis à la surveillance de l'administration. »

« Ce qu'il est essentiel de remarquer, c'est qu'on
« n'est pas ici en présence d'un des départements où
« l'organisation de la protection est rudimentaire ;
« elle fonctionne régulièrement en Indre-et-Loire,
« l'inspection médicale y existe ; le Conseil général
« avait devancé la demande de mon prédécesseur et
« pris l'excellente initiative de rémunérer les secré-
« taires de mairie ; le Préfet, le comité départe-
« mental, l'inspecteur des enfants assistés apportent
« une très louable activité à l'application de la loi
« de 1874. Cependant, voilà qu'une enquête spéciale
« rétribuée a lieu dans une commune, à l'effet d'y
« découvrir les enfants placés en nourrice, leur
« effectif est immédiatement plus que doublé.

« Le champ d'action, tout concourt à le prouver,
« est plus étendu qu'on ne le supposait. »

De la troisième et dernière partie de mon mémoire, je ne retiendrai ici que trois passages ; le
reste se retrouvera avec plus de détails en parlant
des secours temporaires, des crèches, des enfants
assistés proprement dits (deuxième partie du travail).

Ces passages ont trait au salaire des nourrices, à

la façon dont on pourrait le garantir ; à l'exhibition par certaines mendiantes de jeunes enfants au maillot ; aux infanticides.

Je disais et je ne puis que me répéter :

∴

Il n'y a pas de villes où ne se présente, par les soirées d'hiver, un spectacle navrant : ce sont des femmes qui sollicitent la charité, ayant entre les bras un jeune enfant insuffisamment vêtu pour les nécessités de la mise en scène. Les mendiantes de profession savent bien que rien ne met plus sûrement la main à la poche que la vue de ces pauvres petits êtres. Chose vraiment horrible ! les malheureuses qui font ces exhibitions ne sont pas toujours les vraies mères ! Elles ont loué ces enfants ! ! ! Les plus compatissantes engourdissent avec un narcotique le pauvre bébé ; il respire le brouillard humide ; le plus souvent, c'est gelé, frissonnant, qu'on le ramène à la maison. Que dire de ces mégères, de ces monstres à face humaine qui, cela s'est vu et se voit encore, pincent le malheureux enfant pour le faire crier quand approche un passant bien mis dont elles veulent exciter la compassion ?

Par pitié ! par conscience ! qu'on ne tolère pas ces massacres des innocents !

∴

Dans le même ordre d'idées, il est à souhaiter que les tribunaux se montrent beaucoup plus sévères dans la répression des crimes, sévices et même infanticides, commis sur des enfants en bas-âge. Comment ? on fait mourir à petit feu, à force de privations, de mauvais traitements de toutes sortes, de petits êtres au maillot, incapables non seulement de se défendre, mais même de se plaindre, de dénoncer leurs bourreaux qui en sont quittes, quand ils sont pris, pour quelques mois, au plus pour quelques années de prison ; et quand on blesse, quand on tue un adulte, un homme qui peut appeler au secours, se défendre, on est condamné à 10 ans, 20 ans de travaux forcés, à perpétuité, à mort même ! Quelle injustice ! Quelle inconséquence ! Mais c'est plutôt le contraire qui serait logique et juste !

Une question grave est celle du salaire des nourrices.

Il y a bien l'article 14 de la loi, qui est ainsi conçu :

« Les mois de nourrice dus par les parents, ou par « toute autre personne, font partie des créances « privilégiées et prennent rang entre les numéros « 3 et 4 de l'article 2101 du Code civil. » (1)

Cet article est insuffisant pour protéger les nourrices contre le mauvais vouloir des parents qui ne les payent pas. Cette absence de rémunération entraîne nécessairement la négligence de soins des enfants. Il y a là des mesures à prendre qui intéressent la santé et la vie des nourrissons. Le comité supérieur a été saisi de cette question, et il s'est déjà préoccupé d'en trouver la solution.

Il me semble, quant à moi, que, quand on a affaire à des gens solvables, mais négligents ou peu honnêtes, la chose est assez simple. Que la plainte de la nourrice soit transmise, par le maire de sa

(1) Entre les frais funéraires et les gages dus aux domestiques.

commune, à l'inspecteur du service des enfants assistés, auquel est confié le contrôle général du service de la protection : celui-ci saisira immédiatement le Procureur de la République de l'arrondissement qui enverra un avertissement aux parents, une véritable sommation à s'exécuter dans les 48 heures. *Initium sapientiæ timor Domini*, a dit l'Ecriture ; la vue du tricorne et du « jaune baudrier » du gendarme, ou du képi de l'agent de police, sera suffisante, vraisemblablement, pour faire marcher les gens négligents ou peu consciencieux. Si non, on fera mieux ; on agira par les voies de droit ordinaires. Les huissiers ne sont-ils pas là !

En cas de non solvabilité des parents, la chose n'est plus aussi facile ; où il n'y a rien, la nourrice, comme le roi, risque fort de perdre ses droits ; c'est à elle à ne pas accepter toutes les propositions d'enfants sans aucune garantie, aucun renseignement.

Mais, en ce cas, il y a, pour les filles-mères, les secours temporaires, et, pour les parents pauvres, les secours municipaux et privés.

C'est surtout de la première catégorie qu'il faut s'occuper ; sauf erreur, je crois que les nourrices risqueraient beaucoup moins de trouver des parents qui les payent irrégulièrement, mal ou pas du tout, si on savait qu'elles auront pour elle l'appui *énergique*, PROMPT et GRATUIT de la justice ou de la police, quand elles auront à se plaindre d'irrégularité, de retard ou de non paiement.

Arrivés au terme de ce premier chapitre de la première partie de ce travail, jetons un regard d'ensemble sur la situation actuelle en France, de la loi

Roussel, et voyons aussi où cette œuvre en est dans la Loire, en particulier, pour en tirer un argument décisif à l'appui de notre thèse générale.

Les chiffres qui vont suivre sont empruntés au rapport ministériel déjà cité.

Voici, tout d'abord, les résultats obtenus par l'importante et décisive circulaire du 21 juillet 1882 :

Trente conseils généraux ont voté les fonds nécessaires à la rémunération des secrétaires de mairie et au payement des indemnités des juges de paix.

Dix-huit conseils généraux ont consenti la première et refusé la seconde de ces allocations. La Loire fait partie de cette catégorie ; mais, à la session d'avril 1883, il a été décidé que l'allocation en question figurerait au budget de 1884.

Onze conseils généraux ont ajourné leur vote.

Vingt-deux de ces assemblées ont refusé les deux allocations.

Dans l'énumération qui précède n'est pas comprise la Seine, qui possède une organisation toute spéciale, extrêmement développée et dotée de la manière la plus large.

Les seuls départements, au prochain budget desquels ne figure aucun crédit pour la protection du premier âge, sont ceux de l'Ardèche de la Corse, de la Dordogne, de l'Ille-et-Vilaine et de l'Orne.

Les ressources votées par les conseils généraux de 6 départements sont trop faibles pour permettre un commencement d'organisation sérieuse.

On ne dispose que des fonds indispensables aux premiers frais du service dans 12 départements.

Nombre de départements ont vu leurs conseils généraux augmenter considérablement, à la session d'août 1882, le crédit de la protection pour 1883. Nous avons vu, par une circulaire préfectorale, citée plus haut, ce qui a été fait, à ce sujet, dans la Loire.

En définitive, les crédits portés aux budgets départementaux de 1883, pour la protection du premier âge, présentent, par comparaison avec les allocations qui figurent aux budgets de 1882, une augmentation de 304,242 fr. 75, ce qui porte l'ensemble de ces allocations, pour l'année prochaine, à 1,275,314 fr. 25.

Le crédit inscrit au budget de l'Etat, pour le même objet, a bénéficié, de son côté, d'un accroissement considérable. De 200,000 francs, chiffre de 1879, il s'élève à 800,000 francs en 1883 : il a ainsi quadruplé dans cette période. Antérieurement au 1er janvier 1881, l'inspection médicale était instituée dans 46 départements, dont la Loire ; ceux où elle existe aujourd'hui sont au nombre de 57 ; en outre, dans 7 départements, la question de l'institution de cette surveillance est à l'étude.

Dans ces 65 départements, 43 conseils généraux, dont la Loire, on l'a vu, ont accepté le mode de rémunération des médecins-inspecteurs par visite ; 13 préfèrent le système de l'abonnement par an et par enfant ; 9 ont déclaré vouloir procéder à une étude nouvelle de la question.

Pour 1880, on a relevé un nombre de 102,019 enfants en nourrice, en sevrage ou en garde.

En 1881, le nombre des enfants protégés s'est élevé à 121,303 pour 73 départements seulement, 14 départements n'ayant fourni aucune évaluation, même approximative : d'une année à l'autre, on a enregistré 20,284 déclarations de plus !

Le ministre dit en concluant :

« Pour mener à bien l'œuvre aussi capitale que

« difficile de la protection de la première enfance, il
« est indispensable de se mettre en garde contre les
« appréciations *trop optimistes*, souvent en faveur
« auprès du public, des assemblées départementales
« et même des administrations ; cet *optimisme*, qui
« repose sur l'examen superficiel des faits, est l'une
« des causes principales des refus de concours, des
« défaillances que nous avons le regret de consta-
« ter : en cachant le mal, il l'aggrave. Mais, d'un
« autre côté, si nous sommes encore loin du but,
« nous sommes en droit de dire que nous nous en
« rapprochons, qu'un progrès réel a été accompli :
« les résultats déjà obtenus, résultats qui se démon-
« trent et se mesurent par les chiffres enregistrés
« plus haut, sont le gage d'améliorations prochaines
« et importantes dans le grand service dont je
« viens d'avoir l'honneur de vous exposer la situa-
« tion. »

A ces paroles autorisées, qu'il me soit permis
d'ajouter mon humble témoignage. La moyenne obtenue dans le grand, important et difficile département de la Loire, peut offrir un enseignement
sérieux et décisif, au point de vue général. Je ne suis
pas *optimiste*, je me contente de n'être pas pessi-
miste. Les faits, énoncés plus haut, résultant de l'action personnelle des maires, de la surveillance des
commissions locales, de l'envoi mensuel ou immédiat des bulletins médicaux, sont probants.

Voilà donc, dans un seul département, en moins
de 20 mois, grâce à cette triple surveillance, com-
plétée par l'action de l'administration représentée
par l'inspecteur du service, TRENTE enfants, au
moins, arrachés à une mort certaine

Ce résultat est-il à dédaigner ? Non ! certainement.

La vie d'un enfant, fût-il naturel, est toujours précieuse ; car, comme le dit avec raison l'inspecteur de
l'Allier, l'honorable M. Lavergne, que j'aime toujours à citer, car je connais, par expérience, la haute
compétence et le dévouement sans bornes qu'il apporte dans ses fonctions : « Ce petit être arraché à
« la mort sera peut-être un jour un grand citoyen ;
« en tout cas, il sera un homme utile, si la société
« qui l'a sauvé continue à le protéger. »

Si toutes les commissions locales, si tous les
maires, si tous les médecins comprenaient et faisaient leur devoir comme les commissions locales,
les maires et les médecins auxquels je fais allusion,
ce serait, au bas mot, 200 enfants sauvés annuellement dans la Loire, et 20,000 dans la France entière.

Ce résultat si enviable n'est pas encore atteint, il
ne tardera pas à l'être ; je n'en veux d'autre preuve
que le résultat déjà obtenu dans la Loire par les
procédés que l'on connaît.

En sus, toutes les commissions locales existant
dans la Loire, à fort peu d'exceptions près, ont été
amenées à avoir pour la loi, au moins cette déférence extérieure qui s'affirme par l'envoi de la délibération mensuelle (1). A défaut de commission, le
maire envoie une attestation mensuelle ou, du moins,
trimestrielle de la surveillance exercée par lui et le
garde-champêtre.

Le tableau ci-après peut se passer de commentaires :

_____

(1) Une commission déclare souvent « n'avoir pas eu d'autre motif de
réunion que de satisfaire aux lois et règlements. » C'est parfait !

NOMBRE de DÉLIBÉRATIONS envoyées.	ANNÉES				1883 1er trimestre.
	1879	1880	1881	1882	
0	57	73	13		
1	31	18	3		
2	9	7	1		
3	4	1	2		
4	2	5	2	Au complet à de très rares exceptions près.	Au complet.
5	2	1	5		
6	2	3	3		
7	3	3	8		
8	3	0	4		
9	0	0	6		
10	1	1	4		
11	0	3	5		
12	2	3	77		
	116	118	133	161	179

Nombre des commissions.

Ce résultat n'a été obtenu qu'à force de patience, de ténacité, de persévérance, qu'on me passe le mot de cramponnage, dont je me reconnais hautement le coupable.

C'est, dira-t-on, on l'a même dit en plein Conseil général, c'est l'apparence seulement de la vie.

C'est vrai.

Mais je réponds que, peu à peu, sous l'apparence se glissera la réalité. Et je compte, pour cela, sur la contagion du bon exemple, sur une idée plus complète de la loi, de la portée de ses bienfaits.

Ce travail n'a pas d'autre but; puisse-t-il tomber sous les yeux des maires récalcitrants, tièdes simplement, que la Loire renferme encore !!!

Oh! oui, je sais bien que ces rappels envoyés avec une désespérante régularité, une scandaleuse ténacité, sont *ennuyeux, désagréables* à recevoir.

Une commission dit : « M. le président expose que « des rappels *ennuyeux* lui sont envoyés au sujet « des délibérations de la commission, qu'il y aurait « lieu de les éviter à l'avenir en prenant un jour fixe « pour les réunions futures. »

Et ce qui était dit fut fait ; le maire était vaincu !!! M. Sardaine, conseiller général, maire d'une commune de la Loire, disait, à la session d'août : « Je « demande qu'on épargne aux maires des lettres de « rappel, qu'il est toujours *désagréable* de recevoir. »

Il n'est pas moins ennuyeux et désagréable de les envoyer. Comme l'a dit avec autorité le Secrétaire général, M. P. Granet, en réponse à cette plainte : « Il est de notre devoir de veiller à l'observation de « la loi, et, en nous montrant exigeants envers les « autres, nous nous imposons à nous-mêmes un tra- « vail soutenu et souvent ingrat.

« La loi Roussel n'est certainement pas d'une ap- « plication facile. Mais le but à atteindre est telle- « ment considérable, il s'agit d'un intérêt national « et humanitaire de telle importance qu'il faut abso- « lument continuer l'expérience commencée.

« .... C'est pour chacun de nous un devoir « strict d'apporter sa part de concours à l'exécution « de cette loi. »

Je ne pouvais donner de meilleure conclusion à ce chapitre sur la loi Roussel que ces paroles de M. le Secrétaire général, délégué tout spécialement à la direction de notre service par M. le Préfet de la Loire.

———

Oui, il faut continuer l'expérience commencée ; elle est encourageante, du reste ; elle est en bonne voie.

Oui, que chacun de ceux qui sont appelés à exécuter la loi fasse son devoir, et les temps sont proches où, en France, et dans la Loire particulièrement, la loi de 1874, la *Loi Roussel* — c'est son vrai nom, son nom populaire, et c'est justice, — sortira ses pleins effets, et comme le dit la circulaire ministérielle du 21 juillet 1882 : « Son organisation com- « plète sera un grand bienfait pour le pays, un grand « honneur pour le gouvernement de la Républi- « que. »

———

Une dernière et, je crois, importante observation : Aux termes de la circulaire ministérielle du 14 juin 1880, l'Inspecteur départemental, dans ses tournées réglementaires pour le service des enfants assistés, doit : « s'efforcer de *vulgariser* les salutaires pres- « criptions de la loi et bien faire comprendre les « immenses avantages que le pays est en droit d'at- « tendre de leur consciencieuse exécution. »

Enfin, il doit « exercer sur l'ensemble du service un contrôle général », dit la circulaire du 15 juin 1877 (1).

———

(1) La *Loire médicale*, du 15 juin 1882, contenait un article de M. le docteur Fleury (médaille de bronze de l'Académie de médecine, concours de 1877, pour un mémoire fort intéressant, intitulé : *Les morts-nés et la mortalité du premier âge à Roanne*. L'honorable docteur s'y élève avec une virulence peut-être excessive, j'en appelle à lui même, contre le recrutement des fonctionnaires du service des enfants assistés ; il

Mais l'Inspecteur n'est pas tenu de faire des tournées spéciales pour le service de la protection. Il suit, de là, que les maires des communes où il n'y a pas d'enfants assistés placés chez des nourrices ou chez des patrons, non seulement échappent à ce *contrôle* effectif, mais encore, ce qui est peut-être plus grave, ne profitent pas de cette explication orale, de cette *vulgarisation*, et en sont réduits, pour faire exécuter la loi, aux textes de la loi, du règlement, des circulaires ministérielles et préfectorales, textes qu'ils lisent consciencieusement, je veux bien le croire, mais que, sûrement, ils n'ont pas le temps de relire et de méditer assez pour se les assimiler entièrement (1).

Or, ce fait qui n'est pas rare dans la plupart des départements, se trouve, pour des raisons que je n'ai pas à examiner ici, — je me borne à constater le fait — se trouve, dis-je, être presque la règle dans le département de la Loire.

En effet, sur les 330 communes qui composent le département il n'y en a que 80 environ où il y a des enfants assistés, et même, en réalité, 50 où il y en a en permanence, et qui sont régulièrement et annuellement visitées. (Nos pupilles sont, en grande majorité, placés dans l'Ardèche, la Haute-Loire et l'Al-

---

voudrait qu'ils fussent *exclusivement* choisis parmi les médecins et raille fort agréablement, mais un peu durement, ceux qui s'y trouvent et qui sont des anciens chefs de division de préfectures ou autres *profanes* qui ne sont pas dignes d'entrer dans le « docte corps » des disciples de Galien et d'Hippocrate. Je suis, cependant, d'accord avec M. le docteur Fleury quand il demande qu'on laisse à d'autres fonctions, voire même comme il dit, qu'on fasse « conservateurs de cimetières » ceux qui n'ont pour eux que les mérites insuffisants du comptable et les qualités négatives du bureaucrate paperassier, paresseux, sceptique et égoïste, s'il s'en trouve dans le service, ce dont je me permets de douter.

(1) Je ne saurais trop recommander aux maires, soucieux de faire leur devoir et de s'épargner de longues recherches, l'acquisition des tableaux de M. Delisle, dont j'ai parlé plus haut.

lier.) Par conséquent, l'immense majorité des communes n'est jamais visitée. Ces communes ont été,
au début, privées de cette *vulgarisation* indispensable et sont condamnées à être privées, dans la suite,
de cet utile *contrôle*. (Fort heureusement, le contrôle
des juges de paix y suppléera.) Or, une visite, — je
le sais par expérience, ayant parfois, dans mes tournées, fait des ricochets assez longs à l'intention de
ces communes qui ne figuraient pas dans mon itiné-
raire obligatoire — une visite vaut mieux que dix
circulaires et vingt lettres de rappel. C'est là, j'en
suis persuadé, ce qui a le plus manqué lors de l'organisation du service de la protection dans la Loire
et partout ailleurs, mais plus ici qu'ailleurs.

Le mal n'est pas irréparable.

Ce n'est qu'une question de dépense peu importante ; du reste, ici, la question financière est absolument secondaire. Qui veut la fin veut les moyens.
Et partout l'argent est le nerf nécessaire.

Si, comme on l'a dit, la France a été assez riche
pour payer sa gloire.... et ses défaites, elle doit l'être
assez pour s'épargner, à l'avenir, de nouvelles catastrophes, pour assurer son existence en conservant
au moins à la vie ceux qui naissent, puisque, malheureusement, les lois sont impuissantes pour remédier à l'insuffisance des naissances.

Sous ce rapport (les statistiques précitées l'ont
prouvé amplement), elle n'a pas de faute à commettre.

MM. les Préfets peuvent envoyer en tournée spéciale, d'après la circulaire du 14 juin 1880, l'Inspecteur ou le Sous-Inspecteur, là où ils le jugent
nécessaire, sauf à faire rembourser leurs avances à
ces fonctionnaires, par mandat particulier justifié,

régulièrement établi et soumis au ministre compétent,

Pour éviter des pertes de temps et des dépenses
considérables, on pourrait, dans les parties des départements où le service laisse le plus à désirer,
organiser, les jeudis, aux chefs-lieux des cantons,
des réunions auxquelles on inviterait les maires. Ces
magistrats amèneraient avec eux, à ces réunions, les
secrétaires de mairie, instituteurs et gardes-champêtres. Les sages-femmes y seraient conviées. Les
maires seraient priés d'engager à s'y rendre aussi
leurs collègues du conseil municipal, les membres
des communes locales, les curés, les mères de famille
qui le pourraient.

A ces réunions, dans une causerie familière, l'Inspecteur ou le Sous-Inspecteur expliquerait la loi, son
but, son importance, ses prescriptions, ses exigences. Il se mettrait à la disposition de tous ses
auditeurs et auditrices pour les difficultés de pratique qui les embarrassent.

En terminant sa conférence-causerie, ce fonctionnaire ferait, au nom du Préfet, représentant du gouvernement de la République, un pressant et chaleu-
reux appel à leur humanité, à leur patriotisme, pour
obtenir d'eux tout le concours qu'on est en droit d'en
attendre.

Certainement, cet appel serait entendu partout.

Partout, bientôt, la loi Roussel serait exécutée
sans restriction.

Malheureusement, nous sommes bien loin encore
de cette heureuse situation, même dans la Loire ;
et cependant, j'en ai la conviction, j'en puis donner
des preuves irrécusables : ici, ce n'est pas la bonne
volonté qui fait défaut, sauf quelques rares et regret-

8

tables exceptions, aux autorités locales : maires, desservants, instituteurs, membres des commissions. En sus, leur tâche est singulièrement facilitée par le bon esprit et la bonne nature des nourrices rurales qui, en général, s'attachent facilement et fortement à leurs nourrissons. J'ai vu souvent des exemples touchants, surtout en ce qui concerne les enfants des filles-mères qui sont placés en nourrice et parfois *oubliés* par des créatures indignes.

Pour arriver vite à ce résultat complet et enviable, je ne vois pas, après toutes les autres mesures ci-dessus énumérées, un moyen de propagande plus efficace que la conférence cantonale, ainsi organisée par l'administration de concert avec les maires intéressés.

Je crois même ce procédé préférable à la visite dans chaque commune — sans compter l'économie de dépense et de temps — à cause de l'entraînement qui peut résulter de l'échange de vues et d'impressions entre les auditeurs de ces conférences.

Ce procédé, même restreint, peut supporter quelques difficultés dans la Loire, vu le personnel trop peu nombreux, absolument insuffisant de l'inspection ; c'est pourquoi j'ai voulu, par cette publication, mettre entre les mains de tous les gens de bonne volonté qui veulent faire cette conférence-causerie, une sorte de *manuel de la protection de l'enfance.*

A défaut du reste, la bonne volonté y est.

II. — Secours temporaires.

La question du secours temporaire, ou crèches à domicile, est d'une importance capitale, décisive, dans l'œuvre immense de la protection de l'enfance.

Je vais d'abord la traiter d'une façon générale ; puis, je m'occuperai du secours temporaire aux mères pauvres, ensuite du secours aux filles-mères.

Cette troisième division relève, en réalité, de la deuxième partie, qui a trait au service des enfants assistés ; cependant elle a sa place naturelle dans ce deuxième chapitre de la première partie.

Je me bornerai cependant à en esquisser les principales lignes, me réservant d'y revenir à fond dans la deuxième partie, quand, à l'intention de l'Académie des sciences morales et politiques, j'étudierai le service des enfants assistés, qu'il s'agit plutôt d'améliorer que de changer.

Cette deuxième partie étant probablement destinée à ne jamais voir le grand jour de la publicité, je me contenterai aussi de l'esquisser à grands traits. Il ne rentre, dans le plan de cette brochure, comme je l'ai déjà dit, que la discussion aussi complète que possible de la loi Roussel, ce qui est fait, et des crèches proprement dites, ce qui va bientôt être fait, pour que la brochure ait le caractère de manuel de la protection de l'enfance, à l'usage des maires (ceux de la Loire, tout particulièrement) qui ont tous à exécuter la loi Roussel, et de ceux d'entre eux qui peuvent être

appelés à provoquer utilement la création de crèches
dans leurs communes). Ici, comme toujours, je m'appuierai le plus souvent possible sur des autorités
incontestées. Ce que je tente de faire est une œuvre
absolument impersonnelle, où il faut oublier l'auteur
qui n'a qu'un but : épargner à ceux qui le lisent la
peine et le temps nécessaires pour se mettre au
courant des questions.

Res nullius, res omnium !

L'idée n'appartient à personne, l'exécution en
revient à tout le monde.

Chacun doit apporter sa part de collaboration à
l'œuvre commune pour l'Humanité, la Patrie et la
République. Et même, si cette triple devise devait
arrêter certaines personnes (ce que je ne crois pas),
je la réduirais à ses deux premiers termes. J'aime ce
qui unit et non ce qui divise, et le terrain humanitaire
et patriotique est assez large pour que tous les gens
de bonne volonté puissent s'y donner rendez-vous.

Je ne veux en aucune façon descendre sur le terrain proprement dit de la politique, et cela par
déférence pour la personne et par respect pour les
opinions de ceux qui, ne partageant pas encore les
opinions politiques de la majorité des électeurs
français, auront acheté ce livre, attirés par le choix
d'un sujet où la Charité, la Fraternité, la Solidarité
règnent en maîtresses exclusives.

Je me contenterai de regretter que cette réserve,
toute de convenance, me soit imposée, et d'exprimer
l'espoir qu'elle ne sera plus longtemps encore
imposée à quiconque écrit sur ces sortes de questions.

J'en suis convaincu : peu à peu, les plus endurcis
comprendront qu'aujourd'hui, se tenir en dehors de
la République, c'est se tenir en dehors de la Patrie,

et les résistances les plus opiniâtres se fondront à la chaleur du patriotisme dont la flamme est inextinguible sur le sol de notre belle et bien aimée France.

Dans quelques années, la France républicaine de 1889 et de 1892 célèbrera le centenaire des dates immortelles où la Révolution française s'est levée comme une aurore sur le monde, et où la République, forme logique, inéluctable et définitive de cette Révolution, a été proclamée pour la première fois. D'ici là, je n'en doute pas, toutes les haines se seront apaisées, toutes les rancunes se seront éteintes, toutes les dissidences se seront changées en une fraternité consolante et féconde, et la Patrie tout entière, glorieuse et prospère, contemplera tous ses fils groupés, sans distinction, autour d'elle sous l'abri du drapeau tricolore, symbole de la force dans l'union, de la paix dans la dignité, de l'ordre dans la liberté !

En attendant ce moment, je serais heureux et fier si ma faible voix pouvait un moment faire oublier, dans la Loire, ici même à Saint-Etienne, en faveur des petits enfants, les divisions qui existent au nom de la politique et même de la religion.

Je dis religion et je dois aussi, puisque j'ai prononcé ce mot, vider cette question irritante afin qu'il n'y ait pas de malentendu ni de surprise.

Si je ne fais pas de politique, je ne veux pas non plus faire de propagande religieuse ou libre-penseuse ; je reste sur le terrain de la Charité, de la Fraternité, de la Solidarité, où je convie les gens religieux et les libres-penseurs. Je suis et reste un simple laïque, un fonctionnaire dans l'exercice de ses fonctions.

Je m'adresse surtout aux dames, dont je voudrais avoir le concours en stimulant l'initiative.

Ah ! si cette initiative chez nous était égale au bon cœur ; si les hommes de bonne volonté, si les femmes surtout, dont le rôle est si bien marqué, est même prépondérant pour les bonnes œuvres dont je vais avoir à parler, prenaient toutes en pitié ces pauvres petits êtres et entreprenaient de les conserver à la vie, que l'on aurait vite réuni les fonds nécessaires pour mener à bien l'œuvre de protection de l'enfance ! Ce ne seraient pas, j'en suis sûr, les journaux, quelle que soit leur nuance, qui marchanderaient leur concours dans une semblable occasion. Ce ne seraient pas non plus les Sociétés de chant et de musique, les artistes toujours prêts à se dévouer. Soyons peu sensibles aux plaintes de ceux qui, ayant la force, aiment mieux tendre la main que travailler ; rien de plus légitime, quoique bien souvent, hélas ! ce soient les plus effrontés mendiants qui obtiennent le plus. Mais, il est deux misères sacrées parce qu'elles ne peuvent être soulagées que par la charité : l'une est l'enfance, et l'autre la vieillesse.

Je ne m'occupe que de l'enfance, et, par là même, de la vieillesse. J'ai essayé de le montrer dans les considérations générales du début. En faveur de l'enfance, je rappellerai à toutes les dames qui me liront, ce mot si connu de Vincent de Paul, s'adressant aux dames qu'il avait réunies pour leur confier des enfants trouvés que les Sœurs avaient recueillis :

« Or, sus, Mesdames, leur vie et leur mort sont « entre vos mains ; ils vivront, si vous en prenez un « charitable soin ; et, au contraire, ils mourront « infailliblement si vous les abandonnez. »

L'autorité que je viens d'invoquer me donne le droit de dire toute ma pensée, sans crainte de froisser qui que ce soit.

Ces Sociétés de charité maternelle, ces Sociétés

protectrices de l'enfance, ces crèches, dont je vais
avoir à parler, elles existent, au moins les premières,
à Saint-Etienne, dont je m'occupe plus particulièrement, et dans les autres grands centres du département; mais, en général, elles ont un caractère presque
entièrement religieux. Il en est à peu près de même
partout.

J'aimerais à en voir aussi s'inspirant purement du
sentiment laïque, du patriotisme, de l'amour de
l'humanité, de l'esprit de solidarité sociale.

Républicains et libres-penseurs qui me lisez, en
vérité, je vous le dis, vous laissez trop le clergé
catholique accaparer les œuvres de bienfaisance,
fournir à l'esprit actif et ingénieux de vos femmes
l'aliment de la charité et la petite satisfaction
d'amour-propre de jouer un rôle dans des Sociétés
de bienfaisance.

Une grande part de la puissance que le prêtre
exerce dans la société moderne vient de là.

Et je ne m'en plains pas, pour ma part; il vaut
mieux, à mon avis, faire de la charité chrétienne,
que de ne pas faire assez de fraternité humaine et
fort peu de solidarité sociale, en actes, les paroles
ayant usé toute la source apparemment. Je parle
surtout pour la Loire, où je ne vois pas assez
d'œuvres véritablement socialistes, et où on ne cesse
cependant de parler bien ou mal, plus souvent mal
que bien, de socialisme.

Mais, encore une fois, qu'on ne se méprenne pas
sur notre pensée : nous aimons le bien partout où
nous avons le bonheur de le rencontrer, sous tous
les costumes et dans toutes les conditions de la vie.
Cependant, quand nous aurons le choix, nous préférerons ceux qui font le devoir pour le devoir, pour

l'amour de l'humanité plutôt que par l'espoir du paradis, voilà tout.

En tout cas, jamais nous ne consentirions à faire cause commune soit avec ceux qui, au nom de la Religion, attaquent la République et la Libre-Pensée ; soit avec ceux qui attaquent la Religion, au nom de la Révolution et de la Libre-Pensée. C'est faire mauvaise besogne.

Les attaques se croisent et vont discréditant, à la fois, la Religion, la République et la Libre-Pensée. Je ne sais ce que la société gagnera à ce vilain jeu, dans lequel je ne veux pas rechercher à qui incombe la responsabilité de la première attaque.

Je constate et je regrette.

A tous, je me permets de rappeler cette petite anecdote :

Bernardin de Saint-Pierre raconte qu'un écrivain disait un jour à J.-J. Rousseau qu'il s'occupait du projet de démontrer la fausseté des vertus des grands hommes du paganisme, en représaille de ce que les philosophes modernes attaquaient celles des grands hommes du christianisme. « Vous allez rendre, lui dit « Rousseau, un grand service au genre humain ! il « va se trouver entre la religion et la philosophie, « comme ce vieillard de Lafontaine, dont deux fem- « mes de différents âges se disputaient le cœur ; « elles dépouilleront sa tête. »

Pour moi, je crois mieux servir la cause sacrée de l'enfance, en montrant que tous peuvent se rapprocher et se donner la main pour hâter la solution de cette partie de la tâche humaine et nationale qui nous incombe à tous en tant qu'hommes et que Français, et en laissant de côté tout ce qui pourrait nous diviser.

Je m'adresse à tous, car nous n'arriverons à un résultat prompt et satisfaisant que si chacun, dans son humble sphère, se dévoue tout entier à l'œuvre commune, les uns donnant leur argent, les autres leur temps et leur ardeur, les autres le tout ensemble.

Mais l'exemple doit partir de haut ; c'est un devoir pour les élus du suffrage universel, à tous les titres et à tous les degrés, pour tous les possesseurs du capital, de donner cet exemple, de prendre cette initiative.

.•.

Il est incontestable que la principale cause de mort des jeunes enfants pendant les premiers mois surtout, à la ville et à la campagne, mais surtout à la ville, dans les centres industriels, c'est la reprise trop prompte du travail par les mères, mariées ou non.

M. le docteur Ad. Siry (article « Crèche », du *Dictionnaire encyclopédique des sciences médicales*) dit : « Un grand industriel d'Alsace a fait descendre de « 40 pour cent à 25 pour cent la mortalité des enfants « de ses ouvrières, en donnant aux femmes en cou- « ches un secours équivalent à leur salaire moyen, à « condition de ne se livrer à aucun travail et de s'oc- « cuper exclusivement de leur enfant pendant six « semaines. »

Il y a un état social idéal que réclament également la morale et l'hygiène des sociétés humaines, c'est, pour la femme mariée, la possibilité d'être affranchie du travail de l'atelier et de se livrer à des travaux salariés qui n'exigent pas qu'elle abandonne son intérieur.

Dans un article d'un caractère particulier, qui, sous une forme humoristique et pittoresque, plaide la cause de l'institution des crèches, et qui est reproduit par le *Bulletin des Crèches* d'octobre 1880, nous trouvons cette vérité mise en relief d'une façon saisissante.

Cet article date d'une quinzaine d'années ; il a pour auteur Mistress Craik, le gracieux auteur de « John Halifax » et de tant d'autres œuvres charmantes.

Deux dames rencontrent dans les rues de Londres une petite fille de six ou sept ans, qui court aux jeux de son âge en portant dans les bras un *baby* ; la mère sans doute est au travail ; les enfants sont abandonnés l'un à l'autre. Elles s'apitoient sur le triste sort des petits enfants des ouvrières, sur l'effroyable mortalité qui les décime ; à Manchester par exemple, plus de la moitié meurent pendant la première année ! Elles pensent à leurs propres enfants, entourés de tant de soins, qui pourtant ne rassurent jamais assez les mères !

« Je voudrais, dit l'une des deux dames, qu'en Angleterre les mères qui peuvent se donner le luxe (cela devrait-il être un luxe !) de préserver leurs enfants de la mort ou de la maladie, s'entendissent pour créer des asiles comme il en existe en France, auxquels l'ouvrière pût confier son cher trésor pendant qu'elle quitte sa demeure pour aller au loin gagner sa vie.

— Mais, répond son amie, pour un enfant rien ne vaudra jamais les soins de sa mère. *Pendant la grossesse et l'allaitement, une mère ne devrait pas travailler hors du logis.*

— Sans doute ; mais dans notre état social, combien trouverons-nous de *ne devrait pas* ; de monstruosités que nul pouvoir humain ne peut supprimer ! Forcés de les subir, nous n'avons d'autre ressource que de les atténuer. »

C'est précisément le moyen « d'atténuer ces monstruosités » que nous allons rechercher, pour faciliter l'allaitement maternel, puisque « pour un enfant rien ne vaudra jamais les soins de sa mère. »

Il faut s'occuper de la mère avant et après les couches, et cela en vue de l'enfant, cela se comprend sans peine.

La mortalité infantile des premiers jours est moindre dans les campagnes, où l'industrie n'occupe pas les femmes hors de chez elles, parce que les mères peuvent allaiter leurs enfants pendant plus de temps après leurs couches. On a remarqué qu'il y avait diminution de la mortalité des enfants dans les centres industriels lorsque le travail vient à manquer ou qu'il y a chômage.

L'exemple le plus décisif est celui, si connu, cité par le docteur Monot, chez les enfants des nourrices de la Nièvre pendant la guerre, où ces nourrices étaient restées forcément au pays près de leurs enfants, ne pouvant plus se placer à Paris. La proportion ordinaire de 43 pour cent tomba à 17 pour cent.

On diminuerait donc d'une manière sensible la mortalité des jeunes enfants si on trouvait le moyen de mettre les mères et les filles-mères ouvrières à même de ne plus se séparer d'eux et de les soigner pendant un temps convenable.

Avant de rechercher ces moyens, occupons-nous des mesures *préventives*, c'est-à-dire des secours à la femme enceinte, dans les derniers temps de la grossesse, et surtout au moment de la grossesse.

Ce serait, en sus, le meilleur moyen de diminuer le terrible fléau de la morti-natalité. Le mémoire, déjà cité, de M. le docteur Fleury, à Roanne, est décisif sur ce point. On devrait, dit en substance ce praticien, ou bien interdire aux femmes le travail dans les manufactures pendant les derniers mois de la grossesse, ou bien ne leur permettre que des travaux moins rudes.

Le mieux, je crois, c'est de leur permettre, par une forte organisation du secours à domicile et par une association ouvrière spéciale dont je parlerai ultérieurement, de pouvoir se passer alors de l'atelier, et de faire appel aux sentiments d'humanité et de patriotisme des patrons.

La loi ne peut interdire le travail à celui qui, étant majeur, a besoin de travailler pour manger ; ou alors qu'elle le nourrisse, ce qui est le pire des socialismes, celui de l'Etat.

L'accouchement doit avoir lieu soit à *domicile*, soit, pour les plus pauvres, dans les *maternités*, soit enfin dans des *maisons d'accouchement* pour celles qui ont quelques ressources ou désirent se cacher.

Je commence par déclarer que l'idéal serait l'accouchement à domicile.

Les maternités trop souvent les exposent aux dangers de l'accumulation et à des maladies épidémiques ; et les maisons des sages-femmes sont trop souvent une école où elles reçoivent de mauvais conseils qui les détournent de leurs devoirs de mères, surtout pour les filles-mères, quand elles ne sont pas des officines d'avortements, de véritables *fabriques d'anges* pour toutes les mauvaises mères.

Oh ! il y en a beaucoup, je le sais, qui ne répondent pas à ce signalement ; mais il y en a encore trop qui y répondent.

Cette suspicion, je ne suis pas seul à l'avoir ; car, en 1877, Mme Leclerc, sage-femme à Alençon, ayant envoyé à l'Académie de médecine une note intitulée : *Mortalité des enfants*, et dans laquelle elle préconise l'allaitement maternel, le rapporteur de la docte compagnie dit : « Cette note, assez sommaire et insuffisante, est cependant rédigée dans un excellent esprit pratique et s'écarte des idées trop généralement admises parmi les sages-femmes pour ne pas attirer votre attention bienveillante. » Mme Leclerc a eu une mention honorable.

Retenons une phrase de cette sage-femme modèle qui veut que ses collègues conseillent aux mères d'allaiter elles-mêmes leurs enfants, et qu'une sorte d'opprobre soit attaché à la mère qui ne veut pas allaiter son enfant, lorsqu'elle le pourrait.

« Les ouvrières, dit-elle, dépensent plus à payer « des mois à des nourrices mercenaires qui soignent « mal leurs enfants, qu'elles ne perdraient de jour- « nées de travail en allaitant elles-mêmes. »

L'accouchement à domicile est préférable à la maternité, au point de vue de la mortalité des accouchées et par suite pour l'enfant, auquel il faut conserver sa protectrice naturelle.

Ici les chiffres sont probants, ceux qui suivent sont afférents à l'année 1878.

La proportion des décès des accouchées dans les maternités et hôpitaux des divers Etats de l'Europe est, en moyenne, de 3,44 pour cent.

Tandis que dans ces mêmes Etats, sur 934,781 accouchées à *leur domicile*, il en est décédé 4,405, soit 0,47 pour cent.

A Paris, sur 12,634 *accouchées à leur domicile et*

secourues par les bureaux de bienfaisance, il y a eu 71 décès, soit 0,56 pour cent.

En dehors des maternités et des bureaux de bienfaisance, sur 87,277 accouchées *dans leur domicile*, à Paris, 488 sont décédées, ce qui fait 0,55 pour cent.

Aussi, sous cette forme, comme sous toutes les autres — je ne me lasserai pas de le répéter — l'assistance à domicile prévaut sur l'assistance hospitalière.

Mais, il y a des cas, et très nombreux, malheureusement, où la maternité est indispensable ; il y a des nécessités morales ; il y a des nécessités matérielles, la misère, l'insalubrité, le manque du logement.

En général, l'admission des femmes ou filles enceintes dans les maternités est autorisée trop tard et pour trop peu de temps.

« Les maternités, dit M. Charles Albert, l'éminent
« inspecteur départemental de la Gironde, devraient
« être organisées pour y recevoir au cinquième ou
« sixième mois de la grossesse, et dans des locaux
« séparés, non seulement les filles ou femmes indi-
« gentes, mais encore celles qui sont à la recherche
« d'un refuge, où elles puissent cacher à leur famille
« leur faute ou leur honte, à l'époque où celles-ci
« deviennent accusatrices. Il y a bien des choses à
« dire à cet égard ; mais, comme nous ne pouvons
« ici développer nos idées, et que d'ailleurs, de
« toutes parts, on est d'accord pour demander que
« les admissions dans les maisons hospitalières
« d'accouchement aient lieu secrètement, et avec
« toutes les facilités désirables, nous nous bornerons
« à appuyer auprès de qui de droit la nécessité d'une
« assistance moins parcimonieuse, plus généreuse-
« ment accordée. La morale et l'humanité, aussi

« bien que l'intérêt des familles et l'intérêt général,
« commandent de procurer à la fille qui a failli, ou à
« la femme malheureuse, les moyens de se soustraire
« à la misère ou à la honte, qui sont toutes deux
« mauvaises conseillères, et dont les excitations
« poussent à l'avortement et à l'infanticide. Il y a
« donc une étude à faire pour réorganiser et amélio-
« rer les maternités ou les maisons d'accouchement.
« Tout fait supposer qu'on s'occupera de cette grave
« question lors des modifications qu'il s'agit d'intro-
« duire dans nos lois d'assistance infantile. »

Cette étude a été faite, ici même, au point de vue
technique et médical, par des hommes compétents,
autorisés, à propos de la maternité de Saint-Etienne,
qui est indigne d'une grande ville et absolument
insuffisante pour les besoins d'une aussi nombreuse
population ouvrière.

Un article a paru dans la *Loire médicale* du 15
novembre dernier, sous la signature de M. le docteur
Chavanis, médecin de l'Hôtel-Dieu, et dont voici le
résumé.

C'est d'abord le texte d'un rapport fait par les
chirurgiens de l'Hôtel-Dieu aux administrateurs :

La maternité est mal située, au fond d'une cour
étroite et mal aérée, adjacente au service des militaires, dangereux voisinage lorsque sévissent les
épidémies de fièvre typhoïde si fréquentes dans l'armée.

La place fait défaut, les lits sont si rapprochés
qu'on ne peut placer entre eux les berceaux, de telle
sorte que les mères ne peuvent soigner les enfants.
Cette disposition des lits, est-il dit, n'isole pas suffisamment les accouchées, ce qui rend plus facile la
contagion des accidents puerpéraux.

Autre inconvénient que je signale, au point de vue du service des enfants assistés : on comprend que, faute de place, on ne peut recevoir beaucoup de femmes et de filles-mères en couches, et surtout qu'on ne peut les garder assez longtemps. De là vient que dès qu'il y a encombrement, si les filles-mères, particulièrement, ne sont pas encore assez fortes pour qu'humainement on puisse les faire sortir, on ne sait que faire de leurs enfants, et... naturellement l'idée de l'abandon vient ; on ne le conseille pas, mais on n'est pas en mesure de le déconseiller. La majorité des abandons faits à St-Etienne proviennent d'enfants nés à l'Hôpital ou d'enfants dont les mères ont été forcées de sortir trop tôt de l'Hôpital, et qui peut-être auraient été gardés par leurs mères, moyennant un secours temporaire, si les malheureuses n'avaient pas été aussi vite mises presque sur le pavé, sans ressources, d'autant plus que, contrairement à un article d'un règlement local, dont je n'ai vu nulle part la trace de l'abrogation, contrairement à ce qui se fait dans presque tous les services des autres départements, le premier mois de secours ou un secours exceptionnel en argent n'est pas payé aussitôt après les couches à la fille-mère qui nourrit elle-même. Mais je reviendrai tout à l'heure sur ces questions concernant plus particulièrement les filles-mères.

La maternité de Saint-Etienne n'a pas de salle spéciale pour les femmes en travail ; les accouchements se font donc au milieu des accouchées. Ces pauvres malheureuses qui, partout ailleurs, sont l'objet des soins les plus minutieux, sont ici troublées dans leur repos par les souffrances de leurs compagnes ; elles entendent encore le cri de douleur qu'elles viennent de pousser.

En dehors de la question humanitaire, il y a quelque chose de très grave : les parturientes, si aptes à saisir les germes infectieux, sources des formes les plus terribles de la fièvre puerpérale, sont donc plongées dans un milieu épouvantable, où la contagion est presque inévitable.

Il faut isoler les femmes en travail et avoir encore une salle réservée pour les femmes enceintes qui attendent leur jour. Rien de tout cela n'existe à Saint-Etienne.

Résultat : on ne les reçoit qu'à la dernière extrémité ; j'ai dû, moi, dans certains cas urgents, faire des démarches personnelles auprès de M. le Préfet et de M. le Maire, pour obtenir une exception de MM. les administrateurs.

Les auteurs du mémoire sont d'avis qu'il ne faut pas songer à agrandir sur place la maternité actuelle, il n'y aurait pas moyen.

« Une maternité doit comprendre des salles pour « les expectantes, pour les femmes en travail et « pour les accouchées ; il faut, en outre, des salles « d'isolement où l'on puisse transporter les femmes « dès qu'elles accusent de la fièvre, c'est-à-dire, aus- « sitôt qu'elles sont dangereuses pour les autres « accouchées. Cet isolement est nécessaire, indis- « pensable ; l'exemple des nouvelles maternités « construites en France ou à l'étranger est là pour « le prouver d'une manière irréfutable. »

Ils conseillent de ne pas la déplacer (il n'y a pas de place pour elle dans l'établissement) mais de construire un pavillon spécial, d'après toutes les règles de l'hygiène des maternités.

Cette construction donnerait satisfaction aux besoins réels d'une population de 125,000 âmes, quand

9

cette population est surtout ouvrière. Et on ne sait que de misères résultent de cet état de choses; les plus misérables, seules, celles qui sont sans logis, pour ainsi dire, vont se confier à cette maternité, dont on peut dire que l'on sait bien quand on y entre, mais pas par où ni comment on en sort, et, avec cela, une assistance à domicile par le Bureau de bienfaisance absolument insuffisante, je parle exclusivement des ressources affectées à cet usage.

En somme, les filles-mères vont presque seules à la maternité et elles sont plus nombreuses, à elles seules, qu'il ne le faut pour qu'il y ait encombrement. Et combien de mères légitimes en ont besoin, mais n'osent affronter un pareil danger, ayant un domicile, et quel domicile !

Les rédacteurs du mémoire font encore ressortir l'utilité qu'il y aurait à cette création qui permettrait d'avoir une véritable *école d'accouchement*. Ce serait une pépinière d'accoucheuses qui « pratiqueraient d'autant plus honnêtement leur art, qu'elles le connaîtront mieux, avec l'enseignement des chirurgiens, sous la direction de maîtresses sages-femmes capables. »

Pour la raison ci-dessus exposée, le département aurait intérêt à aider, s'il le faut, financièrement, la commission hospitalière à bâtir cette nouvelle maternité.

Je suis persuadé qu'il y aurait bien, par an, vingt admissions de moins à l'hospice ; le secours temporaire est moins onéreux pour le département, et il vaut généralement mieux pour l'enfant que l'abandon, ce qui est décisif.

Cette installation meilleure et plus large permettrait un séjour plus long à la maternité aux femmes et filles-mères qui y sont admises ; les dangers de l'accumulation pour elles seraient diminués, et les enfants bénéficieraient de toutes ces améliorations urgentes, indispensables.

Moi aussi, je parle *de visu*, et en qualité de fonctionnaire de l'assistance publique, après les représentants de la science médicale, qui sont mes guides et mes autorités le plus souvent.

M. le docteur Chavanis continue ainsi :

« Cette description de la maternité est le plus for-
« mel démenti donné au rapport officiel fait au
« Conseil général sur l'état des maternités du dépar-
« tement de la Loire, où l'on peut lire, page 552 :

Les salles de maternité de Saint-Etienne et de Montbrison sont bien tenues et bien aérées ; elles sont dirigées par des sages-femmes qui sont assistées, lorsque l'occasion l'exige, d'un médecin de l'Hôtel-Dieu. Les femmes en couches reçoivent dans cet établissement tous les soins qu'exige leur situation.

« La bonne foi du rapporteur a certainement été
« surprise : il n'a point visité les installations, et il
« s'en est rapporté pour leur salubrité à l'absence de
« décès dans les maternités. Il ignore sans doute
« qu'aussitôt qu'une femme est malade, on la fait
« passer dans une salle de médecine. Pour ne pas
« aller plus loin, cet été, a sévi dans la maternité de
« notre hôpital une épidémie d'accidents puerpé-
« raux. »

———

L'Académie de médecine, en 1877, a déclaré « appuyer de tous ses efforts les conseils donnés aux grands centres industriels d'adopter des modes de secours qui permettent : 1º aux femmes enceintes d'éviter les trop longues fatigues professionnelles ; 2º à celles qui sont accouchées de donner des soins réguliers à leurs enfants, en les allaitant elles-mêmes pendant les premiers mois. »

Pour cela, il faut que l'assistance privée et l'assistance publique fassent leur devoir, chacune de son côté.

L'assistance privée : en créant des sociétés maternelles, des sociétés de protection pour l'enfance, pour secourir, en nature et avec de l'argent, à domicile, les femmes enceintes pauvres, les aider pendant leurs couches et après ; charger des mères de famille aisées et intelligentes de visiter et surveiller les mères et les enfants ; apprendre aux mères les notions essentielles de l'hygiène de l'enfance ; et, enfin, en créant les crèches dont nous parlerons tout à l'heure.

L'assistance publique communale ou départementale fera son devoir en donnant des secours de son côté, en subventionnant, en encourageant, sans vouloir les diriger ou les absorber, toutes ces utiles institutions dues à la charité privée, qu'il faut se contenter d'associer à la charité publique, en ayant, à son compte, des dames visiteuses qui peuvent rendre les plus grands services dans tous les grands centres aussi bien qu'à Paris.

Ecoutons le témoignage de M. Quentin là-dessus : « Il faut le dire, il n'est pas de tâche plus délicate et « plus difficile. En effet, dans la première année de « sa vie et surtout dans ses premiers jours, l'enfant « est exposé à des périls que sa faiblesse rend redou- « tables.

« Le froid contre lequel il n'est souvent que mal « protégé, une indisposition légère, le seul oubli de « quelques précautions hygiéniques, sont pour lui « des causes de maladie et de mort.

« Incapables de supporter les aliments solides, ses
« organes digestifs exigent une nourriture spéciale,
« ét si la mère ne peut ou ne veut le nourrir, l'allai-
« tement artificiel, presque toujours mal dirigé, leur
« suscite de nouveaux dangers qu'augmentent,
« dans de formidables proportions, l'ignorance et la
« misère.

« Ces dangers, il fallait non seulement en consta-
« ter la réalité et l'étendue, mais encore en recher-
« cher les causes, et, s'il était possible, en indiquer
« les préservatifs et les remèdes. Mais, pour bien
« remplir cette mission, ce n'est point assez du sen-
« timent du devoir, il faut encore comprendre les
« enfants et les aimer de cette affection prévoyante
« et vigilante qu'aucune fatigue n'arrête.

« C'est dans ce but que l'administration a confié
« l'important service dont il s'agit à des dames visi-
« teuses, presque toutes mères de famille, et chez
« qui nous étions sûrs de rencontrer les qualités
« morales et surtout cet amour maternel indispen-
« sable pour la surveillance efficace des nouveaux-
« nés.

« Et, je dois le dire, car c'est justice, en 1880,
« comme pendant les années précédentes, les *dames*
« *visiteuses* ont, dans leur ensemble, pleinement
« justifié, par leur zèle, leur exactitude et leur dé-
« vouement éclairé, la confiance que l'administration
« a mise en elles. »

Le service départemental de la Seine-Inférieure a
aussi des dames inspectrices.

Je crois que le service de la Loire est assez important pour être doté de cette utile institution, à moins
que les dames inspectrices des sociétés protectrices,
maternelles, des crèches, existantes ou à créer,

n'acceptent cette mission par une entente avec le service des enfants assistés, ce qui reviendrait au même ou à peu près.

Il y a tout à gagner d'associer la charité privée à la charité publique.

Il y a bien quelques sociétés maternelles dans la Loire, et à Saint-Etienne notamment, mais il n'y a pas, à proprement parler, de sociétés protectrices de l'enfance.

Ici je vais mettre à contribution, presque au pillage, un mémoire du docteur Monot.

Protéger l'enfant qui vient de naître, l'entourer d'une constante sollicitude, écarter les dangers sans nombre qui menacent sa frêle existence, le mettre à l'abri des mauvais traitements, subvenir à ses besoins physiques, moraux et intellectuels, lui conserver même, en embrassant de plus larges et plus lointaines perspectives, sa tutelle au-delà de ses premières années de l'existence, le suivre à la ferme, à l'atelier, à l'école, le guider sans cesse jusqu'au jour où il sera devenu homme et citoyen, tel est le but que se proposent les sociétés protectrices de l'enfance.

Véritables institutions philanthropiques et scientifiques, elles cherchent à détruire les pratiques, les préjugés funestes qui compromettent l'existence de ces frêles et chétives créatures qui n'ont ni la force, ni l'instinct, ni l'intelligence de se suffire à elles-mêmes.

La première Société protectrice de l'enfance a été fondée à Paris en 1865 ; en 1866, une autre société se fondait à Lyon ; enfin, d'autres sociétés ont pris successivement le jour, à Tours en 1870, au Havre en 1869, à Pontoise en 1870, à Marseille en 1873, et à Rouen en 1873, etc., etc.

Si toutes ces sociétés ont un but commun, la diminution de la mortalité des nourrissons, elles diffèrent cependant dans les moyens qu'elles emploient, suivant les localités ; quoi qu'il en soit, toutes se sont fait une loi de mettre en honneur et de propager l'*allaitement maternel* que réclament si impérieusement la voix de la nature, l'intérêt de la mère, de l'enfant et de l'ordre social.

Une des premières préoccupations de la Société de Paris fut de surveiller les enfants placés à la campagne, loin de leurs parents.

Je passe sur les détails de l'organisation de cette surveillance et sur les premiers essais assez malheureux de la Société, qui avait eu le tort de vouloir organiser des *villages modèles*, des *colonies maternelles*, véritable projet chimérique qui discrédita la Société dans l'opinion publique, et retarda, il faut le reconnaître, sa marche progressive jusqu'au jour où ces *utopies ambitieuses* furent mises de côté : à partir de ce moment, la Société devint de plus en plus prospère.

Au 1er janvier 1873, la Société comptait 1,062 membres titulaires ou correspondants. Pour certaines personnes ces résultats sont beaux : mais au prix de quels grands efforts est-on arrivé à rallier un peu plus d'un millier de membres en l'espace de cinq ans ! Pour nous, ce résultat est déplorable quand il s'agit d'une institution de la plus haute nécessité, et qui semble avoir conquis toutes les sympathies de l'Etat et de l'opinion publique; ce n'est pas de cette façon que les choses se passent chez nos voisins les Anglais et chez les Américains. Chez ces peuples, en effet, les entreprises les plus sublimes s'exécutent par la seule puissance de l'initiative privée ; chez nous, au contraire, on a trop l'habitude de compter sur l'État, on se repose trop sur sa tutelle, alors que, quand il s'agit de questions philanthropiques, on devrait compter surtout sur l'initiative privée.

Quoi qu'il en soit, l'élan est donné, et l'époque, nous l'espérons, n'est pas éloignée où chaque département aura sa Société protectrice de l'enfance.

Une fois constituées, ces sociétés devront s'agréger entre elles afin de retirer tous les avantages qui ressortent des grandes associations. En coordonnant leurs efforts, elles réunissent des capitaux importants, elles augmentent leurs moyens d'action, elles diminuent leurs frais particuliers, elles se soutiennent et se protègent mutuellement : c'est alors que, poursuivant le même but, c'est-à-dire, l'amélioration physique et morale de l'espèce humaine, elles réaliseront la devise de la Société de Paris, le *Mens sana in corpore sano*, et c'est ainsi qu'en conservant à la France la puissance du nombre, la valeur physique et morale de ses enfants, elles contribueront puissamment à régénérer notre patrie et à lui rendre son antique valeur.

Toutes les sociétés protectrices ont créé des comités de patronage chargés de visiter, diriger et conseiller les mères nécessiteuses ; ce n'est pas assez, il faut y ajouter des secours en argent et en nature, et même, comme la Société de Lyon, encourager par des gratifications les mères pauvres qui savent rester mères et nourrices jusqu'à la fin du dixième mois.

La Société de Tours donne un précieux exemple en portant secours aux filles-mères par tous les moyens dont elle peut disposer ; elle s'efforce ainsi de soustraire ces filles aux inspirations funestes de la misère et du désespoir, et de les ramener au bien ;

elle contribue en même temps à diminuer le nombre des infanticides, et à abaisser notablement le chiffre énorme des décès des enfants illégitimes, cause puissante de dépopulation.

Cette fois ce sera le tour du docteur Gibert, de Marseille :

La crèche à domicile serait, sans contredit le meilleur mode à employer pour la conservation des enfants, ce serait la réalisation du plus beau rêve que puissent faire les amis de l'enfance. L'auteur recherche tous les moyens praticables pour arriver à ce résultat, et il recommande, dans cet ordre d'idées, les secours en argent et en nature dont ont besoin tant de femmes dont le salaire est presque toujours inférieur et qui, toutes laborieuses qu'elles soient, ont si souvent besoin d'être aidées. C'est là que se montre encore dans toute son activité le zèle charitable des sociétés protectrices et de bienfaisance. Ce sont elles qu'il faut chercher à développer le plus possible. Il voudrait les voir se créer aussi dans les ateliers, dans les grands établissements industriels, particuliers, de l'Etat. Il cite à l'appui l'association bien connue des fabricants de Mulhouse, et dont nous parlerons plus tard à propos de crèches.

Le docteur Gibert propose encore de créer, sous la direction des sociétés protectrices de l'enfance, *une caisse d'assurance mutuelle entre les mères de famille*, fondation à laquelle participeraient les nouveaux époux, dès leur mariage, à l'aide d'une faible cotisation, 6 francs par an, par exemple, pendant deux, trois ou cinq ans; cette cotisation permettrait d'allouer un secours quotidien de 1 fr. 50 pendant quarante-cinq à soixante jours à la mère, à partir de l'accouchement. Elle donnerait droit, en outre, aux secours médicaux. La cotisation s'élèverait de 20 fr.

pour les soins pendant la grossesse et lors de l'accouchement.

Assurément, cette dernière idée est excellente et
elle rentre trop dans mes idées de *socialisme pratique* pour que je ne la recommande pas aux intéressés ; mais il faut courir au plus pressé, et avant
que les mères pauvres puissent s'associer, il faut que
les mères riches ou aisées les aident et, fidèle à mon
système éclectique, sur le terrain de la charité, je
leur rappellerai l'appel fait, dans un sermon de bienfaisance à Paris, à l'occasion de la fondation de la
première crèche, par M. Marbeau, et prononcé par
M. l'abbé Coquereau.

L'orateur, après avoir comparé l'enfant pauvre,
manquant de tout, à l'enfant riche, entouré de tant
de soins, de tant de superfluités, après avoir décrit
éloquemment les angoisses de la mère pauvre, a
présenté à l'auditoire le tableau suivant :

« Écoutez, a-t-il dit d'une voix émue, écoutez :
« Dans un réduit humide et délabré, moins qu'une
« maison, plus qu'une étable, respire une famille
« pauvre, nombreuse, torturée par les maladies ; un
« nouvel enfant vient de naire ; on dépose le nou-
« veau venu sur quelque chose : un meuble, plus
« qu'une crèche, moins qu'un lit. Un chien peut-être
« a réchauffé de son souffle la pauvre créature, qui a
« froid et qui se plaint. La mère a considéré son
« sein tari par la souffrance et les privations, et le
« père, ses bras amaigris par le travail...; et tous
« deux se sont regardés en silence, et des larmes
« ont sillonné leurs visages. Le père a pensé qu'il
« faudra travailler plus rudement encore ; que, dans
« deux années, trois années, il faudra couper le pain
« en portions plus nombreuses, par conséquent plus
« petites .. Que deviendra ce malheureux enfant ?

« Ah ! pitié, pitié pour lui ! pitié pour sa pauvre mère !
« pitié pour la malheureuse famille !... »

On remarquera que jusqu'ici j'ai parlé des femmes
enceintes ou accouchées, sans distinguer entre les
mères légitimes et les mères naturelles.

C'est avec intention, car je me place surtout au
point de vue de l'enfant qu'il faut protéger, qu'il soit
légitime ou non.

Ne faisons pas comme le maître d'école de La Fontaine, qui risque de laisser noyer l'enfant étourdi en
lui faisant de la morale intempestive ; sauvons d'a-
bord l'enfant, puis nous ferons de la morale à la
fille-mère et, bien que nous devions traiter à fond,
non pas ici, mais tout à l'heure, la question du
secours aux filles-mères, disons tout de suite un mot
de cette objection qu'on y fait au nom de la morale.

La plus haute morale s'accommode d'un peu d'humanité. Il ne faut pas, sous prétexte de faire crier à
la prime à l'immoralité, d'encouragement à la débauche, frapper ou laisser frapper l'enfant qui n'a
pas failli, par la faute de la mère, ou plutôt du père,
du séducteur très souvent. Je ne reconnais à personne le droit de jeter pêle-mêle à la fosse commune, une foule de petits êtres, bien ou mal venus
de leurs parents, n'importe, qui ont une existence
légitime ou non, mais légale, et qui, pour devenir
des soldats, des ouvriers, des contribuables, des
électeurs comme les autres — qu'ils soient sortis de
la cuisse de Jupiter ou de l'oreille de Gargamelle —
ne demandent que le lait d'une femme, ou un biberon bien préparé, et, plus tard, l'école, un outil, un
fusil, un bulletin de vote.

Me plaçant au point de vue exclusif de l'enfant, je
n'ai pas eu à faire de distinction quand j'ai parlé du

rôle de la charité privée dans la protection de l'enfant en bas-âge, j'aurais voulu ne pas en faire non plus lorsqu'il s'agit du rôle de l'assistance publique.

Je dois le faire au moins pour la partie financière ; ainsi le veut la législation actuelle qu'il s'agit, je le répète, plutôt d'améliorer que de changer.

* * *

C'est aux bureaux de bienfaisance locaux que revient le devoir d'assister, au nom de la société, les enfants légitimes dont les parents existent, soit le père et la mère, soit la mère seule, soit le père seul.

Ainsi le veut la loi, qui s'inspire de l'antique adage du moyen-âge : *Quæque civitas pauperes suos alito,* que chaque commune nourrisse ses pauvres.

Je demanderai la permission de citer ici un passage de la remarquable étude faite par le Préfet de la Somme, M. de Guerle, lors de l'enquête sur l'organisation de l'assistance publique dans les campagnes, en 1872 (proposition Talon et consorts); il y a là une question de droit administratif que je ne veux pas soulever, car la discussion de la réorganisation de l'assistance publique, de la *direction de la santé publique,* comme dit M. Liouville, député de la Meuse, pourrait à elle seule remplir un volume.

Et, ici, je ne veux pas me poser en innovateur, pas même en réformateur ; je demande seulement des améliorations de détail telles que la pratique du service me les suggère pour le bien de ceux dont je m'occupe : les enfants assistés secourus et protégés. Mais je verrais avec bonheur arriver cette réorganisation dont parle M. Liouville et qui a été

demandée récemment par les rédacteurs autorisés
de la *Loire médicale*.

M. de Guerle a dit :

« Il doit y avoir, il y a déjà une assistance publi-
« que. La société, dans sa représentation la plus
« élevée, a ses devoirs à l'égard des indigents. Mais
« à quelle fraction de la société doit surtout incom-
« ber cette charge ? Est-ce à la commune, au dépar-
« tement ou à l'Etat ?

« Il ne faudrait pas se laisser guider, pour répon-
« dre à cette question, par des considérations de
« pure philosophie sociale. Je serais peu touché de
« l'argument qui consisterait à dire que la commune
« étant la première agrégation sociale après la
« famille, doit succéder aux obligations de la famille
« quand celle-ci ne peut les remplir. Suivant qu'on
« part de l'Etat, il y a plus d'une manière de consi-
« dérer la commune. En raison du fonctionnement
« communal, qui est un des caractères de la société
« française, on ne saurait dire bien exactement si
« la commune est la dernière des subdivisions admi-
« nistratives ou la première des unités politiques.
« Elle est, suivant le point de vue où on se place, la
« patrie principale de celui qui l'habite ou la sen-
« tinelle perdue de la grande patrie. Le caractère
« de personne civile que lui confère la loi ne serait
« pas une raison suffisante pour lui imposer des
« devoirs particuliers, attendu qu'il ne manque pas
« en France de personnes civiles, le département,
« par exemple, qui bénéficient médiocrement de
« leurs droits à posséder et à recevoir. Il faut donc,
« puisqu'il s'agit de quelque chose d'aussi réel que
« la misère, consulter la réalité des choses. La com-
« mune est-elle une agglomération assez vivace,
« assez consistante, assez riche surtout, pour qu'on

« lui impose l'obligation de nourrir ses pauvres.
« *Quæque civitas pauperes suos alito*, disait le moyen-
« âge ; mais la cité du moyen-âge est-elle bien la
« cité moderne? La commune féodale est une société
« fermée, une famille plus étendue que la famille
« naturelle, divisée en corporations dans lesquelles
« on ne pouvait entrer que par un privilège spécial.
« Qu'une cité semblable soit, comme la famille dont
« elle n'est que le prolongement, obligée de nourrir
« ses pauvres, rien de plus naturel! Mais en est-il
« de même de la commune moderne qui n'est pas
« née, qu'on le sache bien, de la commune
« ancienne? Elle est née humblement à l'ombre des
« tours du château seigneurial, autour du clocher
« qui réunissait les serfs du manoir féodal et non
« les citoyens de la commune affranchie du servage
« baronal, royal ou épiscopal. Elle est née pauvre
« et dépendante, et si le jour qui l'a affranchie ne
« lui eût, en même temps, livré la terre qu'elle cul-
« tivait, elle n'eût pu profiter de sa liberté. Celle-là
« n'a pas eu, comme la cité, ses soldats, ses juges
« et ses corporations! Elle a toujours vécu en tutelle
« et n'a échappé au droit de basse, moyenne et haute
« justice du seigneur que pour tomber entre les
« mains de l'Etat. Mais telle qu'elle est cependant,
« dans sa dissémination et sa pauvreté, la commune
« est un être vivant de sa vie propre, ayant de cette
« vie toutes les ardeurs, toutes les passions et aussi
« toutes les vertus. Vous pouvez changer les limites
« de l'Etat et celles du département, mais toucher à
« une commune, chacun le sait, c'est presque une
« révolution. Le département, l'arrondissement, le
« canton, sont des divisions administratives. La
« commune est une personne sociale. La paroisse et
« la commune, voilà de véritables entités vivantes

« qui parlent au cœur de ceux qui sont nés et qui
« meurent près du clocher rustique et de l'humble
« maison commune. Le reste, c'est presque l'étran-
« ger. Cela est si vrai, que la rivalité de commune à
« commune s'étend de la commune à ses annexes.
« On n'a jamais pu les faire vivre bien ensemble, et
« quand il s'agit de distraire la section qui veut
« vivre d'une vie individuelle, il faut des luttes sans
« fin. Il y a donc une commune; et cette commune,
« faible et protégée comme elle l'est, n'en est pas
« moins le véritable foyer de la vie publique, l'abrégé
« de la grande patrie. C'est donc là qu'il faut aller
« chercher cette responsabilité morale collective,
« cette solidarité qui peut seule donner la vie à des
« œuvres charitables. La commune, la paroisse, le
« bureau de bienfaisance, refusent chaque jour les
« donations et les legs. Le département n'en reçoit
« pas. Le canton, quand on l'aura érigé en personne
« civile, quand on lui aura donné un budget, n'en
« recevra pas davantage. La commune, au contraire,
« s'enrichit de tout ce que la charité prélève sur
« l'égoïsme humain.

« La commune doit donc nourrir les indigents
« respectables, si elle le peut.

« Mais le peut-elle ? »

Oui, voilà la question, le peut-elle ? Actuellement,
non, le plus souvent. Peut-être plus tard, quand on
aura organisé fortement l'assistance publique par
l'*assistance locale à domicile*, par les efforts combinés de la charité privée et de la charité publique,
par les soins des bureaux locaux, subventionnés par
les communes, les cantons, les départements, l'Etat,
sous le contrôle de l'Etat, peut-être, alors, les communes pourront nourrir leurs pauvres, qu'elles connaissent mieux que l'Etat qui est souvent trompé.

Et il vaut mieux l'être en essayant de donner la vie à un enfant, que de risquer de le laisser mourir de misère.

Mais, en attendant, il faut faire un appel à la charité privée qui, en ce qui concerne la protection de l'enfant, notre sujet actuel et spécial, peut beaucoup, sinon tout faire, dans la plus petite commune, en associant les efforts du maire et du curé, c'est-à-dire, la charité et la solidarité, pour créer partout, dans la proportion suffisante, mais nécessaire, la société maternelle, voire même la crèche, on le verra plus loin.

En attendant, il faut, dans le cas d'impuissance de la commune, faire participer les enfants légitimes aux secours départementaux, encore trop exclusivement réservés aux filles-mères.

Cela se fait déjà dans beaucoup de services; cela se fait aussi un peu dans la Loire, à *titre exceptionnel*, grâce à la bonté et à l'initiative intelligente de M. le Secrétaire général, délégué à ce service, et de son suppléant, M. Pardon, conseiller de préfecture.

Qu'ils me permettent de les en remercier, de les en féliciter même ; ici, je ne suis pas leur subordonné. Et, ensuite........

Amicus Plato, sed magis amica veritas !

Je trouve, dans cet ordre d'idées, des autorités partout. Les mémoires présentés à l'Académie de médecine et approuvés par elle contiennent presque tous ce vœu : qu'en fait de protection efficace à l'enfant, en cas d'insuffisance de la charité privée ou publique, dans les communes pauvres, il faut faire participer les enfants légitimes aux secours temporaires départementaux.

« On s'est posé, dit l'Inspecteur départemental du
« service des enfants assistés de la Seine-Inférieure,
« la question de savoir si l'enfant légitime devait
« participer au secours comme l'enfant naturel. Pour
« moi cela est indiscutable. »

Ecoutez l'Inspecteur de la Gironde :

« Que ces secours soient accordés indistinctement
« aux enfants légitimes et naturels indigents. La
« justice distributive veut que les uns et les autres
« participent également aux générosités de la bien-
« faisance publique, du moment que les mères ma-
« riées ne retirent des sociétés de charité maternelle
« et des bureaux communaux que des secours trop
« insuffisants. »

Et ensuite il revient encore à la charge :

« Cette exclusion des légitimes aux secours tem-
« poraires était, dès le principe, dans la période
« d'essai, un faux calcul, et serait davantage aujour-
« d'hui un anachronisme qui amoindrirait l'influence
« et la mission civilisatrice de l'assistance aux filles-
« mères. »

Le service de la Seine va plus loin, lui, il va jusqu'à admettre l'abandon d'enfants légitimes indigents.

Dans l'Allier, sur 318 enfants secourus temporairement en 1882, il y en a eu 37 légitimes, et cela en
conformité d'un vœu émis par le Conseil général en
1881.

Oh ! je sais bien ce que vont dire ceux qui, s'inspirant de la lettre stricte et étroite du règlement, vi-
sent en apparence l'économie et, au fond, cherchent
la satisfaction d'un égoïsme prudent et trouvent une
douce quiétude en se réfugiant dans le gras fromage
de cet *optimisme* officiel et administratif, dont le

Ministre parlait dans un rapport précédemment cité;
ceux-là, ils diront : c'est la porte à l'arbitraire que
vous ouvrez, c'est là un accroissement sérieux de
dépenses.

Eh! oui, qui le nie cet accroissement de dépenses?
J'écarte la question financière qui est secondaire ici.
L'arbitraire, non, mais l'intelligence et le tact du
chef du service auquel il est impossible, en matière
de secours, de tracer des règles fixes et immuables
et qui peut et doit, en cas douteux, en référer au
Préfet, seul responsable devant le Gouvernement et
le Conseil général.

« Nous faisons, dit l'Inspecteur de la Gironde, qui
« fait autorité en la matière, nous faisons de l'assis-
« tance avec le cœur, et nous appliquons plutôt l'es-
« prit que la lettre du règlement.

« Or, l'esprit de l'assistance, c'est de conserver la
« vie de l'enfant, et nul mieux que la mère ne peut
« obtenir ce résultat humanitaire. »

Je prendrai d'autres autorités.

Voici un élu du suffrage universel :

M. Reuillet, à la séance d'avril 1883, au Conseil
général de la Loire, en réponse à un collègue qui,
dans un bon sentiment, mais un peu à la légère, demandait une très forte et subite augmentation du
tarif des secours temporaires aux filles-mères, disait
en substance :

« Il ne faut pas que l'assistance départementale
« crée un *privilège spécial* aux filles-mères, alors que
« l'assistance locale, même à Saint-Etienne, où elle
« a des ressources sérieuses et une administration
« spéciale, est insuffisante pour les ménages pau-
« vres. On ferait crier à la prime à l'immoralité, à
« l'encouragement à la débauche. »

M. de Guerle, déjà cité, un préfet, a dit :

« Quel spectacle pour les parents honnêtes qui
« voient l'enfant naturel secouru, grandir et pros-
« pérer à côté du fruit de leur union légitime, voué
« à la maladie et à la misère. Quelles pensées peu-
« vent engendrer dans des cœurs ulcérés de pareils
« exemples ?

***

La loi du 5 mai 1869, venant après la suppression
des tours, a généralisé et organisé le service départemental du secours temporaire aux filles-mères
pour « préserver et faire cesser l'abandon ».

La circulaire du 3 août 1869 dit :

« Il est constant que si on les compare aux élèves
des hospices, les enfants secourus temporairement
meurent dans une proportion moindre de moitié. »

La raison en est indiquée par la même circulaire :
« Sous le toit de l'hospice ou du nourricier, quels
que soient les sacrifices et les efforts des établissements dépositaires, des départements et des communes, l'enfant ne trouve jamais ni la protection ni
les soins que lui assure la présence de sa mère. »

Et plus loin :

« Les mères naturelles, retenues, moralisées par
la seule présence de leur enfant, savent, en général,
mieux que celles qui se sont déchargées de tous devoirs, se maintenir dans la voie du repentir et revenir au bien. »

Préservation de l'enfant, moralisation de la fille-
mère, tel est le double aspect du secours.

———

Deux questions se présentent tout d'abord et qu'il
faut sinon discuter, tout au moins résumer, car elles

ont déjà fait couler des flots d'encre. On pourrait les croire épuisées, et cependant, à tout moment, dans les assemblées départementales et surtout dans la presse, elles sont remises en question ; c'est d'abord celle du tour, qui aurait sa place logique dans la deuxième partie, en parlant des enfants assistés, mais que je trouve opportun de placer ici, et ensuite, celle de la moralité, du secours temporaire, en la jugeant au point de vue de la mère. Les deux questions sont connexes.

J'ai traité déjà la deuxième au point de vue de l'enfant ; mais il faut y revenir, car il faut bien avouer que, en secourant l'enfant naturel, on secourt la fille-mère, ce qui a soulevé de vives objections.

———

Pour la question du tour, comme pour celle de la moralité du secours à la fille-mère, comme pour tout ce qui a précédé et qui suivra encore, je m'appuierai sur des autorités.

Je m'effacerai autant que possible, étant bien convenu que si je fais de si larges emprunts partout, c'est parce que je trouve plus utile et plus agréable pour mes lecteurs de leur donner, exprimées avec plus d'autorité, de compétence et de talent, les idées que j'ai sur le service des enfants assistés.

Ce qui va suivre sur les tours est tiré presque textuellement de deux mémoires sur la question : l'un est de l'Inspecteur de la Gironde, déjà cité ; l'autre de l'Inspecteur de l'Isère, M. Héraud, lauréat de l'Académie de médecine.

J'ai fondu ensemble les deux rapports en les complétant l'un par l'autre, et ils me paraissent décisifs.

Les idées qui prévalent dans le code charitable,
qui fut édicté en suite de la grande transformation
politique et sociale de 89, ont particulièrement en
vue l'assistance à domicile, c'est-à-dire des secours
à la famille, aux mères qui allaitent leurs nouveau-
nés, des récompenses aux nourrices qui élèvent des
enfants pour la patrie, laquelle en avait alors et en
aura toujours le plus grand besoin. Ne semble-t-il
pas que les premiers législateurs de la société moderne aient puisé aussi des inspirations dans les
codes mosaïque, talmudique et théodosien, en ce qui
concerne l'attribution des secours directs aux mères
qui allaitent leurs enfants, et aux parents qui ne peuvent les élever, ou qui seraient tentés de les détruire
ou de les abandonner? Le fond de leur assistance est
là (1), et ce n'est que par exception nécessaire qu'ils
s'occupent de régler l'assistance qui emprunte la voie
hospitalière pour agir.

L'Empire décréta le tour d'institution légale, le
19 janvier 1811 ; ce décret est le premier acte de
législation qui renferme l'expression de *Tour*.

M. Victor Lefranc, député et président de la Commission d'enquête de 1849, disait : « Il semble que
« les auteurs du décret aient eu une sorte de cons-
« cience, de pressentiment, des mauvais effets que
« la mesure nouvelle des tours pourrait produire ; et
« il est permis de croire que si Napoléon avait pu,
« dès le jour où le décret fut présenté à son appro-
« bation, prévoir les résultats que l'expérience fait
« connaître aujourd'hui, il l'eût repoussé avec indi-
« gnation au lieu d'y apposer sa signature. »

De son côté, l'honorable M. Bérenger a émis cette

---

(1) Décrets du 3 septembre 1791, du 19 mars 1792, du 28 juin 1793, du
4 juillet 1793, du 24 vendémiaire an II.

opinion : « L'Empereur fut dominé par une considé-
« ration supérieure, celle d'assurer, *même au prix*
« *de grands sacrifices,* l'existence et l'éducation d'*une*
« *multitude d'enfants, que l'abandon vouerait à la*
« *mort ou au vice, et de conserver ainsi à la patrie*
« *une partie de ses défenseurs naturels.* »

Dans l'hypothèse où cette considération aurait
réellement inspiré l'acte de 1811, l'Empereur se serait
gravement trompé, car les résultats ont tourné au
rebours de ses prévisions.

Personne ne conteste que le tour ne soit institué
expressément pour favoriser et faciliter les abandons ;
s'il les facilite et les provoque, ceci est indéniable, il
ne les empêche donc pas ; s'il les multiplie au lieu de
les prévenir, il voue nombre d'enfants abandonnés à
la mort ; si 60 à 70 sur cent de ces enfants décédaient
dans la première année de leur existence, comme
cela est bien établi, le tour ne conservait donc à la
patrie, pour défenseurs, qu'une très faible partie, à
l'âge de vingt ans, des quelques enfants, d'une assez
mauvaise constitution, qui restaient sur les cent
qu'il avait recueillis et entretenus *au prix de grands
sacrifices*. Il est difficile de sortir de là avec de bonnes raisons.

Le tour, comme système d'assistance, est un procédé caduc, qui pouvait s'adapter, peut-être, à une
civilisation arriérée et plus rude, à des sociétés organisées comme celles qui ont précédé la Révolution ;
mais il ne convenait nullement au premier Empire,
ni aux régimes qui lui ont succédé ; quant au second
Empire, qui a pu apprécier l'influence nuisible de ce
procédé, son Administration a eu le bon esprit de le
faire disparaître complètement ; elle a vu qu'il était
imperfectible, brutal, immoral et meurtrier, et qu'il
était loin de répondre aux idées et aux mœurs adou-

cies de notre époque. A cette heure, on veut et peut faire beaucoup plus qu'autrefois pour l'enfance ; il s'agit de ne point se tromper dans le choix des moyens d'application. Cette sollicitude a été éveillée, un peu tardivement, après les révélations des statistiques sur la mortalité, la stérilité volontaire de notre nation et la fécondité prodigieuse des autres grands Etats de l'Europe. Sans ces révélations, il est probable qu'on aurait continué à se passionner, de préférence, pour le perfectionnement des diverses races d'animaux domestiques, pour lesquels on ne marchande pas les sacrifices.

Ce n'est pas seulement, ainsi qu'on l'a prétendu bien à tort, par des raisons d'économie, qui avaient leur importance cependant, que les tours ont été supprimés ; mais encore, et surtout, par des considérations morales, humanitaires et sociales de la plus haute portée. Ils sont tombés sous le poids de la conscience publique qu'ils offensaient par leurs abus. N'a-t-il pas fallu que ces abus fussent bien criants pour détruire successivement, d'un commun accord entre les pouvoirs publics, mais en dehors de la loi, une institution légale qui a évolué dans 270 arrondissements ?

Quand on veut établir le bilan du tour, on trouve un actif insignifiant, contestable, et un passif formidable. Qu'a-t-il à son actif ? Le secret ; mais ce secret est garanti, et cette garantie peut encore être fortifiée avec le régime actuel, qui est, d'ailleurs, toujours perfectible. Et puis, la cour de cassation n'a-t-elle pas fourni toutes les facilités possibles de cacher une honte ou une faute, en conférant les attributs de la légalité à la déclaration, faite à l'état civil, d'un enfant comme étant né de père et de mère non nommés ? Avec cela, le secret peut se passer du tour, qui était rarement accessible aux filles ou femmes pouvant en avoir besoin ; il attirait, par contre, comme le serpent attire l'oiseau, l'enfant de celles qui ne se préoccupaient pas du secret, ou qui leur était inutile.

La question des infanticides et des avortements est résolue maintenant. Toutes les enquêtes parlementaires et administratives, les économistes, les magistrats, les hommes qui sont chargés spécialement de l'application de nos lois d'assistance, et ceux qui ont creusé cette question sans parti pris, déclarent que le tour n'avait aucunement le pouvoir de prévenir ces crimes, qui se commettaient tout aussi bien de son temps, et que si leur nombre s'est accru, cet accroissement, qui tient à plusieurs causes, et qui, d'ailleurs, s'est arrêté dans sa marche, s'est produit parallèlement à l'augmentation de la quantité des autres crimes.

Je reviendrai sur ce point.

En revanche, le tour a un passif qui demanderait des volumes pour l'établir. Nous ne pourrons que mettre en relief les défectuosités notables de ce vieux mode d'assistance et quelques-uns de ces méfaits ; mais malgré cette limite assignée à notre travail, nous pensons néanmoins convaincre et faire la lumière dans les esprits des apologistes sincères d'un instrument décimateur dont nous nous occupons, espérons-le, pour la dernière fois.

Le système qui multiplie les pupilles de l'hospice a fait son temps. C'est un régime condamné, celui où les nouveaux-nés meurent encore aujourd'hui dans la proportion de 50 à 60 %. Le tour ne réalise-t-il pas la révoltante doctrine malthusienne ? Il suspend illégalement les dispositions de nos Codes qui punis-

sent l'exposition et la suppression d'état civil; il dépouille les enfants d'un droit supérieur et impres-
criptible, *le droit à leur mère*; il autorise la famille
à arracher violemment de son sein un de ses membres pour le précipiter dans des oubliettes, et le faire
entrer ensuite, s'il survit, dans un milieu où celui-ci
perd son nom, son état civil, et devient un numéro
matricule, sous la tutelle administrative ; puis, il
reste un pauvre déshérité de tout, sans racine, sans
lien, sans appui dans la société, qui n'oublie pas son
origine, et le range tacitement parmi ceux qu'elle
dédaigne. Il porte éternellement avec lui son stig-
mate. Le contraire est l'exception.

Si, comme nous, par position, les partisans d'un
pareil régime immoral et inhumain avaient été les
confidents de beaucoup de pupilles de l'hospice, ils
modifieraient leurs idées théoriques sur l'action des
tours et comprendraient les peines de cœur et d'esprit de ces infortunés, qui ne cessent de prier leur
tutrice administrative de faire des recherches pour
découvrir leur mère ou leur père, qu'ils ont une
soif insatiable de connaître et d'aimer. La nature
parle ; quand on lui résiste ou la maltraite, elle fait
souffrir.

Oui, en dépit de tous les raisonnements plus ou
moins ingénieux, mais, à coup sûr, faussés, la justice, la morale, l'intérêt de l'enfant et celui du pays,
commandent impérieusement de réduire le nombre
des enfants assistés à sa plus simple expression. Il
faut, de toute nécessité, que l'hospice ne recueille
plus que le pauvre orphelin, le nouveau-né trouvé
sur la voie publique, ou abandonné criminellement,
le triste et déplorable fruit de l'inceste, de l'adultère,
ou du condamné judiciairement. Voilà le but pour-
suivi et qu'il importe d'atteindre avec le développe-

ment et l'amélioration de l'assistance à domicile. L'expérience du passé et la pratique des faits du service ne font point douter du succès ; au surplus, qu'on compare ce que ce régime a déjà produit, depuis son application récente, avec ce qu'il obtiendrait si, au lieu de l'attaquer, en niant systématiquement ou inconsciemment ses résultats, on venait en aide à son action fructueuse, et qui a dépassé toutes les espérances qu'il avait fait naître à ses débuts. Il s'est heureusement substitué au tour, au grand avantage de ses anciennes clientes, dont il a gagné les sympathies.

L'assistance assise sur la base solide et saine de la famille, c'est la voie à suivre. Laissons les errements du passé, qui ne nous conviennent pas, et qui ont été impuissants à guérir les maux que nous avons à cœur de prévenir. La fiction, si fiction il y a, deviendra, l'Administration peut en répondre, une réalité ; avec de la bonne volonté et un peu plus d'argent, la transformation de l'assistance hospitalière en secours à domicile s'effectuera rapidement, et, quel que soit le surcroît de frais qu'elle occasionnera, ces frais seront encore bien inférieurs aux dépenses que la restauration du tour exigerait. Dans une question d'une telle importance, l'argent ne pèse pas dans la balance ; mais comme nous avons conscience qu'il résulterait de cette restauration un grand malheur public, nous devons le faire entrer en ligne de compte.

Les adversaires de notre mode de secours actuel, dont l'origine est fort ancienne, puisqu'elle remonte aux Hébreux et aux premiers chrétiens, ne sont pas heureux dans leur critique ; ils veulent faire croire qu'ils doutent du bien qu'a déjà fait, et peut faire plus encore cette assistance ; leur doute est de convention. La plus grande preuve qu'elle a de la vitalité, c'est que, ne datant que d'hier et n'ayant à sa disposition que des moyens financiers insuffisants, elle a le mérite et la force de saper le système vicieux, de l'anéantir et de reconstituer les familles que celui-ci désorganisait et détruisait. Les partisans du tour voudraient bien le marier avec les secours, mais ces deux époux désassortis, antipathiques l'un pour l'autre, divorceraient aussitôt. Dans le monde de la charité publique, ils représentent les deux pôles. Il serait vain de songer à ce projet de mariage qui est irréalisable. Cette impossibilité est encore un argument contre la réouverture des tours, réouverture qui créerait des difficultés réelles, et de plus d'une sorte, pour l'installation de la machine tournante et l'organisation du service dans chaque arrondissement; cette installation ne suffirait pas; afin qu'elle eût le don d'éviter les infanticides et les avortements, comme on a l'air de le croire, il faudrait qu'elle s'étendît au moins jusqu'au canton, sinon jusqu'au village, pour se plier aux exigences de la situation de la malheureuse qui veut se débarrasser de son nouveau-né, et pour que l'éloignement du tour ne la mît point dans l'impuissance d'y enfouir son moribond, sans être vue dans son voyage; autrement cet obstacle et cette crainte la pousseraient à un crime. Et puis, ce voyage, qui est meurtrier pour les frêles créatures à peine écloses à la vie devrait être évité aux mères et à certaines familles qui trouvent plus commode de les confier au tour, et de les laisser mourir ou élever aux frais de l'assistance hospitalière.

Soyons plus sérieux. — Il n'y a rien qui puisse empêcher une fille dénaturée de tuer son enfant, quand elle se détermine à commettre cette exécrable

action, plutôt que de dévoiler le secret de sa grossesse et de nos accouchement. Peu lui importe le
tour; ce qu'elle veut par dessus tout, c'est qu'on ne
sache pas qu'elle est accouchée et qu'on ignore sa
chute.

Qu'on veuille bien réfléchir à la situation des filles-
mères qui commettent un infanticide, et dont les
mauvais sentiments se développent sous l'influence
des vives et douloureuses préoccupations qui étrei-
gnent ces malheureuses; cette situation est telle
qu'il n'y aurait que quelques pas à faire pour mettre
le fruit de leur faute au tour, qu'il n'y serait point
porté. Ces filles, d'une nature égoïste et vicieuse,
qui ont été élevées et ont vécu dans un milieu am-
biant, misérable, perverti ou dangereux, sont celles
qui sont parvenues ou croient être parvenues à cacher leur grossesse. Persuadées que le signe de leur
faiblesse ou de leur désordre est resté ignoré de leur
entourage qu'elles redoutent, elles se gardent bien,
même au moment de l'accouchement, d'appeler du
secours; elles ne veulent aucun témoin et n'ont
qu'une crainte, c'est de ne pouvoir s'accoucher elles-
mêmes. L'opération terminée, une pensée coupable
les préoccupe : Que faire de l'enfant? Si elles ont
assez de force pour le porter au tour, elles peuvent
être vues, et c'est ce qu'elles ne veulent point. Alors,
elles n'aperçoivent plus de parti à prendre que celui
de faire disparaître leur fruit par d'autres voies. Si
elles sont dans un champ, elles l'étouffent et l'enter-
rent; si elles sont dans une maison, elles le ficellent
dans des linges et le cachent jusqu'à l'instant où elles
peuvent le jeter dans les latrines ou l'égout. Le tour
n'a donc point empêché le crime; ce crime n'eût pas
été perpétré, si la mère eût eu un confident, à moins
que ce confident ne fût le séducteur, dont les fu-

nestes conseils, ainsi que le révèle la cour d'assises, eût poussé sa complice à accomplir une horrible action.

Il arrivait trop souvent que le tour récelait les êtres victimes d'un attentat, et, comme l'a caractérisé une religieuse, il devenait *la boîte aux infanticides.* Ainsi, dans les deux années qui ont précédé celle de la fermeture du tour à Bordeaux, le nombre des enfants qui y ont été trouvés sans vie ou mourants, en 1850, a été de 2 morts et de 19 moribonds, et, en 1851, de 4 morts et 15 moribonds. La supérieure de l'hospice de cette ville a affirmé qu'un soir, vers minuit, elle avait retiré du cylindre tournant un enfant, âgé d'environ 7 ans, qui jetait de grands cris et auquel on avait presque brisé l'épine dorsale pour le loger dans la cavité de ce cylindre. Cet enfant mourut quelques jours après. Quel drame obscur !

La perspective des secours produit le meilleur effet sur l'esprit de celles qui ont assez de courage pour supporter leur honte, et qui ont conservé assez de cœur pour ne pas se livrer à un semblable attentat. Les premières sont heureusement en très petit nombre, tandis que les secondes sont la masse, et de la catégorie de celles qui, poussées par la misère ou les difficultés de l'existence, alimentaient autrefois le tour des hospices. Or, secourir efficacement celles-ci, c'est tout à la fois rattacher la mère à l'enfant, créer une famille, fournir la possibilité à l'une d'allaiter l'autre, dans la plupart des cas, et de le légitimer par le mariage. Ces légitimations sont plus fréquentes qu'on l'a dit.

Autant de familles qui ont fait souche, et dont la morale publique a le droit de se féliciter.

L'état civil aura à enregistrer beaucoup plus de

mariages de filles-mères et de légitimations, le jour où tous les subsides seront moins parcimonieusement alloués.

Cette assistance obtient bien d'autres résultats en encourageant et développant la lactation maternelle, sans laquelle il ne serait plus possible d'allaiter les nourrissons élevés ou secourus par la charité officielle, depuis la réduction considérable, et qui ne cesse de croître, des nourrices mercenaires. Il faut donc plus que jamais *donner pour nourrices aux enfants leurs propres mères.* Cette considération seule suffirait pour repousser toute pensée de rétablissement des tours qui, s'ils étaient rétablis maintenant, seraient fatalement plus destructeurs de l'enfance qu'au temps où ils avaient beaucoup de nourrices à leur disposition.

Enfin, le véritable objectif de l'assistance est la conservation de la vie de l'enfant, et nul mieux que la mère ne peut obtenir ce résultat humanitaire. Donc, secourons-la assez largement pour ôter l'envie d'abandonner sa progéniture, en lui facilitant les moyens de la nourrir et de l'élever.

Cette assistance a été définie, en excellents termes, dans le rapport de l'enquête de 1862. Les commissaires de cette enquête ne se sont pas trompés sur l'extension et l'influence salutaire que l'avenir réservait au secours temporaire : « Il est destiné », écrivaient-ils, « *à se développer de plus en plus, et à* « *transformer un jour l'ensemble du service ;* nous y « voyons le moyen certain et pratique *d'améliorer* « *sans dépense, de moraliser sans effort, de conserver* « *à la vie* une population qu'il ne faut pas vouer à « l'abandon et à la mort, parce qu'elle s'est trouvée, « au seuil même de l'existence, victime d'une faute « qu'elle n'avait pas commise. »

Enfin, citons les paroles de M. Tallon, rapporteur
de la Commission de l'enquête parlementaire de
1873 : « Les opinions sont peu divisées sur les effets
« de la loi du 5 mai 1869, relatives au service des
« enfants assistés ; on en reconnaît généralement
« les bons effets. On considère surtout comme effi-
« cace l'allocation des secours aux filles-mères ;
« elle ne soulage pas seulement la misère, elle pré-
« vient le crime ; nous voudrions, quant à nous, pou-
« voir nous étendre longuement sur les bienfaits
« d'une œuvre dont l'utilité est démontrée par l'évi-
« dence même des faits ; nous vous en signalerons
« l'influence moralisatrice et les incessants progrès,
« si ce n'était trop élargir le cadre de cette étude. »

Ces progrès, qui sont réels (1), prendraient de bien
plus amples proportions si des modifications et des
perfectionnements étaient apportés à ce régime des
secours, qui a toutes les qualités intrinsèques voulues pour tenir ses promesses, et qui remplace fort
avantageusement l'ancien système, dont le défaut
capital, inévitable, était d'être exclusivement hospitalier.

Ne terminons pas ces considérations générales
sans rappeler que le tour favorisait l'exposition ou
l'abandon des enfants légitimes qui représenteraient
le *cinquième* des êtres jetés dans les *boîtes à infanticides*, comme on les a appelées avec raison.

Et maintenant, entrons dans quelques détails nécessaires pour combattre les arguments des partisans du rétablissement des tours et fortifier les partisans du système actuel de bureau d'admission à
bureau ouvert, combiné avec le secours temporaire

(1) Il suffit de lire les chiffres probants, indiscutables, apportés par
tous les Inspecteurs dans leurs rapports, pour être convaincu.

à la fille-mère qui consent à garder son enfant, soit pour le nourrir elle-même, soit pour le placer en nourrice et le surveiller elle-même.

Veut-on savoir comment le service fonctionne ? (1) voici : les enfants naturels, adultérins ou incestueux, sont admis à l'hospice à bureau ouvert. Pour cette admission, on prend seulement les précautions que la prudence impose, en vue d'éviter la fraude ou le crime. Le secret du dépôt de l'enfant est religieusement conservé, et nous défions qui que ce soit de nous démentir. Nous faisons plus encore, nous ne procédons à aucune enquête quand nous avons la conviction qu'il n'y a que des hontes ou des fautes à cacher, ou quand une mère malheureuse, mariée ou non, nous prie ou nous fait prier, par une personne honorable, de recevoir, sans recherches, son nouveau-né à l'hospice. Nous couvrons ainsi d'un voile épais des désordres qui auraient de graves conséquences s'ils étaient connus et qui affligeraient la société. Nous faisons de l'assistance avec le cœur, et nous appliquons plutôt l'esprit que la lettre des règlements. C'est le tour, sans la boîte, mais aussi, sans sa puissance attractive, désorganisatrice et pernicieuse. Nos procédés d'assistance ne sont pas aveugles, ni durs comme cet instrument décimateur de l'enfance ; ils sont éclairés, bienfaisants et muets comme la tombe.

D'un autre côté, nous prêchons les bienfaits de l'allaitement maternel aux filles-mères qui réclament des subsides, et nous tâchons de leur faire comprendre qu'elles nuisent à leur propre santé quand elles refusent le sein à leurs nouveaux-nés. Heureusement nous ne prêchons pas dans un désert,

_____

(1) Dans la Gironde, et presque partout ailleurs.

et l'amour maternel, cet excellent interprète, vient à notre aide. Aussi, sommes-nous fiers des résultats que nous constatons chaque année, et qui sont bien de nature à faire réfléchir les partisans des tours, de ces véritables oubliettes, qui sont l'antipode des secours à domicile.

On a prétendu que le tour assurait le secret et que le service actuel ne l'assure pas, ou ne peut l'assurer. C'est faux.

On a dit que, depuis la suppression du tour, il y a plus d'infanticides, d'avortements.

Retenons d'abord ce fait hors de discussion et déjà invoqué : c'est que, qu'il y ait tour ou non, celles qui veulent cacher à tous les yeux l'origine même de la faute, les signes extérieurs et le fait matériel de l'accouchement auront recours à l'avortement ou au crime.

Bien rarement la honte et la misère sont causes de l'avortement des mères qui peuvent obtenir des secours de l'assistance ; la honte n'a de pareilles conséquences que sur les filles qui sont à même de se passer de secours, et dont la faute serait un motif de trouble et de déshonneur pour leur famille.

« A l'égard de ces dernières et des femmes adultères, la perspective du secret du tour préviendrait, croit-on, des avortements : erreur. Les unes et les autres n'ont qu'une crainte, c'est de ne pouvoir dissimuler leur grossesse à leur entourage. Voilà ce qui les préoccupe. Leur affreuse situation est parfois digne de pitié. On voudrait ne pas déshonorer aux yeux du monde celles qui ont conservé assez de cœur pour reculer devant l'avortement, et leur laisser les moyens de placer le fruit de leur faute dans le mystère du tour. Qu'on se rassure : ce mystère

11

existe sans la boîte qui est à jamais brisée, sans l'infanticide et sans l'exposition. Il est assez connu, et il
y en a qui savent y avoir recours. »

En effet, la Cour suprême a décidé qu'un médecin
ou une sage-femme pourraient légalement déclarer à
l'état civil que tel enfant était né de père et de mère
inconnus. Cette déclaration, qui a les avantages du
secret du tour, n'en a point les inconvénients ; elle
n'exige pas le transport, souvent à de grandes distances, de l'enfant voué à l'oubli, pour le jeter dans
le tourniquet de l'hospice, où il arrivait à moitié
mort, lorsque le voyage ne l'avait point tué ; elle
permet, au contraire, de le faire soigner au lieu de
sa naissance, de le confier à une nourrice, de le surveiller, ou de l'envoyer, quand il peut supporter les
fatigues du transport, à l'hospice, où il est reçu immédiatement, sans que son immatriculation soit sui-
vie d'une enquête. Une semblable déclaration de
naissance est surtout à l'usage des grandes hontes
et des familles qui auraient trop à souffrir de la faute
d'un de ses membres.

Pourquoi ajouter à cette faculté si grande de cacher un déshonneur, un procédé barbare qui n'est
plus dans nos mœurs, et dont la force attractive avait
la puissance d'attirer à elle les enfants légitimes,
dépouillés de famille, d'état civil, d'héritages, et
placés avec les autres dans de telles conditions que
30 à 40 sur 100 seulement, survivaient à la fin de
leur première année, à leur entrée fatale dans le
gouffre, où l'humanité, l'égoïsme et le vice les
avaient enfouis ?...

Le nombre des accusations pour infanticides et
avortements a augmenté, cela est certain, depuis la
suppression des tours ; mais, en réalité, y a-t-il plus
de crimes ? Tient-on un compte suffisant de l'aug-

mentation de la population survenue depuis la suppression des tours, et contestera-t-on, d'autre part,
que la justice trouve maintenant à exercer son action
avec des facilités incomparablement plus grandes
qu'autrefois, à l'aide d'agents beaucoup plus nombreux et les nouveaux moyens d'informations que
lui apporte la science moderne ?

Les crimes contre les enfants ont suivi, de 1826 à
1870, la progression plus forte encore de certains
autres crimes, comme l'homicide; et pour les infanticides le nombre, depuis une douzaine d'années,
reste stationnaire.

Au reste, que l'on élève encore plus haut le nombre de ces morts d'enfants provenant, dit-on, sans le
prouver, de la suppression de tours, il n'atteindra
jamais, à beaucoup près, celui qui résultait des
abandons à l'hospice, sous le régime du tour, qui
était en moyenne de 50 à 60 pour 100, alors que la
moyenne des secourus temporairement est maintenant de 15 à 25 et même de 10 à 20.

Si la mortalité est restée plus grande pour les enfants de l'hospice, en dehors des difficultés que rencontre l'Inspection pour le choix et la surveillance
des nourrices, il faut tenir compte qu'il ne reste
guère aux hospices que les enfants naturels que leur
situation originelle vouait à l'abandon.

La mortalité anticipée illégitime se manifeste,
presque constamment dans une proportion double
de celle que produit la légitimité. Ce fait se remarque
également pour la mortalité. On a soutenu qu'il y
avait là une cause contingente et non physiologique.
Nous croyons que ces deux causes agissent, mais que
la seconde a infiniment plus d'influence que la première qui, dit-on, se traduirait par des infanticides
intra-utérin.

Toute science médicale à part, qui ne sait que l'enfant naturel vient généralement au monde avec plus de principes morbides que l'enfant légitime? Celui-ci se développe dans le sein d'une mère, qui cherche tous les moyens de favoriser ce développement; c'est l'opposé qui se produit pour l'autre, parce qu'il est le fruit d'une faute ou d'un déshonneur, qu'on s'efforce de cacher le plus longtemps possible; il est mort en naissant, ou il entre dans la vie, le plus souvent étiolé, se ressentant des larmes, des privations et de l'inconduite de sa mère; son sang est vicié, sa constitution rachitique, scrofuleuse, syphilitique; alors il est voué à une mort prochaine. La science n'y peut rien. Donc, fatalement, le chiffre des décès des enfants naturels doit être et sera toujours bien supérieur à celui des décès des enfants légitimes, et il est juste de ne pas mettre la différence de ces chiffres au compte du passif de l'Administration de l'assistance publique.

Dans la majeure partie des cas, la mortalité anormale du fruit de l'illégitimité n'a pas d'autre étiologie.

Il est curieux de connaître, sur cette question, l'opinion de la Commission d'assistance du Conseil général de la Seine, opinion partagée par cette assemblée, et qui a été exprimée dans le rapport présenté le 26 novembre 1878, au nom de cette Commission par un honorable conseiller général, fort compétent en semblable matière, M. le docteur Thulié : « C'est de deux à six mois », dit-il, « que « l'on rencontre le plus grand nombre de manifesta- « tions syphilitiques, et quelquefois chez ceux-là « même où il n'y a pas de manifestations exté- « rieures, on trouve à l'autopsie des lésions internes. « Mais l'enfant était infecté déjà dans le sein de la

« mère, puisque ce sont ses auteurs qui lui ont com-
« muniqué leur mal ; et croit-on, peut-on croire, que
« cette maladie si terrible dans les premiers mois de
« la naissance, soit absolument inoffensive pendant
« la vie intra-utérine ? On n'a pas, il est vrai, sérieu-
« sement étudié ses effets dans ces conditions ; mais,
« hier encore, la syphilis des nouveaux-nés était à
« peine connue. Pour ma part, je reste convaincu
« que beaucoup parmi les morts-nés illégitimes ont
« été tués par cette affection dans le sein même de
« leurs mères. »

   « Puis il ajoute : « Non, certes, il ne faut pas attri-
« buer l'hécatombe entière des enfants des filles-
« mères à des crimes ; il ne faut pas mettre pure-
« ment et simplement, à côté du chiffre des morts-
« nés légitimes, celui des morts-nés illégitimes sans
« tenir compte des très nombreuses causes de mort
« qui existent pour les uns, et qui n'existent pas
« pour les autres : il ne faut pas, surtout, conclure
« que la différence entre ces deux chiffres doit être
« attribuée, dans son intégralité, à l'assassinat. On
« ne peut même pas compter, comme autant d'infan-
« ticides, la différence proportionnelle entre le chif-
« fre des morts-nés illégitimes, constaté dans les
« hospices, et le chiffre des morts-nés illégitimes
« constaté au dehors ; chez les enfants frappés dans
« le sein de leur mère, par les excès, les misères ou
« la syphilis, l'accouchement est prématuré, et n'a
« pas lieu, le plus souvent, à l'hôpital. » Cette opinion, qui vient de haut, corrobore entièrement toutes
nos appréciations sur le sujet que nous essayons de
traiter.

   Sans doute, il arrive parfois que la mère tente de
détruire, par des procédés coupables, l'être qu'elle
porte dans son sein, mais ce genre d'infanticide

n'est pas aussi multiple qu'on veut bien le faire croire.

La mortalité des enfants du premier âge abandonnés aux hospices était, avons-nous dit, de 1828 à 1860, de 50 à 60 %, exactement de 52.46 %; la mortalité des secours temporaires a été de 15.13 % soit 37.33 pour cent de moins. Que sont donc, en présence d'un tel chiffre, ces quelques augmentations de crimes contre les enfants qui constituent l'argument principal des partisans du tour, et avec lesquels on émeut si exagérément l'opinion publique?

On dira : Ces statistiques ne sont pas exactes. Vous ne comptez pas les enfants décédés une fois qu'ils ne sont plus secourus, et ceux-là sont nombreux.

Cela est vrai, et c'est une lacune dans le service, mais cette statistique est difficile à faire.

Elle a été faite cependant par M. Héraud, de 1851 à 1853. J'y reviendrai.

Mais qui donne le droit de supposer, en l'absence de cette statistique, que de nos jours la vie d'un enfant, après qu'il aura franchi heureusement la période de l'allaitement, puis sa deuxième année, et même sa troisième année, soit compromise plus tard par les privations? Rien. Au contraire, il a des chances pour qu'il soit sauvé, ayant passé le terrible cap de la première enfance, et on a le droit de croire qu'à cet enfant tout n'aura pas manqué à la fois, et sa mère, et ses parents, et la charité locale.

La statistique de M. Héraud que nous allons donner n'est pas une exception, elle peut être regardée comme une moyenne générale à peu près exacte.

On dit enfin: la suppression des tours n'aurait pas

été sans contribuer notablement au mouvement de décroissance de la population.

Eh quoi! quand les enfants de l'hospice mouraient dans la proportion de 52.46 %, la population augmentait — et elle diminuerait aujourd'hui que la mortalité est descendue au 15 ou au 16 p. 100!

Je m'en tiendrai à cette simple réflexion, alors surtout que j'ai dit plus haut, au début, à quelles causes plus générales et plus profondes, à quelles causes tout à la fois physiologiques et spéculatives il faut rapporter le phénomène de la décroissance, ou, plus exactement, de la cessation du mouvement progressif de notre population.

Après avoir démontré les avantages de l'éducation de l'enfant par sa mère, il me reste à signaler l'obstacle considérable, et dont on ne parle pas dans la presse, contre lequel on aurait forcément à lutter si l'institution du tour venait à renaître. Je veux parler du recrutement des nourrices, dont les difficultés empruntent aux circonstances actuelles une très sérieuse importance.

Autrefois, la campagne, dépourvue de voies de communication et écoulant difficilement ses produits, vivait avec beaucoup de peine, et le plus souvent les familles en étaient réduites à demander à d'autres ressources le complément de leur existence.— De là, l'abondance des nourrices.

Tout le monde sait que depuis longtemps il n'en est plus ainsi. — Chaque village a trouvé dans ses rapports faciles avec les centres voisins une plus grande aisance; l'exploitation s'est successivement agrandie, et comme parallèlement se faisait sentir la carence des bras domestiques, le cultivateur a eu besoin de ceux de sa femme.

Tenons grand compte également du développement qu'a pris partout, jusque dans le hameau le plus reculé, le travail industriel avec son salaire rémunérateur, et nous aurons les causes qui font que la femme de la campagne, son amour-propre s'en mêlant aussi, ne veut plus des enfants des autres, ou bien qu'elle a des exigences auxquelles les familles aisées sinon riches peuvent seules satisfaire.

Je ne crois pas me tromper en disant que cette situation se rencontre partout, et dans le département de la Loire elle est devenue telle que, malgré les nouveaux avantages qui leur sont consentis, nous ne parvenons à nous pourvoir des 50 ou 60 nourrices qui nous sont nécessaires chaque année qu'en nous adressant à l'Ardèche, à l'Allier et à la Haute-Loire, ce qui rend le service très difficile pour l'inspection.

Que serait-ce donc, si nous en avions besoin de plus, comme autrefois sous le régime des tours ? Comment échapper à l'extrémité fatale et meurtrière de l'allaitement artificiel, et combien dès lors de nos enfants seraient vivants après quelques mois ?

Lorsque la science inventera le moyen de se passer de lait de femme pour la bonne alimentation des nouveaux-nés, notre argument tombera de lui-même. Ne serait-il pas sage et prudent d'attendre, — mais nous avons bien peur d'attendre longtemps — le jour de cette précieuse découverte, qui pourrait déroger, sans inconvénient, à une loi naturelle, avant de sanctionner les propositions faites pour la réouverture des tours ?

Il faudrait nier l'évidence et ne pas savoir un mot de l'assistance infantile, si on espérait faire simulta-

nément fonctionner le tour et le régime des secours
temporaires, deux systèmes inconciliables. Avec le
tourniquet de l'hospice, la quantité des mères secourues qui allaitent elles-mêmes leurs enfants dispa-
raîtra. Cette quantité, qui dépasse 400 par an dans
la Loire, descendra infailliblement, et sans tarder,
au-dessous de 100. Le surplus de ces mères se dé-
chargera des devoirs de la lactation, et ira, d'un
cœur léger, demander au tour d'y pourvoir. On éri-
gera ainsi en système la dissuasion de l'allaitement
maternel, et l'isolement de l'enfant de celle que le
Créateur lui a donnée pour le nourrir, le soigner et
l'aimer. Est-il possible que des esprits éminents et
sérieux veuillent ramener l'assistance infantile à un
pareil régime, sous le fallacieux prétexte qu'il préviendrait les infanticides et les avortements criminels (1), et qu'il faciliterait le peuplement de la
France ?.....

_____

(1) Nous puisons encore dans le rapport de M. le docteur Thulié, au
Conseil général de la Seine, de très bonnes raisons qui fortifient les
nôtres :

« La mère est moins inquiète de l'enfant qui doit naître que de la
grossesse elle-même ; il faut la cacher à tout prix pour sauver l'honneur, et l'on recherche l'avortement au risque de mourir. Des causes
bien moins poignantes poussent certaines misérables à ce crime. La
grossesse, pour celles qui vivent de leur corps, est la suspension de
leur triste commerce pendant quelques mois ; c'est la ruine. Elles se
font avorter pour ne pas arrêter la source de leurs profits.

« Il y a, enfin, dans le monde des filles galantes, des avortements
nombreux qui ne sont pas provoqués par une main coupable. On sait
de quels soins il faut entourer une femme honnête pour mener à bien
une grossesse ; on sait combien les accidents sont fréquents chez les
femmes mariées, malgré les précautions dont on les entoure. Que l'on
mette en parallèle l'existence des filles galantes, et l'on se demandera
comment, au milieu de tous les excès dont elles se surmènent, un
enfant peut venir à terme. Ne sait-on pas d'ailleurs que les grossesses
sont rares chez les filles de joie, et quand, par hasard, elles existent,
ne doit-on pas se demander si les mêmes causes qui ont empêché la
conception ne doivent pas arrêter l'évolution de l'être conçu ?

« On a parlé de l'infanticide que la justice ne peut atteindre et qui
consiste non pas à tuer l'enfant de mort violente, mais à le laisser mourir de faim. Dans ce cas, ce n'est pas la crainte de faire connaître sa
faute qui empêche la femme d'apporter son enfant à l'hospice, puis-

Je crois avoir prouvé au cours de cette étude que le système d'assistance, qui prévaut partout aujourd'hui, n'a pas cessé de se concilier avec l'esprit éminemment charitable qui a conçu l'institution du tour, qu'il ne fait qu'en écarter les abus et les dangers ; — car, encore une fois, en dehors des secours qui lui sont offerts, quelle est la fille-mère qui sera repoussée, lorsqu'elle déclarera résolûment ne pouvoir ou ne vouloir garder son enfant? Quelle est celle qui, le demandant, n'obtiendra pas le secret et le secret le plus absolu sur sa faute ? — et que peut-on exiger de plus de la charité publique ?

Toutefois, il est vrai, avant de céder à la mère, l'administration lui signalera les périls qui attendent son enfant ; elle fera appel à son cœur, à ses bons sentiments ; elle lui parlera aussi des devoirs que lui imposent la nature et la religion ; — et grâce à Dieu, sa voix sera souvent écoutée, et elle le sera si souvent que les abandons que l'on a vus se commettre autrefois en nombre si lamentable, ne sont plus aujourd'hui que l'exception, la rare exception, et qu'ils auront bientôt, il faut l'espérer du moins, complètement disparu.

Et c'est ce régime si profondément entré dans nos mœurs, dans nos habitudes, contre lequel on citerait difficilement une protestation venue des représentants directs des populations — c'est ce régime auquel doivent tant et l'humanité, et la morale, et la fortune publique — qui a l'approbation unanime de tous ceux qui pratiquent l'assistance, qui l'aurait

qu'elle le garde, et que son existence est connue. Ce ne peut être un sordide esprit d'économie qui la pousse à l'infanticide, puisqu'elle peut abandonner, et que son honneur, par l'abandon, ne peut être plus atteint qu'il ne l'est déjà. »

assurément de Saint-Vincent-de-Paul lui-même —
c'est ce régime qu'on voudrait détruire !...

Oh, je sais bien qu'il n'est pas absolument parfait
et qu'en présence des divers degrés, les diverses
formes de la misère, il ne satisfait pas toujours et
complètement à toutes les nécessités ; mais je sais
aussi que ces imperfections qui tiennent plutôt au
mode d'application qu'au principe lui-même, il est
possible de les atténuer sinon de les faire disparaître ; je sais surtout qu'elles n'ont pas, à beaucoup
près, la gravité et l'étendue qu'on leur impute.

Je veux parler de ces récentes publications, entre autres « *La vérité sur les enfants trouvés* », qui ont
eu un si grand retentissement dans toute la presse,
à la tribune du Sénat, de la Chambre des députés,
jusqu'à l'Etranger, publications émanant toutes de
M. le Dr Brochard, sur la pétition duquel est inter-
venu le rapport sénatorial, et dont l'honorable rapporteur a commencé du reste à faire quelque justice.
Quel est en effet le système ou plutôt la tactique de
M. le Dr Brochard dans ses attaques violentes et
sans trêve contre le régime actuel ? Quels sont ses
principaux, j'allais dire ses uniques moyens ? — Une
situation anormale et toute locale lui apparaît-elle ?
Un fait isolé, exceptionnel, un fait monstrueux et
plus ou moins authentique lui est-il signalé ? Aussitôt il s'en empare pour en déduire une situation
générale, et alors il arrive à affirmer que :

« *Chaque année* CENT MILLE *nourrissons meurent*
« *de faim et de misère ;*

« *Que l'enfant naturel laissé à sa mère est presque*
« *fatalemeut voué à la mort.* »

Et à l'appui, une foule d'anecdotes, entre autres la
suivante qui fera apprécier la valeur des autres, et

que, pour cette raison seule, je me permets de reproduire textuellement :

« *A la Maternité de Montpellier, deux filles-mères,*
« *dont on avait refusé de garder les enfants, causaient*
« *entre elles :*

« *— Que vas-tu faire de ton mioche, dit l'une de ces*
« *filles à sa camarade, puisqu'on te* FORCE *à le gar-*
« *der ?*

« *— Oh ! il n'en a pas pour longtemps.— Il fait froid ;*
« *je ne vais pas le couvrir, il s'enrhumera et...* CE NE
« SERA PAS LONG... *Et toi ?*

« *— Oh ! moi, je suis* MALADE, *je ne peux pas sortir ;*
« *mais je vais le bourrer de soupe et il crèvera...* »

Voilà ce qu'a appris M. le Dr Brochard de l'accou-
cheuse de la Maternité qui l'aurait entendu. — Voilà
ce qu'on a le courage d'écrire et de jeter à tous les
vents de la publicité !

Comme si de telles mères ont bien pu exister !....
et si de telles mères existant, il est, j'ose à peine le
dire, une de nos administrations, une seule, qui leur
eût laissé leurs enfants !

A ces premiers moyens de M. le Dr Brochard, et
dans ses autres ordres d'allégations, ajoutons, à
côté de quelques rares vérités, les inexactitudes, les
exagérations, les contradictions, les hérésies histo-
riques et administratives et, dominant le tout, un
dénigrement systématique et sans mesure de tous
les actes des administrations départementales, —
et on aura l'esprit général des publications dont je
parle.

Dieu sait pourtant, je ne le dis pas sans tristesse,
avec quelle confiance, avec quelle faveur, l'opinion
publique qui ne pouvait les contrôler, les a accueillies et encouragées !

Je termine là cette discussion sur le tour, déjà bien longue, et que cependant je pourrais développer et fortifier plus encore si je n'avais hâte d'arriver aux crèches. Toutefois, avant de finir, je sens le besoin d'en appeler à une autorité plus élevée encore que celles invoquées, et puisque la vaste et instructive enquête de 1860 est suspectée de quelque partialité administrative, comme celle entreprise, en 1874, comme le sera aussi la déposition de ces deux éminents inspecteurs de la Gironde et de l'Isère, je sens, dis-je, le besoin d'en appeler à cette autre enquête de 1849, qui fut l'œuvre considérable d'une Commission nommée par M. Dufaure, ministre de l'intérieur (1). « Il n'est pas, disait un des membres de « cette Commission, de question plus découra-« geante. » Mais ce fut là une appréciation qui resta isolée, et après 6 mois de recherches et d'études les plus laborieuses qu'attestent les documents volumineux et éminemment remarquables qui nous ont été légués, après avoir exploré avec la plus grande profondeur de vues, examiné et discuté le sujet sous toutes ses faces — administrative — humanitaire — morale et économique, la Commission s'arrêta aux considérations et aux résolutions que je me bornerai à résumer :

« Le tour est un véritable privilège fournissant à

---

(1) Cette commission était composée de :
MM. Victor Lefranc, représentant du peuple, *président*;
De Lurieu, inspecteur général des établissements de bienfaisance;
De Watéville, inspecteur général des établissements de bienfaisance;
Durand-Saint-Amand, ancien préfet;
Bailleux de Marizy, ancien préfet;
Blanche, conseiller de préfecture du département de la Seine;
Nicolas, chef de division à la Direction générale des cultes;
Giraud, membre de l'Institut;
Valentin-Smith, conseiller à la Cour d'appel de Riom, ancien membre du Conseil général de la Loire.

celui qui peut n'en avoir nul besoin le moyen de
dérober une part dans le denier du pauvre.

« Il est un appât immoral offert à la mère légitime
ou illégitime, pour la dispenser du devoir que lui
impose la nature de nourrir et d'élever son enfant,
devoir qui ne peut cesser qu'avec le pouvoir de le
remplir.

« Le tour, en favorisant les suppressions d'état,
est une grave infraction aux garanties créées par la
loi pour établir et conserver l'état civil des enfants
et les droits de la famille, ces bases de l'édifice
social.

Le tour, en rendant les parents arbitres absolus
de la condition de l'enfant, dépouille la société
du droit de souveraineté qui lui appartient sur tous
et sur chacun de ses membres, droit dont la haute
pensée est de resserrer les liens sociaux par les liens
naturels, en conservant les enfants au sein de la
famille.

« Il est une voix ouverte non seulement à l'irres-
ponsabilité des actes, mais au mensonge, à l'hypo-
crisie, sans garantie ni pour la pudeur, ni pour le
repentir.

« Il précipite l'enfant vers une mort presque certaine et ne prévient pas les attentats contre sa vie.

« Le tour enfin, contraire au droit naturelu, a droit
civil, au droit public, est une atteinte à la morale
humaine et à la loi divine.

« La société ne peut avoir que ce double devoir :
secourir la mère si elle est dans le besoin — adopter
son enfant, si, même avec ce secours, elle est dans
l'impossibilité de le nourrir.

« En conséquence, la Commission proteste énergiquement contre le rétablissement des tours, insiste

pour la suppression immédiate de ceux qui peuvent exister encore,

« Et propose de substituer à ce régime celui de l'admission des enfants à bureau ouvert, combiné avec l'assistance à la fille-mère indigente. »

Telles sont aussi mes conclusions, avec l'addition de l'accession des légitimes à ces secours, dans le cas d'impuissance de la charité locale (privée ou communale) et après-les améliorations dont il sera ultérieurement question.

M. Quentin me paraît avoir trouvé la solution juste et définitive quand il dit, après avoir montré qu'il n'y a pas à redouter, dans ses bureaux, pour les mères, de refus d'abord, d'indiscrétion ensuite, qu'il suffit de déclarer l'enfant *né de père et mère inconnus* quand il s'agit d'un enfant naturel; qu'il déclare que, bien que ce ne soit pas régulier, il accepte cependant, par intérêt pour l'enfant, des légitimes que leurs parents eux-mêmes viennent remettre entre ses mains comme étant dans l'impossibilité de s'en occuper, et qu'il ajoute :

« Le département de la Seine pratique ainsi le
« système d'admission libre à bureau ouvert. Ce
« système, si supérieur à celui quasi barbare du
« tour (1), s'il était généralisé dans toute la France,
« ferait disparaître toute l'agitation en faveur des
« tours, surtout si, comme nous l'avons sans cesse
« réclamé avec le Conseil général, on supprimait
« les recherches relatives au domicile du secours. »

Une circulaire ministérielle, il y a quelques années, a parlé de cette question du domicile du secours qui serait vidée par une sorte d'abonnement des départements ; c'est une idée qu'il serait regret-

(1) *Quasi* est de trop.

table d'abandonner, car le domicile de secours est une difficulté morale, quant au secret, une source de lenteurs préjudiciables à l'enfant, et une cause de difficultés financières entre les départements intéressés.

Mais, dira-t-on, cette assistance est une prime à l'inconduite. Ce reproche serait fondé, en effet, si la fille-mère devait trouver dans les secours de l'administration un bénéfice quelconque, ou au moins la compensation de ses dépenses et de ses peines; mais on sait bien qu'il n'en est pas ainsi, et que ces secours, qui vont cesser à la première ou à la deuxième année de l'enfant, sont loin de représenter ce qu'il coûte momentanément et surtout ce qu'il coûtera plus tard à sa mère.

Au reste, ce que nous voulons avant tout, c'est sauver cet enfant, et l'on a vu dans quelle mesure, dans quelle large mesure, nous y réussissons.

Ce que nous voulons ensuite, c'est lui conserver son état civil, les biens, les joies de la famille.

L'enfant naturel secouru doit être *reconnu*.

C'est aussi arrêter sur une pente fatale la fille-mère elle-même, qui trouve forcément dans la pratique et dans les sollicitudes de la maternité, ou un repentir salutaire, ou un frein contre de nouvelles fautes.

C'est enfin aider à sa réhabilitation, car l'éducation de l'enfant par la mère, souvent sous les yeux du père, n'est pas sans exercer une bonne influence sur ce dernier et l'amener ensuite, comme on le constate partout, à une honnête détermination.

Quel est donc des deux systèmes le plus moralisateur — de celui qui conseille, qui encourage l'accomplissement de la loi naturelle — ou de ce-

lui qui va jusqu'à en provoquer et en favoriser
l'oubli ?

Et de quels bons sentiments sera ensuite capable
cette fille chez qui vous aurez détruit le premier de
tous les sentiments, l'amour de son enfant ? Et comment dès lors s'accomplira cette réhabilitation qui
vous préoccupe ? Sera-ce vraiment, comme vous
l'espérez, par le repentir, le renoncement, par l'édi-
fication — ou ne sera-ce pas le plus souvent et malgré vous, par le mariage, et le mariage avec un
homme qui ne saura rien du passé ? Or, quelle action
plus mauvaise encore ! Quoi de plus condamnable
aux yeux de la probité vulgaire, aux yeux de la morale que vous invoquez ! — Et si au moins, celle qui
se rend coupable de cette nouvelle faute, j'allais dire
de ce crime, devait en encourir seule la responsabilité ? Mais peut-on oublier celui auquel elle a uni
sa destinée ? Et se représente-t-on quelle sera désormais la vie de cet homme honnête et confiant, de cet
homme trompé, quand un jour, un de ces jours qui
arrivent ! il apprendra toute la vérité ! quand, dans
son malheur, et de réflexion en réflexion, il en viendra à se demander s'il est bien le père de ses propres
enfants !

Le docteur Monot dit, et il va peut-être un peu
loin, quand il parle de ce qui se fait en Prusse :

« Si la mortalité des enfants en bas âge est excessive, elle est considérable surtout parmi les enfants
illégitimes.

« Comment pourrait-il en être autrement dans
l'état actuel de nos mœurs ? La pauvre fille-mère se
voit repoussée de la société ; on lui refuse le travail,
les douleurs physiques et morales viennent l'assaillir :
objet de mépris et de répulsion générale, condamnée
à vivre isolée, elle n'a bientôt à présenter à son petit

enfant qu'un sein tari par la faim et la misère : éperdue, désespérée, folle de douleur et de honte, elle ne voit dans l'accomplissement du meurtre qu'elle commet qu'un moyen d'échapper au déshonneur, à la misère, d'épargner à son enfant, auquel elle ne peut même donner un nom, une vie misérable, pleine d'angoisses, et auquel la société objectera perpétuellement la flétrissure de sa naissance.

« Pourquoi n'imiterions-nous pas l'exemple qui nous est donné par les Prussiens, nos barbares vainqueurs? Chez eux, la fille-mère est entourée de soins et de prévenances, des secours lui sont donnés, elle est presque l'objet d'un culte particulier. Ils savent que l'infanticide est une cause de dépopulation, et, doués de ce sentiment de prévoyance qui fait défaut chez nous, ils cherchent à augmenter leur population par tous les moyens, et principalement en atténuant la mortalité des petits enfants et prévenant les infanticides.

« Il est temps de réhabiliter à ses yeux la pauvre mère qui a commis une faute, il est temps de lui aider à porter un fardeau dont souvent elle ne connaissait pas tout le poids, le jour où, sollicitée, pressée, quelquefois même ne se rendant pas un compte exact de l'action qu'elle allait commettre, elle cédait à la passion raisonnée et immorale de son séducteur ou à ses étreintes brutales.

« Soutenons donc cette pauvre mère, qui, par un concours de circonstances fâcheuses, est tombée, quoique honnête encore, et comme par hasard, dans le mal; encourageons-la dans ses devoirs maternels, donnons-lui les moyens de conserver son enfant près d'elle; que les sourires de ce pauvre petit être innocent lui servent de rempart contre sa propre faiblesse et la protègent contre les entreprises de la séduction.

« Il n'est pas sans exemple que la conduite régu-
« lière de cette jeune mère, se dévouant aux soins
« réclamés par l'enfant de sa faute, ne rappelle à elle
« l'homme qui avait abusé de sa faiblesse et n'amène
« entre eux la légitimation des rapports illicites
« auxquels ils avaient été entraînés tout d'abord. »
(De Magnitot, *De l'assistance en province*.)

« Nous n'ignorons pas que certains économistes
s'élèvent contre cette manière de voir; ils prétendent
que secourir la fille-mère, c'est favoriser l'immoralité, la débauche, encourager le vice. Qu'ils nous
permettent de leur répondre qu'il est plus immoral
encore de laisser sans secours une pauvre fille séduite, trompée, coupable d'une faute souvent fatale,
inévitable.

« Secourir la souffrance, protéger les faibles, prévenir les infanticides, voilà la vraie morale, voilà la
charité chrétienne, cette tendre charité qui animait
saint Vincent de Paul !

« M. Lépargneux vient de proposer un moyen
pratique qui offrirait les plus sérieux avantages au
triple point de vue de l'élevage des enfants, de la
réhabilitation de la fille-mère, de l'atténuation des
infanticides et des avortements, dont le nombre va
augmentant chaque année, et qui, d'après M. Tardieu,
sont commis par des jeunes filles conduites au crime
par la honte.

« Le système de M. Lépargneux consisterait à
fonder dans chaque département un asile où seraient
admis les enfants abandonnés : les filles enceintes
qui se présenteraient dans cet établissement, fermé
au public, seraient accueillies sans leur demander

d'où elles viennent. En attendant leur accouchement, on les moraliserait, on les instruirait; elles seraient, en outre, employées à donner des soins aux enfants abandonnés, sous la surveillance de directrices intelligentes, dévouées, et les conseils d'un médecin, et se livreraient ainsi à l'élevage des enfants.

« Ces bonnes méthodes d'élevage seraient plus tard répandues par elles dans les campagnes, elles se populariseraient et atténueraient certainement l'excessive mortalité des enfants en bas âge.

« La moralisation des filles-mères y gagnerait considérablement.

« Que ne pourrait-on attendre, en effet, de pauvres filles séduites, trompées, conduites souvent au désespoir par une première faute, alors que sur 1,085, admises dans la maison de refuge à Paris, dont un grand nombre tombées au dernier degré de dégradation, 215 se sont réconciliées avec leur famille, 100 se sont mariées, 156 ont été ensuite placées convenablement? »

Le système du secours temporaire, qui fonctionne maintenant partout, n'a pas été installé sans difficultés, au début.

Malheureusement, cette excellente idée, qui demandait, pour réussir, beaucoup de soin, de bonté, de dévouement et de suite, rencontra même dans beaucoup de conseils généraux une opposition des plus vives. L'intolérance et l'avarice empruntant le langage de la morale et de l'économie, agirent avec tant d'ensemble et d'adresse que 32 départements, non contents de supprimer les tours, décidèrent que tout subside accordé à la fille-mère était une chose immorale, et, ce qui est plus triste encore, certaines œuvres de bienfaisance, oubliant leur titre, ne craignirent pas de s'associer à des mesures aussi opposées à l'esprit de la véritable charité. Et l'on s'étonne ensuite de voir de malheureuses filles séduites abandonner leur enfant ou retomber dans l'inconduite pour l'élever.

Mais, dans ce cas, à qui la faute? Que ceux qui ont toujours à la bouche les grands principes de la morale et de l'économie sociale, veulent bien nous dire ce qu'ils ont fait pour prévenir ces fautes ou ces crimes?

———

Si, aujourd'hui, on accepte généralement de donner un secours pour un premier enfant, il y a des départements où on les refuse pour la récidive.

Cette question des filles-mères récidivistes a été traitée de main de maître par M. Pallu, inspecteur de la Loire-Inférieure, chevalier de la Légion d'honneur, encore un de ces fonctionnaires qui honorent le service auquel ils appartiennent.

« La récidive, dit-il, est assurément un scandale et une offense à la morale. Cependant, il faut bien en convenir, elle procède le plus souvent de la séduction plutôt que du vice. Le véritable vice, le vice fangeux, est frappé par une certaine loi de la nature. L'énervement, l'abaissement, l'abrutissement, la prostitution des sens, en un mot, semble paralyser la fécondité chez les êtres dégradés, victimes de leurs passions ou de leurs vices. Lorsque par malheur une de ces créatures échappe à cette loi, non seulement nous ne devons pas la secourir, mais l'abandon est souhaitable dans l'intérêt de la société, et dans celui de l'enfant même qu'il importe de soustraire à une promiscuité malsaine.

« S'agit-il de la récidive ayant pour origine la

séduction, nous serons, je crois, dans la nécessité
de ne pas repousser celle qui viendra supplier qu'on
assiste son enfant. Si nous admettons, en effet, qu'une
pauvre fille ayant succombé aux artifices de la séduction a droit à un secours pour son enfant, ne pou-
vons-nous admettre, la même faiblesse se répétant,
que le second enfant sera aussi digne d'intérêt que le
premier? L'excès de sentiment, de scrupule moral
qui nous pousserait dans le sens opposé, ne serait-il
pas bien près de toucher par ses résultats à l'immoralité, en provoquant pour ainsi dire l'acte malheureux et coupable qui s'appelle l'abandon?

« La promesse de mariage a été d'ordinaire pour
le séducteur le moyen de cacher à la jeune fille toute
la gravité de la faute pour laquelle on la sollicitait.
Elle s'est crue, du moins pour la plupart, très naïve-
ment engagée ainsi dans le chemin qui mène à l'union
régulière.

« Nous savons ce qui arrive ; le séducteur accomplit son œuvre de démoralisation, et ses victimes
viennent implorer assistance. Nous ne pouvons nous
occuper de cet homme ; notre législation, muette sur
la séduction, ne songe qu'à ses victimes. Supposons
que ce séducteur ait regret de son acte odieux et
que, soit par inclination, soit par souci de sa responsabilité, soit même par trahison nouvelle, il revienne
auprès de la mère ; que, lui exprimant son repentir,
il proteste de son dévouement, de son intention bien
arrêtée de prendre à côté d'elle la place qui lui
revient de par le droit naturel; supposons que la malheureuse mère cède encore, abusée par cette nouvelle promesse du mariage qui ne se réalisera peut-
être pas plus que la première. L'erreur, la faiblesse
ou la crédulité de cette femme a produit une seconde
faute, une seconde maternité. Faut-il lui refuser le

secours et l'exposer à abandonner son enfant, surtout si son courage et son sentiment la portent à l'élever? Je ne le pense pas.

« Parmi les filles séduites, il en est un certain nombre qui parviennent au mariage ; au cours de l'année 1880, 74 ont atteint cet heureux but ; cet exemple a excité les convoitises des autres, car on n'ignore pas comment le séducteur a pris la place qu'il doit occuper, à côté de son enfant et de la mère, et celle-ci est heureuse de proclamer ce mariage qui devient sa réhabilitation.

« Dans ce monde des malheureux que l'infortune rapproche, il y a des rapports et des confidences, des faits et des résultats évidents qui encouragent, qui sollicitent, qui assiègent la pauvre mère sans que le vice y soit pour rien ; l'espérance sait colorer toutes choses, elle se fait complice du séducteur ; la seconde faute se commet, à peu de chose près, dans les mêmes conditions que la première, avec cette circonstance de plus, que l'on peut considérer comme atténuante, que la mère se trouvait, au moment où elle l'a commise, entre le père et l'enfant. Pauvre femme !

« Non, cette femme, cette mère n'est assurément pas vicieuse ; elle a été trop crédule, c'est possible, son expérience aurait dû la préserver peut-être, mais qu'est-ce que l'expérience en présence de cette réalité vivante, l'enfant qui est là, et qui, lui aussi, a joué son rôle dans cette œuvre de la séduction où il a exercé une influence si grande. C'est devant ces récidivistes du lendemain que je m'arrête, en me demandant qu'elles ne soient pas confondues avec les premières dont j'ai parlé, celles que le vice et la débauche attirent comme une proie naturelle. Pour celles-là, les enfants peuvent se succéder, elles s'en inquiètent peu, ce n'est pas une faute dans leur vie, ce n'est qu'un simple accident. »

L'inspecteur de la Seine-Inférieure dit :

« Doit-on, lorsqu'une fille a déjà eu 2 ou 3 enfants,
« et sous le prétexte de ne pas encourager le vice,
« refuser le secours? J'ai été souvent dans l'obliga-
« de proposer le refus, parce que le crédit mis à notre
« disposition ne permettait pas de trop aller de l'a-
« vant. J'estime donc que l'humanité prime tout
« autre sentiment et qu'il faut, dans un grand nom-
« bre de cas, malgré la déclaration de la mère et
« malgré ses nombreuses fautes antérieures, lui
« donner le moyen d'élever son ou ses enfants. Si,
« au contraire, la mère déclare qu'elle abandonnera
« son enfant faute de secours, ce n'est pas toujours
« l'exacte vérité ; beaucoup d'entre elles savent, par
« expérience, combien on obtient avec une menace.
« Si elles l'ignorent, on sait bien le leur dire. Nous
« devons défendre notre budget et ce n'est pas facile.
« Nous sommes souvent trompés, mais il vaut encore
« mieux l'être en essayant de sauver la vie à un en-
« fant que de risquer de le voir mourir de misère.

« Plus l'enfant est jeune, plus la crainte d'abandon
« est sérieuse, et plus il est exposé à succomber.

« Pour mon compte, je n'hésite presque jamais à
« proposer l'allocation du secours pour les enfants
« qui viennent de naitre, à moins de circonstances
« bien graves. Passé un an, l'enfant est presque
« sauvé ; à 3 ans, il l'est pour ainsi dire tout à fait. »

Et ailleurs ; ceci, du reste, peut s'appliquer en partie à la Loire :

« Il avait été admis, en principe, que ce genre de secours ne serait pas accordé aux filles récidivistes. C'était autrefois une cause presque absolue d'exclu-

sion. De même, par mesure d'économie, tout secours
était généralement supprimé après la troisième année
de l'enfant. Les circonstances et l'humanité m'ont
amené à transgresser cette règle dans maintes occasions.

« J'ai toujours considéré qu'il fallait avant tout rechercher si on se trouvait en présence d'une fille
dont l'amour maternel est très développé ; dans ce
cas, en lui laissant son enfant, au lieu de le jeter
dans la catégorie des abandonnés, il existe plus de
chances pour qu'il ne succombe pas. C'est le but
principal que je cherche à atteindre. Des filles récidivistes ont donc reçu des secours pour un deuxième
enfant, parce que nous avions la preuve que le premier enfant avait été bien élevé et que l'abandon du
second était certain. Me suis-je trompé ? Je ne le
crois pas et j'espère avoir saisi votre pensée, ainsi
que celle du Conseil général. Certes, ce n'est pas une
prime à la débauche que nous donnons en cherchant
à réhabiliter la fille-mère à ses propres yeux et en
développant chez elle le sentiment du devoir maternel. Je sais que cette théorie trouve des contra-
dicteurs, mais je fais appel à leur humanité, et je les
adjure de se rendre compte des résultats obtenus au
point de vue de la mortalité des jeunes enfants.

« Il est certain que la charité privée fait beaucoup
dans ce département, mais elle hésite en présence
de ces fautes contre la morale. Les bureaux de bienfaisance, auxquels incombe légalement une partie de
ces charges, n'ont rien ou presque rien d'inscrit à
leur budget pour cette catégorie de dépenses, et ils
engagent, par suite, les filles-mères à s'adresser à
l'administration pour obtenir un secours et, en cas de
refus, à déposer leur enfant à l'hospice dépositaire
de leur circonscription. J'insiste sur ce point que

plus les secours, pour prévenir l'abandon, seront largement distribués, moins nous aurons de mortalité. Cela se comprend, l'enfant qui reçoit les soins maternels ou qui, au moins, est surveillé par sa mère chez la nourrice, a bien plus de chances de vivre que celui qui est porté à l'hospice au bout de quelques jours et qui peut, pendant le voyage, contracter le germe de maladies mortelles. La mère, quelque coupable qu'elle soit, quand elle aime son enfant, sait le soigner et le faire soigner. Le tout est de reconnaître chez elle ce sentiment maternel, et nous y parvenons la plupart du temps. Quand il y a doute, nous refusons le secours de prime-abord pour voir si l'enfant sera porté à l'hospice. Dans ce dernier cas, on offre le secours, et il n'est accordé qu'après une enquête minutieuse nous donnant la presque certitude que l'abandon n'a lieu de la part de la mère que la mort dans l'âme. »

Mais, une dernière preuve reste à faire des effets de l'assistance temporaire. — Que deviennent ces enfants que leurs mères indigentes ont dû garder et que l'on cesse d'assister dès leurs premières années? Que deviennent les mères elles-mêmes ? Graves et décisives questions que je n'ai vu instruire nulle part et que M. Héraud, de l'Isère, seul, je crois, a résolues par une enquête faite il y a quelques années. Elle a porté sur les 500 admissions à l'assistance temporaire prononcées dans ce département de 1851 à 1853, et en voici les résultats que je recommande à l'attention de tous :

Enfants décédés avant l'âge de 18 ans. 25 26 p. %

Mères mariées 58 24

Enfants légitimés.... ... .   24 97

— · ayant une très bonne conduite 71 00

Enfants ayant une mauvaise conduite   2 81 p. º/o.

— sachant écrire. 47 72

— sachant seulement lire 30 49

Mères récidivistes 6 31

Poussant plus loin ses investigations, M. Héraud a recherché combien de filles-mères admises à l'assistance pendant les années 1868, 1869, 1875 et 1876 s'étaient mariées dans la période ou après l'expiration des secours, et combien avaient fait légitimer leurs enfants.

Il a trouvé 291 mariages,   soit le 28 47 p. º/o

196 légitimations, soit le 19 17 p. º/o

Eh bien ! chacun de ces chiffres ne porte-t-il pas avec lui son éloquence, et n'est-il pas la meilleure sanction du régime de l'assistance à la fille-mère ? Et on peut les généraliser pour tous les départements où le secours temporaire est sérieusement organisé.

Encore une fois, avec le Tour, les enfants eussent-ils été sauvés dans la même proportion ? Eût-on obtenu un pareil nombre de mariages ? de légitimations ? Le nombre des récidives eût-il été aussi réduit ?

Je ne pense pas qu'on le prétende.

Evidemment, quand elle peut librement abandonner son enfant, quand on le lui offre même, la fille-mère ne se préoccupe plus au même degré des conséquences de sa faute, et de là sa prochaine et entière démoralisation.

Evidemment aussi, quand cette fille accomplit les devoirs de la maternité, elle contribue plus que par tout autre moyen à sa réhabilitation. Et comment en serait-il autrement ? Le père est là sur les lieux, il est témoin chaque jour des soins que reçoit son enfant. Il s'en rapproche peu à peu .. Encore quelques jours, il l'aimera et lui donnera son nom (1).

Je le demande de nouveau, les choses se passe-raient-elles ainsi, l'enfant étant absent ?

———

Pour produire ses pleins effets, le système du se-cours temporaire devrait être ainsi généralisé :

1° Être assez élevé pour donner, avec les crèches, dont je vais parler, une assistance sérieuse et à peu près suffisante, avec le produit du travail de l'as-sistée, pour la faire vivre elle et son enfant.

Cependant, le bien est difficile à faire ; il faut encore que ces tarifs soient assez modestes pour ne pas créer aux filles-mères, à l'égard des ménages pauvres, assistés par les Bureaux de bienfaisance qui fonc-tionnent et les sociétés maternelles, une situation vraiment privilégiée qui serait un scandale.

Mais je voudrais voir les efforts de la charité pri-vée et publique plus unis, pour ne pas trop distin-guer entre les unes et les autres, afin d'aider à la réhabilitation de la fille-mère ;

2° Être assez prolongé pour aider la mère à attein-dre la troisième année révolue de l'enfant, au moins.

Certains inspecteurs demandent que le secours soit alloué jusqu'à la sixième année, époque où l'enfant ira à l'école ; d'autres, jusqu'à la huitième, avec une vêture annuelle et la surveillance de l'inspection comme pour les hospitalisés ; je crois que ce serait déjà beaucoup mieux que ce n'est maintenant si, en général, on allait jusqu'à l'époque où l'enfant est reçu à l'asile ou à l'école maternelle. Alors, des sociétés d'encouragement à l'instruction primaire peuvent s'occuper de lui.

———

(1) *Incipe, parve puer, risu cognoscere patrem.* Le vers est faux, mais l'idée est juste.

Le rapporteur de la commission chargée d'examiner la question du rétablissement des Tours au Congrès d'hygiène de Paris en 1878, M. le docteur Marjolin, dit :

« Pour que le secours temporaire profite, il faut d'abord qu'il soit suffisant, puis prolongé non pas seulement pendant quelques mois, mais pendant plusieurs années, comme cela se pratique dans le département de la Seine-Inférieure. A ce prix, on a la chance de ne pas être trompé, et d'obtenir des fruits durables qui compenseront largement les peines et les frais ; autrement on aura dépensé de l'argent en pure perte, et l'on n'aura servi ni la morale, ni préservé la vie de l'enfant. »

3° Il serait bon de donner un tarif plus élevé à la fille-mère qui nourrit son enfant qu'à celle qui le place dehors ;

4° Le premier mois doit être payé immédiatement après les couches, avec une layette, su:vant les cas ;

5° La prime de légitimation, qui est réglementairement de 60 francs, devrait pouvoir être portée à 100 francs ; elle varie dans la Seine-Inférieure de 100 à 300 francs ;

6° Enfin, les renseignements à fournir sur les filles-mères devraient être, dans certains cas surtout, recherchés par une enquête discrète, confiée à des dames visiteuses et inspectrices, associées au service volontairement ou avec rémunération. Ces dames visiteraient les enfants secourus et donneraient leur avis pour fixer le taux de la légitimation.

J'ai dit plus haut qu'il fallait encourager, subventionner les sociétés maternelles et protectrices de l'enfance, auxquelles je demande moins d'exclusivisme et plus de tolérance pour les filles-mères.

Je vais bientôt parler des crèches, qui complèteront l'œuvre.

Avec ces améliorations le service des secours serait encore imparfait, mais il laisserait le moins possible à désirer. Je termine ce développement par une réserve, qui a peut-être son application dans quelques services et qui a été faite par des hommes autorisés et compétents, qui faisaient partie du Congrès international d'hygiène de Paris, en 1878. Le rapport s'est montré, somme toute, favorable au rétablissement des Tours, mais pour des raisons auxquelles peut-être les réformes indiquées plus haut donneraient satisfaction.

Le rapporteur, M. le docteur Marjolin, a dit avec raison :

« Vouloir, sous prétexte de morale ou plutôt, parlons franchement, par raison d'économie, persister à faire garder à toute fille-mère son enfant, en se bornant à lui accorder un secours temporaire, *sans aucune surveillance, sans aucune protection* contre les rechutes, c'est créer pour l'avenir une pépinière de mauvais sujets et de prostituées. Voilà ce que l'on aura obtenu en appliquant à tous indistinctement un système qui, employé avec prudence et discernement, peut donner d'excellents résultats.

« Mais pour mener une pareille entreprise à bonne fin, il faut que chacun y participe, l'État et les administrations ne pouvant se charger de la surveillance, encore moins se faire en quelque sorte le tuteur de chaque fille-mère.

« Il faut, surtout, que les œuvres de charité, plus particulièrement consacrées à l'enfance, se multiplient et que dans leurs règlements elles se montrent moins sévères vis-à-vis de ces pauvres créatures abandonnées, qui n'ont souvent besoin pour être sauvées que d'un peu de soutien et d'encouragement. Il faut, suivant les belles paroles de saint Chrysostôme, citées par M. Villemain, que ces œuvres soient « *un* « *port ouvert à tous les infortunés. Sans les juger* « *avec rigueur, ni rechercher leur vie, occupez-vous* « *de soulager leur misère.* »

« Cette fois, on ne pourra plus nous dire que nous allons contre les lois de la morale, car non seulement nous laissons l'enfant à sa mère, mais nous la protégeons contre de nouvelles rechutes. Si donc la société, au lieu de se montrer si rigide vis-à-vis de celle dont les fautes sont connues, voulait entrer dans la voie généreuse du pardon, peu à peu on verrait les abandons et les crimes diminuer. »

La surveillance et la protection, nous les demandons de la part des dames patronnesses des œuvres charitables, et des dames inspectrices attachées aux Bureaux de bienfaisance et aux services départementaux.

Mais il y a encore une autre protection ; elle est législative celle-là.

L'an dernier, dans mon mémoire je disais (3ᵉ partie), et je ne puis que me répéter :

Une des grandes causes de la mortalité des enfants en bas-âge, c'est, en dépit des secours temporaires accordés aux enfants naturels par l'administration, l'impuissance où se trouvent les filles-mères d'arriver à élever leurs enfants.

Pendant que ces filles, souvent plus malheureuses que coupables, se trouvent réduites à la dernière extrémité pour nourrir elles-mêmes leurs enfants ou économiser les mois de nourrice sur leur maigre

salaire, le séducteur, le père — qui souvent n'a eu
les faveurs de la mère que par une sorte de prise de
possession anticipée d'un mariage convenu tacitement ou expressément — le père gagne de bonnes
journées, fréquente les cabarets, cherche et trouve
de nouvelles victimes.

Il faut une loi sur la séduction !

Les droits de l'enfant l'exigent.

En bonne logique, il me semble que l'enfant naturel a le droit strict d'être élevé en partie aux frais
du père, non pas toujours, car on a raison de ne pas
vouloir la recherche de la paternité, mais dans les
cas, assez fréquents, où cette paternité s'est affirmée
par des promesses et des déclarations verbales, non
reniées, ou écrites, qui sont restées entre les mains
de la mère abandonnée, et surtout par des premiers
soins de la part du père.

Si les Don Juan d'atelier, si les Lovelace de village
savaient qu'il y a des circonstances où ils peuvent, de
par la justice, être obligés de payer une pension
alimentaire, proportionnée à leurs moyens d'existence, au fruit de leurs œuvres, à l'enfant dont ils
ont promis la légitimation par un mariage posté-
rieur, il y aurait moins de séducteurs, moins de
filles-mères, moins d'enfants naturels exposés à la
mort.

Aidée par l'administration et par la subvention
exigée du père, la fille-mère, le plus souvent, gardera son enfant, ou, au moins, elle pourra choisir
une nourrice convenable, et cette catégorie d'enfants
sera ramenée à la proportion normale de la mortalité
des enfants du premier âge ; d'autre part, il y aura
moins d'enfants trouvés ou abandonnés.

Cette loi sur la séduction est demandée par un

très grand nombre de rapports soumis à l'Académie ; je ne puis les citer tous.

Elle l'est par beaucoup d'inspecteurs départementaux.

J'en citerai un seul, M. Pallu, dont j'ai déjà emprunté une si belle page :

« Nous devons également conclure de tous ces rapprochements, unis aux renseignements qui nous sont fournis, soit par MM. les Maires, soit *par la dame enquêteuse*, à Nantes, que la plupart de ces malheureuses mères sont des victimes de la séduction. Il ressort également des indications qui nous sont données, des confidences qui nous sont faites, que bien souvent ces pauvres filles sont abusées par ceux-là mêmes qui devraient les protéger, s'ils avaient plus de souci de la foi conjugale.

« N'est-il pas vraiment triste de constater un pareil abus de l'autorité? Aussi, avant de proclamer d'une façon absolue l'indignité de tant de victimes, ne semble-t-il pas juste et vraiment équitable de se préoccuper de toutes les circonstances qui ont contribué à leur chute? Ces circonstances déplacent les responsabilités dans de telles conditions qu'on est bien en droit de se demander si la balance de la justice est ici bien tenue, ce dont il serait bien permis de douter, surtout lorsqu'on voit les préjugés tenir une si large place dans l'esprit de l'opinion publique.

« Je l'ai dit bien des fois, depuis que je me préoccupe de cette question, que j'ai étudiée dans ce département et dans d'autres, laisser le séducteur poursuivre en toute liberté son œuvre démoralisa-

---

(1) Il y a beaucoup de domestiques parmi les filles-mères, et qui sont grosses des œuvres de leurs maîtres. — Ah ! que de tristes confidences nous recevons !　　　　　　　　　　　　　　　E. O.

trice, me semble la plus grossière comme la plus dangereuse de toutes les immoralités.

« Le moraliste, en présence de cette plaie sociale, si large et si profonde, s'est écrié : « *Il faut une loi contre la séduction !* »

« Quelle forme revêtira cette loi, dit-il? Accordera-t-elle une action à la fille séduite? Frappera-t-elle seulement le séducteur? Permettra-t-elle la recherche de la paternité? Il ne lui appartient pas de le décider; mais ce qui lui semble certain, c'est qu'elle existera, car il est impossible qu'une société puisse vivre ainsi; les politiques comme les moralistes, les statisticiens comme les philosophes, les médecins, les administrateurs, comme les penseurs, tous stigmatisent avec indignation cette doctrine fatale de l'impunité.

« L'impunité assurée aux hommes double le nombre des enfants naturels. L'impunité nourrit le libertinage, alimente la prostitution et livre la moitié de lanation en proie aux vices de l'autre. Sa condamnation est dans ce seul mot.

« Aussi la poursuite du séducteur me paraît-elle l'acte le plus juste et le plus nécessaire que la loi puisse édicter. Cette loi fera plus pour la morale sociale que tout ce que pourraient réaliser les programmes d'assistance les mieux combinés. Mais, en attendant que ce grand acte de justice s'accomplisse, qu'il me soit permis de réclamer pour les victimes de la séduction une plus grande indulgence ; ne considérons pas notre assistance comme une prime décernée à l'inconduite, mais plutôt comme un palliatif de l'injustice qui laisse à la femme séduite tout le fardeau d'une situation qu'elle ne devrait pas être seule à supporter. »

Cette loi est demandée aussi par la presse.

Citons le *Voltaire*, par exemple ; je n'ai que l'embarras du choix :

« Quant au père d'aventure, qui a mis à mal quelque
pauvre égarée, il court d'un pied léger à des amours
nouvelles, sauf à s'esquiver encore devant le danger
d'une nouvelle responsabilité.

« C'est le franc-fileur de la débauche !

« Est-il rien de plus vil dans la nature humaine ?

« Qui ne connaît de ces « bons garçons » grands
chasseurs de fillettes, experts en toutes les ruses du
métier ! La femme n'est à leurs yeux qu'un charmant
animal qu'on s'empresse d'abandonner quand son
entretien devient onéreux. Que leur importe le sort
de la délaissée ? Et si quelqu'un s'avisait de leur
représenter que leur action est mauvaise, qu'elle
peut, à un moment donné, équivaloir à un meurtre
formel, ils haussent bien haut les épaules : sont-ils
bien sûrs d'avoir régné sans partage dans le cœur de
la maîtresse devenue mère ?...

« Cette excuse suffit amplement à ces joyeuses consciences de philosophes éclectiques.

« C'est à peine si parfois, quand ils apprennent que
la fille-mère s'est jetée du haut d'un pont, ils lui accordent cette oraison funèbre :

« — Pauvre petite diablesse, elle avait pourtant du
bon !

« Eh bien, je demande qu'on incommode un peu ces
messieurs dans leurs distractions ordinaires, qu'on
saupoudre de poil à gratter la tiède flanelle de leur
sécurité !...

« Je demande enfin qu'une loi promise, et toujours
ajournée, vienne sinon entraver les opérations de
notre grande manufacture de bâtards, du moins faire

peser sur le père qui se dérobe le soin de pourvoir à la subsistance de son enfant.

« La paternité sera souvent difficile à établir !...

« Soit ; mais les cas sont nombreux où cette constatation sera au contraire des plus aisées, et ce sont justement les plus intéressants.

« A quoi bon insister ? On m'a certainement compris.....

« Que de crimes on préviendrait ainsi chaque année !

« Que de milliers de chétives créatures échapperaient à la mort ou à l'abandon qui, je l'ai dit tout à l'heure, n'est qu'un sursis bien court, puisque la plupart des petits abandonnés succombent avant leur sevrage.

« Allons, les beaux parleurs des deux Chambres, assez d'interpellations et de « questions » à adresser aux ministres !

« En fait de questions, il s'agit moins d'en poser que d'en résoudre.

« On vit de bonnes lois et non de beau langage ! »

———

La magistrature, elle-même, n'y paraît pas hostile et a du moins indiqué un palliatif presque suffisant. Le cas vaut la peine d'être cité. Ce qui suit est un extrait du *Petit National :*

LES DROITS DE L'ENFANT

—

« Le tribunal civil d'Alais, et, après lui, la cour d'appel de Nîmes, viennent de consacrer les droits de l'enfant naturel à être élevé aux frais de son père, non toujours, car la recherche de la paternité demeure interdite ; mais dans le cas où cette paternité s'affirme à l'aide de promesses verbales ou écrites et de premiers soins de la part du père.

« Il s'agit, dans l'espèce, d'une demoiselle Félicie P..., qui dit, avec bien des apparences de raison, avoir été séduite par son maître, M. G..., être devenue mère, et tenir en main des preuves écrites que ledit M. G... s'est engagé à prendre soin de l'enfant.

« La demoiselle Félicie P... réclame à son séducteur 15,000 francs de dommages-intérêts pour elle-même, et pour le petit une pension annuelle de 2,000 francs.

« Voici le jugement que rendit, le 24 décembre 1880, le tribunal civil :

« En ce qui concerne la demande en dommages-intérêts,

« Attendu qu'elle ne repose sur aucune cause licite et avouable en justice, que Félicie P... est irrecevable à réclamer le prix de son inconduite, ni à puiser dans sa propre faute un principe d'indemnité ; qu'à ce double point de vue, ce chef de conclusion doit être rejeté ;

« Mais, attendu qu'il en est autrement de la pension alimentaire réclamée pour l'enfant ; que G... a pu valablement s'obliger à pourvoir à son entretien et contracter en sa faveur un engagement dont l'exécution peut être légitimement poursuivie en justice ;

« Attendu qu'une action de cette nature ne viole en rien le principe de droit qui interdit la recherche de la paternité naturelle ; que le tribunal, en effet, peut l'accueillir, sans scruter le motif qui sert de

base aux poursuites ; qu'il suffit de constater une
dette de conscience, l'accomplissement d'un devoir,
ou simplement un acte de bienfaisance de la part de
celui qui l'a souscrite et repose ainsi sur une cause
parfaitement licite ;

« Attendu que les documents versés aux débats et
dont le défendeur ne peut contester l'autorité puisqu'ils émanent de lui-même, ainsi qu'il le reconnaît
à la barre, démontrent qu'Albert G..., qui avait eu
la demanderesse à son service depuis l'âge de dix-
sept ans, a pourvu aux frais d'accouchement de
Félicie P. ., l'a placée à Nîmes chez une sage-
femme, s'est occupé, après sa délivrance, du choix
d'une nourrice, a indiqué les prénoms que devait
recevoir le nouveau-né et recommandé expressément d'acheter ce qui pourrait manquer à l'enfant
et de ne rien épargner pour lui faire une bonne
santé ;

« Attendu que ces faits résultent de tous les éléments de la cause, et notamment d'une lettre du
22 mai 1880, écrite par G... et enregistrée à Alais,
cejourd'hui, folio 114, recto, cases 1 et 3, qu'on voit,
en effet, ce défendeur, du 30 avril au 22 mai, s'obliger
de faire face aux dépenses occasionnées par les soins
qu'exigera la santé de l'enfant, à recommander que
le prix n'arrête pas, et n'apporter une réserve à son
engagement que pour les dépenses folles, c'est-à-dire
superflues et exagérées ;

« Attendu qu'il ressort clairement de tous ces faits
acquis au procès, que G..., ayant consenti sans
restriction à subvenir aux besoins de l'enfant dont
Félicie P... était accouchée, ne saurait aujourd'hui
se soustraire aux conséquences d'une obligation
qu'il a librement consentie, et qui doit dès lors être
sanctionnée par la justice ;

« Attendu que, dans ces conditions, il serait inutile et frustratoire de recourir à de nouvelles investigations, et d'accueillir notamment la preuve offerte à la barre, de faits qui ne sont ni pertinents, ni concluants, ni admissibles et qui doivent, dès lors, être écartés ;

« Attendu que le tribunal a les éléments nécessaires pour fixer le chiffre de la pension due pour l'entretien de l'enfant, eu égard à ses besoins, à la situation du défendeur, à l'étendue de son engagement et à l'intention qui le lui a dicté ;

« Par ces motifs,

« Le tribunal, sans s'arrêter au surplus des conclusions des parties et notamment à la preuve offerte à la barre, qui est rejetée,

« Déboute Félicie P... de sa demande en dommages-intérêts, et statuant sur le chef relatif à l'enfant :

« Condamne G... à payer à la demanderesse, ès-qualités, une pension annuelle de 600 francs, exigible par trimestre et par avance, à partir de l'assignation, pendant la vie de Joseph P..., jusqu'à ce qu'il ait acquis l'âge de dix-huit ans accomplis ;

« Condamne enfin G... aux dépens.

« Ce jugement a été déféré par le père récalcitrant à la cour de Nîmes, qui, en adoptant les motifs et se les appropriant, l'a purement et simplement confirmé.

« La question de principe serait donc tranchée ainsi :

« Le rejet d'une action en dommages-intérêts formée par une fille devenue mère contre la personne à laquelle elle impute la paternité de son enfant naturel, ne fait pas obstacle à ce que cette même personne soit, dans des circonstances données, condamnée à payer une pension alimentaire à l'enfant naturel, et cela, sans qu'il soit porté atteinte à la prohibition de la recherche de la paternité édictée par l'article 340 du code civil.

« Il faut retenir les mots *dans des circonstances données*, ni le jugement, ni l'arrêt ne portant, en quoi que ce soit, atteinte à l'article 340 du Code civil. »

Je ne sache pas que cet arrêt ait été infirmé par la Cour de cassation, devant laquelle il a été porté.

Voilà donc un excellent précédent.

———

A ce sujet, je mettrai encore sous les yeux de mes lecteurs un article de M. Sarcey, du *XIXe Siècle* ; le cas est plus curieux encore :

LA RECHERCHE DE LA PATERNITÉ

———

« Vous savez, et de reste, qu'elle est interdite par le Code.

« Parmi les questions que j'empruntai hier au journal intitulé le *Droit des femmes*, sous cette double rubrique : *La loi dit... Nous voulons*, celle-là est une des plus importantes.

« Et peut-être aussi est-ce un des points du Code qu'il serait aujourd'hui le plus facile de reviser. Car en principe la réforme est admise de presque tout le monde, et dans la pratique les magistrats, convaincus de l'inique dureté de la loi, se sont en ces derniers temps appliqués à la tourner, ne la pouvant ouvertement violer.

« Ecoutez une histoire d'hier.

« Une jeune fille d'Avignon, fort belle à ce qu'il paraît, de pauvre et honnête famille, se laisse séduire par son patron. Les suites de sa faute ne tardent pas à se manifester, elle devient mère.

« Il faut rendre justice au séducteur. Son premier mouvement avait été bon. Sous le coup de l'émotion profonde qu'avait excitée chez lui l'annonce de cet évènement, il s'était laissé aller à rassurer la jeune femme par des promesses qui étaient probablement sincères au moment où il les faisait. Il avait juré à la mère de l'épouser et de reconnaître son enfant.

« Quand elle se fut rétablie, il se maria en effet, mais à une autre. Mère et enfant étaient abandonnés.

« La belle Avignonnaise, indignée de cette lâche trahison, intenta un procès au séducteur.

« Il est clair qu'au regard de la loi il était et devait rester absolument indemne. La recherche de la paternité est rigoureusement interdite par le Code ; il n'avait qu'à dire, en pirouettant sur son talon rouge : « Moi ! Connais pas ! Ignore ce qu'on me veut... » se retranchant derrière l'article qui défend aux juges de remonter jusqu'au père et de l'inquiéter.

« Mais toutes les fois qu'une loi se trouve en contradiction formelle avec l'équité et avec le bon sens les tribunaux répugnent de l'appliquer dans toute sa rigueur et cherchent des voies détournées pour échapper à ses prescriptions.

« Il s'est donc établi peu à peu une jurisprudence que les légistes ont pu formuler ainsi :

« Une femme peut être admise à prouver, à l'appui
« d'une demande en domages-intérêts formée par
« elle en raison de l'inexécution d'une promesse de
« mariage, que celui de qui cette promesse est éma-
« née est le *père de la grossesse.* »

« Remarquez, je vous prie, la subtilité de ce détour.
La jeune fille ne serait pas admise à prouver que le
séducteur est le père de l'enfant ; non, cela ne serait
pas permis, car la recherche de la paternité est interdite. Mais elle est, en revanche, admise à prouver
qu'il est l'auteur de sa grossesse.

« C'est en vertu de ce principe qu'en 1863 la cour
de Colmar décida, dans un arrêt du 11 décembre :

« Que la séduction exercée sur une jeune fille, au
« moyen d'une promesse de mariage et de laquelle
« est résultée une grossesse, constitue un quasi-délit
« qui peut motiver contre son auteur une action en
« dommages-intérêts. »

« Ce n'est évidemment là qu'un artifice ingénieux
pour passer à travers les mailles de la loi.

« On aura beau dire que permettre à une jeune
fille abandonnée de prouver que tel ou tel homme
qui lui avait promis le mariage est l'auteur de sa
grossesse n'équivaut pas, en fait, à la recherche de
la paternité, c'est une subtilité dont personne n'est
dupe.

« Ce n'est pas qu'elle ne puisse s'expliquer, et je
vois bien le détour qu'ont pris les juges.

« Nous ne nous occupons pas de l'enfant, se sont-
ils dit : il est pour nous non avenu ; par abstraction,
il n'existe pas. Nous ne voulons voir, dans le fait qui
nous est soumis, qu'une grossesse qui est préjudiciable à la femme. Tout préjudice se doit résoudre
en dommages-intérêts.

« Qui sera condamné à les payer?

« Le père de l'enfant ? Non pas assurément, puisqu'il n'y a pas d'enfant, puisqu'il n'y a qu'une femme grosse.

« Eh mais ! c'est alors l'auteur de la grossesse.

« Ce raisonnement choque un peu le gros bon sens, qui n'entre guère dans ces malices de langage. Mais les magistrats n'avaient pas d'autre moyen pour tourner la loi, et ils voulaient la tourner, la tenant pour injuste et mauvaise.

« Aussi, dans l'affaire qui nous occupe et d'où cette discussion est partie, le tribunal civil d'Avignon et la cour d'appel de Nimes ont-ils reconnu pour la plaignante, et par conséquent pour les malheureuses filles séduites comme elle, le principe d'une indemnité pécuniaire :

« Attendu que si, dès l'origine des relations et au début de la séduction dont on se plaint, rien, dans les documents versés au procès, ne permet d'établir l'existence de promesses directes de mariage ayant déterminé la chute, il faut bien reconnaître que par un ensemble de faits et de démarches, X... a laissé croire à la plaignante qu'il prendrait à sa charge tout ou partie de la dépense occasionnée par la naissance de l'enfant; que son langage vis-à-vis de l'accouchée ne peut laisser de doute à cet égard; que, dès lors, ses agissemnets doivent être considérés comme suffisamment précis pour l'obliger à faire face à tous les frais se rapportant à cette époque;

« Attendu que, sans insister autrement sur les relations antérieures, etc. ;

« Le tribunal,

« Condamne le sieur X... à payer à la demanderesse la somme de deux mille cinq cents francs à titre de dommages-intérêts.

« On voit que là encore il ne s'agit point de promesse de mariage, puisque les promesses de mariage ne sont pas reconnues par le Code; ni de recherche de paternité, puisqu'il n'est pas question de savoir qui est le père de l'enfant né; le tribunal déclare simplement qu'il y a eu un préjudice causé à la femme, que l'auteur de ce préjudice a promis de le réparer, et qu'il est juste de le condamner à l'exécution de cette promesse.

« Au fond, c'est tout comme si le tribunal le déclarait père de l'enfant, puisqu'il le fait responsable de sa naissance.

« Il n'y a que les termes de changés. Le tribunal joue sur les mots.

« Ne trouvez-vous pas bien misérables ces artifices et ces subtilités auxquels les magistrats sont réduits, pour juger en équité, contre le texte formel de la loi?

« Est-ce qu'il ne vaudrait pas mieux changer ce texte même?

« Un homme séduit une fille; un enfant naît de cet amour qui ne doit point se terminer par un mariage.

« Le droit naturel, le bon sens et l'équité disent que les auteurs du fait en sont également responsables, et que le père n'est pas moins obligé que la mère envers l'enfant qui est le fruit de leurs œuvres communes.

« C'est là un principe d'éternelle justice qui s'impose à la raison humaine, et si la loi y contrevient, il est tout naturel que la loi, une loi mauvaise, soit violée ou tout au moins tournée.

« Il serait plus sage de l'abolir. »

Dans le même ordre d'idées, pour la protection de l'enfant, je voudrais voir la loi du *divorce* votée.

Je cite ce cas, et il y en a d'autres différents, où l'enfant est victime de la législation sur l'indissolubilité du mariage.

Ceci est un extrait du *Petit XIXe Siècle* :

« Un M. Cormier (qui s'appelle de son petit nom « Prudent », et qui ne le fut guère), se marie, il y a quatre ou cinq ans. Il était jeune alors et fut un assez mauvais mari. Sa femme le rencontra au bras d'une maîtresse. De son côté, paraît-il, elle était de caractère fâcheux. Malheureux dans son intérieur, Cormier se consolait au dehors. Il avait tort. Mais, enfin, si les circonstances atténuantes ont été inventées, c'est pour les hommes et même pour les femmes, à qui le mariage n'a apporté que de tristes désillusions !

« Cormier, surpris par sa femme en flagrant délit de galanterie extra-conjugale, se vit intenter un procès par elle. La séparation de corps fut prononcée au profit de la femme. Au profit ! c'est le langage judiciaire, qui est ici d'une terrible ironie ! Comme si la situation des époux séparés pouvait jamais être profitable à l'un ou à l'autre ! Condamné à payer une pension à sa femme, le mauvais mari disparut. La pseudo-veuve s'arrangea, pour vivre, comme elle put, remerciant le sort de l'avoir laissée stérile.

« Plus tard, Cormier se rangea. Il entra dans les affaires, obtint une petite place dans un magasin de nouveautés, gagna, par son travail et sa bonne conduite, la situation de chef de rayon, il devint amoureux d'une fille de magasin, fort honnête personne qui ne voulut agréer sa cour que « pour le bon motif ». Entraîné par la passion, Cormier fit la faute grave de dissimuler son état d'homme marié, et épousa la jeune fille qu'il aimait.

« Cela fit d'abord un heureux ménage. Un bébé vint resserrer le lien entre les deux jeunes gens. Tout allait au mieux, quand, quelque commère aidant, Mᵐᵉ Cormier, la seule femme légitime, fut avertie que son mari s'était remarié. N'écoutant que son désir de vengeance, elle le dénonça aussitôt.

« La malheureuse jeune mère, qui se croyait mariée pour de bon, vit tout à coup un gendarme venir chez elle, arrêter Cormier, et briser la vie honnête et bonne qu'elle menait.

« Le jury et les juges ont fait ce qu'ils étaient obligés de faire. Il est trop certain que Cormier était coupable. Il vient d'être condamné à cinq ans de réclusion.

« Que deviendra la seconde Mᵐᵉ Cormier? Pour les gens de raison et de bon cœur, elle gardera sa place dans la société. Mais, pour la loi et pour le reste du monde, la voilà passée à l'état de fille-mère, mère d'un enfant qui, étant adultérin, ne peut pas être reconnu par le père.

« Je ne dis pas que la rigueur des lois qui frappe Cormier soit exagérée ou injuste, il a commis un crime. Mais cette rigueur atteint d'autres que lui, une complice innocente et une victime aussi innocente, et c'est une rigueur stérile, qui ne répare rien, ne fait qu'aggraver la situation de quatre personnes, pour la faute d'un seul.

« Quand je dis que cette rigueur est stérile, il faut espérer que je me trompe et que le cas de Cormier ira grossir le dossier du divorce. »

———

Il serait digne de notre temps d'arriver enfin à une législation qui prévînt la bigamie, l'adultère, les

crimes contre les enfants, au lieu de punir, et l'heure
est venue, de lois que la morale demande.

———

Supposons toutes ces réformes et améliorations
généralisées, les ressources réunies de la charité
publique et privée seront peut-être suffisantes pour
donner aux mères et aux filles-mères nécessiteuses
le moyen de ne pas travailler les derniers jours de
la grossesse, et surtout après ; mais elles seront
toujours incapables de leur donner le moyen de vivre
en conservant leur enfant auprès d'elles pendant
plusieurs mois.

Il ne faut guère compter sur une association générale comme celle de Mulhouse.

Il viendra donc, et plus tôt que plus tard, le temps
où la mère doit retourner à la manufacture, à l'atelier, à la journée, et quitter son nourrisson.

Où le mettre ? En nourrice ? En sevrage ? En garde ?
En tous cas, hors de son domicile.

Nous en connaissons les inconvénients ; tâchons de
les éviter en lui offrant alors la *crèche*, qui lui permettra de le garder tout en travaillant.

———

III. — Les Crèches

—

Tout a été dit, très bien dit et même définitivement
dit sur les crèches.

Je n'ai eu que l'embarras du choix dans mes lec-
tures. Voici celles où j'ai pris le plus de renseignements et que je me borne à fondre ensemble, à compléter les unes par les autres pour donner à mes

lecteurs un résumé suffisant qui leur permette de n'avoir plus qu'à consulter ce travail, qui est surtout le manuel du maire chargé d'exécuter la loi Roussel, et le guide de tous ceux qui veulent organiser des crèches.

C'est d'abord — à tout seigneur tout honneur! — le petit volume du fondateur des crèches, Marbeau, ouvrage couronné par l'Académie française, et intitulé : *Des Crèches pour les petits enfants des ouvriers.* L'Académie française a décerné à l'auteur un des prix Montyon, dès 1846.

Marbeau a fait ensuite le *Manuel de la Crèche.*

C'est la collection du *Bulletin des Crèches*; c'est surtout un article très étudié, très complet, de M. le docteur Adolphe Siry, dans le *Dictionnaire encyclopédique des sciences médicales.*

C'est, enfin, la déposition déjà citée de M. Malarce.

L'étude de M. le docteur Siry nous servira de guide, et nous n'y ferons que quelques additions et intercalations prises ailleurs ou émanant de nous. L'autorité du Recueil où elle a été insérée, la compétence spéciale et la netteté d'esprit du praticien qui l'a rédigée lui donnent une légitime importance

J'ai adopté comme système de m'appuyer de préférence sur des autorités médicales, et je reproche aux publications de Marbeau d'avoir, pour emprunter ses expressions, un « cachet religieux » trop prononcé, presque exclusif.

J'ai eu à m'expliquer sur ce point. Je n'y reviendrai pas.

Je m'adresse aux gens religieux, mais je veux aussi convaincre ceux qui s'inspirent de sentiments exclusivement laïques, rendant hommage aux efforts

déjà réalisés des premiers, et désirant exciter l'émulation des autres pour le plus grand bien de mes
clients, les petits enfants.

———

Cela dit, je ne citerai plus mes auteurs que par
exception.

Crèches.

On appelle ainsi les lieux où sont recueillis, dans
un but charitable, de très jeunes enfants ; ils sont
ainsi nommés par allusion à la crèche dans laquelle
fut mis Jésus-Christ lorsqu'il vint au monde.

Au seizième siècle, on appelait la *crèche* un grabat
installé à la porte de la cathédrale de Paris ; des
religieuses y exposaient quelques enfants trouvés
pour obtenir des aumônes destinées à les nourrir.

Dans les hôpitaux et dans les hospices d'enfants
assistés, on entend par crèche la salle affectée aux
nourrissons.

De nos jours, l'appellation de crèches appartient
plus spécialement à des établissements de charité,
où les enfants qui n'ont pas accompli leur troisième
année reçoivent pendant le jour les soins hygiéniques
et moraux qu'exige le premier âge.

Les *fermes-crèches*, sorte de *colonies de nourrissons*, et les *villages-modèles*, dont nous avons parlé,
sont restées à l'état de projet. Elles nous occuperont
d'autant moins que les établissements analogues
n'ont, jusqu'à ce jour, jamais réussi.

Historique.

De tout temps, des mères de famille, appartenant
à la classe la moins aisée de la société, furent obli-

14

gées, pour subvenir à leur existence, de travailler
hors de leur domicile et de se séparer de leurs
nourrissons; ceux-ci étaient déposés dans des garderies, placés dans les maisons de sevrage ou envoyés
en nourrice.

Les gardeuses recevaient les enfants le matin et
les rendaient le soir ; les sevreuses les conservaient
la nuit et le jour ; les nourrices les emportaient au
loin.

Garderies et maisons de sevrage répondaient à un
besoin si général, qu'en 1853, leur nombre, dans le
département de la Seine, fut évalué à plus de 600, et
qu'en 1869, malgré la concurrence des crèches, un
document officiel en comptait de 350 à 400 pour la
seule ville de Paris. Ces maisons recevaient 1,500 à
2,000 enfants par an, et chaque enfant payait de 12 à
20 francs par mois.

Beaucoup de garderies consistaient en des locaux
exigus, impénétrables aux rayons du soleil ; des
exhalaisons malsaines, se dégageant de vieilles
hardes, de restes d'aliments et de couches souillées
viciaient une atmosphère déjà parcimonieusement
mesurée.

La nourriture, grossière et donnée sans régularité,
se trouvait, la plupart du temps, peu appropriée à
l'âge de l'enfant, et la propreté du corps, si essentielle
à la santé des jeunes êtres, n'obten it que des soins
rares et toujours douteux.

Un pareil état d'insalubrité s'explique par ce fait
que bon nombre de gardeuses étaient des indigentes.
En 1853, il fut constaté que, parmi les femmes gardant les enfants moyennant salaire, 224 se trouvaient
inscrites au Bureau de bienfaisance de la ville de
Paris.

Pourtant, le Préfet de police, M. de Belleyme, avait, en 1828, rendu une ordonnance par laquelle l'Inspecteur des maisons de santé était chargé de la surveillance générale des maisons de sevrage ; une commission, composée de membres du Conseil de salubrité, devait visiter toutes les maisons au moins quatre fois l'an. Nul n'était autorisé à tenir des garderies sans en avoir fait la déclaration à l'autorité, et qu'après enquête sur les ressources et la moralité du demandeur.

L'arrêté préfectoral améliora peu la situation. Les femmes se chargeaient de la garde des enfants de leurs voisines sans faire de déclaration et restaient en dehors de tout contrôle ; les inspections auxquelles se trouvaient soumises les gardeuses qui remplissaient les formalités voulues étaient en réalité illusoires, faute d'un nombre suffisant d'inspecteurs.

Hélas ! il n'y a rien de nouveau sous le soleil... et surtout dans l'administration !

Toutes les femmes pauvres occupées en dehors de leur domicile ne confiaient pas leurs enfants à des étrangères ; un grand nombre d'entre elles conservaient leur nourrisson au logis de la famille, sous la garde d'une vieille mère, incapable de travailler, ou de l'aîné des enfants. Association douce et sainte, dit un rapport administratif, mais dommageable parfois au petit être, et souvent au jeune gardien, aurait-il dû ajouter. Une vieille femme infirme, presque toujours imbue de quelques préjugés sur l'éducation du premier âge et ne possédant plus qu'une activité physique et intellectuelle très affaiblie, est rarement capable de donner à un nourrisson les soins méticuleux qui lui sont nécessaires.

Quant aux aînés de la jeune famille, chargés de veiller sur elle, il leur incombait une forte part de responsabilité dans les catastrophes si fréquentes dont sont victimes les jeunes enfants. De plus, eux-mêmes, tandis qu'ils étaient retenus au logis, ils restaient sans aucune instruction. En Angleterre, la présence des babies a été l'un des obstacles rencontrés par les *school-boards*, lorsqu'ils ont voulu contraindre à aller à l'école les enfants en âge de s'instruire. Pendant que les parents étaient au travail, il fallait que les aînés gardassent les plus petits, et c'est surtout dans le but de les libérer de ce soin que l'on forma les *day nurseries*.

Il ne faut pas se dissimuler que l'exécution de la loi sur l'instruction primaire obligatoire rencontrera chez nous les mêmes obstacles; c'est ce qui rend nécessaire l'établissement de crèches partout, à la campagne comme à la ville. Je reviendrai sur ce point.

La mise en nourrice constituait, à cause de l'éloignement, une séparation complète entre la mère et l'enfant; elle relâchait les liens de la famille et rendait impossible la surveillance des parents sur la nature des soins que recevait leur enfant. On ne connaissait pas encore les déplorables conséquences de l'industrie nourricière, tels qu'elles ont été révélées dans toute leur étendue par les statistiques de Bertillon, Brochard et Monot. Pourtant, on n'ignorait pas que nombre d'enfants appartenant aux familles malaisées, et désignés sous le nom de nourrissons au rabais, mouraient en nourrice. On savait aussi que beaucoup parmi les survivants étaient rendus scrofuleux ou rachitiques à leurs mères, qui, pour arriver à de si tristes résultats, s'imposaient des sacrifices pécuniaires considérables, eu égard à leurs faibles ressources.

Des personnes charitables s'étaient déjà préoccu-

pées des conditions fàcheuses dans lesquelles s'élevaient une multitude de petits enfants, et cherchaient
les moyens de remédier à ce triste état de choses.

Comment organiser ce secours et à la fois l'enseignement professionnel à ces pauvres mères? Pour
cela, on n'avait pas besoin d'innover, d'entreprendre
l'œuvre difficile d'une institution nouvelle, mais
simplement de reprendre, pour la généraliser dans
les villes et dans les campagnes, une tentative faite
pendant un demi-siècle, de 1769 à 1828, dans une
petite région de la France, tentative heureuse et bien
admirée de nos devanciers, économistes ou hommes
d'Etat.

Vers le milieu du dernier siècle, en 1769, dans les
vallées des Vosges, Frédéric Oberlin se donna la
mission de régénérer toutes choses autour de lui,
âmes, corps et biens, sur le petit coin de terre où il
vivait : la population était ignorante, grossière,
misérable; la contrée inculte ou peu cultivée. Le
réformateur du Ban-de-la-Roche voulut d'abord conquérir la confiance de son pauvre peuple par un
succès matériel : il prêcha d'exemple l'amélioration
de l'agriculture du pays, et le voilà qui travaille de
ses propres mains; il défriche, il laboure, il ense-
mence, il plante; puis, il crée des pépinières, des
prairies artificielles, il introduit la culture du lin, et
obtient partout d'éloquentes récoltes ; il ouvre des
chemins dans le roc, jette un pont sur la Bruche,
assure ainsi aux denrées agricoles des débouchés
faciles, et se fait de dévoués prosélytes de tous ces
pauvres gens qu'il enrichit. Désormais, son crédit de
réformateur est assuré, sa parole fait foi.

Alors, poursuivant sa tâche, il essaya de défricher
un peu aussi toutes ces pauvres âmes incultes ; et
bientôt il vit se produire la régénération morale,

comme la régénération matérielle, des vallées du Champ-de-Feu.

Un soir de l'année 1769, il visitait un de ses villages : toute la population valide était à travailler aux champs ; le village semblait désert. En approchant d'une chaumière, il entendit un chœur de voix enfantines qui chantait des cantiques ; il entre : une jeune femme, au milieu de quelques enfants assis sur des banquettes ou couchés dans des corbeilles pour berceaux, chantait en filant du lin et dirigeait le chœur. Aux questions du patron, elle répondit que c'étaient les petits enfants du village qu'elle recueillait et gardait pendant que les mères faisaient leur journée aux champs ; que ces pauvres petits, autrefois, étaient laissés seuls au logis, ou sous la garde d'un autre enfant ; qu'ils étaient ainsi exposés à toutes sortes de malheurs ; qu'ainsi, d'ailleurs, livrés à eux-mêmes, ils s'ennuyaient, s'hébétaient et devenaient méchants ; qu'elle avait remarqué cela, et que l'idée lui était venue de s'offrir aux mères pour prendre chez elle, pendant le jour, ces chers petits, les soigner, les amuser et même les instruire.

Oberlin sentit qu'il y avait là le germe d'une institution précieuse : il prit à son service, dans sa famille, la jeune paysanne Louise Scheppler, lui adjoignit quelques mères de famille douées d'intelligence et de dévoûment, et il fonda dans sa maison et entretint jusqu'à sa mort, en 1826, cette garderie d'enfants, qui devait plus tard et ailleurs être imitée par parties et s'appeler *la crèche, l'asile, l'ouvroir*.

Oberlin comprit là que l'expérience, que « l'édu-« cation de l'enfant ne doit pas commencer seulement « à l'âge de sept ans, mais dès que l'enfant devient « sensible par le regard aux influences des choses et « des personnes qui l'entourent », et cette idée est

une de celles qui a le plus fait, et qui peut encore
faire le plus, pour l'amélioration des hommes.

Oberlin, initié aux premiers éléments de la médecine, secondé d'ailleurs par quelques mères de
famille, fit de sa maison « *une véritable école des
mères* » où les paysannes apprenaient, par la manière
même dont elles voyaient traiter leurs enfants, le
régime hygiénique et moral le plus convenable. Et
c'est là le second titre d'Oberlin à la reconnaissance
publique.

Pendant les premières années de ce siècle, la
maison d'Oberlin était visitée par les hommes les
plus considérables de l'Europe, comme la plus
curieuse manufacture d'amélioration humaine; et le
roi Louis XVIII honora de la croix d'honneur, en
1818, cet ingénieux et sage réformateur; aussi bien,
les idées d'Oberlin ne furent pas tout à fait perdues
pour le bien des autres régions de la France et des
autres peuples. Elles se répandirent dans l'air, et
germèrent çà et là.

En 1801, à Paris, une dame charitable, la marquise
de Pastoret, eut la pieuse pensée de recueillir et de
faire garder par des sœurs hospitalières, pendant la
journée de travail, les jeunes enfants des ouvrières
qui vivent d'une industrie exercée hors du logis. Son
établissement de la rue de Miromesnil avec ses douze
berceaux fut une intéressante fondation, qui méritait
de durer : elle ne dura pas; mais elle était appelée à
revivre quelques années plus tard, en 1825, dans des
temps moins tourmentés, et à doter la ville du bienfait tenté par Oberlin dans les campagnes.

En 1810, Obert Owen s'essayait à ses expériences
de réformation sociale dans le vaste établissement
industriel qu'il avait fondé à Lanark, en Écosse. Il
avait couru les deux mondes, à la recherche de com-

binaisons sociales ; et, parmi toutes les rêveries
impossibles dont il avait chargé ses bagages de
touriste, il avait rapporté une idée utile, pratique :
l'idée d'Oberlin et de Mme de Pastner. Toutefois, il
n'en prit qu'une partie, l'éducation des enfants de
trois à sept ans, et il fonda à New-Lanarck l'*infant's
school*, dont un simple ouvrier, le tisserand James
Bachanan, créa et formula la méthode si ingénieuse
et meilleure encore expérimentée.

Brougham, Mac-Aulay et plusieurs autres économistes déjà distingués de l'Angleterre, appellent
Buchanan à Londres, pour organiser sous leurs yeux
cette institution dont ils avaient constaté les résultats
en Ecosse.

Puis, en 1826, quelques dames françaises visi-
tèrent à Londres les *infant's schools*, et de retour à
Paris, elles s'empressèrent d'organiser un Comité de
patronage pour fonder ce qu'elles nommèrent une
salle d'asile. Un prêtre vénéré, M. Des Genettes, curé
de l'église des Minimes; un administrateur bienfaisant, M. Cochin, maire du XIIe arrondissement,
dirigèrent ces dames, que présidait naturellement la
marquise de Pastner. Après un temps d'essai, on
comprit que, pour réussir, il fallait importer de
toutes pièces la méthode de Buchanan ; et cette mission fut confiée à une excellente mère de famille,
Mme Millier, qui se rendit à Londres, étudia les
règles et les exercices des *infant's schools*, et revint
fonder en France la véritable salle d'asile, la salle
d'asile mère de tous les établissements de cette
nature aujourd'hui répandus dans toute la France,
dans les villes du moins.

Mais la salle d'asile, s'ajoutant à l'école, laissait
encore sans culture, sans garde, sans protection
sociale, les tout jeunes enfants âgés de moins de

trois ans. Ce fut encore un administrateur de Paris,
M. Marbeau, adjoint au maire de l'arrondissement,
qui eut la pensée et le bonheur de compléter le système de l'éducation humaine en fondant, en 1844,
à Paris, la garderie-école des enfants de quinze jours
à trois ans, *la crèche*, comme on a nommé cette
institution, pour la placer sous le patronage des
femmes et caractériser cette œuvre de salut social.

Laissons le regretté et excellent M. Marbeau raconter lui-même *comment la crèche est née :*

« Le comité local d'instruction primaire avait
chargé une commission de lui faire un rapport
général sur les Asiles du Ier arrondissement. Je fis
ce rapport, et je me plus à constater les admirables
effets de l'Asile. « Avec quel soin, me disais-je, la
société veille sur les enfants de la classe indigente !
De deux à six ans, l'asile ; de six ans jusqu'à l'âge
de puberté, l'école primaire ; ensuite les classes
d'adultes... Que de charité, que de prévoyance dans
ces institutions ! — Mais pourquoi ne pas prendre
l'enfance au berceau ? — L'amour maternel pourvoit
aux besoins du nourrisson ; l'enfant est attaché au
sein de sa mère ; la société ne veut pas l'en séparer...
— Mais pourtant, lorsque la mère est forcée de
travailler hors du logis, que devient le pauvre
enfant?... » — Je prends l'adresse de quelques mères
inscrites au livre des pauvres, et je fais mon enquête
(à Chaillot). Au fond d'une arrière-cour infecte, j'appelle Mme Gérard, blanchisseuse. Elle descend, afin
de ne pas me laisser pénétrer dans son logis, *trop
sale pour être vu* (ce sont ses expressions) ; elle a sur
les bras un nouveau-né ; à la main, un enfant de dix-
huit mois.

« Madame, vous avez trois enfants. Où est le troisième ? — Monsieur, il est à l'asile. — S'y trouve-t-il

bien ? — Oh ! oui, monsieur ; quel bonheur pour les pauvres mères qu'il y ait des asiles ! — Vous êtes blanchisseuse, et vous travaillez loin d'ici ; que deviennent ces deux petits enfants, lorsque vous allez au travail ? — Monsieur, je les donne à garder. — Et combien vous en coûte t-il ? — Quatorze sous par jour. — Quatorze sous pour les deux ? — Non, monsieur, quatorze sous pour chacun : huit sous pour garder et six sous pour nourrir. Quand je fournis de quoi nourrir, je ne paye que huit sous. — Et combien gagnez-vous ? — Deux francs, mais je ne travaille pas tous les jours. »

« Je courus chez la sevreuse. Elle était à son poste, gardant trois petits enfants sur le carreau, dans une misérable chambre de rez-de-chaussée : « Madame, vous êtes inscrite au bureau de bienfaisance ? — Oui, monsieur ; voici ma carte. — Avez-vous fait une déclaration à la police ? — Non, monsieur. — Combien avez-vous d'enfants à garder ordinairement ? — Cinq ou six, mais l'asile me fait beaucoup de tort. — Combien vous donne-t-on pour chaque enfant ? — Huit sous pour le garder, et six sous pour le nourrir. — Qui fournit le linge ? — La mère apporte le matin du linge pour la journée, et le soir elle emporte le linge sale en reprenant son enfant. — Et comment nourrissez-vous celui qui tette encore ? — *La mère vient l'allaiter aux heures des repas.* »

« Ce que cette pauvre femme trouve moyen de faire dans la misère, me disais-je en sortant, ne pourrions-nous pas le faire dans la charité ? Oui, nous le pouvons. — J'exposai l'état des choses au bureau de bienfaisance, et je lui soumis un projet de *Crèche*. Une commission fut nommée. Chargé du rapport, je prouvai : 1° qu'il était indispensable de venir au secours de ces pauvres mères, au secours de ces

pauvres enfants ; 2° qu'une *Crèche* était possible ;
3° qu'il en coûterait au plus cinquante centimes par
enfant, tout compris, au moyen d'une rétribution que
les mères payeraient aux berceuses, et qui aurait
l'avantage de conserver intact le lien de la maternité ; 4° que les frais de premier établissement et
d'entretien seraient minimes ; qu'ils seraient couverts
facilement par les dons de charité, par quelques subventions qu'on ne nous refuserait pas, et, au besoin,
par un sermon « qui ferait couler, pour nos petits
« enfants, quelques gouttes de lait et de miel sur la
« terre promise de la charité. »

« Le bureau ne crut pas pouvoir concourir officiellement à cette œuvre privée ; mais la plupart de
ses membres s'empressèrent de souscrire, et leurs
noms figurent sur la liste des fondateurs. »

Bientôt, une crèche — la première qui méritât ce
nom — était fondée à Paris ; deux ans après, douze
crèches étaient fondées dans le département de la
Seine. La province ne resta pas en arrière de Paris.

Dès 1846, Melun, Strasbourg, Nantes, Lyon, Brest,
Reims, Tours, Rennes, Saint-Quentin, Beauvais
possédaient des crèches. Ces asiles furent bientôt
imités en Belgique, ainsi que chez la plupart des
nations d'Europe.

La même année, F. Marbeau fonda une société
pour la multiplication et la bonne direction des
crèches dans Paris.

Cette *Société des Crèches* créa un recueil périu-
dique sous le nom de *Bulletin des Crèches*, voulut
obtenir des ressources et soumit à l'autorité une
requête à l'effet d'être reconnue comme établissement
d'utilité publique.

L'administration, tout en encourageant l'œuvre

naissante par des circulaires ministérielles et par des subventions, ne pensa pas qu'il y eût lieu de procéder à la reconnaissance sollicitée avant que l'expérience eût été décisive.

Des critiques sévères s'élevaient contre cette nouvelle création de la charité, et des hommes compétents affirmaient qu'elle était tout au moins inutile, sinon nuisible.

Les promoteurs de l'œuvre finirent par obtenir gain de cause auprès de l'autorité, et un décret impérial plaça, en 1862, l'œuvre des crèches sous la protection de l'impératrice.

Ce décret distingua les crèches en crèches approuvées, lesquelles participaient aux encouragements de l'Etat, et en crèches privées, et il soumit les unes et les autres à un règlement, reproduction à peu près textuelle de celui qui avait été adopté par la Société des crèches.

M. de Persigny, ministre de l'intérieur, adressa une pressante circulaire aux préfets pour leur recommander l'œuvre nouvelle.

Je donne, aux *annexes*, ces documents *in extenso*.

Les adversaires de l'institution n'avaient pas eu leurs convictions ébranlées, et ils persistèrent à formuler contre les crèches des objections qui furent reproduites avec éclat à la tribune de l'Académie de médecine, en 1869. Ils reprochaient à l'œuvre de jouir d'une médiocre faveur dans le public, de séparer la mère de son enfant, de la dégager du premier de ses devoirs, de favoriser son oisiveté et de lui occasionner, matin et soir, une perte de temps notable, par suite de l'éloignement de la crèche. Peu favorable à la mère, l'institution, suivant les détracteurs, ne l'était pas davantage au nourrisson. Celui-ci

avait son sommeil interrompu à chaque départ, ce qui
n'était pas salutaire à sa santé, et il était exposé,
pendant les deux trajets quotidiens, à toutes les
intempéries de l'air, au milieu de la saison la plus
rigoureuse.

Arrivé dans l'asile, il était entouré de soins différents de ceux qu'il recevait dans le pauvre logis de
ses parents, alternance de bien et de mal qui ne
pouvait tourner à son profit. D'autres critiques accu-
saient encore les crèches d'être mal installées, mal
aérées, mal ventilées ; de laisser les enfants étendus
dans leurs berceaux durant de longues heures, faute
d'un personnel assez nombreux ; d'encourager l'allaitement artificiel et le sevrage prématuré ; de favoriser le développement, la contagion et l'aggravation
des maladies par l'agglomération des enfants ; d'avoir
un service médical irrégulier ; de violer sans cesse
leurs règlements ; d'occasionner une dépense trop
considérable.

Toutes les personnes hostiles à la crèche s'accor-
daient pour lui préférer les secours à domicile qui,
donnés avec discernement, étaient, à leur avis, ce
qu'il y avait de mieux à faire dans l'exercice de la
charité.

Ces attaques furent réfutées avec beaucoup de
talent par M. Delpech, dans son remarquable rapport sur l'hygiène des crèches, et dans la discussion
à laquelle ce rapport donna lieu au sein de l'Académie de médecine. L'Académie se montra plus réservée
dans son approbation que ne l'avait été le rapporteur.
Son sentiment parut être que la crèche présentait, à
côté d'avantages incontestables, des inconvénients
non moins réels, et qu'il fallait maintenir et encourager l'institution, tout en reconnaissant qu'elle
réclamait des améliorations et une surveillance

indispensable. Elle vota les conclusions suivantes, qui donnent à peu près satisfaction à deux buts jusqu'à un certain point contradictoires : l'encouragement à l'allaitement maternel et la possibilité pour les mères de ne pas abandonner leur travail :

1° Les crèches ne recevront que les enfants âgés de plus de deux mois et exempts de maladies transmissibles ;

2° Tout enfant devenu malade cessera d'y être admis durant sa maladie ;

3° Destinée surtout à favoriser l'allaitement maternel, la crèche n'admettra pas d'enfants sevrés avant l'âge de neuf mois, si ce n'est sur un avis motivé du médecin-inspecteur ;

4° Le médecin inspectera la crèche une fois chaque jour ; il fixera seul les conditions de l'alimentation supplémentaire et l'époque du sevrage ;

5° Les locaux destinés aux crèches seront scrupuleusement examinés au point de vue de la salubrité, de l'aération, du chauffage. Il est désirable que chaque crèche ne recueille qu'un nombre d'enfants peu considérable, ou que ceux-ci soient divisés par groupes peu nombreux dans des salles séparées ;

6° La crèche, particulièrement utile pour les populations ouvrières, devra être aussi rapprochée que possible des grands centres du travail.

Ces vœux n'ont pas reçu, jusqu'à ce jour, la sanction d'un règlement administratif, et il est à regretter que les crèches n'en aient pas spontanément tenu compte.

Les crèches, après leur première expansion, ont peu progressé. Leur nombre, en dehors de la France, a été longtemps minime ; on en comptait, avant 1870, 7 à Vienne, 9 à Bruxelles et 7 à Londres.

Dans notre pays, berceau des crèches, voici quel était, d'après un état dressé par le ministère de l'intérieur, la situation de l'œuvre en 1872 : 63 crèches, établies dans 29 départements, avaient recueilli 2,366 enfants ; leurs recettes s'étaient élevées à 198,550 francs, et leurs dépenses à 169,811 francs. Le département de la Seine, qui n'est pas compris dans l'état précédent, possédait 24 crèches, lesquelles avaient admis 1,359 enfants, reçu 106,057 francs et dépensé 100,984 francs. Dans la France entière, 87 crèches ont donc, pendant l'année 1872, admis 3,725 enfants, reçu 304,607 francs et dépensé 270,795 francs !

C'était une situation à peu près comparable à celle qui fut constatée en 1853, c'est-à-dire vingt ans plus tôt.

En 1879, il y avait en France 130 crèches : 90 en province et 40 dans la Seine.

Cet état, relativement peu prospère de l'institution des crèches, tenait à plusieurs causes.

Une crèche est d'une utilité moins générale qu'une salle d'asile, et elle exige, pour se fonder, infiniment plus de soins et d'argent. Il lui est difficile, dans les localités pauvres, de se soutenir sans l'aide de l'administration, ou tout au moins d'une société d'assistance.

La Société des crèches ne disposait, il y a encore peu d'années, que de 6 à 8,000 francs par an. Les recettes ont presque doublé depuis 1872.

Une situation financière aussi modeste ne lui permettait pas de produire de grands résultats, lorsqu'il s'agit d'entreprises onéreuses, comme le sont les fondations des crèches.

Les mères qui ne peuvent garder leurs enfants pendant la nuit parce qu'elles n'ont pas de domicile, à elles, comme les domestiques (et on a vu que les filles-mères de cette catégorie sont nombreuses), ou par crainte de la fatigue qui résulte d'un sommeil troublé, après une journée laborieusement remplie, comme les ouvrières de fabrique, n'ont naturellement pas recours à la crèche ; elles s'adressent aux nourrices de la campagne et aux sevreuses.

D'autres femmes préfèrent la garde d'une voisine à la crèche pour des motifs d'un ordre différent. Celle-ci n'est pas toujours sur le chemin de l'atelier ; elle a des exigences inconnues chez les berceuses ; elle ferme certains jours et à certaines heures qui ne concordent pas toujours avec les occupations maternelles ; elle rend l'enfant indisposé à la mère, et cette dernière est obligée de perdre son travail.

Des femmes affirment que les enfants contractent des maladies contagieuses à la crèche, et tiennent, malgré leur extrême indigence, à garder leur nourrisson auprès d'elles. Elles ont parfois, en agissant ainsi, un autre mobile : l'enfant est un prétexte pour se dispenser de tout travail et pour solliciter les secours des personnes charitables.

La crèche n'est pas encore entrée dans les mœurs ; les petits commerçants envoient leurs enfants à la salle d'asile, et ils ne les portent pas à la crèche, qu'ils considèrent comme un établissement de *charité*. Ce serait donc s'exposer à un échec certain que de créer, ainsi que cela a été proposé, des crèches destinées aux classes moyennes.

Nous venons d'énumérer les motifs du lent progrès de l'œuvre des crèches. Certaines de ces causes tiennent à la nature des choses et subsisteront toujours. D'autres peuvent être combattues avec l'aide de l'Etat, des municipalités, des associations charitables et des grands manufacturiers.

Il y a lieu de prévoir un prochain mouvement en ce sens à la suite d'une récente circulaire ministérielle dont je vais parler, après avoir donné la situation actuelle de l'œuvre des crèches en France et à l'étranger, telle qu'elle ressort du dernier *Bulletin des Crèches*. Il y a déjà un réel progrès depuis 1879 :

Sous l'impulsion féconde de la charité privée, les fondations de crèches se sont multipliées. La pensée était grande ; elle devait donc produire d'importants résultats. Le nombre des institutions de cette nature qui fonctionnent à Paris et dans les départements est actuellement de près de deux cents. Une vingtaine sont en voie de formation.

La plupart de celles de ces œuvres qui comptent quelques années d'existence ont fait approuver leur organisation par M. le Ministre de l'Intérieur. Quelques-unes des plus anciennes ont été reconnues comme établissements d'utilité publique.

On peut évaluer à plus d'*un million* le nombre des journées de présence produites par les enfants qui fréquentent annuellement les crèches, et à *six cent mille* francs environ le chiffre des dépenses effectuées par ces œuvres dans l'intérêt des enfants de la classe laborieuse.

Il y a 45 crèches dans la Seine, dont 32 à Paris.

Il existe des crèches en France dans les villes suivantes :

Aisne : Guise. — Allier : Montluçon. — Alpes-Maritimes : Cannes, Menton, Nice. — Ardèche : Largentière , Bourg-Saint-Andéol. — Ardennes : Givet. — Aube : Troyes. — Aude : Carcassonne, Narbonne, Peyriac-Minervois. — Bouches-du-Rhône : Marseille, Aix, Arles, Tarascon. — Calvados : Caen,

Lisieux, Pont-l'Evêque. — Charente : Angoulême. — Charente-Inférieure : Rochefort. — Côtes-du-Nord : Saint-Brieuc. — Eure : Louviers. — Finistère : Brest, Morlaix. — Gard : Alais, Anduze, Nîmes. — Garonne (Haute) : Toulouse. — Gironde : Bordeaux, Arès, Bègles. — Hérault : Montpellier, Béziers, Clermont, Lodève. — Indre-et-Loire : Tours, Amboise, Ménars. — Loire-Inférieure : Nantes. — Loiret : Orléans. — Maine-et-Loire : Angers, Cholet. — Manche : Saint-James. — Marne : Sainte-Menehould. — Mayenne : Château-Gontier. — Meurthe-et-Moselle : Nancy, Toul. — Morbihan : Lorient. — Nord : Lille, Cambrai, Le Cateau, Dunkerque, Roubaix, Armentières. — Oise : Beauvais, Chantilly, Ourscamp, Senlis. — Orne : Alençon. — Pas-de-Calais : Boulogne, Calais. — Puy-de-Dôme : Clermont-Ferrand. — Rhône : Lyon. — Sarthe : Le Mans. — Seine-et-Marne : La Ferté-sous-Jouarre, Melun, Nemours, Noisiel, Provins. — Seine-et-Oise : Gonesse, Le Pecq, Le Vésinet, Pontoise, Rueil, Saint-Germain-en-Laye, Sannois. — Seine-Inférieure : Le Havre, Rouen, Dieppe, Elbeuf, Saint-Etienne-du-Rouvray. — Somme : Amiens. — Tarn : Mazamet. — Var : Toulon. — Vaucluse : Avignon. — Vienne (Haute) : Limoges. — Vosges : Epinal.

Algérie : Alger, Constantine, Bône.

La Loire brille par son absence dans ce tableau.

A l'étranger, les crèches existent en Angleterre ; il y en a plusieurs à Londres, à Manchester, Liverpool, etc. ; en Bavière, à Munich (3) ; en Bohême, à Prague ; en Prusse, à Berlin (4) ; en Autriche, à Vienne (9) ; celles de Belgique sont très nombreuses. L'Italie en a à Rome, Venise, Bologne ; l'Espagne entre vigoureusement dans le mouvement ; en Hollande, il y en a à Amsterdam, à Dordrecht ; en

Suisse, citons celles de Berne (3), Neuchâtel, Lau-
sanne, etc. Il y en a à Constantinople, etc., etc. Je
ne parle pas de l'Amérique, où elles sont nombreuses.

La circulaire suivante de M. le Ministre de l'Intérieur aux Préfets, en date du 3 mars dernier, va
accentuer le mouvement en France :

Monsieur le Préfet, le Comité supérieur de la protection des
enfants du premier âge a exprimé le vœu que le Gouvernement voulût bien favoriser le plus possible le développement
des Crèches et des Sociétés de charité maternelle ; il estime à
juste titre que ces institutions, en étendant leur sphère d'action,
contribueraient puissamment à combattre le fléau de la mortalité
infantile.

Dans cet ordre d'idées, le Comité considérerait comme une
des améliorations les plus fécondes la concession aux Crèches
de locaux salubres, soit à titre gratuit, soit moyennant un prix
de location très réduit.

Mon département ministériel a toujours manifesté le vif intérêt
qu'il porte à ces œuvres de bienfaisance, et il en a donné une
nouvelle preuve en 1881, en obtenant du Parlement le relève-
ment au chiffre de 146,000 francs du crédit inscrit au budget à
titre de secours aux Sociétés de Charité maternelle et aux
Crèches qui, antérieurement, avait été réduit à 126,000 francs.
Mais c'est surtout aux administrations départementales et communales qu'il appartient d'aider à la réalisation du vœu émis
par le Comité. Mieux que personne, en effet, elles peuvent
apprécier les services rendus par les institutions dont il s'agit,
constater les résultats obtenus par elles, les nécessités auxquelles il reste à pourvoir, la nature et l'étendue des mesures
à prendre dans ce but. Beaucoup de ces administrations prêtent
déjà aux œuvres un utile concours ; il importe que ce concours
soit donné dans la mesure la plus large possible, afin d'amener
la création de Sociétés de Charité maternelle et de Crèches
dans les centres de population où il ne s'en trouve pas encore
et d'agrandir la puissance d'action des institutions déjà existantes.

Je vous prie, Monsieur le Préfet, de porter les observations
qui précèdent à la connaissance du Conseil général et des

Conseils municipaux de votre département ; je ne doute pas que ces assemblées ne répondent à votre appel soit par le vote de subventions, soit en prenant ou en stimulant l'initiative de la fondation d'œuvres destinées à venir en aide aux familles ouvrières.

Recevez, Monsieur le Préfet, l'assurance de ma considération très distinguée.

Le Ministre de l'Intérieur,

WALDECK-ROUSSEAU.

En général, les assemblées départementales ont répondu à cet appel ; celles des départements où il y a des crèches les ont subventionnées en plus grande proportion ; celles des départements qui n'en ont pas ont émis, au moins, un vœu en faveur de la création de crèches. Dans la Loire on a fait mieux, le Conseil général a voté, en attendant, 1,000 francs pour subventionner les crèches *futures* ; mais il n'a pas cru devoir, comme l'administration l'en sollicitait, prendre l'initiative de la formation d'une société générale des crèches de la Loire.

Le rapporteur, M. Reuillet, a dit à ce sujet :

« La création de Sociétés bienfaisantes s'occupant de l'organisation de crèches doit être laissée à l'initiative privée ou à celle des communes, aidées et *éclairées* par l'administration, soit par des circulaires particulières, soit par des instructions publiées dans le *Recueil des Actes administratifs.* »

La circulaire suivante a paru au *Recueil* récemment :

Saint-Etienne, le 12 avril 1883.

A Messieurs les Maires du département,

MESSIEURS,

Par une circulaire en date du 3 mars dernier, M. le Ministre de l'Intérieur appelle mon attention sur l'utilité qu'il y aurait à créer, dans le département de la Loire, des Sociétés de Charité maternelle et Crèches.

Dans la pensée de M. le Ministre, ces Sociétés sont appelées à amener une diminution notable de la mortalité infantile; et, à ce sujet, M. le Ministre s'exprime en ces termes :

(Voir texte cité plus haut.)

La loi du 23 décembre 1874, relative à la protection des enfants du premier âge a déjà eu les plus heureuses conséquences en diminuant la mortalité infantile. Il est possible d'obtenir des résultats plus rapides et plus féconds encore en provoquant la création de Sociétés de Charité maternelle et Crèches.

Il est facile de se rendre compte que beaucoup de mères de famille et de filles-mères, au lieu de placer leurs enfants en nourrice, tiendraient à les élever elles-mêmes si elles pouvaient les placer dans une Crèche ou Garderie pendant qu'elles vaquent à leurs occupations ou qu'elles vont travailler en journée.

Le Conseil général dont la sollicitude est d'avance acquise à tout ce qui touche les œuvres de bienfaisance, a bien voulu, dans sa séance du 5 avril courant, voter la somme de mille francs, à titre d'encouragement et de subvention en faveur de ces utiles institutions. Il a, en outre, établi en principe que cette somme pourrait être augmentée ultérieurement.

Conformément aux instructions ministérielles précitées, j'ai l'honneur de vous prier de vouloir bien appeler sur ces œuvres de bienfaisance l'attention des Conseils municipaux et engager ces assemblées, soit à voter des subventions, soit à prendre l'initiative de la fondation de Sociétés de Charité maternelle et Crèches.

Je vous serai reconnaissant de me faire parvenir prochainement l'avis émis sur ce sujet par les Conseils municipaux, afin que je puisse distribuer, d'après les demandes qui m'auront été adressées, la somme que le Conseil général a votée en faveur de ces établissements.

Agréez, Messieurs, l'assurance de ma considération la plus distinguée.

Le Préfet de la Loire,

P. GLAIZE.

Cet appel sera-t-il suffisant ? J'ai bien peur que non ; car il faut non seulement *solliciter*, mais *éclairer* l'initiative privée et celle des communes.

C'est à ce double besoin que j'essaie de répondre par cette publication.

M. Reuillet fait appel à l'initiative privée ; voici ma réponse personnelle : je souhaite ne pas perdre mon temps et mon... argent.

Je n'insiste pas sur ce dernier point.

_____

Avantages que présentent les Crèches.

On a examiné tout à l'heure les inconvénients. On peut y remédier par une observation scrupuleuse des prescriptions de l'Académie. Cela est indispensable.

Pour les avantages, ils sautent aux yeux ; ici je n'ai que l'embarras du choix pour les autorités que je prendrai un peu partout.

Voici d'abord le fondateur de l'œuvre, Marbeau :

« Donnons aux pauvres du travail, des idées morales, et les moyens de travailler : *ouvroirs* pour les femmes, *ateliers* pour les hommes, *moralisation* pour tous ; voilà ce que la charité doit s'empresser d'établir, afin de combattre la misère par le travail et la vertu.

« La Crèche a cet avantage : elle prévient la misère en facilitant le travail et en excitant les mères à se bien conduire. Elle a surtout l'avantage de faire beaucoup de bien sans mélange ! A qui pourrait-elle nuire ?

« L'égoïsme dira tout bas peut-être, afin de motiver un refus de concours : « Laissez mourir ces pauvres enfants ; épargnez-leur une vie de souffrance : n'avous-nous pas assez de pauvres ? Je ne veux point aider à les multiplier. La population de la France est déjà trop grande ; il vaut mieux être moins nombreux et plus heureux. »

« La charité lui répond : « Ces enfants sont vos concitoyens, vos frères ; ils sont pauvres, malheureux et faibles, vous devez les secourir ; je vous en prie, au nom du Ciel, au nom de l'humanité, au nom de la patrie, votre seconde mère et la leur... »

« L'économie politique ajoute : « Si vous pouvez donner à vingt mille pauvres mères la liberté de leur temps et de leurs bras, — hâtez-vous ; vingt mille journées de travail ne sont pas à dédaigner.

« Si vous pouvez sauver la vie à dix mille enfants, hâtez-vous : — vingt mille bras de plus par an ne sont pas à dédaigner ; les bras, c'est du travail, et le travail est le créateur des richesses.

« Et si vous pouvez préserver d'infirmités dix mille enfants, hâtez-vous encore plus, car vous aurez le double avantage de délivrer les familles et l'Etat de dix mille fardeaux, de dix mille obstacles au travail, de dix mille misérables consommateurs stériles, et de lui procurer en échange dix mille bons travailleurs (1).

« L'histoire, comparant le passé au présent, pour mieux éclairer l'avenir, ajoute à son tour : « Depuis deux cents ans la population de la France a doublé ; cependant le Français est mieux logé, mieux nourri,

(1) On ne tarda pas à voir que la crèche est nécessaire aux ouvrières plus qu'aux indigentes : les indigentes préfèrent souvent l'aumône au travail ; les ouvrières, jamais.
Si au lieu d'établir le calcul sur les indigents on l'établissait sur les ouvrières, ce ne serait plus seulement dix mille enfants à préserver tous les ans de mort prématurée, d'abandon ou d'accidents, mais plus de cent mille.

mieux vêtu, parce qu'il travaille plus et mieux. Doublez encore, si vous pouvez ; travaillez encore plus et encore mieux, vous serez encore mieux nourris, encore mieux logés, encore mieux vêtus. »

« N'en déplaise à Malthus, la France est loin d'avoir à redouter un excès de population : nos campagnes manquent de bras ; la marine, les colonies, l'Algérie surtout, en réclament aussi. Ne craignons pas d'en sauver tous les ans quelques cent mille. Quand l'humanité ne nous en ferait pas un devoir sacré, notre intérêt bien entendu nous le commanderait. »

Écoutez les confidences qui ont été faites à M. Marbeau, après la fondation de la première crèche ; ces confidences, vous les entendrez aussi à Saint-Etienne et ailleurs ; je les ai déjà entendues, moi, de celles à qui j'ai parlé de cette institution, et c'est ce qui m'a décidé à entreprendre ce labeur dont je n'avais pas mesuré toute la grandeur. J'aurais peut-être reculé, non devant la besogne, mais devant l'aléa d'une aussi grosse dépense d'impression. *Alea jacta est !*

« Rien de plus intéressant, pour les personnes charitables, que cette petite crèche, entre deux et trois heures, au moment où les pauvres mères viennent pour la seconde fois allaiter leurs nourrissons.

« Il faut voir avec quel bonheur elles accourent, avec quel bonheur elles embrassent leurs enfants ! avec quel bonheur elles se reposent de leurs travaux, pressant contre leur sein l'objet de toutes leurs sollicitudes ! Il faut entendre leurs bénédictions !

« L'une payait 75 centimes par jour, la moitié de son salaire, et l'enfant était mal soigné ; elle ne paye plus que 20 centimes, et il est aussi bien que l'enfant du riche.

« L'autre faisait garder sa pauvre petite par un frère de huit ans, qui maintenant fréquente l'école avec assiduité.

« Une autre se plait à raconter que son mari est moins brutal, depuis qu'elle paye dix sous de moins pour son enfant. Dix sous par jour dans un ménage si malheureux, quel trésor pour la pauvre mère, pour la pauvre famille !

« Celle-ci, accouchée depuis quinze jours, allaite son nouveau-né. On lui demande comment elle aurait fait sans la crèche : « Ah ! monsieur, comme « j'avais fait pour son pauvre frère... Je suis mar- « chande de pommes, je gagne à peine quinze sous « par jour ; il n'était pas possible d'en donner qua- « torze... Le cher petit est mort à quatorze mois, « faute de soins. — Hélas ! monsieur, le pauvre ange « vivrait encore si la crèche eût existé six mois plus « tôt. »

Marbeau donnera des arguments particulière- ment à ceux qui s'inspirent de la charité et de la religion. Qu'on lise son petit opuscule, qui coûte si peu, dont je ne veux citer que quelques passages, puisqu'il est si facile de se le procurer :

EFFETS DE LA CRÈCHE

EFFETS DIRECTS

A l'égard de l'enfant. — Sa mère lui donnait un lait appauvri par la misère et la douleur ; elle était obli- gée de l'abandonner, ou de le confier à un autre enfant, à une voisine, pauvre comme elle, à une sevreuse, qui spéculait sur sa nourriture ; ce pauvre enfant était exposé à périr de froid ou de faim ; ceux qui résistaient à tant de maux s'étiolaient, et, loin de pouvoir soulager leur famille en grandissant, devenaient pour elle un fardeau, un obstacle au travail, une cause permanente de misère. La virilité ne s'acquiert pas en un jour. A toute plante il faut, pour qu'elle se développe, un terrain favorable, un air pur, un soleil bienfaisant ; si cela manque, alors que tout en elle germe et travaille, la plante languit, se décolore et meurt.

La crèche préserve de ces maux les tendres rejetons qui lui sont confiés ; elle prépare à la France des travailleurs et des soldats armés de bras vigoureux. Le rapport fait par M. le docteur Gachet, l'un des médecins de la crèche, va nous éclairer sur ce point : — « Parmi les vingt enfants qui ont été admis, un assez grand nombre ont été atteints de bronchites, d'ophthalmies et autres affections, légères en apparence, peu graves en réalité, et qui néanmoins. non soignées au début, pouvaient prendre de la gravité. Les accidents qui accompagnent si souvent la dentition ont pu aussi être combattus avec succès, et nous pouvons dire que les enfants admis à la crèche depuis sa création sont aujourd'hui dans l'état de santé le plus satisfaisant. La plupart d'entre eux, arrivés dans un état de maigreur et de débilité déplorable, sont aujourd'hui frais, gras et vigoureux. Ce changement heureux est incontestablement dû aux soins dont on les entoure, à la bonne nourriture qu'on leur donne avec mesure, intelligence et régularité. »

Le docteur Reis, auteur du *Manuel de l'allaitement*, celui qui le premier signala vivement à l'attention publique tant d'abus qui déciment les enfants confiés aux nourrices éloignées, a fait une observation qui doit ici trouver place : « Rendre l'allaitement maternel plus facile et plus fréquent, c'est diminuer le nombre de ces grossesses rapprochées, qui produisent de misérables avortons, ruinent la santé de la mère et absorbent les ressources de l'ouvrier. »

Le docteur Maublanc a publié, à propos des crèches, un mémoire sur l'utilité d'un *établissement central de nourrices* pour les enfants de la classe moyenne. Il est temps, en effet, de s'occuper de l'amélioration de la race, un peu négligée. Quand on veut de beaux arbres, on soigne le semis, les taillis et les baliveaux.

A l'égard de la mère. — La crèche dégage ses bras et lui donne la liberté de son temps ; or, le temps et les bras sont l'unique trésor du pauvre. Une journée de *travail sans inquiétude* vaut mieux que l'aumône : la mendicité dégrade, le travail honore ; le travail ajoute à la richesse ; la mendicité, contagieuse, accroit la misère. Croyez-vous que le fils d'une mendiante puisse valoir celui d'une femme laborieuse ?

A l'égard de la famille. — Le frère ou la sœur, que la nécessité constituait gardiens, peuvent maintenant fréquenter l'école. — Cinquante centimes épargnés chaque jour diminuent la gêne, et partant les occasions de querelles dans le pauvre ménage ! Cinquante centimes retranchés du nécessaire font pour la famille indigente un vide affreux...

A l'égard des berceuses. — Le nombre des femmes inscrites au livre des pauvres est presque toujours double de celui des hommes, parce que le salaire des femmes est inférieur de moitié. Le nombre des lits, dans les hospices de femmes surtout, est insuffisant, et beaucoup de ces malheureuses attendent leur tour pendant de longues et cruelles années, ou meurent de misère avant d'avoir pu être admises.

La crèche en sauvera quelques-unes ; elle utilisera,

au profit des enfants pauvres, un reste de force qui ne pourrait trouver ailleurs aucun emploi. Un bon père de famille tire parti de tout.

A l'égard des hospices. — Elle diminue le nombre des enfants trouvés, des pauvres inscrits, des malades à admettre dans les hôpitaux, des femmes à admettre aux hospices.

A l'égard du pays. — Diminuer les ravages de la misère ; faciliter le travail, épurer le sang et les mœurs de la classe indigente ; augmenter le nombre des mariages, diminuer celui des enfants trouvés, des enfants illégitimes ; prolonger la vie moyenne, en réduisant la mortalité des enfants pauvres ; donner une impulsion nouvelle à la charité : c'est accroître le bonheur social.

La crèche contribuera à inspirer aux pauvres plus de respect et de reconnaissance pour nos institutions ; ils verront avec quel soin l'autorité s'occupe d'améliorer leur sort par tous les moyens compatibles avec les règles de la justice et du bon ordre.

A l'égard de la religion. — Qu'y a-t-il de plus pieux que de porter secours à un enfant, à une mère ? Que peut-on imaginer de plus propre à faire aimer la religion ? ....

A l'égard de la civilisation. — Le but de la civilisation est de rendre l'homme *meilleur*, afin de le rendre *plus heureux*. Pour qu'elle y marche d'un pas sûr, il lui faut un guide, un flambeau : la charité, la vérité. Sans elles, tout se matérialise et se corrompt ; avec elles et par elles, tout se purifie. Donnez au guide plus de force, au flambeau plus d'élévation, plus d'éclat, la civilisation fera des progrès plus rapides.

EFFETS MORAUX

1. La condition de bonne conduite, imposée aux mères, a pour but d'épurer les mœurs ; déjà plusieurs mariages ont été célébrés à Chaillot, pour remplir cette honorable condition. Le désordre moral traîne toujours à sa suite d'autres désordres. L'admission de l'enfant à la crèche est pour la mère un certificat de moralité dont elle se trouve flattée.

2. C'est aussi dans un but moral que la crèche est fermée le dimanche et les jours de fête.

. . . .

3. La crèche enfin peut aider à diminuer le nombre des infanticides, des vols, des crimes, des suicides.

Nous condamnons à mort la femme qui étouffe dans son sein le germe de la vie, sans examiner ce que la malheureuse aurait pu faire de son enfant. Soyons au moins conséquents, et, lorsque ce germe est devenu un citoyen, notre semblable devant Dieu, notre égal devant la loi, ne souffrons pas que la misère le tue ou l'estropie... Ah ! sans doute il faudra toujours des échafauds, des prisons, des gendarmes, des tribunaux, pour protéger les bons citoyens contre les mauvais, il en faudra toujours *plus ou moins*. Si nous multiplions, si nous perfectionnons les moyens de prévenir le mal, nous n'aurons pas besoin d'augmenter les moyens de le réprimer, — et il en coûtera moins.

EFFETS INDIRECTS DE LA CRÈCHE

1. La crèche établit un lien de plus entre le riche et le pauvre, un lien de bienfaisance et de gratitude, utile à tous les deux, utile au pays.

Le *riche* et le *pauvre* ! Que de souvenirs terribles,

que de consolantes pensées, dans cet inévitable rapprochement !

....

La misère est un thermomètre sur lequel gouvernants et gouvernés devraient toujours avoir les yeux. Je l'ai suivi, dans ma petite sphère, et voici des chiffres que je donne à méditer :

La commotion de 1830 ajouta 275 ménages aux 1,641 ménages inscrits au bureau de bienfaisance du 1er arrondissement ; le choléra, 186 aux 275 ; un bruit de guerre, en 1840, porta le chiffre total à 2,390. L'année suivante il n'était plus que de 1,939... Quand le travail s'arrête, la misère sévit.

En 1791, Paris, sur une population de 550,000 âmes, comptait 120,000 pauvres *inscrits* ; aujourd'hui, sur 1 million d'habitants, il n'a plus que 66,000 pauvres. On peut donc réduire le gouffre, et, s'il peut se réduire, il pourrait se combler.

La crèche est un prisme qui fait voir au riche, dans le pauvre, un frère digne de charité, qui fait voir au pauvre, dans le riche, un bienfaiteur digne d'amour et de vénération ; et ce prisme grossit merveilleusement les objets, les multiplie, les embellit aux yeux de tous. La charité rayonne si bien autour du berceau !

2. La crèche va mettre en lumière l'insuffisance des secours distribués par les bureaux de bienfaisance (1).

Dans le 1er arrondissement, qui passe pour un des moins malheureux, les administrateurs ont peine à faire leur budget. Ils n'ont pu donner la moindre assistance à la crèche naissante ; ils n'ont pu accepter

_____

(1) Ce tableau n'est-il pas applicable à Saint-Étienne.   E. O.

l'utile concours des *fourneaux économiques*; ils n'ont pu accorder aux pauvres un secours *en loyers*, si nécessaire à la fin d'un hiver long et rude; ils n'ont pu établir une nouvelle *maison de secours*, d'autant plus nécessaire que 3,600 malades ont été refusés dans les hôpitaux *faute de lits*. Ils voudraient, conformément aux articles 35 et 36 du règlement de 1831, donner de *l'ouvrage* aux indigents valides; l'exiguïté de leurs ressources ne le permet pas.

Tous les bureaux de bienfaisance de Paris demandent *instamment* une augmentation *indispensable*. Ils donnent en moyenne 5 *centimes par jour*, tout compris, le sixième au plus de *l'absolu nécessaire*! Qui fait l'appoint exigé par la faim? L'aumône, la maladie, ou le crime (1). Est-ce là l'intention du législateur? — Non, non. Il punit le vol, la mendicité; il veut qu'aucun des membres du corps social ne soit exposé aux tortures du besoin; il ne veut pas que les bureaux s'en rapportent aveuglément à l'aveugle aumône... Il faut donc leur donner *assez*, pour qu'ils distribuent *assez*.

La charité ne demande pas des palais pour ses malades; elle veut de l'ouvrage pour l'indigent qui peut travailler; elle veut, pour les autres, des secours qui suffisent aux besoins impérieux de la vie. Augmentez les *secours à domicile*, vous diminuerez les journées de prison et les frais de justice criminelle. Donnez de la viande, il vous faudra moins de quinquina; donnez un peu plus, on volera beaucoup moins; et la vie du pauvre, incapable de travail, ne sera plus un *flagrant délit*!

3. La crèche, enfin, pourra nous aider à mieux com-

(1) Sur la paille, 5 centimes! A l'hôpital, 1 fr. 80 c.; à l'hospice, 1 fr. 25 c.; en prison, 0 fr. 90 c.... Que d'imprévoyance dans ce tarif de misère!

prendre la nécessité d'établir l'harmonie entre l'autorité civile et l'autorité religieuse, entre la charité pieuse et la charité légale.

. . . .

Paix, union, travail, moralisation : voilà ce que la charité nous demande pour nous conduire au bonheur social.

Résumé. — Augmenter et améliorer la population ; épurer les mœurs de la classe pauvre ; l'exciter à la propreté, à la résignation, et lui faciliter les moyens de travailler ; lui inspirer de la reconnaissance et du respect pour la religion, pour les institutions et les lois du pays ; la contraindre, à force de bienfaits, à ne pas haïr les riches ; donner aux riches une occasion de plus de venir efficacement au secours des malheureux, et de développer dans le cœur de leurs enfants le sentiment de la charité ; faire sentir de mieux en mieux la nécessité de l'harmonie entre le pouvoir temporel et le pouvoir spirituel, entre la charité légale et la charité pieuse ; diminuer la misère et peut-être les crimes : tels sont les effets qu'on peut attendre des crèches, si elles sont dirigées toujours dans l'esprit de charité qui a présidé à leur fondation.

CONCLUSION

« Vous formez tous un seul
corps, et quand un membre
souffre, le corps souffre.... »

S. Paul.

———

La crèche fait beaucoup de bien, à peu de frais ;
hâtons-nous d'en propager l'idée.

Elle dit à la mère pauvre : « Confie-moi ton enfant,
et travaille sans inquiétude ; il sera soigné comme
l'enfant du riche. Travaille donc, mais conduis-toi
bien, car je n'entends pas encourager le vice. »

Elle dit au riche : « Donne-moi les miettes de tes
festins, je te donnerai en échange les bénédictions
des pauvres ; elles attireront les bénédictions du Ciel
sur toi et sur tes enfants. »

Elle dit aux hospices, aux bureaux de bienfaisance : « Aidez-moi, je vous aiderai. Je vous aiderai,
car les mères, pouvant travailler, ne vous demanderont plus de pain ; je vous aiderai, car mes berceuses
ne vous demanderont plus du pain, ni des lits ; je
vous aiderai, car vous aurez moins d'enfants trouvés
à élever, moins d'enfants malades à guérir ; je vous
aiderai, car j'attaque la misère dans ses trois principales sources : l'insalubrité, l'immoralité, la malpropreté. »

Elle dit à l'Etat : « Un père de famille veille sur
tous ses enfants avec la même sollicitude ; plus ils

16

sont faibles et malheureux, plus il est attentif à leurs besoins. La classe pauvre est la pépinière des travailleurs et des soldats ; le travail crée la richesse, les bras sont les agents du travail, les gardiens de l'indépendance nationale ; il vous importe que les bras soient nombreux et robustes. Protégez-moi, je vous rendrai au centuple ce que vous m'aurez avancé. Fondez beaucoup de crèches, il vous faudra beaucoup moins d'hôpitaux et de prisons. Accordez-moi quelques légères subventions, je vous donnerai chaque jour quelques milliers de journées de travail ; je vous aiderai à préserver la France du paupérisme et du crétinisme ; je vous donnerai des citoyens plus nombreux, plus forts, plus laborieux et plus honnêtes. »

Elle dit aux apôtres du Messie : « Je viens délivrer Marie de son précieux fardeau ; je viens sauver les *innocents* ; priez pour moi ! »

Elle dit à la civilisation : « Réjouis-toi ! La crèche divine fut ton berceau ; la crèche des pauvres t'apporte un nouveau gage de paix, d'union, d'amour et de progrès. »

Et la charité, au nom de tous, lui répond : « Je t'ai créée, je te propagerai ; tu es une conquête du bien sur le mal, et tu m'aideras à rendre l'homme *meilleur* et *plus heureux.* »

Que les crèches se multiplient ! L'enfant du pauvre ne sera plus voué à la misère ; la charité le réchauffera, le ranimera, le préservera du froid et de la faim ; et Rachel, consolée, ne pleurera plus sur ses enfants ! Le pauvre bénira la main du riche bienfaisant ; le travail accroîtra la richesse publique ; la France, plus heureuse et plus riche, aura des travailleurs, des soldats, *plus nombreux* et *plus forts* ;

et l'homme aura fait un pas de plus sur la terre promise de la charité ! »

———

Plus heureux ! Meilleurs ! Plus nombreux ! Plus forts !

Nous sommes toujours dans la devise du début.

Il est impossible, quand on parle de crèches, de ne pas citer le discours prononcé, en 1849, par M. Dufaure, à la troisième séance publique annuelle de la Société des Crèches.

Remplacez le mot *charité* par *solidarité*, et le plus farouche *socialiste*, s'il a quelque souci de se montrer *raisonnable* — je veux dire *pratique* — ne pourra refuser son adhésion aux passages qui suivent :

« Je ne sais s'il est une institution qui, plus que la Crèche, soit empreinte de ce noble sentiment de fraternité.

« Vous voyez un homme, votre semblable malheureux, et qui sait vous peindre son malheur : vous êtes touché, vous lui ouvrez votre bourse ; vous vous dépouillez de vos vêtements pour l'en revêtir ; votre acte est excellent et ne saurait être trop loué.

« Cependant, vous recherchez involontairement les causes de sa misère ; vous reconnaissez que, dans son enfance, il n'a pas été convenablement préparé à supporter les épreuves de la vie.

« Vous comprenez que la sympathie de ses frères aurait dû s'exercer pour lui plus tôt, et qu'il est bon de s'occuper de bien élever l'enfant pour dispenser l'homme fait de demander l'aumône : de là, l'*école* dans tous ses degrés, inventée par la charité, mais devenue une grande institution publique.

« Avant de passer sous les leçons et la discipline d'un maître, combien l'enfant n'avait-il pas reçu d'enseignements des personnes avec lesquelles il avait vécu, des circonstances au milieu desquelles il se trouvait placé ! Il a fallu prévenir ces premières impressions qui pouvaient être mauvaises et le rendre réfractaire aux leçons de l'école. On lui a ouvert l'*asile*.

« Et, à mesure qu'on y regarde de plus près, on s'aperçoit que l'œuvre de la charité ne sera complète que lorsqu'elle remontera aux premiers jours de l'enfant pour s'occuper de lui. C'est alors qu'il est le plus exposé à toutes ces influences physiques qui le condamnent à une mort prématurée ou à toute une vie d'infirmités et de langueur.

« Quiconque a observé avec attention et amour un enfant au berceau a remarqué sans peine les progrès immenses que fait chaque jour sa jeune intelligence, et s'est rendu compte de la puissance des premières impressions qu'il reçoit.

« Que deviendra-t-il, qu'éprouvera-t-il, à quel sort est-il réservé, si sa mère est une pauvre ouvrière, obligée d'aller gagner hors de chez elle le pain qui lui donne la force de le nourrir, et l'abandonnant, soit seul, soit à une voisine peu attentive, soit à un autre enfant presque aussi faible et aussi imprévoyant que lui ? Quels services ne rendent pas et à l'enfant et à la mère les personnes dévouées qui soignent son enfant pendant qu'elle travaille, et le lui rendent à la fin de sa journée, joyeux et bien portant !

« Ainsi, dans l'école, vous préparez l'enfant à devenir un homme estimé, un citoyen utile ; dans l'asile, vous le préparez à devenir un écolier sage, intelligent et laborieux. Préparez-le, par la Crèche, à entrer, pur, sain, vif, gai, vigoureux, à l'asile, prenant soin toujours de ménager, de maintenir, de réchauffer le sentiment maternel, et de fortifier autant qu'il sera en vous le plus grand principe de moralité qui puisse vivre au cœur de l'enfant : l'amour et le respect de sa famille.

« Quelle que soit votre position dans ce monde, riches ou pauvres, accordez vos secours, vos soins, vos prières, à ces berceaux si touchants, où, sous une surveillance toute maternelle, cinquante ou soixante enfants pauvres sont élevés à l'abri des accidents sans nombre qui auraient menacé la santé de leur corps et la pureté de leur âme.

« Si le Ciel vous a donné le trésor d'une jeune famille, apprenez à vos propres enfants à devenir les patrons, les protecteurs de ces faibles créatures que la Crèche renferme. Après tout, leur âge est à peu près le même ; ce sont les compagnons qu'ils doivent avoir dans le voyage qu'ils commencent sur cette terre ; et, s'ils ne le comprennent pas encore, comprenez pour eux combien il leur importerait que leurs compagnons de voyage fussent leurs égaux par l'activité, le bien-être et la vertu.

« Si, au contraire, vous avez été frappé dans la plus profonde de vos affections, si vous avez perdu l'enfant sur lequel vous placiez votre amour et vos espérances, venez tromper votre douleur par la charité. Il avait cet âge ; parmi ces figures riantes, animées, vous retrouverez quelques-uns de ses traits. Accordez à ceux-ci une partie des soins que votre tendresse aurait aimé à lui prodiguer ; cette bonne œuvre sera la meilleure prière que vous puissiez faire pour lui. »

Le rédacteur de la circulaire ministérielle de 1862 disait :

....

« Il est incontestable que cette institution, qui a
pour but de garder et de soigner, pendant le jour,
les enfants dont les mères sont occupées hors de leur
domicile, est destinée à rendre de très utiles services. Parmi les institutions de bienfaisance protectrices de l'enfance, la Crèche a comblé fort heureusement la lacune qui existait entre la Société de
Charité maternelle, qui secourt l'enfant pendant la
première année de sa naissance, et la Salle d'asile,
où l'on ne peut le conduire que lorsqu'il a accompli
sa deuxième année.

....

« Il ne vous échappera pas, Monsieur le Préfet,
que l'administration supérieure et les administrations locales doivent faire tous leurs efforts pour
s'associer à cette nouvelle preuve d'une auguste sollicitude. Je compte sur votre zèle pour faire connaître aux villes d'une certaine importance le but de la
Crèche et les bienfaits qu'on en doit attendre, ainsi
que pour stimuler et diriger les efforts des localités.

....

« Vous remarquerez, Monsieur le Préfet, qu'en
dehors des conditions d'hygiène et de salubrité, le
règlement du 30 juin n'impose l'obligation d'aucune
formalité aux Crèches qui désireraient rester indépendantes des pouvoirs locaux. Je crois très désirable que, partout où une Crèche peut être utile, les
personnes décidées à la soutenir de leurs soins et de
leurs offrandes se concertent avec le curé ou le pasteur, ainsi qu'avec le maire de la commune. Le concours des représentants de la religion et de l'autorité
assurera certainement le succès de la Crèche. Mais
leur participation à toute œuvre individuelle n'est

pas indispensable; et, comme la charité privée excelle à se procurer des ressources, il convient de lui en abandonner le libre emploi. Aussi le règlement du 30 juin lui a-t-il laissé toute liberté pour fonder des Crèches et administrer les dons réunis par ses soins. »

Le docteur Monot, une de nos autorités ordinaires, passe en revue les inconvénients des Crèches, au point de vue médical, et il y remédie par un service bien fait par le médecin-inspecteur, et continue ainsi :

« On a bien cherché aussi quelques objections au point de vue moral, mais nous ne nous y arrêterons pas.

« A côté de ces minces inconvénients, puisqu'on peut toujours les combattre et les éloigner, quels immenses avantages la Crèche n'offre-t-elle pas à la mère nécessiteuse qui, obligée de travailler au dehors, habitant un logement étroit et malsain, est forcée, ou de mettre son petit enfant en nourrice, ou de le faire surveiller par une gardienne pendant ses longues heures d'absence !

« Souvent la pauvre mère voudrait allaiter son enfant, elle ne le peut ; elle est obligée de faire taire les aspirations de son cœur, maudire notre état social, envoyer son enfant en nourrice, décupler pour lui les chances de mort.

« Le secours à domicile ne peut suppléer la Crèche, ce secours devant être insuffisant pour permettre à la pauvre mère de vivre sans travailler et de donner tous ses instants à son jeune enfant ; puis le secours ne rendra pas salubre un logement étroit, humide, sombre, mal aéré. »

J'ai parlé du rôle des Crèches au point de vue de

l'enseignement professionnel des mères. M. Marbeau a touché ce sujet :

« La charité doit au pauvre non seulement des secours, mais encore des consolations et des conseils. La misère a toujours besoin de conseils, parce qu'elle n'a ni le temps ni le repos nécessaires pour observer et réfléchir, et qu'elle est généralement ignorante. Elle ne les suit pas toujours, et ne peut pas toujours les suivre ; mais elle les suit plus volontiers quand ils sont accompagnés de secours.

« Les consolations et les conseils, donnés avec douceur et à propos, font quelquefois plus de bien que l'aumône elle-même. Cette partie de la tâche de mesdames les directrices, les inspectrices, et des médecins, n'est pas la moins importante. Eclairer les mères, c'est quelquefois sauver la vie aux enfants. »

A un congrès d'hygiène qui s'est tenu à Milan, M. Malarce a traité à fond cette question et a insisté sur deux points :

La Crèche est une institution nécessaire partout où des mères sont obligées, pour vivre, de travailler hors du logis, et vainement on voudrait remplacer ce service par un secours donné aux mères pendant les deux ou trois premières années de la vie de chacun de leurs enfants. Calculez la somme de ce secours.. Et le budget de l'Etat pourrait-il y suffire, que la Crèche serait encore regrettée, car elle a un rôle éducatif qu'il avait déjà signalé dans un discours à la Sorbonne en 1867, et, d'après l'expérience même : la Crèche est l'*école des mères*. Dans les classes ouvrières, les mères ne savent pas élever leurs enfants ; elles n'ont appris nulle part, si ce n'est auprès de quelques voisines, souvent ignorantes et à préjugés funestes, elles n'ont pas appris cette *profession de mère*, qui devrait être pour toute femme, même dans les classes supérieures de la société, l'un des principaux objets de l'éducation de la femme. La Crèche est l'*école professionnelle des mères.*

La directrice d'une Crèche, par l'expérience cons-tante au milieu de tant d'enfants, et par les conseils quotidiens des médecins visiteurs, acquiert une véritable science de l'art d'élever et de soigner les enfants. Quand les mères viennent apporter, repren-dre ou allaiter les enfants, elle peut leur donner familièrement des directions précises et excellentes, afin que les mères chez elles, la nuit, et les jours de repos, sachent comment traiter l'enfant. Ces notions se répandent ainsi dans les familles ouvrières, par les mères des enfants des Crèches, qui propagent leur savoir dans le voisinage. Et l'on peut ajouter, encore par expérience de ce qui se passe dans les Crèches bien tenues, que les dames patronnesses qui visitent régulièrement nos Crèches en profitent aussi pour elles-mêmes et apprennent leur métier de bonne mère : l'art de soigner le corps, de former le caractère du jeune enfant. Et pourquoi les Crèches ne seraient-elles pas des écoles normales pour les servantes destinées à garder les enfants dans les familles? On exige des connaissances spéciales, par-fois très techniques, de la plupart des domestiques d'une maison : une femme du monde ne confierait pas le soin de sa personne à une femme de chambre inexpérimentée ; on ne livrerait pas sa cuisine au premier venu ; ni sa voiture et ses chevaux à un cocher non éprouvé ; et l'enfant, cette idole de la famille, qu'on couvre de baisers et de riches ori-peaux, et qui sera un jour l'orgueil ou le malheur de la maison, on l'abandonne aux plus ineptes des ser-

vantes, à des nourrices stupides, à des bonnes ignorantes. Pourquoi les Crèches ne recevraient-elles
pas comme gardiennes-apprenties des jeunes filles
destinées à soigner les enfants, comme cela se fait
en Allemagne dans un grand nombre d'instituts spéciaux, et en Angleterre?

La Crèche est une école pour les mères encore à
un autre point de vue, non moins important, s'il faut
en croire le rapporteur de l'Association protectrice
de l'Enfance de Seraing (Belgique), qui s'exprime
ainsi ; la citation est longue, mais elle est si pleine
d'enseignements !

« Nous croyons qu'il entre dans le cadre de ce
rapport de vous dire un mot de l'influence heureuse
de la Crèche sur toutes les personnes qui la visitent.

« Et tout d'abord, pour ne vous citer qu'une
preuve de l'influence certaine de cette institution, il
faut vous redire, ce qui commencera par exciter
votre étonnement, que nous n'avons pas une seule
maladie aiguë et grave de la poitrine et des intestins
pendant toute l'année. Et pourquoi? L'hiver précédent, les mères nous apportaient leurs enfants à
peine débarbouillés, mal vêtus, gorgés de nourriture ; bien qu'ils eussent déjeuné chez eux, on trouvait leurs petites poches pleines de friandises, grâce
à un sentiment exagéré de tendresse de la part des
mères, qui prétendaient que leurs enfants avaient
faim à la Crèche, et recommandaient de les bien
nourrir. Ces négligences dans les vêtements et ces
exagérations dans la nourriture se traduisent par
de gros rhumes ou d'abondantes et fréquentes diar-
rhées.

« Aujourd'hui, les bébés vous sont apportés plus
propres, plus chaudement vêtus, à l'heure fixée, et
la manière dont ils déjeunent à la Crèche prouve

qu'ils n'ont pas été trop bourrés avant leur départ
de la maison paternelle. Les mères, *plus propres
elles-mêmes*, nous les apportent avec plus de confiance ; elles savent aussi les couvrir mieux quand le
temps est mauvais, ou faire le sacrifice de rester
avec eux à la maison si le temps est réellement
rigoureux.

« Au bout de quelques semaines, les petits bébés
qui nous sont confiés ont un air de bonne santé qui
ravit, et qui contraste agréablement avec les pâles
couleurs ou les joues bouffies que presque tous présentent lors de leur admission. Ils deviennent bientôt aussi plus gais, plus obéissants et plus attachés à
leurs bonnes, que ceux qui savent parler appellent
« ma tante ».

« Nous avons eu occasion de visiter, à différentes
reprises, les habitations des mères qui avaient leurs
enfants à la Crèche, et nous avons pu nous assurer,
qu'au bout d'un certain temps, *il y régnait plus d'ordre et de propreté.* Ces deux qualités domestiques,
qui dominent à la Crèche, font une impression mar-
quée et répétée sur ces femmes, qui sont amenées
peut-être involontairement et par l'instinct de l'exemple à tenir leurs logements dans de meilleures conditions. D'un autre côté, elles aident leurs maris par
leur travail, car elles ne sont plus empêchées par la
présence et les soins qu'exigent leurs nourrissons,
et, de cette façon, elles contribuent à augmenter les
ressources de la famille.

« Les enfants quittent la Crèche à l'âge de trois
ans ; ils vont alors généralement tous à l'école gardienne, et il serait intéressant de savoir si ceux qui
surveillent ces enfants à l'école gardienne ont trouvé
nos pupilles plus obéissants et plus intelligents. Il en
en a été ainsi partout, et nous ne manquerons pas, à

l'occasion, de vous faire savoir ce que nous aurons pu recueillir à ce sujet.

« En présence de ces avantages multiples et de bien d'autres encore dont nous ne nous occupons pas aujourd'hui ; en présence de cette influence humanitaire sur l'enfant, la mère et la famille, nous nous étonnons qu'une institution aussi bienfaisante n'ait pas reçu plus d'appui de la part de tous, de la part de ceux surtout qui pourraient le mieux la soutenir.

« Est-ce, peut-être, parce que l'on est persuadé que les promoteurs d'une œuvre sont naturellement portés à en exagérer les avantages? L'administration d'une des Crèches de Bruxelles a suivi ses enfants : son rapport constatait, après une expérience de vingt-trois années, que « *les enfants sortis de ces* « *établissements étaient plus sobres, plus rangés, plus* « *disciplinés, plus sensibles et meilleurs que la plu-* « *part de ceux au milieu desquels ils vivent, qu'ils* « *ont puisé à la Crèche des sentiments d'honneur, de* « *dignité et de bonté qui ont laissé dans leurs cœurs* « *des marques indélébiles. L'histoire de ces anciens* « *protégés,* dit la Commission, *formerait une page* « *intéressante s'il nous était permis de la dévoiler.* » (Rapport sur la situation de la Crèche Saint-Josse-ten-Noode, 1869.) En tout cas, nous invitons les incrédules à venir visiter la Crèche et voir les petits êtres qu'elle renferme, jouir inconsciemment et si naturellement des soins dont nous avons été entourés pendant notre jeune âge par des parents qui nous aimaient. Puissent ces visiteurs être nombreux, et le désir du Comité des Crèches pourra se réaliser : établir une seconde Crèche dans les plus pauvres quartiers de Seraing !

« Conserver à la santé trente enfants pauvres, en

partie voués prématurément à la mort, constituer
une pépinière de travailleurs valides pour l'avenir,
exonérer trente familles de charges épuisantes et
leur permettre d'accroître leurs revenus quotidiens
par une plus grande somme de travail ; alléger dans
cette mesure les charges présentes et futures de
l'assistance publique, augmenter ainsi le bien-être
social par l'accroissement de la vigueur, de la dignité
individuelle et de la richesse publique, n'est-ce point
là une œuvre digne au plus haut degré de tous les
encouragements, de tous les sacrifices ? »

Il a déjà été question du rôle moralisateur de la
Crèche sur l'enfant plus âgé qui gardait le plus petit,
au lieu d'aller à l'école. Il y a mieux que cela peut-
être :

A plusieurs reprises il avait été question d'établir des Crèches au Havre ; en 1877, deux dames
bienfaisantes prirent de nouveau l'initiative de cette
création. En visitant les salles d'asile et les Ecoles
protestantes, elles avaient remarqué que, dans les
familles ouvrières, la fille aînée était, plus que ses
sœurs cadettes, exposée à tourner mal. Elles crurent
trouver l'explication de ce fait singulier dans la tâche
particulière qui était dévolue à l'aînée ; pendant que
la mère va à son travail pour ajouter quelque chose
au salaire insuffisant du mari, l'aînée de ses filles la
remplace à la maison ; elle fait le ménage, elle garde
les autres enfants, elle ne va pas à l'école ; elle reste
sans instruction, et elle subit le spectacle découra-
geant et le contre-coup de la mis e et des chagrins
de sa mère. La Crèche leur parut comme le
remède le plus sûr à cet état de choses : elle libère
la fille aînée, et permet de l'envoyer à l'école ; elle
facilite l'aisance, et, par conséquent, la paix du
ménage.

C'est la confirmation éclatante de ma thèse du début : améliorons la situation des pauvres, ils seront *meilleurs*.

Il faut se borner cependant, car on ne peut tout citer.

Une appréciation s'impose à nous, c'est celle d'un ministre de l'intérieur d'Autriche qui s'exprimait, en 1852, en ces termes, dans une circulaire adressée par lui au gouverneur des provinces :

« ..... Les diverses institutions de bienfaisance devraient toujours être unies entre elles comme les anneaux d'une même chaîne... La Crèche est le premier de ces anneaux. Elle profite non seulement aux enfants et aux mères qu'elle secourt directement, mais aussi aux autres institutions de bienfaisance, aux hôpitaux, aux caisses des pauvres, à l'hygiène publique, etc.

« Elle offre à la mère de bons exemples pour elle-même, de bons conseils pour élever son enfant.

« Elle accroit les ressources du pauvre, qui n'a d'autre capital que son travail.

« En conservant à l'enfant sa santé, ce bien inestimable pour tous, et surtout pour le pauvre, elle lui permet plus tard de gagner sa vie et de développer sa force morale par le travail.

« En se chargeant des plus petits enfants, elle libère les ainés, elle les dispense d'une mission souvent funeste, et elle leur permet de fréquenter l'école ou l'ouvroir.

« Au point de vue social, elle diminue le nombre des prolétaires, ou du moins elle atténue les maux de la pauvreté.

« C'est par les médecins chargés de visiter la Crèche que les parents sont instruits de l'état de santé de leurs enfants et avertis des soins à leur donner...

« Grâce à la Crèche, la pauvre mère peut allaiter son enfant ; le nombre des vaccinés est augmenté, beaucoup de maladies sont évitées ; celles qui se manifestent sont vite connues et soignées ; la contagion est arrêtée !... »

Le succès d'une œuvre dont la circulaire ministérielle définissait si bien les avantages, a toujours été croissant dans la ville de Vienne, qui compte 9 Crèches actuellement.

Cette énumération serait incomplète, si nous ne citions l'avis d'au moins un des inspecteurs départementaux.

Depuis que la protection des enfants du premier âge commence à être organisée dans la plupart des départements, les inspecteurs départementaux des Enfants assistés, sous la direction desquels se centralise ce nouveau service, ont été naturellement conduits à porter leur attention sur les institutions qui peuvent leur venir en aide, et diminuer la mortalité infantile en favorisant l'allaitement maternel, en prévenant les abandons, en évitant les envois en nourrice. Aussi plusieurs d'entre eux, dans leurs rapports annuels, ont toujours soin maintenant de signaler l'utilité des Crèches. M. l'Inspecteur de la Charente a pris une part active à la création de Crèches à Angoulême et a accepté les fonctions de Secrétaire général de la Société des Crèches de cette ville. Dans l'Allier, dans la Haute-Garonne, ailleurs aussi sans doute, les inspecteurs départementaux demandent soit à l'autorité administrative, soit à l'initiative privée, de fonder des Crèches, qu'ils considèrent, ainsi que les Sociétés protectrices de l'Enfance, « *comme les corollaires indispensables de la loi du 23 décembre 1874* (1). »

M. Ch. Albert, inspecteur départemental de la Gironde, a compris, un des premiers, le concours puissant que les Crèches peuvent apporter aux divers services dont il a la charge.

Il reprend encore la question dans son rapport sur l'année 1881, qui conclut, comme les précédents, à ce que, conformément à la décision prise par le Conseil général dans la session d'août 1878, il soit alloué aux diverses Crèches de la Gironde, sur les fonds départementaux, des subventions s'élevant en totalité à 2,080 fr., et réparties entre les Crèches à raison de 10 fr. par berceau, lit de camp ou couchette. (Bon exemple à suivre !)

Nos lecteurs nous sauront gré de placer sous leurs yeux plusieurs passages de cet intéressant rapport. Nous signalons à leur attention la proposition faite par M. Albert de créer, dans le département de la Gironde, une Société centrale des Crèches, constituée comme celle de Paris, et ayant pour mission, non pas de diriger une Crèche déterminée, mais de propager l'institution dans le département, d'encourager la création de Crèches nouvelles, d'aider par des subventions celles qui auraient besoin de secours, de faire connaître à chacune d'elles les améliorations réalisées dans les autres, et de réunir les personnes qui s'intéressent à ces œuvres. Nous serions heureux qu'il fût donné suite à ce projet, et qu'il fût imité dans les grands centres industriels. Nous sommes convaincu qu'il donnerait un grand élan à la propagation des Crèches.

---

(1) M. Lavergne, inspecteur départemental des Enfants assistés de l'Allier. (Rapport sur l'année 1880.)

« Une institution d'une date encore récente, dont la création fait honneur aux sentiments charitables de la grande cité bordelaise, qui se distingue entre toutes par sa générosité envers l'enfance, c'est l'œuvre des Crèches.

« Cette œuvre, sans laquelle nombre de petits enfants resteraient pendant de longues heures dans l'isolement et la souffrance, privés de leurs mères, contraintes de les quitter pour gagner le pain quotidien, est éminemment bienfaisante et moralisatrice ; aussi a-t-elle conquis, dès ses débuts, les sympathies générales, et les services qu'elle rend à l'enfance nécessiteuse sont déjà si grands que, de toutes les institutions fondées par la charité particulière, aucune n'est plus féconde, n'est vue avec plus de faveur et n'inspire plus de reconnaissance. Aide et appui sont donc dus aux personnes dévouées au bien public qui consacrent une partie de leur temps à la réalisation des ressources nécessaires à l'entretien, au fonctionnement et au progrès de cette œuvre. Malheureusement, ces ressources sont encore insuffisantes pour pouvoir accéder à toutes les demandes des mères qui sollicitent l'entrée des Crèches pour leurs enfants. La Société a tout intérêt à ce que ces sollicitations soient accueillies, et elle chassera la misère et la douleur de beaucoup de foyers, quand elle offrira un asile nourricier à tous les pauvres petits délaissés durant le temps du travail journalier de leurs mères indigentes........................

« Je suis un partisan convaincu de la grande utilité des Crèches, qui sont encore le meilleur auxiliaire du régime des secours à domicile alloués aux filles-mères, et je ne cesse d'agir et de faire des vœux pour la multiplication des maisons de refuge de l'enfance indigente ; un des précieux services que ces

17

garderies nourricières lui rendent par leur influence salutaire, est de mettre un frein au progrès de la mort qui ravage la population infantile, ravage constituant une perte sérieuse et inquiétante pour une nation aussi inféconde que la nôtre.

« Ne se placerait-on qu'à ce point de vue, si l'humanité ne commandait pas d'en voir un autre, que la propagation des Crèches deviendrait une nécessité sociale.

« Les quartiers populeux de Bordeaux en réclament la prompte création ; d'autre part, les meilleures raisons veulent qu'il y ait au moins une Crèche dans chaque chef-lieu d'arrondissement et dans les cantons et communes où l'utilité s'en fait sentir.....

« Mais pour la réalisation de ces *desiderata*, il faudrait un stimulant, une action commune venant d'hommes dévoués au bien général, en un mot, une association centrale, dont l'influence rayonnerait sur tout le département, et qui, à l'instar de celle fondée à Paris par le philanthrope auquel on est redevable de la création des crèches, le regretté M. Marbeau, s'occuperait de provoquer et de faciliter l'établissement de ces institutions dans les localités qui en ont un véritable besoin.

« Cette association, qui pourrait être composée notamment des présidents et secrétaires des Comités d'administration des crèches en exercice et des Sociétés protectrices de l'Enfance et de charité maternelle, aurait pour devoir spécial de faire une propagande active en faveur de l'œuvre des crèches ; elle se mettrait en relations avec les personnes charitables qui manifesteraient le désir de s'occuper du développement de cette œuvre ; elle aurait un budget alimenté d'abord par des souscriptions, des dons en argent, des fonds provenant de concerts, de fêtes, de loteries, etc.; et plus tard par des subventions de l'État et du département; elle pourrait être, comme celle de Paris, déclarée d'intérêt public : lorsque son budget le lui permettrait, elle aiderait à la formation des crèches par des allocations; elle emploierait son influence et ses conseils à perfectionner le service et l'outillage de ces établissements et à y faire répandre les meilleures notions d'hygiène infantile, de façon à ce qu'ils deviennent une sorte d'école élémentaire de propreté et de tenue de l'enfance, et dont l'enseignement profiterait aux mères nourrices; enfin, par son concours elle exercerait une action heureuse dont les Crèches bénéficieraient sans que l'autonomie de chacune d'elles puisse en souffrir. »

. . . .

M. le docteur Siry est celui qui nous paraît avoir le mieux résumé les avantages que présentent les crèches.

Après avoir constaté qu'il arrivera un temps où la mère sera obligée de retourner à l'atelier, il dit :

« Tant qu'il en sera ainsi, la mise en nourrice, le gardiennage, la crèche, qui n'est elle-même qu'une bonne garderie, resteront les auxiliaires indispensables de la maternité chez les pauvres. On est forcé de choisir, entre ces différents systèmes d'élevage, celui qui présente le moins d'inconvénients. Il n'y a vraiment pas à hésiter.

« La crèche ne sépare pas l'enfant de sa mère, comme le font la maison de sevrage et la mise en nourrice : elle est donc plus apte que ces autres modes d'éducation à développer et à maintenir les sentiments affectueux des parents pour leur enfant, et elle rend possible l'allaitement maternel mixte, qui, sans représenter l'idéal d'une bonne hygiène, est, sans conteste, préférable au biberon et à la nourrice à la campagne. La crèche substitue le travail à l'aumône, en permettant à la mère de gagner sa vie, au lieu de vivre de secours. Elle popularise, par l'exemple, de sages notions de l'hygiène ; elle préserve par une surveillance assidue les jeunes enfants de ces accidents dont ils ne sont pas toujours à l'abri dans leur propre famille ; elle donne aux sœurs et aux frères aînés la faculté de se rendre à l'école ; et elle ne peut être un foyer de contagion plus que les autres lieux où des enfants se trouvent en contact les uns avec les autres, puisqu'elle refuse les malades. La crèche nuit-elle à la santé des enfants ? La preuve n'en a pas été faite, et la chose est invraisemblable en présence des conditions nécessaires exigées par les règlements, conditions bien supérieures à celles que les mêmes enfants trouveraient dans les garderies, dans la désastreuse mise en nourrice et, si l'enfant a plus d'un an, dans beaucoup de maisons paternelles. Je suppose, bien entendu, que les règlements sont exécutés ; s'il n'en est pas ainsi, s'il existe des abus, ils doivent faire désapprouver tels ou tels établissements qui en sont le siège, car il appartient à l'autorité d'y pourvoir lorsque des sociétés particulières n'en prennent pas l'initiative. Néanmoins ces irrégularités ne prouvent rien contre la valeur de l'institution en elle-même, parce qu'elles n'en sont pas la conséquence forcée, et qu'il est très facile de les faire disparaître.

« En principe, les crèches constituent un progrès manifeste. Seules, les crèches destinées à recevoir de jeunes nourrissons soulèvent des critiques qui méritent d'être prises en sérieuse considération par des médecins. On redoute les dangers de refroidissement auxquels est exposé l'enfant que l'on transporte, dès l'aube, du domicile maternel à la crèche; l'incapacité où se trouve le personnel si restreint des crèches, de suppléer à la sollicitude maternelle dans ces soins assidus que réclament les premiers temps de la vie ; enfin, l'insuffisance de l'allaitement.

« En réalité, ces craintes ne concernent que les nourrissons âgés de moins de quatre mois. Il suffirait, pour faire tomber ces objections, d'apporter les modifications suivantes au régime actuel.

« Les crèches, à l'exception de celles de fabrique, seraient réservées aux enfants allaités ou non de plus de quatre mois et, en dehors des deux mois les plus froids de l'année, aux enfants au sein âgés de plus de soixante jours, à la condition pour les mères de venir allaiter ceux-ci au moins toutes les trois heures. Pendant les premières semaines après la naissance de leur enfant, les mères seraient assistées à domicile par les bureaux de bienfaisance, sociétés de charité maternelle, de secours mutuels, crèches à domicile. Les secours étant supprimés dès que l'enfant remplirait les conditions requises pour être admis à la crèche seraient plus importants ou s'étendraient à un plus grand nombre de mères. »

Nous acceptons, disent les rédacteurs du *Bulletin des Crèches*, cette dernière conclusion, si l'on ne veut y voir qu'une utile recommandation inspirée par la prudence ; mais nous ne pensons pas que l'on puisse l'imposer comme une règle absolue, même dans l'hypothèse, qui est bien loin d'être réalisée aujourd'hui, où les établissements de bienfaisance auxquels le docteur Siry fait appel pourraient donner à toutes les mères des secours suffisants. Il ne faut pas oublier que la crèche a pour but de permettre aux ouvrières d'élever elles-mêmes leurs enfants, et que des exigences trop rigoureuses pourraient les décourager. Il y a des mères qui sont forcées de travailler avant deux mois ; il y en a qui ne peuvent obtenir de secours, ou à qui il ne convient pas d'en recevoir ; si la crèche leur est fermée, elles enverront leur enfant en nourrice. D'autres fois, une mère ne peut pas, même pendant les quatre premiers mois, s'engager à venir à la crèche toutes les trois heures ; et cependant son enfant, allaité par elle le matin, le soir et la nuit, y sera dans des conditions meilleures que si on l'envoyait au loin. C'est donc avec sagesse que le règlement de la plupart des crèches autorise l'admission à partir de quinze jours. Les ouvrières usent rarement de cette faculté, parce qu'elles peuvent souvent attendre plus longtemps ; mais quand elles en ont besoin, il est bon qu'elles puissent y recourir, et dans toutes les crèches on peut montrer tel ou tel enfant, qui, admis à quinze jours, est un des plus beaux élèves de l'établissement.

Maintenons donc cette règle, nous rappelant que, de tous les moyens entre lesquels peut choisir une pauvre mère obligée de travailler, la crèche est encore celui qui fait courir le moins de dangers à l'enfant, celui qui lui conserve le plus de chances de vivre. Efforçons-nous d'augmenter ces chances en insistant auprès de la mère pour qu'elle aide nos soins par les siens ; tâchons d'obtenir d'elle qu'elle ne l'apporte pas plus tôt que cela ne lui est indispensable, et qu'elle vienne l'allaiter le plus souvent possible, surtout pendant les premiers mois, mais ne lui fermons pas la crèche et ne l'obligeons pas de se séparer complètement de son enfant et à l'exposer à plus de dangers en l'envoyant à une nourrice lointaine.

Malheureusement, les rédacteurs du *Bulletin* n'ont

— 263 —

pas tort, mais il faut s'efforcer de donner raison à M. le docteur Siry qui parle au nom de la science et doit être écouté.

Avant d'entrer dans le détail de l'organisation d'une crèche, construction, fonctionnement, hygiène, mobilier, alimentation, personnel intérieur, administratif et médical, ressources, comptabilité, etc., etc., il nous faut faire justice de quelques préventions qui restent encore ; parler de l'admission aux crèches des enfants naturels, question qui soulève encore des controverses, et de celle des crèches rurales qui sont regardées, avec raison, comme moins indispensables que les crèches urbaines, mais, à tort, comme peu utiles ou impossibles. Il faut enfin traiter la question de la rétribution à exiger des clientes des crèches. Ce sont là des considérations générales et d'un ordre moral qui rentrent dans le chapitre sur les *avantages des crèches*.

Il faut que les mères qui viennent allaiter leurs enfants dans la salle réservée soient autorisées à entrer dans la crèche si elles le veulent, qu'elles puissent placer elles-mêmes leur enfant dans le berceau et l'y reprendre le soir, venir le voir pendant la journée, regarder comment il est soigné, remplir, en un mot, si leur travail leur laisse un instant de liberté, leur devoir de mères. Cette disposition du règlement épargnera sans doute à la crèche les préjugés qui trop souvent entravent pendant les premiers mois le succès des crèches nouvelles, et qui ne peuvent naître ou qui tombent d'eux-mêmes lorsque les mères sont témoins des soins donnés aux enfants.

A Tours, dit le *Bulletin*, à la crèche Saint-Symphorien, qui est surtout fréquentée par des ouvrières travaillant dans le voisinage, il leur est instamment recommandé de venir prendre l'enfant quand elles ont une course à faire ; lorsqu'un enfant crie, on va chercher la mère, pour que ce soit, autant que possible, elle-même qui le soigne et l'apaise ; tous ces soins profitent aux enfants, maintiennent plus étroit le lien maternel et sont hautement appréciés par les mères ; il est arrivé plus d'une fois, a-t-on dit, que, malgré l'éloignement plus grand, des femmes ont quitté une autre crèche de la ville où il ne leur était pas permis d'entrer dans la salle des berceaux et ont apporté leurs enfants à Saint-Symphorien.

La faculté pour les mères d'entrer dans la crèche leur donne confiance et fait disparaître ces préventions que l'on rencontre toujours, surtout au début, et qui sont si peu fondées. Nous ne saurions trop recommander aux crèches, et principalement aux crèches nouvelles, de laisser libre l'accès des salles où se tiennent les enfants.

A de très rares exceptions près, que nous voudrions voir disparaître entièrement, les enfants naturels des filles-mères *qui se conduisent bien* sont reçus aux crèches. Il faut être assez tolérant sur ce point ; nous ne reviendrons pas sur les considérations déjà présentées au sujet de la moralité du secours temporaire aux filles-mères. Ces considérations s'appliquent ici et avec plus de force peut-être.

Le docteur Marjolin, déjà cité, est formel sur ce point :

« Lorsque l'administration croit avoir tout prévu en accordant un secours temporaire à la fille-mère qui travaille hors de chez elle, peut-elle lui garantir

que son enfant sera reçu dans toutes les crèches ?
Malheureusement non; car il en est encore quelques-
unes dont les règlements, à cet égard, sont d'une
sévérité inexorable.

« C'est là un fait d'autant plus fâcheux, que c'est
laisser échapper l'occasion de ramener au bien
nombre de pauvres filles égarées qui, sous l'influence
de bons conseils et de bons exemples, auraient certainement changé de conduite.

« Pour la fille-mère l'acceptation de son enfant à
la crèche est une preuve qu'elle n'est pas considérée
comme une paria, dont on se détourne avec dégoût,
mais qu'elle trouvera, parmi les personnes attachées
à cette œuvre, des cœurs compatissants à sa souffrance ; alors se sentant forte de cet appui et réhabi-
litée devant elle et devant le monde, ou elle rompra
une liaison qu'elle ne peut légitimer, ou elle régula-
risera sa position en se mariant. En agissant ainsi,
le secours temporaire devient réellement profitable,
parce qu'il s'y joint un secours moral, qui peut se
continuer pendant des années. Mais si au lieu
d'adopter ce système de douceur, de bonté, on
repousse systématiquement et sans pitié toute femme
qui a commis une faute, non seulement c'est être
inhumain, mais c'est créer pour la société autant
d'ennemis, et l'on devient ainsi responsable des
fautes que l'on aurait pu empêcher en étant plus
indulgent. Aussi, M. Villemain disait-il avec beaucoup de raison, dans son rapport sur les crèches :
« Toute œuvre de charité est œuvre politique..»

Toute mère, qui apporte son enfant à une crèche,
doit payer une redevance, si minime qu'elle soit.
Cela est nécessaire, non pas seulement au point de
vue financier, qui est assez sérieux, mais au point

de vue du rôle moralisateur de la crèche, à l'égard de ses clientes.

Au Congrès de Milan, dont il a été déjà question plus haut, M. Malarce s'est appliqué à marquer la différence de caractère, d'esprit et d'organisation qui existe et doit être observée entre les institutions de bienfaisance et les institutions de prévoyance ; les premières s'adressent, comme secours à fonds perdus, à des êtres humains tombés, frappés d'impuissance par la misère, la maladie ou la vieillesse, et dénués de toute aide, ou d'aide suffisante, de la famille ; les secondes, les institutions de prévoyance, s'adressent à des hommes qui sont encore debout, travailleurs qui marchent droit dans la vie, ne demandant que des conseils pour régler leur vie, n'ayant besoin que de l'aide économique d'institutions formées par la science, mais dont ils font eux-mêmes les frais : telles sont les caisses d'épargne, les sociétés de secours mutuels, les caisses de retraites, les unions de crédit, de consommation, etc. Ce caractère des institutions de prévoyance a été mis en grande lumière par le Congrès scientifique international des institutions de prévoyance tenu à Paris en 1878, et plusieurs membres les plus éminents de ce Congrès (qui comptait certains économistes et hommes d'État italiens des plus autorisés en ces questions) ont fait ressortir combien ce caractère purement économique des institutions de prévoyance importait pour renforcer les énergies morales des ouvriers, que l'assistance hors de propos peut dégrader et affaiblir, et pour assurer la durée des institutions de prévoyance, qui ainsi peuvent et doivent vivre par elles-mêmes, avec les contributions de ceux qui en profitent, et ne sont pas livrées au hasard de secours étrangers trop souvent variables et incertains. Les institutions de

bienfaisance témoignent de l'amour pour le pauvre ;
les institutions de prévoyance marquent l'estime
pour l'homme, pour le travailleur. A cet égard, on
peut dire que la crèche participe de l'institution
charitable et de l'institution économique, grâce à la
rétribution maternelle, que l'on ne saurait trop
recommander partout où elle paraît possible, car
elle sauvegarde le sens moral de la famille ouvrière,
outre qu'elle procure au budget des crèches une
ressource constante et précieuse qui représente une
part notable de la dépense.

M. Marbeau a dit :

« Si les ressources de la crèche le permettaient,
on réduirait la rétribution ; mais il en faut une.
Gardons-nous d'habituer le pauvre à l'idée que la
société doit « tout » faire gratuitement pour ses
enfants ! »

La rétribution varie, suivant les crèches, de 10 à
25 centimes pour un enfant et de 20 à 40 centimes
pour deux frères ou deux sœurs ; quelques crèches
l'élèvent pour les enfants au-dessus de 20 mois. Il
n'y a pas de règle sur ce point ; on fait ce qu'on peut,
mais il faut demander quelque chose.

Beaucoup de crèches des départements ont abaissé
leur rétribution à 10 centimes et même à 5 centimes.
Quelques-unes cependant sont entièrement gratuites,
notamment les crèches de Lyon et la crèche de
Sainte-Menehould.

Les familles pauvres peuvent, à la rigueur, être
exemptées de toute rétribution lorsqu'il a été reconnu
que ce léger sacrifice leur serait trop onéreux. Mais
ce ne sont là que des concessions individuelles ; le
principe qu'il faut une rétribution payée par la mère,
principe auquel les administrateurs attachent une

haute importance morale, est toujours sauvegardé. N'oublions pas, en effet, qu'en permettant à la mère de continuer son travail professionnel sans se séparer entièrement de son enfant, la crèche substitue le travail à l'aumône, assiste sans humilier et moralise en assistant.

La rétribution demandée à la mère est, au surplus, une bien modique « reprise » exercée sur le produit de son salaire journalier, dont elle doit le gain à la crèche qui, prenant la garde de son enfant, lui permet ainsi de travailler. Comparée aux avantages et à la sécurité qui résultent pour elle de la possibilité de confier, pendant les heures de travail, son enfant à une institution dont il reçoit les soins alimentaires, hygiéniques et moraux qu'exige le premier âge, le taux de la rétribution maternelle paraîtra très minime. Il le paraîtra plus encore si l'on se souvient des charges et des angoisses que la naissance d'un enfant imposait à la famille ouvrière avant la fondation de la crèche.

Le salaire de chaque jour étant indispensable au soutien du ménage, la mère doit nécessairement, dès qu'elle est relevée de couches, s'arracher au berceau de son enfant pour se rendre au travail. Avant la crèche, que lui restait-il?... A choisir entre ces deux alternatives offrant toutes deux les mêmes dangers, toutes deux commandant les mêmes sacrifices : mettre son enfant en nourrice ou le placer chez une gardienne de profession.

Où la crèche est-elle utile ?

Le *Manuel* de Marbeau répond :

« La Crèche est utile dans toute commune, dans tout hameau, où sont plusieurs mères obligées, pour vivre, de travailler loin de leurs petits enfants.

« La femme qui travaille, soit aux champs, soit à la vigne, soit dans la forêt; l'ouvrière qui passe des journées entières au lavoir, ou dans une fabrique, ou dans les rues; la femme du matelot, qui travaille dans le port ou sur le rivage, sont heureuses de pouvoir mettre leurs enfants à l'abri de tout danger et de tout besoin jusqu'au retour.

« Celle qui laisse au logis son pauvre nourrisson tout seul, ou sous la garde d'un autre enfant qui devrait aller à l'école, retrouve parfois, le soir, un estropié, un agonisant ou un cadavre!

« La nature veut que le nouveau-né soit gardé à vue jusqu'à ce qu'il puisse faire usage de ses organes pour écarter ce qui nuit et pour prendre ce qui est indispensable à la vie. Il a des yeux, mais il ne voit pas; il a des pieds, mais il ne marche point; il a des mains, mais il ne sait, ni ne peut s'en servir; il a un organe intellectuel qui deviendra supérieur à celui des animaux les plus intelligents, mais pendant plusieurs mois, cet organe est incapable de le servir.

« Ainsi la Crèche est un besoin dans tous les pays où les femmes travaillent pour subsister; un besoin absolu dans les grands centres d'industrie, dans les ports de mers, dans les pays de manufactures.

« Il n'est pas en France un hameau, quelque pauvre qu'on le suppose, qui ne puisse fonder et alimenter une Crèche proportionnée à ses besoins. Le plus humble végétal a sa place au banquet de la vie comme le chêne majestueux. Eh! que faut-il pour que cinq ou six petits enfants soient bien gardés au village, tandis que leurs mères sont aux champs? — Le temps et les soins d'une bonne vieille dans son logis, qu'on l'aide à tenir propre, chaud et salubre. »

Et le fondateur des crèches ajoute, avec raison, la

surveillance du curé et du maire, et du médecin cantonal de temps en temps. Il faut cependant que la « bonne vieille » ne soit pas, comme le veut M. le docteur Siry, en sus, invalide et imbue de préjugés dangereux sur l'alimentation des nouveaux-nés.

Un maire d'une commune de Meurthe-et-Moselle, écrit à ce sujet dans un journal de Nancy, le *Progrès de l'Est* :

« Les crèches sont des institutions modernes de bienfaisance où, moyennant une faible rétribution, peuvent être gardés, depuis le premier mois de leur naissance jusqu'à l'âge de deux ou trois ans, les enfants des familles pauvres obligées, pour subvenir à leur subsistance, de travailler hors de leur domicile.

« Créées depuis trente ans à peine, ces institutions se sont multipliées non seulement à Paris, mais encore dans les grandes villes de France et partout elles ont justifié entièrement toutes les espérances de leurs fondateurs, tant pour la santé et la conservation des enfants que pour la facilité qu'elles donnent aux mères de famille de se livrer à leurs travaux du dehors.

« Les services rendus par les crèches sont donc incontestables; mais il serait à désirer qu'elles fussent propagées non seulement dans les villes, mais aussi dans les communes rurales où elles rendraient des services réels à l'époque où les travaux de la terre réclament les bras de tous les habitants des campagnes.

« Les enfants trouveraient à la crèche, jusqu'à ce qu'ils pussent entrer à l'asile, les soins hygiéniques et moraux qu'exige le premier âge.

« Ce serait assurément le mode le plus efficace de

venir en aide aux familles pauvres et laborieuses des campagnes. »

M. Malarce (déposition déjà citée), dit :

« Ces établissements sont loin encore d'être aussi nombreux qu'ils devraient être dans nos villes ; et ils sont encore tout à fait inconnus dans nos campagnes.

« Il conviendrait donc de créer ce que j'appellerai des *crèches rurales* sur le modèle de la garderie d'Oberlin.

« Pendant les époques de l'année où les femmes de nos villages passent leur journée aux champs, des garderies analogues à celle d'Oberlin, plus simples que nos crèches urbaines, recevraient, du matin au soir, les tout jeunes enfants, aujourd'hui plus souvent laissés seuls et exposés à plus d'accidents peut-être encore que les enfants des villes, surtout par brûlures et par morsures d'animaux. Les crèches rurales pourraient être établies chez l'instituteur des villages ou chez la femme de l'instituteur qui trouverait là un emploi fructueux de son temps, sous la surveillance du médecin cantonal, et enfin sous le patronage du Comité cantonal projeté.

« Par les conseils du médecin et par l'enseignement pratique de la directrice de la crèche, les mères de famille, en venant apporter ou reprendre leur enfant, apprendraient ce qu'elles ignorent si fâcheusement pour leurs enfants ou leurs nourrissons, leur métier de mère.

« Et, pour préparer cette éducation professionnelle des mères, il serait bon d'introduire dans l'enseignement des écoles de filles quelques notions sur les soins à donner aux enfants, de même qu'on a introduit dans les écoles de garçons les éléments des connaissances agricoles, et, suivant ce précédent, on devrait répandre un *Manuel des mères*, simple, précis, un petit livre à la Franklin, la méthode des crèches rurales, dont la rédaction serait mise au concours parmi tous les médecins de France, sous la direction de notre Académie de Médecine.

« Ainsi les enfants de nos campagnes seraient mieux élevés, souvent sauvés ; les enfants des familles ouvrières et bourgeoises de nos villes, qui sont envoyés en nourrice à la campagne, ne seraient point exposés à une mortalité de un sur trois ; à des infirmités bientôt mortelles ou débilitantes et, en troisième lieu, les enfants des classes plus aisées, qui sont allaités dans leurs familles, auraient des nourrices plus intelligentes.

« On peut donc dire que presque tous les enfants de la France profiteraient ainsi des bienfaits des crèches rurales, de ces écoles normales des mères ; c'est pourquoi il serait juste d'en répartir les frais, d'ailleurs modiques, entre les communes, le comité cantonal, le département et l'État.

« Ce serait, certes, là une dépense vraiment productive. On peut le prédire, en s'autorisant des bons effets que produisent en Angleterre, en Allemagne et dans l'Amérique du Nord, les nombreux instituts, depuis longtemps fondés, où se forment des gouvernantes et des gardeuses d'enfants, qui vont ensuite se placer dans les familles riches et pratiquer les meilleures règles hygiéniques et morales pour les enfants du premier âge. Je citerai surtout la *Louisen-Stiftung*, institut fondé en 1811, à Berlin, en souvenir de la reine Louise, et dont j'ai pu apprécier sur les lieux le système d'éducation et les excellents effets. Par ces instituts la « science maternelle » se répand aussi dans les classes bourgeoises et ouvrières par les *gavemess* et les *nurses* qui sortent de ces classes et y rentrent en se mariant.

« Telles sont les diverses mesures que l'on pourrait adopter en France, pour relever une population, qui, sans émigrer, décroît, parce qu'elle produit peu d'enfants et subit beaucoup de morts d'enfants. »

Il y a, du reste, une Crèche rurale et qui rend les plus grands services dans le département de Seine-et-Oise : c'est à Jouy-en-Josas, à quelques kilomètres de Versailles, village de 1,500 habitants. Le *Bulletin* est intéressant à citer, en le résumant :

La Crèche est installée, à côté du petit hospice Sainte-Suzanne, dans une maison qui borde la route de Versailles et qui la domine de quelques mètres, à cause de la disposition du terrain. On y arrive par un petit jardin où les enfants jouissent de l'air et du soleil. Trois pièces se suivent, ayant toutes leurs fenêtres sur la route : dans la première, la salle des jeux, est une sorte de pouponnière carrée, avec des chariots à coulisse, pour apprendre à marcher, de petits bancs et deux tables pour les repas ; la seconde contient sept berceaux ; la troisième autant de petits lits accouplés, pour les enfants un peu plus grands. En retour sont la chambre de la surveillante et la cuisine.

La Crèche pourrait recevoir vingt enfants. Le jour où elle a été visitée, seize étaient inscrits, quinze étaient présents, et leurs joues roses attestaient leur santé. Leurs mères, presques toutes blanchisseuses ou journalières, les amènent très exactement.

Sur ces seize enfants, huit seulement étaient sevrés. Parmi les autres, deux étaient allaités par leurs mères ; six étaient nourris au biberon. On a assuré

que ceux-ci réussissaient aussi bien que leurs compagnons. Cela n'est pas impossible, car la Crèche
parait tenue avec un très grand soin ; en tout cas,
il n'est pas douteux qu'ils ne réussissent mieux et
qu'ils n'aient plus de chances d'échapper aux dangers
du premier âge que s'ils avaient été envoyés en
nourrice loin de leurs mères. Il doit être facile
d'avoir là, comme dans toutes les campagnes, du
lait dont on est sûr, et les biberons sont bien choisis.
Le biberon employé se remplit par un trou percé
dans le flanc de la bouteille ; on ajuste au goulot une
tétine en caoutchouc qui est mobile et qu'on retourne
comme un gant pour la nettoyer ; on la lave avec
soin, ainsi que le biberon, chaque fois qu'elle a servi.
Ce biberon est facilement tenu propre, tandis que
les longs tubes conservent toujours, malgré les
lavages, des parcelles qui se corrompent et s'aigris-
sent, et qui transforment le lait en poison. Il a encore
un autre avantage important : l'enfant ne peut pas
s'en servir seul et ne peut boire que quand une berceuse lui présente et lui tient le biberon ; il boit le
lait jusqu'au bout, parce qu'on a eu soin de n'y
mettre que la quantité convenable, puis il se repose
jusqu'à un nouveau repas, comme quand il tette le
sein de sa mère. Grâce à ce procédé, incontestablement préférable puisqu'il est plus conforme à la
nature, l'enfant ne s'épuise pas inutilement ; il fatigue
moins son estomac, et le lait n'a pas le temps de se
refroidir et de s'altérer dans le biberon.

La rétribution quotidienne est de 20 centimes ; elle
est payée sans difficultés par les mères qui, grâce à
la Crèche, peuvent gagner un salaire d'environ deux
francs. Une disposition du règlement, que nous n'a-
vions pas encore rencontrée et qui nous semble très
bien entendue, impose une amende de 20 centimes

aux mères qui aggravent le service des berceuses en apportant leur enfant le matin avant l'ouverture de la Crèche, ou en ne venant pas le reprendre exactement le soir à l'heure règlementaire ; la Crèche est ouverte en hiver de 7 heures du matin à 7 heures du soir ; en été, de 6 heures du matin à 8 heures du soir. Une amende est également exigée de la mère qui néglige de venir allaiter son enfant après s'être engagée à le faire ; cette fois ce n'est plus dans l'intérêt du service, mais pour sauvegarder la santé de l'enfant.

La Crèche est dirigée par une surveillante assistée d'une berceuse. Elle est tenue avec une propreté remarquable.

Elle est inspectée plusieurs fois par semaine par un médecin. Elle est visitée par les dames de l'œuvre même pendant la saison d'hiver, où la plupart des souscriptrices sont rentrées à Paris.

Les frais d'installation ne se sont pas tout à fait élevés à 1,300 francs ; l'appropriation du local et l'achat du mobilier ont coûté 1,020 francs ; l'achat de linge et de vêtements, 276 francs. Le loyer est de 400 francs par an.

Pendant les neuf mois où la Crèche a été ouverte en 1881, et où 20 enfants inscrits ont compté 2,162 journées de présence, la dépense courante s'est élevée à 2,233 fr. 50 ; elle sera proportionnellement moindre maintenant que la Crèche est en pleine activité.

Le succès de la Crèche de Jouy-en-Josas démontre que ces établissements peuvent réussir et rendre de grands services même dans les agglomérations purement rurales. Nous avons eu, dit le *Bulletin*, le plaisir de voir sur le registre des visiteurs quelques lignes où M. le Maire de Viroflay témoigne son approbation et exprime le vœu que sa commune soit dotée d'une œuvre semblable. Nous espérons qu'il donnera suite à sa bonne pensée et que d'autres communes encore suivront le bon exemple de Jouy-en-Josas.

Elles sont nombreuses celles de la Loire où une Crèche serait très utile.

Nous entrons maintenant dans les détails techniques, financiers, administratifs, médicaux, etc., de la crèche, pour l'organisation et le fonctionnement.

Plan et Construction.

La place naturelle d'une crèche est près d'une salle d'asile, d'une école ou d'une fabrique occupant beaucoup de femmes, afin d'éviter aux mères des courses fatigantes et improductives. Certaines personnes n'admettent que la crèche située dans l'intérieur des manufactures, parce que c'est la seule, qui donne la latitude aux mères de venir allaiter leurs nourrissons quatre fois par jour.

L'aspect d'une crèche varie à l'infini ; celle-ci, bâtie en briques et pierres de taille, ressemble à un chalet ; cette autre présente l'apparence d'une école, le plus souvent ce sont des maisons appropriées ou des rez-de-chaussée arrangés en vue de l'installation de la crèche.

Une des plus grandes difficultés de la crèche, c'est celle du local.

L'installation est souvent défectueuse ou tout au moins insuffisante, si l'on se borne à approprier des locaux construits pour une autre destination ; si, au contraire, on veut construire un bâtiment avec cette destination spéciale, elle exige une mise de fonds qui dépasse la limite des ressources habituelles d'une société de bienfaisance.

M. Ad. Siry pense que dans la plupart des cas où le bâtiment ne doit pas contenir d'autres œuvres, il serait possible d'éviter cette dépense : « Une bara- « que à doubles parois en bois, revêtues d'une cou- « che de peinture blanche à l'extérieur, et vernies à « l'intérieur, ou en briques recouvertes de plâtre « sur les deux faces, avec toit en tuiles et plancher « élevé d'un mètre au-dessus d'un sol bitumé ou « bétonné, serait préférable à des bâtiments d'une « apparence luxueuse. » Nous désirerions vivement que ce système fût essayé ; si l'expérience venait à démontrer, d'une part, qu'il est possible de faire dans ces conditions économiques une construction d'une épaisseur suffisante pour protéger l'intérieur des salles contre les variations de la température extérieure, contre la trop grande chaleur en été et contre le froid en hiver ; d'autre part, que les familles ouvrières n'auraient pas de préventions insurmontables contre un simple baraquement, et ne redouteraient pas d'y voir placer leurs enfants, l'institution des Crèches prendrait certainement une impulsion nouvelle.

De l'historique fait plus haut il résulte que chacun veut encourager l'institution ; les municipalités, les assemblées départementales, les inspections départales, l'administration centrale. Mais sur quel point précis l'autorité publique doit-elle porter ses efforts ? Quelle est la forme la plus utile qu'elle peut donner à son concours ? Le Comité supérieur de protection des enfants du premier âge et la circulaire récente de M. le Ministre de l'Intérieur répondent à ces questions.

Il est impossible de lire les rapports des Crèches, soit en France, soit à l'étranger, sans remarquer que partout, sans exception, le plus grand embarras que rencontrent ces établissements, l'obstacle inévitable contre lequel tous se heurtent et plusieurs échouent, c'est l'embarras de trouver un local. Se procurer un local qui assure suffisamment aux enfants toutes les conditions hygiéniques nécessaires ; quelquefois même se procurer un local quelconque, fût-il défectueux sous certains rapports, voilà la sérieuse difficulté. L'on peut dire qu'à Paris, la plupart des crèches qui, après quelques années de prospérité et de bienfaits, ont dû être fermées, l'ont été parce qu'elles n'avaient plus de local. Nous citerons, comme exemples, la Crèche Saint-Gervais, fermée en 1867 avec 2,000 francs en caisse, malgré les prières de plus de 60 mères; la Crèche de la Madeleine, fermée en 1880, parce que la maison où elle était installée depuis trente-cinq ans allait être démolie pour construire un panorama, et qui n'a pu être rétablie, au prix de grands sacrifices, qu'après une interruption de plus de deux ans; les Crèches de Plaisance, de Saint-Augustin et de Saint-Ambroise, qui attendent encore pour être rouvertes que l'on ait pu trouver de nouveaux locaux. Nous ne parlons pas de celles qui, comme la Crèche Bonne-Nouvelle, la Crèche du Xe arrondissement, et plusieurs autres dans Paris, ne sont, malgré toute leur utilité, assurées de vivre que jusqu'au terme de leur bail. Nous ajoutons, à un autre point de vue, que trop souvent la bonne tenue d'une Crèche, et, par conséquent, les services qu'elle rend aux familles ouvrières, dépendent de son installation matérielle. La Crèche de Gros-Caillou en est la preuve frappante; tant qu'elle était située rue Cler, dans un

petit appartement composé de petites pièces carre-
lées et mal aérées, elle était décourageante; depuis
qu'elle a été transférée dans le nouveau bâtiment
construit spécialement pour elle, rue de Grenelle,
n° 182, par la Communauté qui la dirigeait et qui
gémissait de la voir si insuffisante, elle est admirablement tenue, et elle est devenue, sous tous les
rapports, une Crèche modèle. C'est donc avec raison
que le Comité supérieur de protection des enfants
du premier âge, dont la circulaire ministérielle
adopte l'avis, a indiqué comme la forme la plus
féconde des subventions administratives la concession de locaux salubres que les villes mettraient à
la disposition des Crèches, soit à titre gratuit, soit
même moyennant un certain prix de location. C'est
là ce que depuis de longues années demande la
Société des Crèches ; c'est là qu'est véritablement la
solution du problème.

Les subventions en argent, données par l'administration à des Crèches qui conservent le caractère
d'œuvres privées et indépendantes, sont encore
un puissant concours. M. le Ministre de l'Intérieur
invite les Conseils généraux et les Conseils municipaux à employer aussi cette forme, et il en a donné
lui-même l'exemple, en élevant cette année à
50,150 fr. la somme qu'il a bien voulu répartir entre
les Crèches. Avec le *Bulletin* nous faisons des vœux
pour que cette sympathie si bien justifiée et ces
efforts de l'autorité publique ne restent pas stériles,
et pour que l'initiative privée, mieux placée que
l'action officielle pour créer et pour diriger les Crèches, profite de ces bonnes dispositions et ouvre des
établissements nouveaux dans tant de centres industriels qui en sont encore privés.

L'immeuble doit contenir des locaux affectés à

d'autres œuvres que la Crèche; il y a lieu de recourir à la solidité et au confort des constructions modernes des villes. C'est ce qui existe, par exemple, à la belle Crèche de Saint-Augustin, de Paris, où un seul toit abrite une Crèche, un asile pour les vieillards des deux sexes, un refuge et un patronage pour les jeunes filles et et un fourneau économique.

Les meilleures expositions sont celles du Nord-Est et du Sud-Est. Dans les villes où il faut subir l'orientation des rues, on se contente de ne pas s'établir dans le périmètre de bâtiments qui, par leur élévation, s'opposent au libre accès de l'air et du soleil dans l'intérieur de la Crèche.

Presque toutes les Crèches sont logées au rez-de-chaussée ou au premier étage; quelques-unes occupent le second, ce qui rend le service des berceuses plus pénible et expose les mères à des chutes, lorsqu'elles arrivent ou partent, chargées de leurs enfants.

En général, avons-nous dit, les Crèches, pour éviter les dépenses, utilisent dans l'état où ils se trouvent des locaux dont la destination était tout autre. Une chambre c ntient les enfants, une autre sert de cuisine, et dans la troisième on fait sécher les paillassons et les couches.

C'est la disposition la plus simple, la moins coûteuse. Elle convient, elle est possible dans les communes les plus modestes; et même dans les grandes villes. Il vaut mieux avoir un grand nombre de petites crèches bien distribuées que quelques grandes. Les dames se partagent la besogne, les médecins aussi, et il y a une association générale pour une bonne direction commune, c'est ce que, pour ma part, je désirerais voir à Saint-Etienne; il y a quatre cantons, je voudrais dans chaque canton au moins trois crèches d'une vingtaine de berceaux, de façon à les mettre le plus possible à la disposition des intéressées, sans perte de temps pour les mères, ni longs trajets pour les enfants.

Le plan d'une Crèche dont le budget n'est pas resserré entre des limites trop étroites, consiste en une ou deux grandes salles dans lesquelles les enfants dorment, jouent et prennent leurs repas, et en quelques petites pièces accessoires qui sont : le vestiaire, la salle des lavabos, celle d'allaitement, la lingerie, le séchoir, la cuisine, les cabinets d'aisance, un bûcher, la chambre de la surveillante ou d'une berceuse et un préau.

Dans le vestiaire sont accrochés les vêtements et les manteaux avec lesquels les enfants arrivent à la Crèche, et qu'on remplace pour ceux qui ne sont plus au maillot par un costume uniforme appartenant à l'établissement. Plusieurs Crèches possèdent encore des pelisses qu'elles prêtent aux mères pauvres pour envelopper leurs enfants pendant le trajet de leur domicile à la Crèche et les protéger contre les transitions de température dans la saison rigoureuse.

Le cabinet de toilette contient les cuvettes ; il doit être largement approvisionné d'eau, ce qui est facile dans les grandes villes où l'eau est en abondance et où les municipalités peuvent accorder aux Crèches des concessions gratuites, ainsi que cela se fait à Paris.

Chaque enfant doit posséder, pour son usage exclusif, deux éponges, ou, ce qui est préférable, une serviette et une éponge. Afin d'éviter que de fréquentes infractions à cet article si essentiel du règlement ne se produisent, il importe que les objets de toilette ne se confondent pas dans un petit espace, et que le nombre des cuvettes soit proportionné au chiffre moyen des enfants présents; une cuvette pour deux enfants est une bonne proportion. Chaque enfant doit être lavé deux fois par jour.

La salle d'allaitement, qui peut en même temps servir de vestiaire, est la pièce où restent les mères pendant qu'elles donnent le sein à leurs nourrissons.

A la lingerie, on serre les draps, couches, langes, blouses, tabliers, bavettes et bonnets, etc., qui servent aux enfants pendant leur séjour à l'établissement.

Le linge doit être assez abondant pour que les enfants soient tenus dans un état de propreté parfait. Les armoires où il est enfermé ne se trouvent pas toujours dans une pièce particulière, et sont placés sans inconvénient dans la salle des berceaux.

Le séchoir est un endroit spécial, hangar, cabinet à claire-voie, etc., où sèchent les langes et les paillassons mouillés. Il est indispensable, car rien de ce qui vicie l'air, ne doit séjourner un instant dans les salles des enfants.

Une Crèche bien aménagée possède dans le voisinage de son cabinet d'aisance, une pièce le long de laquelle on fixe un coffre en bois ayant la forme d'un petit banc percé d'autant d'orifices que l'on compte de vases dans son intérieur; un vase suffit pour six enfants. D'autre fois, au-dessous du banc, court une rigole en pierre ou en ardoise; cette rigole communique avec le tuyau de chute des cabinets, et est irrigué à volonté par un robinet placé à son autre extrémité. La force de l'eau chasse les matières déposées par les enfants, et cette combinaison évite aux berceuses la perte de temps qu'entraîne le nettoyage des pots.

Le préau découvert, ou promenoir, exigé par le

règlement de 1862, consiste en une cour sablée ou
bitumée, un balcon ou une terrasse recouverte en
été d'une tente mobile.

Une seule grande salle, en dehors de ces pièces
secondaires, est ordinairement destinée à recevoir
les enfants. Elle est divisée par une cloison percée
de larges baies ou par une balustrade plus ou moins
haute, en deux parties. La première sert de salle à
manger et de salle de jeux, la seconde de dortoir;
c'est ce qui a lieu à Saint-Augustin. Ou bien d'un
côté, sont les petits nourrissons et de l'autre les
enfants qui marchent; cette dernière disposition se
voit à la Crèche de Plaisance. Au lieu d'une balustrade, ornement inutile au point de vue de l'hygiène,
il est préférable d'avoir une cloison pleine ou vitrée
dont les portes restent closes. Cette séparation permet d'isoler les maillots des poupons. Les premiers
ne sont plus troublés dans leur sommeil par les
jeux des seconds, et ceux-ci ne respirent pas l'air
vicié par les excrétions plus fréquentes des plus
jeunes.

Ce système permet encore d'aérer, au milieu du
jour, l'une des pièces, pendant que les enfants habitent l'autre. Or, au dire du général Morin lui-même,
la meilleure ventilation est celle que l'on obtient en
ouvrant largement les fenêtres plusieurs fois par
jour.

Le sol est tantôt carrelé, tantôt planchéié. Le carrelage, trop froid, surtout dans les rez-de-chaussée,
n'est tolérable qu'à la condition d'être recouvert
d'un tapis ou d'une sparterie, objets dont le nettoyage à grande eau, tous les mois, est de rigueur,
si l'on ne veut pas qu'ils deviennent des réceptacles
d'émanations fétides. Les planches exigent des lavages fréquents et s'imprègnent d'humidité. Ce qu'il y

a de mieux est un carrelage ou un planchéiage revêtu de ce tissu particulier, dans la composition duquel il entre du liège et du caoutchouc, et qui porte le nom de *linoleum*, ou bien un parquet ciré et frotté, et comme ce dernier serait trop glissant pour les enfants qui marchent, il faut le recouvrir d'une toile cirée dans la salle des jeux.

Les murs sont revêtus d'une peinture à l'huile vert-clair ; on devrait les laver chaque année et renouveler les peintures à la colle au minimum tous les trois ans, afin de détruire les matières organiques qui s'accumulent à leur surface.

Ventilation.

Les Crèches, d'après l'article 11 du règlement spécial ordonné par le décret de 1862, sont tenues d'avoir des fenêtres qui se correspondent, à châssis mobiles en tout ou en partie, ou d'offrir des renouvellements d'air artificiels. Ces prescriptions sont loin d'être trop exigeantes.

Plus que tout autre établissement, une Crèche doit être bien aérée. La respiration si active des petits êtres auxquels elle donne asile les rend très impressionnables à la qualité de l'air qui les entoure, et qu'eux-mêmes contribuent à altérer rapidement avec leurs déjections, qui salissent les linges et pénètrent les paillassons. Il faut qu'il existe toujours un rapport régulier entre le nombre des enfants, la capacité du lieu qui les renferme et ses moyens de ventilation.

Pour se conformer aux lois admises sur la mesure d'air nécessaire à chaque individu, une salle de berceaux devrait fournir à chaque enfant un espace de 10 mètres cubes et un renouvellement de 12 mètres

par heure. Il n'est pas une Crèche qui ne puisse se
mettre dans ces excellentes conditions de salubrité,
par l'ouverture des croisées à heures régulières, par
l'établissement d'un ventilateur et en limitant le
nombre des enfants reçus, de telle sorte qu'il ne se
produise jamais d'encombrement. Telle n'est pourtant pas la situation ; le manque de proportion entre
le nombre des enfants reçus dans certaines Crèches
et l'étendue des locaux avait été depuis longtemps
et souvent signalé. En 1873, un médecin alors étranger à l'institution des Crèches, le docteur Duchenne,
fit paraître aux bulletins de la Société protectrice de
l'Enfance de Paris, un tableau indiquant le cubage
des Crèches du département de la Seine. La Société
des Crèches, émue par la publicité donnée à ce travail, se décida à reconnaître que toutes les Crèches
ne représentaient pas l'idéal de la perfection, et
qu'elles avaient besoin d'un contrôle dont la Société
s'était jusque-là désintéressée.

Il serait peut-être trop sévère d'exiger, dans les
Crèches déjà établies, l'exécution rigoureuse du
règlement. D'ailleurs, les grandes dimensions des
salles, tout en ayant leur importance, ne font que
reculer le moment où l'atmosphère viciée par la présence des matières organiques devient nuisible. Le
plus urgent est de veiller avec soin au renouvellement de l'air ; et, sur ce dernier point, on devrait être
inflexible.

L'appareil de ventilation, lorsqu'il existe, se com-
bine avec celui du chauffage. Le général Morin propose, comme modèle, les dispositions exécutées dans
la Crèche Saint-Ambroise. De l'air pur, puisé dans
un jardin, est chauffé dans les tuyaux verticaux de
fonte d'un calorifère à air chaud ; il pénètre ensuite
dans un conduit de mélange d'air froid, qui permet

de régler sa température et de le déverser, par des ouvertures ménagées au plafond, dans l'axe de la Crèche. L'air vicié sort par des orifices d'appel ouverts dans les parois verticales des murs, se rend dans des collecteurs ménagés sous le sol, et s'é-chappe au dehors par les cheminées d'évacuation. L'air de la salle se renouvelle près de trois fois par heure. Très peu de Crèches sont pourvues de ces appareils, assez dispendieux par leurs frais d'établis-sement et par la quantité de combustible qu'ils con-somment.

Un calorifère posé au milieu d'une salle qu'il chauffe et ventile en y versant de l'air pur pris à l'extérieur, et dont il a élevé la température, tandis que l'air vicié s'échappe par une cheminée d'évacua-tion, constitue un système plus simple; mais ce calo-rifère ne chauffe et ne ventile qu'une pièce; il ne convient donc aux Crèches pourvues de plusieurs salles.

Les moyens de chauffage indépendants des venti-lateurs consistent dans des poêles de faïence ou de fonte, appareils essentiellement économiques et qui utilisent une grande quantité de calorique. Les poêles de fonte possèdent surtout cette qualité; de plus, ils s'échauffent rapidement et se refroidissent de même, propriété favorable dans les Crèches dont les locaux restent inhabités pendant la nuit, et ne sont pas chauffés, par conséquent, d'une manière continue. Le plus grand défaut des poêles est de changer l'état hygrométrique de l'air; c'est pourquoi ils devraient être surmontés d'une bassine de cuivre remplie d'eau. Un grillage préserve toujours les enfants des brûlures et des effets d'une chaleur trop forte.

La température varie entre 13 et 16 degrés, d'après

les règlements. Un thermomètre est indispensable à
chaque Crèche, pour vérifier avec exactitude le
degré de chaleur.

Mobilier.

Les berceaux en fer sont garnis de deux paillassons en balle d'avoine, paille de maïs ou varech.
Cette dernière matière est préférable ; elle est d'un
prix peu élevé, n'absorbe pas l'urine qui coule dans
ses interstices ; elle peut se laver et sèche rapidement. Un oreiller, un carré de tissu de caoutchouc
ou de toile cirée qui protège le couchage contre la
pénétration de l'urine, des draps, des couvertures,
un fond de berceau et des rideaux complètent la
literie. Ces berceaux sont séparés les uns des autres
par un intervalle de 50 centimètres, disposés de
manière à permettre le bercement, et mobiles, afin
de n'opposer aucun obstacle au balayage et à l'épous-
setage quotidien de la Crèche.

Des couchoirs, sortes de lits de camp, recouverts
d'une paillasse, servent de lieu de repos aux plus
grands des enfants.

Un meuble spécial aux Crèches est la pouponnière
Delbruck ; elle consiste en deux galeries de bois de
50 centimètres de hauteur, disposées en deux circon-
férences concentriques et séparées l'une de l'autre
par un intervalle de 37 centimètres. En dedans de la
balustrade interne sont adaptés un banc et une table.
La pouponnière permet aux enfants, posés debout
dans l'intervalle qui sépare les deux galeries, de
s'exercer à la marche, en s'appuyant avec une main
sur chacune d'elles ; à l'heure des repas, elle facilite
la distribution des aliments à ces mêmes enfants,
assis sur le banc intérieur.

De petits fauteuils, quelques jouets, deux ou trois bouteilles de grès pour réchauffer les pieds des enfants, des chaises basses pour les berceuses, une table où sont les registres d'admission, de présence et d'inspection, complètent le mobilier.

Alimentation.

La population des Crèches se divise en trois groupes : les sevrés, les enfants au biberon et les nourrissons. Les sevrés prennent de trois à quatre repas par jour : à dix heures, potage ; à deux heures, tartines et pain avec du chocolat et des figues ; ce goûter est fourni par les parents dans certaines Crèches, ailleurs, par l'Œuvre ; à quatre heures, soupe ; à six heures, ce qui reste des tartines. Ces aliments sont de bonne qualité et bien préparés. Dans quelques établissements, on donne aux plus grands la viande du pot-au-feu.

Les enfants au biberon sont peu nombreux ; ils ne devraient pas être acceptés en vertu de l'article suivant du règlement ministériel : « Les mères qui « s'engagent à venir allaiter leurs nourrissons sont « seules admises à profiter de l'institution des Crè- « ches. » L'obligation est formelle.

L'Académie, il est vrai, tolère l'admission, sur avis motivé du médecin-inspecteur, d'enfants sevrés prématurément. Cette tolérance sans limite d'âge inférieur est fâcheuse. Le médecin d'une Crèche, auquel une mère apporte son enfant sevré, se trouve en présence d'un fait accompli, qui, s'il n'est pas considéré comme un obstacle à l'admission de l'enfant, rendra illusoire l'obligation imposée aux mères d'allaiter. Il est préférable de fixer une limite d'âge peu élevé, quatre mois, par exemple, et de ne rece-

voir, sous aucun prétexte, avant cette époque, tout
enfant qui n'est pas nourri par sa mère.

Les enfants au sein sont allaités deux ou trois fois
par jour, et ils prennent, dans l'intervalle des tetées,
le biberon, des semoules au lait, du bouillon ou des
panades, suivant les habitudes de l'établissement.

Nous touchons ici au point le plus important de
l'hygiène des Crèches. Les documents parvenus à la
Commission académique de l'hygiène de l'Enfance
ont permis de constater que le mode de nourriture
auquel les enfants sont soumis constitue la plus
grande partie du secret de l'abaissement et de l'élévation de leur mortalité. Les Crèches ne procurent-
elles à leurs nourrissons qu'un allaitement à peu près
nul ? Favorisent-elles la pratique de l'alimentation
prématurée d'une manière générale, ainsi que cela a
été dit à la tribune de l'Académie ? C'est ce que nous
allons examiner.

D'après les recherches faites par le docteur Dal
Piaz en 1873, sur 181 nourrissons, 10 prenaient le
sein trois fois, 117 deux fois, et 54 une seule fois,
depuis leur entrée jusqu'à la sortie de la Crèche.
Nous ajouterons que, dans un autre de ces asiles,
10 nourrissons sur 12 n'étaient pas allaités une seule
fois pendant les sept ou huit heures qu'ils y séjour-
naient. La conséquence à peu près inévitable d'intervalles aussi longs entre les tetées est l'alimentation prématurée, et M. Boudet a vu, dans les
Crèches de Paris, donner de la soupe à des enfants
âgés d'un mois à peine.

C'est un fait indiscutable que beaucoup de nourrissons des Crèches ont un allaitement insuffisant.
L'impossibilité où se trouvent les mères de se rendre
plus souvent auprès d'eux explique le fait sans le
justifier complètement, car rien n'oblige les Crèches

19

de prêter leur concours à des modes d'élevage reconnus mauvais pour les jeunes enfants.

Certaines pratiques, qu'il n'est pas surprenant de rencontrer dans des garderies privées, sont très regrettables dans des établissements où rien ne devrait se passer qui fût contraire aux règles essentielles de l'hygiène. Ces pratiques n'intéressent, hâtons-nous de le dire, qu'une petite fraction des habitués des Crèches.

Les nourrissons, qui sont seuls en cause, constituent une faible minorité. Parmi 730 enfants se rendant dans vingt-deux Crèches, le docteur Dal Piaz a compté seulement 181 enfants au sein. D'un autre côté, on a constaté que, sur 1,047 enfants inscrits dans onze Crèches, 119 avaient de 0 à 3 mois; 83, de 4 à 6 mois; 70, de 7 à 9 mois; 132, de 10 à 12 mois, et 643, plus d'un an. Les enfants âgés de moins de 10 mois, au nombre de 272, constituaient à peu près le quart de la population totale, et ne se trouvaient pas loin d'être égaux en nombre aux nourrissons, puisque ceux-ci, d'après les renseignements recueillis par le docteur Dal Piaz, ne formaient également que le quart des enfants reçus. Les sevrages anticipés ne pouvaient donc pas atteindre une proportion trop forte.

Rien n'est plus naturel, d'ailleurs, que de voir un certain nombre d'enfants sevrés prématurément se présenter pour être reçus dans les Crèches, car le sevrage avant l'âge est fréquent dans la classe pauvre, où se recrute la clientèle de ces établissements. On en peut dire autant au sujet des enfants alimentés prématurément. « C'est une exception des plus rares, écrit Duclos, de trouver dans la classe mal aisée un enfant élevé entièrement au sein pendant les six ou dix premiers mois de la vie. En vingt et un mois, sur 180 enfants âgés de moins d'un an, reçus aux Crèches de Saint-Vivier et de Saint-Maclore, il en est mort 101, soit 56 sur 100. Cette mortalité est due à la mauvaise nourriture donnée par les parents et ne peut être imputée aux Crèches, dont le seul tort consiste à être quelquefois la très humble servante des préjugés des pauvres. »

. Les enfants alimentés ou sevrés prématurément ne sont pas en plus forte proportion à la Crèche que dans les familles ouvrières qui n'ont pas recours à ces asiles. On ne peut, en conséquence, accuser cette institution que d'une tolérance excessive, et elle éviterait facilement des responsabilités compromettantes en refusant tout enfant à qui la mère ne voudrait ou ne pourrait donner l'élevage convenable à son âge.

Population infantile.

L'Académie a jugé qu'on ne devrait accepter dans les Crèches que les enfants âgés de plus de deux mois, parce qu'avant cet âge ils ont besoin des soins assidus de leur mère.

Actuellement, on admet dans les Crèches des enfants au-dessus de quinze jours et au-dessous de trois ans, en état de santé, qui ont été vaccinés et dont les mères consentent à payer 15 ou 20 centimes par journée de présence. Cette rétribution maternelle se recouvre avec difficulté dans bon nombre de Crèches, et n'est pas demandée dans quelques-unes. Lorsque la gratuité existe, elle prive l'établissement d'une recette importante, mais elle ne produit pas, selon M. Siry, de plus mauvais effets moraux que dans les salles d'asile où elle est établie depuis longtemps.

Nous avons précédemment traité cette question, ainsi que celle de l'admission des enfants naturels que M. Siry demande formellement aussi.

L'admission d'un enfant ne doit être prononcée par la directrice que lorsqu'il a été visité par le médecin de la Crèche et sur le vu du bulletin de santé délivré par lui. Quand un enfant a cessé de paraître à la Crèche pendant huit jours, il faut que la surveillante prenne ou fasse prendre, au domicile de l'enfant, des renseignements sur le motif de son absence.

En cas de maladie, elle informe de la nature de l'affection le médecin de la Crèche, qui peut ainsi autoriser ou non la rentrée de l'enfant, en connaissance de cause.

Chaque enfant est inscrit le jour de son entrée sur un registre matricule ; l'inscription énonce les noms de l'enfant, l'adresse et la profession de ses parents, la date de sa naissance. On inscrit sur un second registre ses journées de présence.

La moyenne des enfants réunis dans une Crèche oscille habituellement entre 25 et 35 ; elle atteint 50 dans les Crèches de Dunkerque et de Toulon, et s'abaisse à 6 dans la Crèche de Pontoise. Avec cette dernière proportion, les frais généraux sont trop considérables et les ressources de la crèche peuvent être mieux utilisées en secours à domicile.

Lorsque, au contraire, les enfants présents atteignent le chiffre de 70 ou 80, maximum qui se présente rarement, la journée de l'enfant devient moins onéreuse, mais les conditions sanitaires sont plus défavorables.

Pour cette raison, et afin de rapprocher autant que possible les Crèches du domicile des mères qui y déposent leurs enfants, ce qui ne peut avoir lieu qu'en multipliant le nombre de ces établissements, il est plus rationnel de fonder deux Crèches de 40 places chacune, et même quatre crèches de 20 places, que d'en élever une seule destinée à recevoir 80 enfants.

Le nombre des enfants présents chaque jour dans une Crèche est toujours bien inférieur à celui des inscrits, ce qui tient à ce qu'ils s'y rendent avec une grande irrégularité.

Toutes les fois qu'une mère, par une raison quelconque, fête (les lendemains, cela a été remarqué partout, les enfants se portent plus mal, ils se ressentent généralement, et des excès des parents, s'ils sont allaités, et de la mauvaise alimentation, s'ils sont sevrés), manque d'ouvrage, maladie d'un membre de la famille, etc., reste dans sa demeure, elle garde son nourrisson avec elle; il en résulte que dans un mois un enfant ne passe en moyenne que quinze à seize jours à la Crèche. L'inscription d'enfants qui viennent deux ou trois fois à la Crèche, que l'on n'y voit plus reparaître, et dont les noms ne continuent pas moins à figurer sur les registres, est un autre motif de la différence qui existe entre le chiffre des inscrits et celui des présents. Ces nomades sont cause que la population des Crèches se renouvelle en apparence tous les deux mois, tandis que la durée moyenne du séjour d'un enfant dans ces asiles est supérieure à quatre mois.

Personnel intérieur.

Les Crèches sont exclusivement tenues par des femmes présentant les garanties de moralité et d'aptitude exigées par le décret de 1862, reproduit plus loin.

A chacun de ces établissements se trouvent attachées une ou plusieurs bonnes d'enfants, dites *berceuses*, et une *surveillante*, que M. Marbeau appelle *gouvernante*. Celle-ci, religieuse ou laïque, commande aux berceuses, reçoit chaque jour les enfants, tient en état les registres d'admission et de présence, touche la rétribution maternelle, veille à la conservation du mobilier et de la lingerie, met la directrice au courant de tout ce qui se passe dans la Crèche, exécute ses ordres, ainsi que ceux du médecin inspecteur.

Les berceuses, dont le règlement fixe le nombre à 1 par 6 nourrissons ou par 10 enfants sevrés, sont douces, propres, exactes et dévouées ; il leur est interdit de recevoir des mères aucun cadeau. Ces femmes nettoient la Crèche, lavent le linge, préparent les aliments, lèvent et couchent les enfants, les habillent et les déshabillent, leur donnent leurs repas, les tiennent de temps à autre sur le bras, afin de leur éviter les inconvénients qui résultent d'une immobilité prolongée dans la même attitude. Pour remplir ces occupations multipliées, le nombre actuel des berceuses, qui n'est en réalité que de 1 par 10 enfants de tout âge, suffit, à la condition toutefois que ces femmes supportent bien la fatigue, que la surveillante ne s'absente jamais pour des motifs étrangers au service de la Crèche, et qu'elle s'occupe elle-même des enfants. Dans une œuvre où le personnel salarié est, par des raisons impérieuses d'économie, très restreint, il importe de choisir des surveillantes disposées à ne se considérer que comme de simples premières berceuses ; elles n'en sont d'ailleurs que plus dociles à suivre les recommandations qui leur sont faites.

Quand les ressources le permettent, on a des costumes pour les berceuses et pour les enfants : ces costumes donnent à l'établissement un air de propreté, une apparence d'ordre, qui sont favorables à sa bonne tenue.

Les couchers, les repas, les jeux, les lavages, ont lieu à des heures très régulières, ce qui forme les nourrissons et leurs mères à des bonnes habitudes. S'agit-il d'enfants plus âgés, leur éducation morale commence, ils n'entendent que des paroles honnêtes, suivent une règle douce à laquelle ils s'aperçoivent bientôt qu'ils ne peuvent se soustraire ; ils sont égayés sans cesse par la société de leurs compagnons et éprouvent moins d'accidents dans ces asiles que partout ailleurs, grâce à la prévoyante sollicitude avec laquelle on les surveille.

Personnel administratif.

L'administration d'une crèche est entre les mains d'un Conseil composé du maire de la commune, du curé de la paroisse, de la présidente de la crèche, de la première directrice, d'un des médecins et de quelques autres membres désignés par le Conseil ; il peut y avoir aussi un secrétaire. Le Conseil s'occupe des intérêts généraux de l'œuvre et pourvoit aux recettes et aux dépenses. Un second Conseil composé exclusivement de dames a quelquefois pour mission d'inspecter l'établissement et les mères à domicile quand l'enfant est malade, de recueillir les souscriptions.

Plusieurs crèches n'ont pas de Conseil et prospèrent, administrées uniquement par leur fondateur et par une directrice.

La question des recettes et des dépenses sera ultérieurement traitée.

Personnel médical.

Plus l'enfant est rapproché du moment de sa naissance, plus son organisation subit avec vivacité l'impression des divers modificateurs. Ceux-ci sont-ils
défavorables aux jeunes êtres isolés les uns des
autres, ils deviennent pernicieux au plus haut point à
ces mêmes êtres réunis, en un certain nombre, dans un
seul local ; fait qu'ont démontré de trop nombreuses
expériences.

*La question des crèches est donc essentiellement
médicale.*

Telle est la raison pour laquelle le Gouvernement a
saisi l'Académie de Médecine, et il est de la plus élémentaire prudence de faire intervenir les médecins
hygiénistes dans l'établissement et la direction de
ces asiles.

Le fondateur des crèches avait lui-même reconnu
cette nécessité, lorsqu'il écrivait dans son *Manuel* :
« Les prescriptions des médecins font loi pour tout ce
« qui concerne l'hygiène de la crèche et la santé des
« enfants. » Mais cette disposition du règlement de
la Société des crèches est trop souvent lettre morte.

Que de fois choisit-on des locaux, règle-t-on leur
distribution, leur système de chauffage, le nombre
des berceaux, sans consulter le médecin ? Dans combien de crèches est-il prononcé sur l'état physique
des enfants au moment de leur inscription, et sur
leur nourriture dans l'établissement, sans que l'avis
du médecin ait été pris ?

Nombre de dames de l'œuvre, et même de simples
surveillantes, semblent croire que les berceaux et les
langes sont de leur domaine exclusif et en dehors de
la compétence des médecins, dont l'unique mission

consiste à renvoyer les malades et à faire des ordon-
nances aux indisposés.

Ces idées erronées sur les véritables attributions
des crèches sont la cause principale du défectueux
fonctionnement d'un trop grand nombre de ces
asiles du premier âge.

Quelques crèches n'ont pas de médecin : négligence grave, mais facile à réparer. La plupart se sont
attaché plusieurs docteurs, qui tous visitent l'établissement, tandis qu'un seul d'entre eux est membre
du Conseil d'administration.

Le système inverse se comprendrait mieux. Des
praticiens qui apportent à une œuvre un concours
désintéressé ne devraient-ils pas tous faire partie
d'un Conseil où leurs avis seraient d'une utilité incontestable ? Ils auraient la latitude de lui communiquer leurs observations sans avoir à se servir de
l'intermédiaire illusoire du registre déposé entre les
mains de la surveilllante. D'une autre part, lorsque
les mêmes médecins visitent successivement l'asile,
ils s'exposent à faire des prescriptions qui, en apparence du moins, ne concordent pas toujours entre
elles, et ces divergences compromettent leur autorité.

Il ne devrait y avoir dans chaque établissement
qu'un médecin visiteur possédant, en tout ce qui concerne l'hygiène, un pouvoir analogue à celui qui est
dévolu à la directrice pour les recettes, les dépenses,
la discipline.

Un seul médecin serait sans doute insuffisant, si
une visite était faite chaque jour, ainsi que le prescrit le décret de 1862 ; mais cette visite quotidienne
constitue une formalité inutile ; les enfants arrivent
successivement, et non au même moment chaque
matin ; c'est à la surveillante de reconnaître ceux

qui présentent quelques symptômes de maladies
alors que leurs mères sont encore là pour les rem-
porter. Le médecin ne peut que vérifier si la surveillante s'acquitte bien de ses fonctions; il n'est pas
d'ailleurs difficile à une femme qui vit dans un asile
destiné au premier âge, de diagnostiquer une quinte
de coqueluche, un oreillon ou une ophthalmie. Au lieu
de demander à des médecins une perte gratuite de
temps, le règlement aurait dû veiller à ce que leur
intervention dans les choses importantes fût obligatoire et efficace. Ces infractions aux règles de l'hygiène que l'on observe dans les crèches visitées régulièrement par des médecins ne prouvent-elles pas, à
la fois, le peu d'utilité des visites médicales quotidiennes et le manque d'autorité de ceux qui les font?
Ou ils ont donné des ordres qui n'ont pas été exécutés, ou bien ils n'ont pas voulu faire des observations
qu'ils prévoyaient devoir être mal accueillies.

Dans quelques crèches, les médecins font chaque
année, aux dames de l'œuvre, un rapport contenant
une statistique des enfants tombés malades ou décédés. Ces renseignements, fournis par les surveillantes, ont une valeur scientifique des plus contes-
tables et ne peuvent servir à élucider la question des
crèches.

Nous ne croyons pas utile de suivre M. Siry dans
le développement qu'il donne à l'appui de cette asser-
tion qui se comprend d'elle-même.

Nous avons tenu à donner presque *in extenso* ce
remarquable article qui doit faire loi pour quiconque
voudra créer une crèche et qui, je le répète, n'est
pas accessible à tous. Tout le monde n'a pas ce volumineux et coûteux *Dictionnaire*. Puis, M. Siry a
écrit son article en 1879, M. Marbeau avait fait son
petit livre *des Crèches* en 1863 et son *Manuel* en 1867,
M. Siry a l'expérience pour lui.

En sus, M. Siry est docteur-médecin et a donc la compétence et l'autorité de la science, et, je l'ai déjà dit, il s'adresse, comme je veux le faire, à tout le monde, sans se préoccuper, comme M. Marbeau, de l'esprit religieux, ce qui n'est pas un mal, pour moi, je le répète. Cet esprit exclusif pourrait, en effet, nuire auprès de certaines gens qui, à *tort*, confondent libre-pensée avec irréligion et républicanisme avec intolérance à l'égard des catholiques, par esprit de représaille, oubliant que, comme dit Littré : la tolérance est le couronnement de la civilisation moderne, et qu'à l'intolérance théologique il faut répondre par la tolérance philosophique.

Je n'ai pas à revenir sur ce sujet délicat que j'ai traité avec une entière franchise et avec correction ; j'espère qu'on voudra bien le reconnaître dans les deux camps, où je compte trouver des alliés et où j'ai des amis, restant en dehors de la mêlée, par devoir professionnel.

Ce n'est pas la *Trève de Dieu* que je réclame, c'est la *Trève de l'Enfance* au nom de l'humanité et pour la Patrie.

Frais d'installation d'une Crèche.

Le *Bulletin* dit : Nous sommes souvent consultés par des personnes qui ont la pensée d'établir une Crèche et qui, avant de rien entreprendre, désirent savoir quelle dépense entraînera la première installation. Il est difficile de leur donner une réponse exacte et précise ; la dépense peut varier considérablement suivant les circonstances et suivant les intentions des fondateurs. Elle n'est pas la même si l'on construit un local ou si l'on se contente d'approprier un bâtiment déjà existant ; elle varie suivant l'état de ce bâtiment, suivant le nombre des enfants que l'on veut recevoir; elle peut être sensiblement diminuée si, au lieu de commencer par pourvoir la Crèche d'un outillage complet, l'on se résigne à débuter modestement.

Voici quelle a été la dépense d'installation ou de réorganisation de plusieurs Crèches qui nous ont récemment communiqué leurs comptes.

La Crèche Marie-Joseph, du Xe arrondissement, à Paris, a été fondée en 1875, par Mme veuve Duval, qui pourvut avec la plus grande générosité aux frais d'installation. Elle fut établie dans une petite maison prise en location et dont le rez-de-chaussée fut seul approprié pour recevoir *trente* enfants. Les dépenses d'installation, très largement entendues, se sont élevées à 12,589 fr. 40 c.; l'achat de mobilier, linge, vêtements, etc., à 2,055 fr. 55 c.; ensemble, 14,644 fr. 95 c.

En 1879, le linge, les vêtements, etc., furent renouvelés, et le premier étage de la maison fut approprié pour recevoir, comme le rez-de-chaussée, *trente* enfants. Voici le détail des dépenses exigées par cette réorganisation :

Maçonnerie...........................	29	35
Menuiserie	300	»
Peinture.........	687	50
Serrurerie, garde-fou...........	68	75
Calorifère, poêle.......	135	65
Lingerie et mercerie.................	167	25
Literie.............	34	»
Objets de ménage..................	32	10
Dépenses diverses (réparations de fourneaux et cheminées, de carreaux, chaises, etc.).....................	223	90
Total .	1.678	50

Un des deux calorifères a été donné par un entre-
preneur de fumisterie ; les travaux de menuiserie et
de peinture ont été faits à prix réduit; beaucoup
d'objets, lingerie, literie, combustibles, etc., ont été
donnés par de généreux bienfaiteurs.

La Crèche de Vincennes est destinée à recevoir
cinquante enfants. Elle est installée dans un bâtiment
qui a été construit en 1878, par les fondateurs, sur
un terrain pris en location avec faculté de l'acquérir
plus tard.

Les dépenses de construction et d'installation du
local, réparties sur les deux années 1878 et 1879,
se sont élevées à 10,010 fr. 30 c.; l'achat du mobilier
et des ustensiles à 2,221 fr. 35 c.; ensemble,
12,231 fr. 65 c.

En voici le détail :

Maçonnerie	4.275	»
Charpente	1.288	»
Couverture	1.014	»
Menuiserie	1.239	»
Serrurerie	749	10
Peinture	513	»
Branchement des eaux	104	85
Architecte	400	»
Jardin	226	«
Eau	39	35
Hangar et case à charbon	162	»
Total des dépenses du local	10.010	30
Vingt-quatre berceaux	921	90
Pouponnière	200	»
Linge	362	10
Divers objets mobiliers	202	95
Fourneau de cuisine et poêle	364	10
Ustensiles et registres	171	20
Total du mobilier	2.222	25

La Crèche Sainte-Émilie, ouverte à Clamart le 24 mai 1880, a été installée dans un bâtiment appartenant à la commune. Les salles mises à sa disposition ne comportant que *quatorze* places, les achats de mobiliers, linge, vêtements, ont été faits en vue de ce nombre ; ils seront complétés aussitôt que la Crèche aura été agrandie.

Les travaux d'appropriation du local ont coûté 2,974 fr. 65 c.; les achats de mobilier, etc., se sont élevés à 2,251 fr. 80 c.; ensemble, 5,226 fr. 45 c.

La Crèche Saint-Joseph, ouverte le 10 décembre 1878, à Bordeaux, rue de la Trésorerie, est destinée à recevoir *trente enfants* ; elle en a reçu vingt en moyenne pendant la première année ; le maximum s'est élevé jusqu'à trente-trois. Elle a été établie dans un bâtiment qu'il a fallu approprier à sa destination.

Les frais d'installation se sont élevés à 3,804 fr. 75 c. Les travaux d'appropriation du local figurent dans ce chiffre pour 990 fr. 90 c.; l'achat de mobilier, ustensiles, etc., pour 2,812 fr. 85 c.

En voici le détail ; il est intéressant et peut servir de modèle :

Maçonnerie......................	280	»
Menuiserie......................	132	75
Serrurerie......................	104	»
Peinture	12	65
Installation de l'eau...........	33	»
Bassins pour lavage, etc..............	70	»
Ventilateur......................	40	»
Nettoyage de la maison et cour.......	38	50
Toile pour couvrir la cour..........	235	»
Enseigne pour la porte d'entrée........	45	»
Total des frais d'appropriation...	990	90

Berceaux en fer....................	555	»
Couchettes.......................	115	10
Armoires, tables, bancs, chaises......	225	55
Literie...........................	236	20
Couvertures de laine et de coton......	247	50
Draps, serviettes, torchons..........	151	»
Langes en laine et en coton..........	160	»
Tabliers, mouchoirs.................	119	»
Cappa caoutchouc..................	212	»
Rideaux et couvre-pieds.............	372	80
Mercerie et façons.................	68	10
Toilette, cartons de lait, balais........	148	60
Marchepied, promenoirs.............	28	»
Plaques sur les berceaux.............	123	»
Registres, etc.....................	51	»

Total des frais d'achat d'objets
mobiliers.................. 2.812 85

Il reste encore à faire quelques dépenses qui ont été ajournées pour l'écoulement des eaux, le dallage de la cour, l'établissement du gaz, la construction d'un calorifère.

A Nesle (Somme), la Commission administrative de l'hospice acheta un bâtiment 10,000 fr. Un ménage charitable et riche offrit de prendre à sa charge l'appropriation du rez-de-chaussée pour en faire une Crèche et l'achat et l'entretien du linge et du mobilier, enfin toutes les dépenses journalières de la Crèche. C'était une ancienne école communale de filles.

Le logement de l'institutrice devint une lingerie; les deux salles de classes, dont les fenêtres donnent sur le jardin de l'hospice ont été transformées en une vaste salle de 11m50 de longueur, 6m50 de largeur et 4 mètres de hauteur, qui est divisée en deux parties

par une cloison basse, comme la Crèche Saint-Pierre
du Gros-Caillou, prise pour modèle par l'architecte ;
dans une des divisions sont douze berceaux et six lits
de camp ; dans l'autre est la pouponnière. Un bâtiment neuf a été construit en retour pour y placer
toutes les dépendances ; entre les deux constructions
est un grand préau séparé du reste de la cour par une
grille.

Toutes les installations ont été faites avec le plus
grand soin ; les planchers sont parquetés et cirés ; la
pouponnière est placée sur du linoleum ; le chauffage
et la ventilation ont été établis d'après les systèmes
jugés les meilleurs. L'appropriation et les constructions nouvelles ont coûté environ 10,000 francs, le
mobilier et le linge 5,000 ou 6,000.

La Crèche de Toul fait partie d'un groupe scolaire
établi dans un vaste bâtiment appartenant au bureau
de bienfaisance. L'établissement comprend une école
communale de filles, une Salle d'asile et la Crèche ;
il est dirigé par des religieuses de Saint-Charles.
Lors de la création de la Crèche en 1876, le bureau
de bienfaisance fit l'avance de tous les frais d'installation, qui s'élevèrent à près de 16,000 francs. La
Crèche consacre chaque année l'excédent de ses
ressources au remboursement de cette avance ; au 31
décembre 1880, elle ne devait plus que 4,550 fr. 75 c.
Ainsi, dans quelques années, le bureau de bienfaisance sera complètement remboursé ; il aura pu créer
une œuvre aussi utile à la population ouvrière sans
qu'il en coûte rien à sa dotation.

Au Havre, l'administration municipale voulant
faire grand, avait fait faire le plan d'une Crèche dont
l'exécution devait coûter 40,000 francs. Après réflexion, elle crut prudent de ne pas débuter par une
aussi grande dépense ; elle engagea les fondatrices à

commencer par faire un essai dans un local loué ; elle, promit pendant trois ans une subvention de 1,000 francs par an, équivalente au loyer, sauf à statuer de nouveau après les trois années d'épreuve. Des souscriptions furent recueillies et produisirent environ 14,000 francs. On loua dans un quartier habité par beaucoup de familles ouvrières et voisin de la Manufacture de tabacs, une petite maison, avec un jardin où *trente* enfants peuvent trouver place au rez-de-chaussée et au premier. Ils ont une salle de jeu avec une pouponnière et des lits de camp, et un dortoir de quinze berceaux ; à côté sont la cuisine, la lingerie et les autres dépendances ; le second étage est réservé à la Directrice. Ce local, qu'envieraient beaucoup de Crèches de Paris, a pourtant un inconvénient qui paraît grave au Havre où l'on pourrait avoir mieux ; les pièces étant nombreuses et réparties en deux étages, exigent plus de personnel et plus de combustible ; une Crèche spécialement construite, avec de grandes salles de plain-pied, pourrait, avec la même dépense, recevoir plus d'enfants. Les frais d'installation s'élèveront à 2,603 fr. 25 ; le mobilier coûtera 3,490 fr. 80.

Ces quelques exemples suffiront, je pense.

Qui doit prendre l'initiative d'une Crèche ?

M. Marbeau répond :

« Au pasteur incombe le soin du troupeau. Jésus dit à Pierre, et ce fut sa dernière, sa plus grande recommandation : « *Pasce agnos... pasce agnos... pasce oves.* » Le pasteur qui néglige ses agneaux et ses brebis méconnaît son devoir le plus strict.

« Quand le curé néglige les petits enfants dont les mères s'éloignent pour gagner leur pain quotidien, le maire doit prendre l'initiative.

20

« Si le Maire néglige aussi les pauvres enfants et leurs pauvres mères, c'est aux habitants les plus humains, les plus intelligents, à s'en occuper. Mais l'association doit appeler à ses travaux le Maire et le Pasteur. Elle doit à toute réquisition leur faire connaître ce qu'elle fait, ce qu'elle veut faire, pour adoucir les maux des mères travailleuses et pour diminuer le nombre des enfants abandonnés, estropiés, rachitiques ou idiots. Jésus a dit : « Chaque fois que vous vous réunirez en mon nom, je serai au milieu de vous. » On se réunit en son nom, lorsque l'association a pour but le soulagement des pauvres, et surtout des brebis malheureuses et de leurs innocents petits agneaux.

« Il n'est pas indispensable d'être riche ou puissant dans la localité pour y prendre l'initiative d'une œuvre charitable. Il suffit de jouir de la confiance publique, d'être convaincu de la nécessité de l'œuvre, et d'être mû par l'esprit de charité.

« Une œuvre, quand elle est vraiment nécessaire, et quand celui qui l'entreprend est digne de la poursuivre, ne peut manquer de réussir.

« La Crèche peut être fondée, soit par une personne charitable, soit par une association de charité, soit par le pasteur, soit par la municipalité ou par le bureau de bienfaisance (1) ; mais, quel qu'en soit le fondateur, elle se trouve, par sa nature, sous la haute surveillance de la municipalité et de l'autorité religieuse : il importe à la commune que ses nouveaux membres soient bien soignés ; il importe au pasteur que ses agneaux ne manquent de rien. »

---

(1) Il n'est pas d'œuvre qui convienne mieux à la charité pieuse que la Crèche, et si l'assistance publique voulait en fonder, elle ne parviendrait à les faire bien diriger qu'avec le concours de dames charitables. (Note de Marbeau).

Nous pensons comme M. le Préfet de police de Paris, comme M. le docteur Reuillet, conseiller général de la Loire, et comme les rédacteurs du *Bulletin*, que les Crèches doivent plutôt être créées par l'initiative privée. Nous sommes loin de condamner d'une manière absolue les Crèches municipales; mais nous croyons qu'il est plus facile d'obtenir d'une Crèche privée cet ensemble de soins qui est si nécessaire au petit enfant pendant que la mère est absente. Quelque bien entendue que puisse être une règle administrative, elle ne peut remplacer le cœur, et la Crèche la plus maternellement tenue sera celle où des Dames patronnesses, prenant à cœur leur mission, visiteront fréquemment la crèche et iront à domicile porter des conseils, des consolations, des secours aux familles des enfants. Ce dévouement serait plus difficile à obtenir dans une Crèche qui ne serait pas leur œuvre, et où la Ville leur imposerait sa manière de voir et ses règles naturellement peu flexibles. L'intervention de l'autorité municipale est cependant très précieuse; mais il vaut mieux, à notre avis, qu'elle se produise sous une autre forme et qu'elle s'attache à faire naître l'initiative privée en l'encourageant par son appui et ses subventions. Nous ne nous lassons pas de répéter que, le plus grand obstacle à la création des Crèches étant la difficulté de trouver un local convenable, la meilleure subvention consisterait à mettre à la disposition d'une œuvre privée un local dans les bâtiments scolaires, à côté de la Salle d'asile. Si les grandes villes prenaient ce parti, il y aurait beaucoup plus de Crèches et elles seraient dans de meilleures conditions que quelques-unes des Crèches actuelles; la réunion de la Crèche et de l'Asile dans la même maison serait un précieux avantage pour les familles; elle serait

utile même pour les deux établissements qui se com-
pléteraient et s'amélioreraient l'un l'autre. La juxta-
position d'un établissement municipal et d'une œuvre
privée n'aurait aucun inconvénient; l'expérience est
faite à Bruxelles : la Crèche de Saint-Gilles, œuvre
privée, est installée dans le même bâtiment que
l'Ecole gardienne municipale; ces deux établissements conservent leur indépendance tout en marchant parfaitement d'accord, et la Crèche-école
gardienne de Saint-Gilles peut être citée comme un
modèle.

———

Voici, à titre de renseignement, la façon dont a
été créée la Crèche d'Epinal. Je l'emprunte à un
journal de la région :

« Dimanche 5 mars 1883, à quatre heures du soir,
sur l'invitation d'un comité d'initiative, environ cent
dames se sont reunies dans le grand salon de l'Hôtel
de Ville.

« M. Florion, *maire* d'Epinal, après avoir remercié
les dames présentes de s'être rendues à l'invitation
qui leur avait été adressée, a exposé à grands traits
l'œuvre si utile et si moralisatrice des Crèches. Il a
prouvé, par des documents irréfutables, que partout
où elles fonctionnent la mortalité des enfants du
premier âge a diminué dans une proportion considérable. Il a cité les noms des principales villes de
France où l'œuvre fonctionne depuis de longues
années, à Paris, notamment, où la création en est
vieille de quarante ans. Il a lu, en terminant, l'éloquente et émouvante allocution que M. Dufaure,
l'ancien ministre, prononçait, au mois de février
1849, à l'inauguration d'une des Crèches de Paris.

« M. Châtel, *conseiller municipal*, a ensuite pré-

senté sur le même sujet quelques renseignements
sommaires et examiné la question financière de cette
œuvre nouvelle. Se basant sur les dépenses faites à
Nancy, et en admettant que le Conseil municipal
donne à la Société des Crèches son premier local, il
a conclu que le capital premier nécessaire à la fondation de cet asile se monterait à 5,000 fr, environ.
L'entretien courant et le service des dépenses
annuelles seraient couverts par les cotisations, les
dons, les quêtes et les ressources extraordinaires
que la Société créerait par ses divers moyens d'action.

« La réunion a ensuite adopté en principe les résolutions suivantes : 1° Il est fondé, à Epinal, une association exclusivement composée de dames et qui
prend le nom de « Société de Crèches d'Epinal » ;
2° Le chiffre de la cotisation annuelle est abandonné à la générosité des membres ; 3° Toute dame
qui versera une cotisation annuelle de 10 fr. aura le
titre de « dame patronnesse » ; 4° Toute personne est
admise à fonder un berceau qui portera son nom,
moyennant une souscription une fois versée de 50 fr. ;
5° Toute personne qui versera une somme minimum
de 100 fr. recevra le titre de « bienfaiteur-fondateur
de la Crèche » ; 6° La Société recevra avec reconnaissance les dons en argent et en nature qui lui
seront faits. Sur la proposition de M. Florion, le
comité provisoire d'organisation et de propagande a
été élu par acclamation. Un vote ultérieur de l'assemblée générale élira la commission définitive.
Les personnes charitables qui dès maintenant voudraient s'associer à l'œuvre des Crèches peuvent se
faire inscrire chez Mmes Bœgner (préfet) et Florion
(maire), dames patronnesses. »

Le dimanche suivant, deuxième réunion ; deux
cents dames sont présentes.

Les propositions suivantes sont adoptées :

« On commencera l'œuvre avec 30 lits, dans un local donné par la ville. — Frais de garde quotidiens à la charge des parents : 10 centimes. — Les mères viendront deux fois par jour, dans l'établissement, pour allaiter leurs enfants.

« Séance tenante, un comité de patronage de quatorze dames est nommé. Ce sont : Mmes Bœgner, Florion, etc., etc.

« Beaucoup de dames donnent leurs signatures. MM. Florion et Châtel souscrivent chacun pour 100 francs. »

Six semaines après la Crèche fonctionnait.

Donc, si on tire la moralité de l'affaire ; quand les femmes des préfets, des maires, des conseillers généraux, d'arrondissement, municipaux, celles des fonctionnaires, des médecins, des rentiers, propriétaires, industriels, commerçants, enfin de tous ceux qui veulent, je l'ai déjà dit, être de la classe dirigeante, à condition d'être la classe enseignante, moralisante et bienfaisante, prendront l'initiative, la besogne marchera vite et bien.

Il est évident que le concours du clergé est, sinon indispensable, au moins très utile ; je rappelle ce que j'ai dit à ce sujet.

Res nullius, res omnium!

Place à toutes les bonnes volontés associées sur le large terrain de l'amour de l'humanité et de la patrie !

Besoins et ressources pour l'entretien de la Crèche.

Nous renvoyons au *Manuel* de Marbeau (prix : un franc), pour les détails de ce qu'il faut faire quand on est parvenu à réunir les fonds nécessaires pour organiser la Crèche ou plusieurs Crèches, dans une ville importante ; pour l'organisation de l'œuvre, le choix du local, après avis des médecins, l'achat du mobilier, le choix des berceuses, l'élection du personnel administratif, l'inspection médicale, la demande au Préfet pour l'autorisation d'ouvrir la Crèche, l'inauguration solennelle de l'établissement, les précautions des premiers jours, la propagande en faveur de l'œuvre qui aura des ennemis, des détracteurs intéressés ; ici, je cite :

« Si le nombre des enfants admis à la Crèche est inférieur de beaucoup à celui qu'on avait supposé, il faut chercher avec soin l'explication du phénomène. On s'informe auprès des mères qui paraissent avoir besoin de l'œuvre pourquoi elles n'en profitent pas ; on interroge celles qui apportent leurs enfants ; on interroge aussi les berceuses ; on demande aux dames de charité de la paroisse et aux autres personnes qui ont des rapports habituels avec les ouvrières à quoi elles attribuent les abstentions, et l'on finit par en découvrir les causes : presque toujours la malveillance fournit aux mères ignorantes les motifs qui les décident à laisser leurs enfants souffrir au lieu de les faire profiter du bien-être que procure la Crèche. La malveillance a plus de crédit que la charité, quand la routine est de son bord. Tantôt c'est une *gardeuse* ou une *sevreuse* qui, mécontente de voir la charité lui faire concurrence, dénigre l'établissement ; tantôt une *berceuse* renvoyée qui se venge On a vu des médecins, jaloux de ceux que l'œuvre avait honorés de sa confiance, abuser de la crédulité et de la défiance naturelle aux mères pour empêcher la réussite de la Crèche... Que de temps, que d'efforts, que de sacrifices, n'a-t-il pas fallu pour décider les mères pauvres à préserver leurs enfants d'un mal affreux au moyen de la vaccine !

« Une Crèche bien tenue répond à tout en deux mots : « Venez voir. » Plus elle est visitée, mieux elle est pourvue d'enfants et de ressources. Mais il est bon que les dames de charité, que les administrateurs du Bureau de bienfaisance, que les membres du Conseil municipal recommandent aux mères laborieuses de lui confier leurs enfants lorsqu'elles vont travailler loin d'eux; il est bon surtout que le pasteur explique l'œuvre en chaire, et engage ses brebis à en profiter. »

Marbeau dit encore :

« Il faut payer un loyer, compléter le salaire des berceuses, alimenter les enfants, entretenir la Crèche et le mobilier; il faut en hiver beaucoup de combustible. Toutes ces dépenses réunies donnent une moyenne de 70 centimes environ par enfant, savoir : 20 centimes pour loyer, chauffage et autres frais généraux (en été, cet article diminuera d'un tiers), et 30 centimes pour aliments divers.

« Telle est, d'après nos calculs, faits avec la plus minutieuse exactitude, la dépense journalière qu'occasionne chaque enfant confié à la Crèche; mais comme les mères ont toujours payé fort exactement leur petite rétribution, chaque enfant ne nous a dépensé que 50 centimes par jour (1).

« Dans les villes de province, où tout est moins

---

(1) Dépense du mois de janvier, 119 fr. 85 cent. pour 26 jours de Crèche et 277 journées d'enfant, ou, en moyenne, un peu plus de 10 enfants par jour; loyer, 11 fr. 67 cent.; chauffage, 36 fr. 50 cent.; supplément aux berceuses, 18 fr. 75 cent.; chandelle, 3 fr. 25 cent. Le surplus a payé 39 litres de lait, 40 de charbon, 4 kilogr. 50 gr. de sucre, 1 de beurre, 3 de semoule, 9 de pain et diverses menues dépenses. La dépense ordinaire pour un mois de 31 jours ne s'élève qu'à 119 fr. 85 cent., un peu moins de 4 fr. par jour !

cher qu'à Paris, les dépenses ne seront pas aussi
fortes; dans les campagnes elles seront minimes.

« La plus grande économie doit régner dans
l'humble Crèche. « Tout ce qu'il faut, mais rien au-
delà, » telle est sa devise. Le trésor de la charité est
trop précieux pour qu'il soit permis d'en gaspiller la
moindre partie. La profusion, d'ailleurs, contraste-
rait péniblement avec la pénurie des pauvres mères.
Laissons aux riches le luxe, et que toujours la Crèche se contente du strict nécessaire. Le nécessaire
est la seule ambition de l'indigent, le seul luxe
auquel il lui soit permis d'aspirer.

« Les *ressources* de la charité sont presque toujours proportionnées aux besoins; la nature est si
prévoyante! Le chêne trouve sa nourriture dans le
sol aussi facilement que le plus simple végétal. A
Paris, les ressources de la charité sont innombrables; il y a tant de besoins! Sermons de charité,
collectes, quêtes dans les églises, quêtes à domicile,
concerts, bals, spectacles, loteries, la charité met
tout à contribution. Elle prie, elle flatte, elle menace, elle pleure, elle chante, elle danse; elle exploite
la douleur aussi bien que le plaisir. Naissances,
mariages, décès, tout lui sert de prétexte ou d'occasion pour se procurer de quoi donner aux pauvres.
La joie comme le chagrin portent l'homme à secourir le malheur. Au fond du cœur le plus sec est toujours, à côté de l'amour de soi, un autre sentiment
aussi naturel : c'est l'amour de nos semblables;
nous nous soulageons nous-mêmes quand nous soulageons un être humain qui souffre. La charité, parfois, est importune, indiscrète; mais on lui par-
donne, et toujours elle finit par gagner sa cause,
parce que sa cause est celle de l'humanité. L'un
donne et ne veut pas quêter, l'autre quête et ne

donne pas; le plus charitable quête et donne à la fois. Le jeu lui-même et les mauvaises passions viennent en aide à la charité. Sa baguette magique ouvre les bourses les mieux fermées, les cœurs les plus durs. Elle change le cuivre en or; et l'or dans ses mains, l'or, cet agent de corruption, sert à améliorer les mœurs du pauvre. De même que la nature change un vil détritus en fleurs suaves, en fruits délicieux, de même la charité métamorphose l'or des méchants en une source pure et vivifiante qui porte au malheur des secours, des consolations et l'espérance. La charité demande toujours, parce que la misère sévit toujours; elle reçoit tout, purifie tout, utilise tout, parce qu'elle tient du Ciel le don précieux de faire le bien. Elle reçoit de la main du pauvre même. Les fondateurs de la Crèche ont compté sur elle, et sans retard elle a répondu.

« Le moyen le plus facile et le plus sûr de donner à la Crèche des secours durables, c'est que les fondateurs, les directrices et les inspectrices, prennent chacun à leur charge le soin de pourvoir à un ou deux berceaux. On fait l'aumône avec plus de plaisir quand on peut voir chaque jour l'heureux effet qu'elle produit. L'enfance a tant de charmes! On s'intéresse à l'enfant auquel on a déjà fait du bien. Chacun d'ailleurs se fait aider, dans sa sphère, à supporter le fardeau léger qu'il a pris. Les enfants riches ont là une occasion excellente de s'exercer à la bienfaisance, et la bienfaisance occupe une place importante dans toute bonne éducation. Apprenons à nos enfants à faire le bien et à le bien faire, nous nous en trouverons mieux, et leur avenir y gagnera. On inscrit au-dessus du berceau le nom de la personne qui l'a donné, afin que la mère voie chaque jour à qui elle doit le bienfait dont elle jouit, dont jouit son enfant. La reconnaissance tiédit facilement ; il ne faut rien négliger pour la réchauffer. La bienfaisance et la gratitude sont deux des vertus les plus fécondes en bonheur social. Un nom vénéré parmi les pauvres est un talisman, et ce talisman peut devenir paratonnerre !..

« Toute la pauvre famille se groupe autour du berceau ; tous ses membres bénissent la main qui le dressa. La charité s'exalte quelquefois. N'a-t-on pas la passion des chevaux, des fleurs, des oiseaux ? La passion des pauvres n'est pas plus déraisonnable, et celle-là du moins est utile à l'humanité.

« Je connais trois généraux, trois braves, qui consacrent les derniers jours d'une vie glorieuse à secourir les malheureux. Voyez-vous celui-ci, courbé sous les ans et les lauriers : pourquoi sort-il, souffrant, pourquoi brave-t-il la neige et le verglas, comme aux jours de la gloire ? où va-t-il ? Suivez ses pas : il entre dans une allée obscure ; il monte, monte encore péniblement ; un galetas mal clos s'ouvre à sa voix, quel tableau ! un ouvrier blessé, une femme malade, quatre enfants sur la paille, dénués de tout... « Voilà pour avoir du bouillon, leur dit-il ; voilà pour un matelas, une couverture, pour du bois et du pain... ; je vais tâcher de vous envoyer quelque chose encore, mais le Bureau de bienfaisance n'est pas riche ; prenez toujours, demain vous aurez d'autres secours. » Il quête, et bientôt la malheureuse famille pourra sortir de la misère. Croyez-vous que de telles conquêtes soient moins douces que celles de la guerre ? Sa division comprend deux cent quatre-vingt-neuf ménages et lui donne plus de soucis que la division qu'il conduisait à la victoire. Jeune, il travaillait pour la gloire ; vieux, il travaille pour la charité. Mais il

combat toujours pour sa chère patrie, dont la misère
est l'ennemi le plus redoutable.

« Une souscription à cinquante centimes par mois
peut fournir des ressources prolongées : on essaye,
et on adopte ce qui peut le mieux convenir à la localité. Plus il y a de personnes intéressées à l'œuvre,
plus il est facile de lui procurer ce qui est nécessaire.

« Le Bureau de bienfaisance, les hospices, les
conseils municipaux et les conseils généraux accorderont quelques subventions aux Crèches, quand la
charité locale sera au-dessous des besoins ; ils les
accorderont, parce que la Crèche doit leur être utile ;
qu'il en coûte moins, tout calculé, pour prévenir le
mal que pour le guérir ; qu'un enfant dépense deux
tiers de moins à la Crèche qu'à l'Hospice, et qu'il
vaut mieux donner à une mère les moyens de travailler, que de l'inscrire au livre des pauvres. »

Oui, la charité, il faut compter sur elle ! Comme
l'a dit Royer-Collard : elle est *ingénieuse en ses pré-
textes.* Il faut surtout compter beaucoup sur les fondations de berceaux ; le rédacteur du *Manuel de
comptabilité de la Crèche*, que nous allons résumer
tout à l'heure, dit éloquemment :

« Ces fondations sont le plus souvent la manifes-
tation de grandes joies ou de grandes afflictions :

« De grandes joies ! — Le foyer conjugal vient de
s'enrichir d'un berceau qui fait rayonner autour de
lui tous les bonheurs, toutes les affections... Les
heureux de ce monde ne voudront-ils pas que de
pauvres petits déshérités puissent, eux aussi, som-
meiller mollement sur de chaudes couchettes ?

« Des grandes afflictions ! — La mort impitoyable
est apparue... le berceau est vide... La consolation

se trouve encore dans la *charité* et l'immense douleur s'atténue en reportant sur d'autres enfants les
effusions maternelles destinées à l'ange qui n'est
plus. »

Qu'on se rappelle le mot de M. Dufaure !

Oui, il y a les loteries, les concerts, les ventes de
charité, les représentations théâtrales, les ker-
messes, etc., etc. Il y a..... l'*Industrie des bouts de
cigares.*

Je prends mon bien même chez nos ennemis :

En Allemagne, dans tous les cafés, dans toutes
les brasseries, se trouve une boîte en métal placée
sur une table, au centre de l'établissement. Chaque
fois que les consommateurs allument un nouveau
cigare, ils se lèvent et portent dans cette boîte celui
qu'ils viennent de finir.

Ce récipient est une sorte de tronc dont le cou-
vercle, fermant à cadenas, est en forme d'entonnoir.
C'est une société de bienfaisance qui en place ainsi
dans tous les établissements publics, et qui fait
recueillir les bouts de cigares et les débris de tabac.
Le produit de la vente est consacré à l'achat d'un
habillement complet qu'on distribue à Noël aux
enfants pauvres.

D'après les rapports officiels, dit le *Journal de
Genève,* dix-neuf associations de ce genre ont
recueilli, en 1881, 4,569 livres de tabac qui ont été
vendues 31,250 fr., avec lesquels on a pu acheter
des habillements complets pour 1,726 enfants, soit
18 fr. environ par vêtement. »

Il y a les fondations de riches particuliers, rentiers, propriétaires, industriels, des grandes compagnies.

Voici quelques exemples (nous en avons déjà cité

plus haut) qui, peut-être, trouveront dans la Loire des imitateurs. Les grandes fortunes n'y manquent pas plus que les misères extrêmes.

Il faut bien payer la rançon de son bonheur si on ne veut exciter que l'envie dans un milieu à la fois si pauvre et si ignorant.

Une crèche vient d'être fondée à Clamart (Seine) par l'initiative généreuse d'un habitant de la commune. L'administration municipale a mis à la disposition de l'œuvre le rez-de-chaussée d'une maison appartenant à la commune, à côté de l'école et des sœurs de Saint-Vincent-de-Paul; elle a, en outre, concouru aux dépenses d'installation pour une subvention de 1,500 francs.

La crèche a été inaugurée le 15 mai par les autorités civiles et religieuses, et ouverte le 24 mai. Dès le premier jour elle a reçu dix enfants; la semaine suivante les quatorze berceaux étaient occupés, et le grand nombre des demandes d'admission décidait les fondateurs à l'agrandir.

Il faut lire dans le *Bulletin* la lettre de l'abbé Papin, fondateur de la petite crèche-asile d'Arès (Gironde). Le succès qu'il a obtenu là l'a encouragé dans sa nouvelle résidence à Cauderan, où il veut fonder deux crèches, et il y réussira.

Aux grands industriels de la Loire je recommande l'exemple si connu du fondateur du *Familistère de Guise*, qui a mis, en tête de ses institutions, celles destinées à l'enfance et qui, sous le nom de *nourricerie* et de *pouponnat*, sont une magnifique crèche.

Dans son *Familistère* sont groupés tous les services jugés nécessaires pour les besoins matériels, intellectuels et moraux d'un millier d'habitants :

magasins de denrées usuelles où l'approvisionnement en gros et la suppression des intermédiaires
permettent de réunir le bon marché à la bonne qualité ; bains, lavoirs, buanderie ; *institutions prenant
l'enfant à sa naissance et le conduisant par degrés
jusqu'au moment où il est capable de gagner sa vie ;*
bibliothèque et cours d'adultes ; dispensaire, phar-
macie, service médical ; caisses mutuelles assurant
le sort des malades, des vieillards, des orphelins ;
sociétés chorales, musicales, théâtrales, et même
deux fêtes par an, la fête de l'enfance et la fête du
travail.

Nous ne parlerons ici que de ce qui concerne les
enfants. Il faut citer M. Godin :

« Dans les classes ouvrières, dit-il dans son livre :
La richesse au service du peuple, les enfants en bas
âge sont négligés par les causes suivantes : défaut
de linge, défaut de propreté, absence de soins généraux, isolement et abandon de la mère qui vaque à
ses travaux. Le riche obvie à tout cela par des nourrices et par des bonnes ; il faut donc une nourricerie
pour le pauvre dans sa propre maison : c'est la crèche
touchant à l'habitation.

« L'enfant qui marche n'est guère plus heureux ;
livré au plus complet abandon, presque nu ou en
guenilles, il roule sur la poussière du chemin ou pa-
tauge dans la boue du ruisseau, et souvent, pour
cela, il est maltraité, battu, injurié ; nulles leçons,
nuls soins intelligents ne viennent le relever de ses
mauvaises habitudes et le diriger dans une meilleure
voie ; il est abandonné à lui-même, quand il n'est
pas sous le régime violent de la répression paternelle ou maternelle, ou de celles de ses frères ou
sœurs. L'enfant du riche, quand il sait marcher, est
guidé avec bienveillance par des personnes commises

à cette fonction, sous les yeux de sa mère... Il faut donc pour l'enfant du pauvre, et près de l'habitation de sa mère, des salles de garde et d'asile..... Plus tard, il faut aussi l'école près de l'habitation. »

L'éducation et l'enseignement sont divisés au *Familistère* en sept classes, dont chacune a son local distinct, son personnel et son matériel. Après la *nourricerie* et le *pouponnat*, viennent le *bambinat*, où les enfant sont admis de quatre à six ans; puis trois classes qui les reçoivent de six à huit ans, de huit à dix et de dix à treize; et enfin les cours supérieurs réservés aux élèves les plus heureusement doués.

En commençant à décrire la *nourricerie* et le *pouponnat*, M. Godin « renouvelle cette remarque que la liberté étant au *Familistère* la première chose respectée pour tout le monde, la *nourricerie* et le *pouponnat* ne sont obligatoires pour personne; car c'est surtout lorsqu'il s'agit des soins à donner à la basse enfance que la volonté du père et de la mère doit être respectée. » (Oui, s'ils *savent* donner ces soins!)

Ces deux premières institutions sont réunies dans un pavillon spécial dont la construction a coûté environ 40,000 francs, et qui communique de plain-pied avec le *Palais*. Une salle leur est commune, c'est la salle des jeux. Elle a quinze mètres de long sur six de large; elle aboutit à chaque extrémité à des balcons donnant accès au jardin; elle est divisée en deux parties par une balustrade de 76 centimètres de hauteur.

Dans la partie réservée aux enfants de la *nourricerie* est une pouponnière montée sur roulettes que l'on déplace pour nettoyer le plancher. Quatre autres salles formant éventail et contenant chacune

une quinzaine de berceaux sont ouvertes sur la salle des jeux, dont elles ne sont séparées que par des barrières en bois de 67 centimètres de hauteur. Cette disposition permet aux gardiennes d'embrasser d'un seul coup d'œil les enfants de la grande salle et ceux qui sont couchés dans les berceaux. Elle permet aussi aux petits enfants de regarder jouer les grands. Le *pouponnat* réserve encore à ses élèves une autre salle où ils se reposent de leurs exercices bruyants, et où ils reçoivent les premières leçons propres au jeune âge.

Toutes ces salles sont bien aérées, bien ventilées, pourvues d'eau et de gaz ; une température convenable y est maintenue jour et nuit. La cuisine et les dépendances nécessaires sont placées près du vestibule d'entrée.

Les berceaux de la *nourricerie* ont la forme ordinaire ; mais la paillasse y est remplacée par une épaisse couche de son étendue sur une toile que l'on attache au bord du berceau, et qui est recouverte d'un petit drap. Le son humide s'agglomère en petites boules que l'on enlève facilement. Par ce système, l'enfant n'est jamais mouillé, le berceau reste toujours propre, et toute mauvaise odeur est évitée. On a le soin de changer le son chaque mois pour éviter la fermentation, et de le passer au four avant de l'employer, afin de détruire les insectes qui auraient pu s'y introduire.

Les enfants ne sont jamais bercés ; ils apprennent ainsi, dès leur jeune âge, à s'endormir et à se réveiller sans pleurs.

M. Godin explique admirablement l'utilité de sa superbe crèche.

« La *nourricerie* et le *pouponnat* sont certaine-

ment les institutions les plus capables de soustraire
les enfants à l'absence de soins dont ils sont si souvent victimes en bas âge dans les familles pauvres et
obligées de se livrer à un travail assidu ; ces institutions sont seules en état de faire disparaître les tristes conséquences de l'abandon qui tue un quart des
enfants pendant le premier âge. Au *Familistère*, ni
l'abandon, ni la malpropreté, ni l'inanition, ni la misère, ni l'indigestion ne sont plus les causes de cette
mortalité des jeunes enfants sur laquelle la Société
ferme les yeux (l). L'enfant reçoit tous les soins réclamés par son âge ; les salles de la *nourricerie* et
du *pouponnat* sont là, dans l'habitation même, près
de la demeure de chacun, toujours ouvertes à l'enfant et à la mère, et nuit et jour des bonnes veillent
avec un soin maternel sur tous les enfants au berceau, dès que les mères éprouvent le besoin d'aller à
leurs travaux.

« L'enfant est là dans le milieu propre à son âge,
en société de ses pareils, à l'abri de ces ennuis qui
sont souvent pour l'enfant séparé de ses semblables
un tourment dont il se soulage par des cris et des
pleurs ; quarante enfants dans la salle de la *nourricerie* sont moins ennuyeux et inquiétants qu'un seul
à domicile.

« Au bonheur que trouve l'enfant dans cette institution placée près de la famille s'ajoutent les avantages qu'y trouve le ménage lui-même ; il ne perd
rien de sa tranquillité par la venue des enfants ; la
propreté du logement reste la même, l'intérieur domestique conserve sa physionomie et son caractère
paisibles, si nécessaires au repos du travailleur.

(l) Cette brochure était antérieure à la loi du 23 décembre 1874 sur la
protection des enfants du premier âge.

Cela est impossible lorsque l'enfant au berceau
ou en bas âge doit rester en permanence dans l'intérieur du ménage.

« L'enfant reste à la *nourricerie* jusqu'à l'âge où,
devenu propre et bon marcheur, il demande lui-
même, et avec instance, à aller au *pouponnat* prendre part aux exercices des autres; cela a lieu ordinairement vers l'âge de vingt-cinq mois.

« Dès lors, l'enfant retourne chez ses parents aux
heures des repas et y passe la nuit : il est en état de
faire, au besoin, ce petit voyage seul, ou en compagnie des bambins les plus grands, vu la proximité
du logement; mais plus souvent il est amené par ses
frères et sœurs, ou apporté dans les bras de son
père ou de sa mère, pour qui ce n'est pas un dérangement, mais un véritable plaisir qu'ils se donnent
en se rendant au travail.....

« Le *pouponnat* est le complément indispensable de
la *nourricerie*, pour éviter que l'enfant, après avoir
été veillé et soigné pendant le premier âge, ne soit
privé des soins qui lui sont encore indispensables
tant qu'il n'est pas assez fort pour aller aux écoles.
Il est, du reste, du plus heureux effet près des nourrissons; c'est le stimulant le plus direct de leur jeune
imagination ; celui qui sait déjà marcher veut participer aux exercices des plus grands; cela pique la
curiosité des impuissants eux - mêmes, et tous
aspirent au moment où ils pourront en faire autant.

« Il est dans la nature humaine d'éprouver de l'admiration et de l'attrait pour ce qui se trouve à la portée de notre conception; c'est en profitant de cette
disposition naturelle et en ménageant à l'enfant des
exemples vivants et bien gradués de ce qu'il peut
obtenir de lui-même qu'on facilite son développement. »

Plusieurs de ces idées ont été souvent exprimées par le fondateur des crèches, notamment ce qui a trait à l'influence favorable de l'éducation en commun ; nous sommes heureux de les voir reproduites par un grand industriel qui, lui aussi, raconte ce que lui a enseigné l'expérience de faits accomplis sous ses yeux.

M. Godin reconnaît qu'un établissement tel que le *Familistère* ne peut, aux yeux de beaucoup de personnes, être considéré comme un fait pratique que si le capital dépensé obtient une rémunération suffisante. L'édifice dont les diverses parties ont été construites successivement et qui, dans l'état où il se trouvait en 1874, pouvait loger un millier de personnes, avait coûté environ un million. Le prix des loyers y avait été fixé au même taux que les logements d'égale superficie dans la ville, sans tenir compte de tous les avantages offerts par le *Familistère* ; le produit des locations s'élevait à 40,000 francs ; en déduisant 10,000 francs pour les impôts, l'entretien, les frais généraux et les dépenses de propreté générale, il restait un produit net de 30,000 francs, soit 3 pour 100 du capital dépensé.

La dépense des institutions relatives à l'enfance s'élevait à 20,000 francs environ pour 320 enfants. La *nourricerie*, avec une moyenne de 40 enfants, figurait dans ce chiffre pour 10,000 francs, soit environ 70 centimes par tête et par jour ; le *pouponnat*, avec une moyenne égale de 40 enfants, coûtait 800 francs par an, soit 5 centimes et demi par enfant et par jour. Cette dépense, ainsi que celle des autres institutions d'instruction et de prévoyance, était, si nous ne nous trompons, couverte par les bénéfices réalisés sur les services d'approvisionnement.

Si ces conditions ont pu être maintenues, M. Godin

se trouve, sans avoir fait un sacrifice trop considérable sur le revenu de son capital, avoir créé pour
ses ouvriers un établissement dont certains points
ne sont pas à l'abri de toute critique, mais qui, dans
son ensemble, doit avoir sur leur bien-être et sur
leur niveau moral, une influence efficace et salutaire.
Nous souhaitons que l'exemple de M. Godin trouve
des imitateurs.

Dans cet ordre d'idées nous prendrons deux exemples à l'étranger :

M. Joseph Schaw, de Saint-Pétersbourg, a établi
une crèche-asile pour les enfants des ouvrières de
sa filature de coton, et dans laquelle il admet libéra-
lement les autres familles ouvrières de la localité.

L'établissement a été ouvert le 22 mai 1878, dans
une maison que M. J. Schaw a louée pour cette
destination et qu'il a appropriée. Les salles, au
nombre de six, sont situées au rez-de-chaussée ;
elles sont vastes et bien aérées et donnent sur un
grand jardin.

Dans le dortoir sont dix berceaux en fer. Dans la
salle de récréation il y a une pouponnière ronde avec
seize petites places pour les enfants qui ne peuvent
pas encore se soutenir, deux caisses couvertes
d'étoffe souple et de toile cirée pour les enfants qui
commencent à marcher, et deux longs bancs pour
les enfants un peu plus grands. Les enfants plus
âgés ont un préau couvert; en été, ils jouent dans le
jardin. Il y a 45 enfants chaque jour. L'établissement est ouvert de six heures du matin à huit
heures du soir, excepté les dimanches et les jours
de fête.

Les enfants sont admis depuis quinze jours jusqu'à sept ans ; ils ne payent aucune rétribution. En

arrivant le matin, ils sont lavés et habillés de vêtements appartenant à la crèche ; ils reprennent les leurs le soir avant de partir.

La nourriture consiste en côtelettes de bœuf ou de veau, bouillon de bœuf ou de veau, lait, gruau au lait. Pour les enfants non sevrés, la mère doit venir les allaiter trois ou quatre fois par jour pendant les heures où la manufacture la laisse libre.

Le personnel se compose d'une surveillante, deux berceuses, une cuisinière, une blanchisseuse et un portier.

Le Dr Monrinoff a bien voulu se charger gratuitement de visiter l'établissement.

L'installation a coûté environ 2,000 roubles (8,000 francs). La dépense courante s'est élevée à 84 centimes par jour et par enfant.

————

M. Alexandre Rossi, sénateur d'Italie et propriétaire à Schio d'une grande manufacture pour la filature et le tissage de la laine, a établi une Crèche et d'autres institutions pour les enfants de ses ouvriers.

La Crèche, créée en 1878, reçoit les enfants de quinze jours à trois ans dont les parents ont, par suite de circonstances indépendantes de leur volonté, besoin de ce secours. Elle a été agrandie pendant l'année 1880 ; elle compte, en ce moment, environ 70 enfants présents chaque jour, dont 12 à 15 enfants encore à la mamelle. Elle entraîne une dépense annuelle d'environ 5,600 fr., non compris l'intérêt et l'amortissement du capital dépensé pour le terrain et la construction.

Cette dépense se divise ainsi :

Alimentation	2.000	»
Directrice et médecin...............	1.400	»
Berceuses, servantes, etc.............	1.800	»
Entretien du mobilier, linge, etc.......	400	»
Médicaments	30	»
TOTAL............	5.630	»

Une fréquentation journalière de 70 enfants supposant plus de 20,000 journées de présence par an, le prix moyen d'une journée ressort à 25 ou 30 centimes, non compris le loyer.

A partir de trois ans, les enfants pass ᴀ la salle d'asile, qui, comme la Crèche, est visitée chaque jour par un médecin. En raison de leur condition sociale, on s'attache moins à exiger d'eux des efforts de mémoire ou d'attention, qu'à développer leur santé physique et morale pour ouvrir progressivement leur intelligence, et à cultiver en eux le sentiment de famille qui, des enfants, rejaillira sur les mères. A midi, les enfants ont gratuitement un repas où il leur est distribué une nourriture saine et abondante; la propreté des habits et du corps est rigoureusement exigée. Grâce à tous ces soins, la mortalité atteint à peine 1 ou 2 enfants sur 100. Depuis la fondation de la salle d'asile en 1867, le nombre des petits élèves s'est progressivement élevé de 100 à 412.

Après l'asile viennent les écoles, qui ont été établies en 1874 et qui se développent aussi chaque année ; en ce moment, elles reçoivent 235 enfants de sept à treize ans.

Tous ces établissements ont été construits par M. Alexandre Rossi ; les salles sont vastes et bien aérées ; les bâtiments sont entourés de cours et de jardins.

M. Alexandre Rossi ne s'est pas contenté de pourvoir aux besoins des ouvriers de son usine ; il a, de plus, fait construire à ses frais et donné à la ville un grand établissement scolaire. Ainsi, grâce à lui, dans la ville de Schio, qui compte 11,000 habitants, plus de 1,800 enfants ayant moins de treize ans reçoivent les soins et l'instruction que leur âge réclame.

Voici un exemple à l'adresse des Compagnies :

La Compagnie du chemin de fer de l'Ouest a récemment ajouté une Crèche à la série des institutions que, depuis longtemps, elle avait établies, pour améliorer la situation de ses agents et de leurs familles : système de retraites, caisse de secours et de prévoyance, économat, mesures diverses relatives à l'alimentation, au chauffage, aux soins médicaux, aux avances, aux secours, etc., etc. A Paris, où un grand nombre de ses agents se trouvent agglomérés autour des gares et des ateliers des Batignolles, elle a créé, pour leurs enfants, sous la direction des Sœurs de Saint-Vincent-de-Paul, un ouvroir où les jeunes filles apprennent à travailler, des classes où, jusqu'à leur première communion, elles reçoivent l'instruction primaire, et une salle d'asile où sont gardés 300 enfants des deux sexes. Jusqu'à présent, les enfants au-dessous de trois ans étaient restés en dehors du cercle de ses bienfaits, et bien souvent des mères qui amenaient un enfant à l'école ou à l'asile en avaient sur les bras un autre qu'elles étaient forcées de confier à une garderie pour pouvoir aller à leur travail. La garderie prenait 1 fr. par jour ; une de ces femmes, qui gagnait 25 fr. par mois, payait 20 fr. à la gardeuse ! La Compagnie, informée de cet état de choses, reconnut qu'il serait utile de recueillir les petits enfants comme les plus grands, et elle se résolut à créer une Crèche à côté de ses autres établissements.

Elle fit approprier des bâtiments qui faisaient partie des anciens abattoirs des Batignolles ; elle y ajouta quelques constructions nouvelles, et, le 3 mai 1880, elle ouvrit une Crèche qui peut recevoir plus de 100 enfants.

Le bâtiment, qui forme un long rectangle, est placé entre une cour et un jardin ; il a des fenêtres sur ses deux façades. Au milieu, du côté du jardin, est la porte par laquelle on entre dans le vestibule. On trouve à droite une vaste salle, qui est la Crèche proprement dite et qui est parfaitement installée, un vrai modèle du genre.

D'autres Compagnies poursuivent le même but par une autre voie : elles accordent à leurs employés une allocation mensuelle supplémentaire par chaque enfant au-dessous d'un âge déterminé ; la Compagnie de l'Ouest nous semble avoir choisi une forme préférable, en mettant gratuitement à la disposition de ceux de ses employés qui veulent en user des établissements qui les aident à élever leurs enfants ; elle est plus certaine que l'enfant profitera du secours.

A Nantes, la Crèche de la Manufacture des tabacs mérite une attention particulière ; elle peut être considérée comme le type des Crèches à établir soit dans les autres manufactures de l'Etat, soit dans les usines privées.

La Manufacture de Nantes occupe 1,900 personnes, dont 1,800 femmes. Depuis longtemps, ses administrateurs y ont créé tout un ensemble d'institutions d'enseignement, de prévoyance ou de secours : Crèche, salle d'asile, écoles, écoles de demi-temps pour les jeunes ouvrières, caisse de retraite, société de secours mutuels, bureau d'épargne, etc.

La Crèche date de 1862. Elle est placée, comme la salle d'asile, dans l'intérieur de l'établissement, au rez-de-chaussée, à côté d'un grand jardin. Elle ne reçoit aucune subvention étrangère; la Manufacture, seule, en fait les frais, y est seule maîtresse et n'y admet que les enfants de ses ouvrières. Le Directeur de la Manufacture administre l'Œuvre; sa femme, qui comme lui s'en occupe avec le plus grand dévouement, préside aux détails intérieurs, dirige la gardienne-chef, règle les comptes de ménage, etc.

La Crèche conserve le caractère d'une œuvre spéciale; elle a son budget et ses ressources propres, qui se composent exclusivement du produit de la rétribution maternelle et de subventions déterminées, allouées par la Manufacture.

La rétribution maternelle est de 20 centimes par jour; en 1876, elle a produit 1,572 fr. 80 cent. pour 7,864 journées de présence.

La Manufacture donne une subvention fixe de 5 centimes par jour et par berceau, soit, pour vingt-quatre berceaux et trois cents jours, 360 fr. par an; en outre, elle prend à sa charge le traitement de la gardienne-chef, qui est de 480 fr., et environ 150 fr. pour le chauffage et l'éclairage.

La dépense, à peu près égale à la recette, se monte environ à 2,500 fr, soit, en moyenne, 32 centimes 1/2 par journée de présence. Dans cette dépense figure une somme de 500 fr. consacrée à acheter des vêtements, qui sont distribués aux enfants à l'entrée de l'hiver et à Pâques.

Si l'on analyse les recettes et les dépenses, on voit que la rétribution maternelle représente à peu près

les frais du personnel et d'alimentation ; l'administration, par ses diverses subventions, donne le reste,
c'est-à-dire le local, le mobilier, le chauffage et l'é-
clairage, le blanchissage et les distributions de vêtements. Le tout lui coûte, indépendamment du local
dont le loyer ne figure pas dans les comptes, environ
1,000 fr. par an, environ 12 centimes 1/2 par journée
de présence. Si l'on compte à part les distributions
de vêtements, qui sont un bienfait spécial, et qui ne
sont pas l'accessoire nécessaire de la Crèche, la
charge que s'impose l'administration se trouve encore réduite de moitié. C'est moyennant ce faible
sacrifice que la Manufacture offre à une population
de 1,700 ouvrières la faculté d'élever elles-mêmes
leurs enfants, au lieu de les envoyer en nourrice ; de
les faire garder dans l'établissement même, assez
près de l'atelier pour qu'elles puissent venir les
allaiter deux fois et même trois fois dans la journée,
si leur âge l'exige.

Quant aux ouvrières, moyennant une rétribution
de 20 centimes, elles assurent à leurs enfants des
soins intelligents et dévoués, donnés dans un local
aéré et salubre, sous la surveillance semi-quotidienne
d'un médecin ; elles conservent la précieuse habitude
du travail, et elles continuent à gagner un salaire de
2 fr. par jour. Aussi apprécient-elles à toute leur
valeur les bienfaits de la Crèche ; elles s'inscrivent
d'avance, avant leurs couches, pour retenir la place
de leur enfant.

Nous demandons, dit le *Bulletin*, à l'Administration des tabacs la permission de la féliciter de sa
création ; les résultats qu'elle a obtenus à Nantes
doivent l'encourager à doter ses autres manufactures de Crèches établies sur le même type : l'expérience est décisive, elle constate que l'Œuvre est

possible, qu'elle est peu coûteuse, qu'elle est utile, et qu'elle est appréciée par la reconnaissance des ouvrières.

MODÈLES DIVERS

(Comptabilité, statuts, règlements, registres.)

Notre œuvre serait incomplète si, après avoir montré comment on doit installer une Crèche, comment on réunit les ressources pour la créer et l'entretenir, comment on l'administre et on la surveille, nous ne donnions pas, à titre de guide, un modèle de comptabilité à l'usage des secrétaires-trésoriers, des statuts et règlements destinés à régir l'œuvre; enfin, des registres qui servent à la bonne gestion d'une œuvre si intéressante. Nous aurions pu prendre les modèles de M. Marbeau. Nous préférons prendre, pour les statuts et règlements, des modèles *plus nouveaux* et moins empreints du sentiment exclusivement religieux.

Je rappelle que, pour 1 fr. 50, on a les *Crèches* et le *Manuel* de Marbeau; c'est le fonds de la bibliothèque de la Crèche, avec le *Bulletin* et le *Guide de Comptabilité*, que je vais résumer.

Comptabilité de la Crèc e.

Les dons de la charité privée, les subsides des villes et des départements constituent les principales ressources des Crèches. Si, pour la création de telles institutions, pour la constitution et l'administration de leurs ressources, le premier rôle doit appartenir à l'initiative charitable et individuelle, le Ministère de l'Intérieur seconde les efforts qui ont été faits à cet égard avec succès. Son concours se manifeste par des subventions qu'il accorde, à titre d'encouragement, aux Crèches qui lui paraissent dignes de sa sollicitude d'après l'examen de leurs comptes annuels. Ces comptes doivent donc être régulièrement produits. Il importe, de plus, qu'ils soient présentés avec clarté et précision, afin que l'Administration supérieure, exactement renseignée sur la situation financière de chaque Crèche, soit mise en état d'apprécier les besoins qui peuvent en résulter, tant pour chaque établissement que pour l'ensemble de l'institution.

C'est pour faciliter, à ce dernier point de vue, la tâche qui leur incombe, que M. Trigand de Beaumont, sous-chef, au Ministère de l'Intérieur, du bureau auquel ressortissent les Crèches, a pour ainsi dire *codifié*, sous le titre de *Petit Guide manuel de comptabilité à l'usage des trésorières des Crèches*, l'ensemble des règles et instructions qui s'appliquent à la préparation des comptes financiers et moraux à soumettre au bienveillant examen du Ministère de l'Intérieur.

Il convient, à cette occasion, de faire remarquer que, contrairement à certaines appréhensions parfois exprimées, l'envoi des comptes annuels au Ministère de l'Intérieur n'a point pour effet d'enlever aux Crèches qui fonctionnent sans attache administrative leur caractère d'institutions purement privées.

En rapports constants et intimes avec toutes les œuvres charitables sur lesquelles il exerce une *quasi tutelle officieuse*, le Ministère de l'Intérieur ne cesse de leur donner des témoignages de sa sollicitude. Cette sollicitude s'est notamment affirmée, en ce qui concerne les Crèches, lorsque ce Ministère a préparé à leur intention un modèle de cadre destiné à rendre facile la reddition des comptes moraux et financiers des institutions.

Voici la reproduction de ce modèle :

DÉPARTEMENT

CRÈCHE D

Fondée en

COMPTES DE 188

Compte en deniers.

RECETTES	DÉPENSES
Subvention de l'Etat	Local : Loyer, Contrib., Assur.
— du département. .	Entretien du bâtiment . . .
— de la commune. .	Personnel : Traitement de la surveillante. .
Rentes sur l'Etat	— Gages des berceuses
Intérêts du fonds de réserve .	— Gratifications . . .
Rétribution maternelle . . .	Entretien et achats : du mobilier . . . . . .
Dons en argent	— du linge, vêtements, etc.
Fondations de berceaux, nombre ( )	Alimentation . . . .
Souscriptions annuelles, nombre ( )	Chauffage . . . .
Sermons de charité	Eclairage . . . .
Loteries, ventes, concerts, etc.	Blanchissage . . . .
Quêtes	Frais divers . . . .
	Total des dépenses en argent . . . .
Total des recettes en argent.	Valeurs des dons en nature employés. . . . . . .
Dons en nature	
Total des recettes de l'année 18	Total des dépenses de l'année 18 . . . .
	Acquisitions : de valeurs mobilières . .
Excédent des recettes de l'année précédente	— d'immeubles . .
	Excédent des dépenses de l'année précédente . . . .
Total	Total . . . . . .

Balance.

Recettes . . . .
Dépenses . . . .
Excédent de . . . .

Renseignements.

Pendant l'année :

Nombre de journées de présence . . . . . .
— de journées payantes.
— — gratuites.
— d'enfants qui ont pro-
fité de la Crèche . .
Chiffre moyen des enfants présents chaque jour . . . .
Maximum . . . .
Minimum . . . . . .
Combien de jours la Crèche
est restée ouverte . . . .

Nombre de berceaux . . . .
— de places dans les lits
de camp . . . . .
Taux de la rétribution maternelle . . . .
— Pour un enfant . . . .
— Pour deux ou plusieurs
enfants . . . . . .
Dépense moyenne de chaque
enfant par jour . . . . .
Nombre des vaccinations . .
— des décès . . . .

COMPTE MORAL

Le Compte moral doit indiquer sommairement les motifs d'augmentation ou de diminution des recettes, les mutations survenues dans le
nombre des sociétaires et des enfants secourus, ainsi que dans le personnel dirigeant et servant, les améliorations dont le service paraîtrait
susceptible. Il doit fournir également des renseignements sur l'état
sanitaire, sur les maladies ou les épidémies qui ont pu sévir, dans le
courant de l'année, parmi les enfants admis.

Ce compte doit donner, en un mot, un aperçu de l'ensemble des
résultats obtenus par l'Œuvre aux points de vue matériel et moral.

COMITÉ DES DAMES

Présidente,

Vice-Présidentes,

Trésorières-Directrices,

Secrétaires,

Nombre de Dames patronnesses,

COMITÉ D'ADMINISTRATION

Le modèle de cadre qui précède est, en réalité, un questionnaire des plus précis et des plus détaillés. L'indication exacte et complète des chiffres et renseignements qui y sont demandés permet à l'Administration supérieure d'apprécier à première vue la situation financière de chaque Crèche et le bien qu'elle a effectué.

Ce cadre comprend trois parties bien distinctes :

1° *Compte en deniers*; 2° *Renseignements à l'appui du compte en deniers*; 3° *Compte moral.*

L'auteur examine successivement chacune de ces divisions, en donnant, au sujet des éléments qui la composent, les explications nécessaires et auxquelles je renvoie.

Ce petit livre, qui coûte *1 fr.*, est indispensable (1). Je ne puis que résumer ici ses grandes lignes.

Observations préliminaires à l'examen du compte en deniers.

Avant d'étudier les chapitres des recettes et des dépenses qui constituent ce compte, il importe de poser d'abord quelques règles d'une application indispensable :

1° Le compte en deniers, qui résume par des chiffres les opérations accomplies pendant une période déterminée, ne doit pas être présenté par *à peu près*, mais avec des chiffres d'une entière précision. Ce compte diffère en cela des budgets, qui ne sont qu'une évaluation plus ou moins exacte des recettes prévues et des besoins supposés ;

---

(1) On le trouve, soit au siège de la Société des Crèches, à Paris, rue de Londres, 17; soit à la librairie administrative Paul Dupont, rue Jean-Jacques-Rousseau, 41, à Paris, ainsi que toutes les autres brochures sur les crèches.

2° Il est d'usage, pour les œuvres de bienfaisance, de rendre compte des opérations effectuées du 1er *janvier au 31 décembre* de chaque année. Ce principe a d'autant plus sa raison d'être pour les Crèches qu'il permet de comprendre les résultats partiels, uniformément produits pour chacune d'elles, dans un tableau synoptique dressé, tous les ans, par les soins du Ministère de l'Intérieur. Ce travail de statistique donne la faculté d'établir entre les divers résultats obtenus des rapprochements et des comparaisons dont chaque Crèche en particulier ne peut que retirer un grand profit. Deux tableaux analogues ont figuré dans l'Exposition collective des principaux services du Ministère de l'Intérieur à l'Exposition universelle de 1878, et ils y ont été remarqués.

3° Il peut se faire qu'une Crèche soit installée dans le même local qu'une œuvre de nature différente (une salle d'asile par exemple), qu'elle soit administrée par le même conseil et soumise à la même direction. En pareille circonstance, deux comptabilités distinctes seront tenues afin de produire séparément les comptes de la Crèche et ceux de l'œuvre juxtaposée.

La même observation s'applique au cas où plusieurs Crèches sont administrées par la même société. La production d'un compte spécial pour chaque crèche présente un intérêt sérieux, puisqu'elle donnera lieu de constater les progrès individuels de chacune d'elles en dehors de l'unité de direction qui les régit toutes.

Ces divers points bien établis, abordons l'étude des comptes.

COMPTE EN DENIERS

CHAPITRE DES RECETTES

ARTICLE PREMIER. — *Subvention de l'Etat.*

L'inscription de cet article des recettes ne motive qu'une seule observation :

Si, en raison de circonstances fortuites, la subvention de l'Etat a été encaissée postérieurement à la clôture de l'exercice pendant lequel le Ministère de l'Intérieur l'a accordée, cette allocation devra figurer aux recettes de l'année suivante. Mention de ce report sera faite au compte moral.

Nous ne saurions trop insister, à cette occasion, au sujet de l'urgence de l'encaissement, par les soins de Mesdames les Trésorières des Crèches, du montant des subventions de l'Etat, lorsque le mandat de payement en a été remis à Mesdames les Présidentes de ces œuvres par la préfecture du département.   .

ART. 2. — *Subvention du département.*

La Crèche, de même que la Société de charité maternelle, vient en aide au département. Ces deux œuvres ménagent les finances départementales, en ce qu'elles détournent des parents dans l'indigence de la pensée d'abandonner des enfants qui tomberaient, par suite de cet abandon, à la charge du département.

C'est en reconnaissance des réels services rendus notamment à cet égard par les Crèches qu'un grand nombre de Conseils généraux votent annuellement des allocations en leur faveur.

Art. 3. — *Subvention de la commune.*

La Crèche est une œuvre essentiellement communale. Elle se substitue, dans une mesure assez large, à l'action du Bureau de bienfaisance en facilitant le travail des mères, en affermissant la santé des enfants.

Aussi de nombreuses municipalités s'imposent-elles, chaque année, des sacrifices dans l'intérêt des enfants de la classe ouvrière confiés aux Crèches.

Ces sacrifices sont représentés :

1° Soit par une subvention en argent ;

2° Soit par une participation aux dépenses de l'œuvre ;

3° Soit enfin par la concession gratuite d'un local dépendant de la commune.

La somme allouée à titre de subvention devra être inscrite à l'article 3 des recettes, *Subvention de la commune.*

S'il s'agit d'une *participation* aux dépenses annuelles de la Crèche, le montant de cette participation figurera au même article 3, *des Recettes,* avec inscription aux *Dépenses* du détail des frais auxquels il a été pourvu par la ville.

Au cas où un *local* serait gratuitement concédé, le chiffre d'*évaluation du loyer* de ce local sera compris à la fois dans les *Recettes* et dans les *Dépenses.* Dans les recettes, à l'article 3, *Subvention de la commune*; dans les dépenses, à l'article 1er, *Local, loyer*, etc.

Ces diverses inscriptions donneront une idée très complète des ressources totales de la Crèche et des encouragements qu'elle reçoit de la ville.

Subvention de la Société des Crèches.

La Société des Crèches accorde également des subventions aux Crèches dont les statuts et le règlement lui ont été communiqués (1). Toute demande de subvention doit être appuyée d'un état de situation.

Le montant des sommes allouées par cette Société doit être inscrit après l'article 3 : *Subvention de la commune.*

ART. 4. — *Rentes sur l'Etat.*

Cet article s'applique à l'inscription des arrérages annuels des rentes sur l'Etat dont les Crèches ont opéré l'encaissement.

Ces rentes sur l'Etat proviennent :

1° Soit du montant de legs et de donations faits par des bienfaiteurs ;

2° Soit de la capitalisation ainsi effectuée au moyen d'un prélèvement sur un reliquat d'exercice ou sur le fonds spécial dit de réserve, placé d'ordinaire en compte courant au Trésor, et productif d'un intérêt de 3 %. (Voir l'article ci-après : *Intérêts du fonds de réserve.*)

En ce qui concerne les legs et donations, il importe de bien préciser la distinction à établir entre les Crèches qui ont été *reconnues comme établissements d'utilité publique* et celles qui sont seulement *approuvées* ou même simplement *autorisées.*

---

(1) Jusqu'à présent la Société des Crèches n'a pu, faute de ressources suffisantes, donner de subventions qu'aux Crèches du département de la Seine.

Il faut bien lire le *Guide* sur ce point important et
sur la capitalisation en rentes sur l'Etat des fonds
disponibles.

ART. 5. — *Intérêts du fonds de réserve.*

C'est de la part des Crèches faire acte d'administration prudente que de réaliser des économies,
compatibles cependant avec le bien à accomplir, afin
de constituer un *fonds de réserve* qui leur permettrait, le cas échéant :

De se dégager, sans compromettre leur existence,
de difficultés financières momentanées ;

De subvenir à des dépenses extraordinaires *(frais
de construction, d'aménagement, de renouvellement
du matériel, etc.)*, auxquelles il ne pourrait être
pourvu au moyen des ressources mêmes de l'année.

Là encore, pour le détail, le *Petit Guide* est indispensable.

ART. 6. — *Rétribution maternelle.*

Chacune des Crèches doit être pourvue d'une installation qui permette de recevoir les enfants encore
allaités par leurs mères et les enfants sevrés. Ces
derniers seront, autant que possible, séparés des
autres.

La plupart des Crèches exigent, pour l'admission
des enfants, une *rétribution* dite *maternelle.*

Cette importante question a été traitée plus haut,
avec les développements qu'elle comporte.

ART. 7, 8, 9, 10, 11, 12. — Je renvoie au *Guide,*
pour la partie comptable proprement dite et à ce qui
a été dit plus haut des ressources de la crèche à

savoir : *dons en argent, fondation de berceaux, sous-criptions annuelles, sermons de charité, loteries, ventes, concerts, quêtes,* etc., etc.

ART. 13. — *Dons en nature.*

Ils doivent, au point de vue de la comptabilité, être *évalués en argent* et inscrits aux recettes et aux dépenses ; ces dons consistent en substances alimentaires, combustible, médicaments, etc., et en travail de confection des vêtures, layettes, etc., dont les dames sociétaires veulent bien se charger à l'usage des enfants que la crèche assiste.

ART. 14. — *Excédent des recettes de l'année précédente.*

Voir le *Guide.*

CHAPITRE DES DÉPENSES

ART. 1er. — *Local, loyer, contributions, assurances.*

Sous ce premier article on doit inscrire le total des dépenses d'installation matérielle de la crèche annuellement afférentes aux *frais de loyer,* de *contributions* et d'*assurances* du local occupé par l'Œuvre à titre de *locataire.*

Dans le cas où ce local serait *gratuitement* concédé par la ville, nous rappelons (comme nous l'avons indiqué précédemment), que le chiffre d'*évaluation du loyer* du bâtiment communal, dont la crèche a la jouissance, sera compris à la fois dans les *recettes* et dans les *dépenses.* Dans les recettes, à l'*article 3, subvention de la commune*; dans les dépenses, à l'*article 1er, local, loyer,* etc... Cette double inscription est en effet nécessaire pour qu'il soit possible d'apprécier avec exactitude les encouragements accordés par la ville à la crèche et les ressources totales dont cette dernière dispose.

Quelques crèches possèdent, soit en leur *propre nom*, si elles sont reconnues comme établissement d'utilité publique, soit *au nom de leurs administrateurs*, les bâtiments où elles sont installées et dont la propriété leur appartient. Il convient également, en pareil cas, d'inscrire à l'article 1er des dépenses une *évaluation* représentant la *valeur locative* de l'immeuble que la crèche occupe à titre de *propriétaire*.

Le *Guide* donne un modèle et un exemple de cette évaluation.

Art. 2. — *Entretien du bâtiment.*

Il s'agit ici des *réparations ordinaires* destinées à maintenir les locaux de la crèche en bon état d'entretien. Quant aux travaux d'*agrandissement* ou de *modification* des bâtiments, ils constituent des *dépenses extraordinaires* qui devront être portées au compte en deniers avec une mention spéciale mise à la suite de l'article : *acquisition d'immeuble*. Il en serait de même des travaux de *réfection totale* ou *partielle*, de tous ceux enfin qui auraient trop d'importance pour être raisonnablement considérés comme relatifs à l'*entretien proprement dit* du bâtiment.

Les articles 3, 4, 5, 6, 7, 8, 9, 10 et 11, qui concernent le *personnel* : *traitement de la surveillante, gages des berceuses, gratifications, entretien et achat du mobilier, du linge, vêtements, etc., alimentation, chauffage, éclairage, blanchissage,* ne motivent aucune explication. Plusieurs points ont déjà été touchés plus haut.

Art. 12. — *Frais divers.*

On comprendra, sous ce titre, le montant des *secours* remis aux mères indigentes, les *menues dépenses,* etc. Le détail des *frais divers* devra être indiqué dans le compte moral.

Ces frais constituent le dernier article des *dépenses en argent.* En ajoutant au total de ces dépenses l'*évaluation* des *dons en nature* employés — (voir ce qui a été dit au sujet de l'utilité de cette évaluation à l'article 13 des *Recettes*), — on formera l'ensemble des ressources au moyen desquelles il a été subvenu, pendant l'année, aux besoins ordinaires de la Crèche.

A la suite de ces dépenses, qui sont des dépenses *normales* nécessitées par le fonctionnement même de l'institution, s'inscrivent, s'il y a lieu, les dépenses *extraordinaires* relatives à des acquisitions de *valeurs mobilières* ou *d'immeubles* — (se reporter à l'examen de l'article 4 du titre des recettes : Rentes sur l'Etat) — à des travaux de *construction, d'aménagement,* de *renouvellement du matériel.* On portera enfin au compte l'*excédent des dépenses* qui pourrait provenir du précédent exercice.

La *balance* s'établit ensuite entre les *recettes* et les *dépenses.* Le résultat de cette opération constate soit que le compte se solde *avec* ou *sans excédent de recettes,* soit qu'il présente un *déficit.*

Renseignements.

A l'appui du compte en deniers et indépendamment du compte moral, le modèle de cadre administratif énonce certains renseignements de *statistique*, à fournir. En voici l'énumération :

Nombre de journées de présence produites par les enfants qui ont bénéficié de la Crèche dans le cours de l'année.

Nombre de journées payantes, nombre de journées gratuites.

Nombre d'enfants qui ont profité de la Crèche. — On doit comprendre dans ce total même ceux dont le séjour n'y a été que de peu de durée.

Chiffre moyen des enfants présents chaque jour, maximum, minimum. — Le chiffre moyen des enfants présents chaque jour se détermine en divisant le total des journées de présence par le nombre des jours d'ouverture de la Crèche.

Combien de jours la Crèche est restée ouverte ?

Qu'il nous soit permis de formuler ici un *desideratum* dont nous ne saurions trop recommander la prise en considération : c'est que l'ouverture de la Crèche ait lieu, en toute saison, avant l'heure où commencent les travaux des usines et des ateliers.

Nombre de berceaux, nombre de places dans les lits de camp.

Taux de la rétribution maternelle : pour un enfant, pour deux ou plusieurs enfants (de la même famille).

Dépense moyenne de chaque enfant par jour. — Pour obtenir cette *moyenne*, on divise par le nombre des *journées de présence* le total des *dépenses ordinaires*, c'est-à-dire de la somme qui subsiste après déduction des *dépenses extraordinaires* (acquisition de valeurs mobilières, d'immeubles, frais de construction, etc.).

Nombre des vaccinations. — Rappelons, à ce sujet, que l'article 5 du règlement ministériel de 1862 prescrit de n'admettre, dans les Crèches, que des enfants qui ont été vaccinés ou dont les parents consentent à ce qu'ils le soient dans le plus bref délai.

Nombre des décès. — Des renseignements à cet égard présentent un intérêt, bien qu'ils ne puissent être fournis que par *approximation.* Il n'existe pas de mortalité à la Crèche, puisque les enfants malades n'y sont point reçus. C'est donc à *domicile* que doivent être recherchés les décès survenus. Or, pour savoir ce qu'est devenu l'enfant, il faudrait souvent suivre les parents eux-mêmes ; mais que de familles nomades parmi celles des ouvriers !

Compte moral.

Le compte moral a pour objet de mettre le Ministère de l'Intérieur en état d'apprécier avec exactitude l'importance du bien accompli par l'institution et les progrès qu'elle a su réaliser.

On y indiquera sommairement :

1° *Les motifs d'augmentation ou de diminution des recettes.* — Il est utile de faire remarquer à ce sujet que le compte moral doit contenir l'*explication* et non la *reproduction* des chiffres qui figurent au compte en deniers ;

2° *Les mutations survenues dans le nombre des sociétaires et des enfants secourus, ainsi que dans le personnel dirigeant et servant;*

3° *Les améliorations dont le service paraîtrait susceptible ;*

4° *Des renseignements sur l'état sanitaire de la Crèche, sur les maladies ou les épidémies qui ont pu sévir, dans le courant de l'année, parmi les enfants admis.*

Le compte moral est destiné, en un mot, à fournir un aperçu de l'ensemble des résultats obtenus par l'Œuvre au point de vue matériel et moral.

Dans certains cas d'épidémie, la prudence exige que la Crèche soit momentanément fermée. Afin d'atténuer les inconvénients qui résultaient de cette fermeture, les administrateurs de quelques Crèches ont fait distribuer à *domicile* du *lait* aux enfants dont le séjour à la Crèche se trouvait ainsi interrompu.

C'est là un acte qui mérite d'être encouragé.

Nous donnerons plus loin quelques détails sur l'organisation de *laiteries municipales.*

Comité des dames. — Comité d'administration.

Au compte en deniers (avec renseignements à l'appui) et au compte moral il y a lieu de joindre deux listes nominatives : l'une fait connaître la composition du *Comité des dames* (Présidente, Vice-Présidentes, Trésorières, Directrices, Secrétaires), avec indication du nombre des Dames patronnesses; l'autre est relative à la même désignation en ce qui concerne le *Comité d'administration.*

Il y a intérêt à exposer ici comment il doit être actuellement procédé pour la nomination des Présidentes des Crèches *approuvées.*

Un arrêté (en date du 29 mars 1871) du Chef du pouvoir exécutif a conféré aux membres des Sociétés de charité maternelle *approuvées* le droit d'*élire* leur Présidente. Nulle disposition analogue n'existe à l'égard des Crèches ; mais, comme il n'y a pas de motif pour procéder différemment, le ministère de

l'Intérieur a admis que le même mode de nomination fût appliqué aux Dames dignitaires de ces dernières œuvres. Le vote a lieu en assemblée générale
au *scrutin secret*, et un extrait du *procès-verbal* constatant le résultat de l'élection est transmis au préfet
du département.

(Voir aux *annexes* à la fin du volume des modèles
de statuts, règlements, registres, etc., etc.)

A cette grave question des Crèches qui a reçu de si
longs développements se rattachent, comme mesures
médicales de protection de l'enfant et de l'adulte,
deux questions : celle du *lait* dans les grandes villes
pour les jeunes enfants allaités artificiellement, et
celle des *hôpitaux marins* pour certaines maladies
des adultes et enfants du deuxième âge.

L'aliment qui convient le mieux aux jeunes enfants,
c'est le bon lait. Celui de vache est très bon ; mais il
est partout l'objet d'une grande spéculation, surtout
aux environs des grandes villes. Il est plus facile de
s'assurer du régime des chèvres dont le lait, un peu
plus caséeux, est cependant très bon ; mais la chèvre
a invariablement une portée chaque année, ce qui
suspend l'usage de son lait pendant quatre mois,
c'est-à-dire de novembre à février.

Il faut que le lait destiné au nouveau-né soit de
bonne qualité, d'un âge en rapport avec celui de
l'enfant, sans altération ni coupage d'aucune sorte et
à la température du lait sortant du pis de l'animal.

Je n'ai pas à entrer dans des détails techniques sur
la meilleure nourriture à donner à l'animal pour produire de bon lait, et sur les aliments qui lui sont nuisibles. Pour un nouveau-né, il faut le lait d'une vache

qui a vêlé récemment, ou celui du commencement de
la traite qui est moins chargé de caseum.

Les médecins rejettent généralement les diverses
compositions inventées pour remplacer le lait. Il n'y
a pas que l'alimentation de l'animal qui agisse sur le
lait, il y a aussi le choix des races, la façon dont les
vaches sont tenues à l'étable, etc., etc. Ce sont là encore des questions que je laisse à de plus compétents.
Mon intention est seulement d'attirer l'attention
sur ces graves questions qui doivent être au moins
soulevées si je veux être à peu près complet.

Le rapporteur de l'Académie de médecine (Commission de l'hygiène de l'enfance) dit quelque part :

« Rien ne vaudrait mieux que le lait tiré directement du pis de l'animal, ou tout au moins donné
chaud sortant de ce pis.

« Dans les campagnes où l'on peut se procurer du
lait pur, donné par des animaux nourris dans de
bons pâturages, et surtout par certaines races de vaches laitières robustes, le lait a besoin d'être coupé
d'une certaine quantité d'eau, pendant les premières
semaines au moins. Cette nécessité ne se fait plus
autant sentir lorsque le lait est recueilli dans des
conditions opposées, autour des grandes villes, où la
consommation est si considérable que, ou bien on
pousse la nourriture des vaches au lait abondant par
des procédés bien connus des nourrisseurs, et qui
rendent le lait plus clair et moins nutritif; ou bien le
lait est déjà additionné d'eau directement.

« Nous ajouterons, en tous cas, et c'est notre opinion particulière, que lorsque le coupage du lait est
jugé nécessaire, nous croyons qu'il doit être opéré à
un moindre degré et pendant moins longtemps qu'on
ne l'a conseillé jusqu'à présent. Ce n'est pas d'ailleurs

une mesure mathématique qu'il faut adopter ; mais on doit toujours se guider sur la tolérance des organes digestifs de l'enfant, sur le résultat de ses digestions et enfin sur son état de force ou de faiblesse. Il est encore un moyen bien simple de rendre le lait plus léger, lorsqu'il en est besoin, et sans le couper directement, c'est de faire boire plus fréquemment les animaux qui le fournissent. »

Le mal le plus funeste aux jeunes enfants des grandes villes allaités artificiellement, c'est la *diarrhée infantile.*

Cette maladie, la science l'a démontré, vient du régime alimentaire, et c'est dans le lait *commercial* qu'est l'origine du mal.

La fraude et la sophistication ne sont pas le seul mal ; c'est encore l'intervalle trop grand qui sépare l'heure de la traite du moment de la consommation. Durant cet intervalle la fermentation lactique commence, en dépit des moyens plus ou moins inoffensifs employés pour la prévenir ou la retarder. Introduit dans l'estomac d'enfants chétifs, le lait se caille en une foule de petits grumeaux qui pénètrent non digérés dans l'intestin et y déterminent une diarrhée presque toujours mortelle.

A ce mal, quel est le remède ? Plusieurs médecins, dans des mémoires soumis à l'Académie de médecine, l'ont indiqué.

C'est la création, à proximité des grandes villes, de *vacheries et de laiteries municipales,* placées sous la direction de personnes compétentes, autorisées et de confiance.

On fait bien un service municipal de l'inspection des viandes pour les adultes et les hommes faits !

Voici un argument : A la Crèche de la Compagnie

de l'Ouest, dont nous avons parlé, la santé des
enfants y est excellente; mais *le lait y est expédié
d'une ferme où il a été trait le matin même.*

Non seulement la santé des enfants y est très
bonne, mais aucune épidémie n'a atteint la Crèche,
tandis qu'aux environs, plusieurs écoles ont été fermées pour cause de maladies épidémiques. M. le
docteur Baudot, médecin de la Compagnie, attribue
une sérieuse influence sur le bon état de la santé des
enfants à la bonne qualité du lait, pris hors Paris,
au lieu d'être pris dans les vacheries de Paris.

C'est toujours dans ma chère Lorraine que je
trouve des exemples d'initiative et de progrès; j'en
suis heureux et fier.

Et pius est patriæ facta referre labor, a dit le poète.
On n'aime bien la grande patrie qu'à condition
d'adorer la petite.

Je relève dans le *Progrès de l'Est*, publié à Nancy,
l'article suivant :

Une laiterie normale.

« Deux médecins de Nancy nous prient d'insérer
la communication suivante :

« Une bonne nouvelle, toute pacifique et humanitaire celle-ci ! qui causera une vive satisfaction aux
mères et à toutes les personnes qui s'intéressent à la
question du développement de la première enfance,
question si grave pour notre chère patrie. Qui
ignore le danger extrême que fait courir l'allaitement
artificiel aux nouveaux-nés, qui ne peuvent être
nourris au sein? Le biberon ou le petit pot causent
une mortalité effroyable. A Nancy, on peut sans exagération estimer que la mortalité due à l'allaitement
artificiel est d'au moins 20 0/0 des nouveaux-nés.

Chacun sait que cela tient non seulement à la difficulté d'administrer sans altération un lait quelque peu différent de celui de la femme, mais surtout à la difficulté de se procurer en ville un lait tout à fait pur. Dans notre pays, le lait d'ânesse, prôné dernièrement avec autorité à l'Académie de médecine, est inconnu; le lait de chèvre est loin de mériter la réputation dont il jouit : reste donc le lait de vache. Malheureusement, en dehors des fraudes sciemment commises, écrèmage, mélange d'eau, etc , sans parler de plus graves, justiciables de la police correctionnelle, la qualité du lait est singulièrement influencée par le mode d'alimentation de l'animal, par la durée de la lactation, par la stabulation, etc. Les herbes vertes en quantité exagérée ou imbibées d'eau, les tourteaux et surtout les drèches, dont on fait souvent un déplorable usage, poussent au lait, comme l'on dit; mais quel lait! Si, par son abondance, il enrichit l'éleveur, ce liquide, profondément modifié dans sa composition, tue l'enfant par la diarrhée qu'il lui cause fatalement.

« Or, il se trouve à la porte de Nancy un agriculteur intelligent, ancien élève de Grignon, très versé dans les connaissances théoriques et spéciales, qui veut bien s'adonner à la production d'un lait de première qualité, spécialement destiné à l'allaitement des jeunes enfants. Il est prêt à employer tous les moyens rationnels, alimentation choisie et réglée, soins de propreté, etc., pour atteindre exclusivement ce résultat : la qualité. Dans ces conditions, on estime que la quantité est réduite de moitié. Les vaches seront classées, selon l'âge de leur lait, de telle sorte qu'il sera facile de l'approprier à l'âge de l'enfant.

« Apporté en ville, matin et soir, dans des

bouteilles scellées, chez des dépositaires fidèles, ce lait sera mis en vente à raison de 60 centimes le litre.

« Bien entendu cet agriculteur accepte de grand cœur tous les contrôles, notamment celui du bureau municipal d'hygiène, qui est chargé de vérifier la qualité de toutes les substances alimentaires.

« Les membres du comité départemental de la protection du premier âge ont été heureux d'apprendre la mise en œuvre de cette bienfaisante industrie, et nous pouvons affirmer qu'ils sont prêts à la seconder de leur influence morale; et tous les médecins espèrent que Nancy sera enfin doté d'une laiterie normale comme il en existe déjà dans bien des villes.

« Ce projet d'une laiterie normale peut soulever une objection. On dira que ce lait si excellent sera accaparé par les riches, même pour la satisfaction de leur gourmandise, au détriment des enfants pauvres qui en ont le plus besoin. On peut répondre que, si cette vente prospère, elle sera en quelque sorte moralisatrice de l'industrie laitière par la concurrence qu'elle suscitera. De plus, il y a un moyen facile de faire arriver jusqu'à l'enfant pauvre ce précieux aliment.

« Sur la proposition du président du comité départemental de la protection du premier âge, dans sa séance du 23 novembre, le conseil municipal de Nancy a émis le vœu suivant : « Sur la somme de « 5,000 francs versée par la ville de Nancy comme « contribution aux secours temporaires à des enfants « de familles pauvres, distribués par l'autorité « départementale, le conseil municipal prie M. le « préfet de vouloir bien consacrer une partie de « cette somme au bénéfice des enfants nouveau-nés

23

« qui ne peuvent être nourris au sein, en mettant
« leurs mères à même de se procurer du lait
« d'excellente qualité. »

« Le moyen pratique reste à trouver ; en voici un :
des bons représentant la moitié de la valeur d'une
certaine quantité de lait, un demi-litre par exemple,
seront délivrés aux mères pauvres à compte sur le
secours de 10 francs par mois qui leur est alloué par
l'administration départementale. Ces bons seront
distribués par les membres si dévoués,de la commission locale de la protection du premier âge, par les
inspecteurs des enfants assistés, et même par les
médecins municipaux. Ce moyen paraît bien simple ;
du reste, tout autre pourra être employé. Mais, en
définitive, et sans omettre le concours des sociétés
de bienfaisance, il ne paraît pas difficile de donner à
une mère pauvre la possibilité de se procurer, sans
augmenter sa dépense personnelle, le précieux lait si
nécessaire à l'enfant que son sein ne peut nourrir.

« Nous apprenons que la vente de ce lait pur et de
première qualité commencera le 1er décembre 1882 et
qu'elle se fera dans les dépôts suivants.

· ·

A Lyon, les Crèches sont alimentées par le lait de
vaches qui paissent dans le Grand-Parc.

Je lis dans le *Magasin pittoresque* du 30 avril 1883,
l'article suivant sur les *hospices maritimes* :

« Une assistance efficace donnée à Milan aux

— 355 —

pauvres enfants malades peut servir d'exemple à tous
les pays. On la retrouve dans plusieurs autres villes
italiennes, à Gênes, à Bologne, etc. Partout elle
s'appuie sur les enseignements les mieux établis de
l'hygiène, et elle rend d'immenses services, n'ayant
que des exigences pécuniaires relativement très peu
élevées : ainsi, pour l'exercice 1880, 45 enfants ont
été soignés à l'Institut hospitalier de Milan, et la
dépense ne s'est élevée qu'à 300 francs environ pour
chacun d'eux. Les ressources sont suffisantes, grâce
à la générosité publique. L'assistance aux enfants
rachitiques est devenue une habitude pour les
Milanais.

« Les côtes de la Méditerranée et de l'Adriatique,
qui font à l'Italie un littoral maritime étendu, sont
aussi utilisées pour le traitement des enfants malades
et pauvres. (1)

« Les diverses institutions créées dans les provinces italiennes dans cet intérêt d'humanité sont
favorisées par le climat, qui se prête merveilleusement aux soins de la science pendant la plus grande
partie de l'année, et même toute l'année dans la
plupart des provinces.............................

« Cette désignation d'« hospices marins » est au
surplus souvent trop ambitieuse; quelques-uns de
ces asiles consistent en une modeste maison prise en
location au bord d'une plage, et dans laquelle on
envoie une cinquantaine d'enfants sous la conduite
d'une ou deux personnes de confiance. D'ailleurs,
dans ces établissements, il s'agit plutôt d'hygiène et
de prophylaxie (2) que de traitement proprement dit.
Quelquefois, comme à Loano, pour la province de

(1) Rachitiques et scrofuleux.
(2) Médecine préventive.

Turin, c'est dans un vieux palais, celui des princes de Doria, qu'on a aménagé des salles pour recevoir un assez grand nombre d'enfants âgés de six à dix-huit ans. En 1879, 408 enfants ont été envoyés dans cette localité, dont 203 garçons et 205 filles. De ces 408 enfants,

137 sont revenus guéris,
195 ont été sensiblement améliorés,
68 ont été légèrement améliorés,
8 sont restés stationnaires.

Par sa construction, l'hospice marin vénitien peut être cité comme l'un des mieux organisés. Il est simple, élémentaire pour ainsi dire : élevé sur le Lido, dune de sable qui borde l'Adriatique, auprès de la station où, dans un grand établissement, viennent se baigner les habitants de Venise, il étend son plus grand côté en face de la pleine mer ; l'air vient emplir ses vastes salles à travers les grandes fenêtres, et tout y est combiné de manière à entourer constamment ceux qui l'habitent de l'atmosphère marine. A quelques mètres de leurs chambres, les enfants prennent les bains, après s'être déshabillés dans de petites baraques.

« On loue beaucoup l'intelligence avec laquelle sont disposées les diverses parties de cet hospice ; rien n'y est sacrifié au luxe, mais tout a été organisé en vue de la plus grande commodité du service, et de telle sorte que les pauvres enfants qu'on y amène y soient dans les meilleures conditions pour jouir des avantages qu'ils y viennent chercher. Dans le jardin qui longe l'hospice, du côté opposé à la mer, on a construit un petit pavillon d'isolement pour les cas d'affections contagieuses.

« Une consultation externe est également adjointe à cet établissement ; elle permet de recevoir quelques pensionnaires et aussi de faire bénéficier du traitement, sous la direction du personnel habitué, les enfants qui ne sont pas hospitalisés aux frais des comités locaux; elle procure ainsi un supplément de ressources.

« Depuis 1869, date de son inauguration, l'hospice du Lido a reçu jusqu'en 1879 inclusivement, sans compter l'année 1873, pendant laquelle une épidémie de choléra vint interrompre la saison, 3,384 enfants. Sur ce nombre,

       1.041 ont guéri,
       1.563 ont été grandement améliorés,
        598 ont été légèrement améliorés,
        160 sont restés stationnaires,
         22 sont morts.

« L'hospice est d'ordinaire ouvert dans le milieu de juin et se ferme à la fin septembre; il reçoit dans cet intervalle de temps deux groupes d'enfants, et chacun d'eux séjourne en moyenne quarante-cinq jours. Les dépenses pour l'exercice 1879 ont été de 42,809 fr. 74 cent., soit 112 francs pour chaque enfant.

« Il y a longtemps qu'on se préoccupe en France d'utiliser de même les immenses ressources que le littoral de nos côtes ou les sources minérales et salines de nos villes d'eau offrent, comme les sources de Rivanazzo, en Lombardie, pour le traitement des scrofuleux, des rachitiques, des phthisiques qui souffrent dans nos grandes villes. »

———

On n'a pas oublié l'article anglais dont nous avons cité un passage : la conversation de ces deux dames, dont l'une trouve que toute mère DEVRAIT pouvoir, dans une société bien organisée, garder son enfant près d'elle et ne pas travailler pendant les derniers jours de sa grossesse et les quelques semaines qui suivront les couches, et, ensuite, pouvoir l'allaiter tout en travaillant pour gagner sa vie.

Après avoir visité une garderie anglaise, tenue sur le pied d'une Crèche modèle, les deux amies se séparent en se promettant de faire une active propagande en faveur d'une institution si utile. Elles tombent d'accord qu'il faut que les femmes à qui leur fortune permet d'entourer de soins leurs enfants aident par leurs dons l'établissement qui garde les enfants des femmes pauvres; que celles qui ont achevé leur œuvre de mères de famille et celles à qui le bonheur d'avoir des enfants a été refusé emploient une partie de leurs loisirs à venir surveiller les enfants des Crèches; que chacune, en donnant suivant sa position un peu de son argent, ou de son temps, ou de son cœur, en un mot, un peu de soi, encourage les Crèches et les soutienne. — « Moi, dit l'une des visiteuses, *je ferai un article* : c'est tout ce que je puis faire. »

Je puis m'approprier ce mot.

Hélas! j'ai fait un volume, n'ayant pas le temps de ne faire qu'un simple article. Cet article, je le trouve quand je suis presque au bout de ma tâche.

Il a paru dans le dernier *Bulletin*.

Je le publie : ce sera le résumé de tout ce qui précède.

UNE JOURNÉE A LA CRÈCHE

Parmi les œuvres de bienfaisance qui abondent dans cette grande ville de Paris, il n'y en a guère d'aussi attrayante qu'une Crèche. Nous voudrions le persuader aux lecteurs de ce bulletin juste assez pour leur inspirer le désir de s'en assurer par eux-mêmes. Le charme de cet asile se fait sentir dès le seuil, avant d'y entrer, par le nom inscrit au-dessus de la porte : *une Crèche*. Que de poétiques souvenirs dans ce seul mot ! on croit entendre le doux chant de l'*Adeste* ou le cantique des anges, *Gloria in excelsis*. C'est comme un duo entre le ciel et la terre, et, qu'on soit Mage ou berger, on vient voir ce qui se passe à la Crèche (*En grege relicto*, etc.).

Le premier aspect n'est-il pas séduisant ? Une longue salle aux murs peints à l'huile, ou, si les ressources ont été insuffisantes, tout simplement blanchis à la chaux, éclairée par de grandes fenêtres laissant entrer à flots la lumière du jour, et permettant d'établir, pendant la nuit, un courant d'air ; de chaque côté de cette galerie, une rangée de berceaux se profilant à intervalles égaux. Chacun de ces berceaux est garni, à l'intérieur, de deux paillots de crin végétal et d'un caoutchouc ; drap, oreiller, édredon, boule d'eau chaude, rien n'y manque pour le bien-être de l'enfant. A l'extérieur, le petit lit est entouré de rideaux blancs entre lesquels on suspend une médaille de la Vierge qui, bien avant que le *baby* en comprenne la signification protectrice, calme peut-être déjà ses cris, en attirant ses regards. La Crèche est ouverte le matin, d'assez bonne heure, pour permettre aux mères d'y déposer leurs enfants en allant à leur travail. Ceci est un des buts les plus essentiels de l'institution et, pour l'atteindre, il faut régler l'heure où l'on reçoit les enfants sur celle où les parents sont obligés de les quitter. Donc, dans les quartiers où les femmes employées aux usines doivent y entrer à six heures, la surveillante de la Crèche et ses aides seront encore plus matinales, afin que les salles, balayées et chauffées, soient prêtes avant l'arrivée des petits pensionnaires. Sitôt venus, ils sont déshabillés, lavés avec de l'eau tiède et revêtus d'habillements proportionnés à chaque âge et appartenant à la Crèche. Les leurs sont placés dans un casier numéroté afin de les retrouver au départ.

Le règlement prescrit aux mères d'apporter leurs enfants en état de propreté. C'est là un point de la plus haute importance, toujours difficile à obtenir, mais toujours obtenu quand la surveillante sait y mettre la fermeté nécessaire; la Crèche est, pour les mères, une école d'hygiène. Chaque enfant a son éponge, sa serviette, et l'on peut dire *son eau*, car l'eau doit être changée à chaque lavage. Ces détails sont essentiels pour la santé générale, et exigent l'attention la plus scrupuleuse de la directrice.

Entre neuf et dix heures une panade au beurre est servie à tous les *babies* sevrés; les autres sont nourris par leurs mères, qui viennent les allaiter deux ou trois fois dans la journée, à heures régulières autant que possible. La salle d'allaitement est attenante au dortoir, afin qu'elles puissent, si elles le désirent, placer elles-mêmes leur enfant dans le berceau, s'assurer des soins donnés en leur absence, et retourner au travail en toute sécurité.

Après chaque repas, les grands sont conduits à ce que l'on appelle la *salle du trône*, euphémisme aussi facile à comprendre que la régularité nécessaire de ces précautions. Ensuite les jeux commencent, et c'est bien un des moments les plus intéressants de la journée : car les caractères se dessinent déjà dans ces petits êtres. Puis y a-t-il rien de mieux inventé que cette pouponnière où ils prennent leurs ébats? Nous nous garderons bien de la décrire, n'en pouvant donner qu'une idée tout à fait imparfaite : ce serait un théâtre sans acteur, et il faut, au contraire, le voir animé par ces mines, ces cris, ces rires, ces gestes dont rien ne rend la grâce et le charme. Si le visiteur veut se donner à peu de frais un ravissant spectacle, qu'il apporte quelque modeste joujou, et il excitera parmi tout ce petit monde une joie dont le cœur le plus triste entend encore l'écho.

Vers midi un profond silence va succéder à ce bruit ; la fatigue amène le sommeil ; les nourrissons s'endorment dans leurs berceaux ; les grands sont posés tout habillés sur des lits de camp placés d'ordinaire dans les angles de la salle. A une heure, ils prennent un potage gras dont le bouillon est fait dans la maison, car il y a une cuisine à la Crèche, afin que tous les aliments soient préparés sous les yeux de la directrice et que le médecin puisse les examiner. On passe de nouveau dans la *salle du trône*, puis on se livre à une sieste générale. Il est bien entendu qu'on ne force pas les enfants à dormir, mais l'exemple, la régularité du régime suffisent pour que tous s'endorment. Les parents s'étonnent de ce silence à heure fixe ; chez eux ils sont habitués à voir les enfants crier au lieu de dormir quand on les pose tout habillés dans leur berceau ; aussi attribueraient-ils volontiers à l'emploi de narcotiques ce sommeil général qui est dû *uniquement* à l'observation d'une bonne hygiène.

A quatre heures, goûter d'un croissant ou d'une tartine apportée le matin par les parents ; puis, les jeux recommencent. On devine aisément que les nourrissons ne sont point soumis à ce régime. A la Crèche, chacun est soigné selon son âge et ses forces, et les surveillantes n'ont rien plus à cœur que de connaître et d'appliquer les meilleurs systèmes d'alimentation pour les enfants qui ne sont point nourris par leur mère. Aussi prennent-elles la peine

de leur donner le lait dans un verre ou dans un biberon à tétine, le tube en caoutchouc devant *absolument* être banni à cause de son danger, même quand
il est très bien lavé. Chaque enfant a son biberon ne
servant qu'à lui seul, ou plutôt il en a deux qui lui
sont donnés alternativement, afin que le lait ne soit
jamais versé que dans un vase parfaitement nettoyé
et ayant eu le temps de perdre tout mauvais goût.

Le médecin qui a bien voulu donner ses soins à
la Crèche décide de l'admission des enfants ; il
décide aussi de leur renvoi dans la famille quand ils
sont malades ; en ceci sa volonté doit être ferme
autant que juste : car, presque toutes les maladies
du jeune âge étant très contagieuses, la préservation de tous par l'éloignement d'un seul est un
devoir rigoureux. Ici se place un bienfait, peut-être
trop peu connu, de cette charitable institution :
l'enfant rendu à ses parents pour cause de maladie,
loin d'être abandonné, est au contraire visité par
quelque dame charitable ayant accepté le titre de
patronnesse. Souvent la directrice de la Crèche
s'informe elle-même du petit malade ; le moment où
il peut revenir sans danger parmi ses petits camarades est guetté avec une sage prudence ; le médecin le fixe lui-même après une nouvelle visite et un
examen attentif. La charité est si ingénieuse qu'elle
ne fait pas du bien seulement à ceux pour qui elle a
créé une œuvre, mais, chaleur et lumière tout à la
fois, elle rayonne plus loin. Aussi a-t-on toujours
remarqué que les mères qui conduisent régulièrement leurs enfants à la Crèche deviennent plus propres, plus soignées pour elles-mêmes, plus polies et
plus douces près des berceuses. Le contact journalier avec les femmes dévouées qui les remplacent
dans les soins maternels leur inspire un sentiment

de reconnaissance qui se traduit dans toute leur attitude, quand même il ne s'exprimerait pas autrement. Il est donc recommandé aux directrices de témoigner de l'intérêt aux mères et de connaître assez bien leur situation pour leur donner un conseil ou leur venir en aide au besoin.

Le service des berceuses n'est point fini quand tous les enfants sont partis, et ce n'est jamais avant huit heures ou huit heures et demie du soir ; il faut alors nettoyer les paillots, faire sécher les caoutchoucs, ouvrir les berceaux, aérer le dortoir, etc. La directrice établit la comptabilité : car elle a différents registres qui doivent être tenus très régulièrement :

1° Registre d'inscription, indiquant dans des colonnes distinctes le nom de l'enfant, la date de sa naissance, la profession de ses parents, la date de son admission à la Crèche, son état de santé, la date et la cause de sa sortie. Avant l'admission une dame patronnesse fait une enquête à domicile sur la situation de la famille, et le médecin visite l'enfant ;

2° Registre d'inspection où les médecins et les dames patronnesses, et même les simples visiteurs, inscrivent leurs observations. Ceci devrait être un encouragement à venir voir les Crèches: car les *passants* peuvent y faire des remarques très utiles et dont la bonne volonté des directrices tirera profit pour le bien général ;

3° Registre de présence journalière des enfants. Celui-là contient toute l'histoire de la Crèche : car, s'il est tenu avec ordre et régularité, on peut s'y rendre compte, à chaque page, des services rendus par l'Œuvre au quartier où elle est établie ;

4° Registre de dépenses ou livre de ménage.

C'est d'après le relevé de ces différents registres qu'on établit les comptes rendus annuels qui éclairent les souscripteurs sur l'emploi de leurs dons et le public sur l'importance d'un bienfait près duquel il passe peut-être un peu trop indifférent. Pourtant la réunion de ces petits êtres est non seulement intéressante à voir et à étudier, mais quand on compare le bien-être qu'ils goûtent à la Crèche avec l'abandon et les dangers de toutes sortes dont elle les préserve, n'y a-t-il pas lieu d'admirer combien le sort commun s'améliore par une pensée d'union et de charité ! On ne sait pas assez que la Crèche est déjà une école, une véritable école mutuelle où les progrès s'obtiennent par l'exemple et le contact. L'enfant y apprend à marcher, à jouer, à rire, et même à ne pas crier, parce qu'on ne le laisse jamais souffrir sans en chercher la cause et y remédier autant que possible. Il contracte aussi des habitudes de régularité hygiénique qui auront sur sa santé les plus salutaires effets. Enfin, il s'épanouit là comme une fleur au soleil, parce que la Crèche lui donne l'air, la lumière, l'espace, sans le priver des soins et de la tendresse de sa mère.

V. DE LA CROIX.

DEUXIÈME PARTIE

—

On se rappelle le sujet de concours pour le prix quinquennal de l'Académie des sciences morales et politiques en 1885 :

« De la protection de l'enfance, au point de vue des enfants trouvés et assistés ou délaissés par leur famille. Rechercher comment, soit dans l'antiquité, soit chez les peuples modernes, a été résolu le problème de la protection des enfants trouvés et assistés ou délaissés par leur famille. Indiquer quels seraient aujourd'hui les meilleurs moyens de le résoudre. »

La réponse à ce programme demanderait tout un volume. Or, ce volume, je ne suis pas encore en état de le faire.

Mais, il me paraît bon, à l'intention de ceux qui liront ce travail et qui doivent avoir au moins une idée de l'état actuel de l'œuvre sociale de la protection de l'enfant et de l'adulte, de traiter cette question d'une façon sommaire, avec les seuls documents, bien insuffisants, hélas? que je possède dans ma modeste bibliothèque, n'ayant pas, à cause de mes occupations professionnelles, le temps d'aller dans les bibliothèques publiques.

Je ne puis mieux faire, ici encore, en ce qui concerne l'historique de cette question, soit dans l'antiquité, soit en France jusqu'à nos jours, que

d'emprunter, en les fondant ensemble, en les complétant les uns par les autres, les détails que j'ai trouvés
principalement dans les rapports déjà cités des
Inspecteurs de la Gironde et de l'Isère, et dans celui
fait par M. le docteur Marjolin, au nom d'une des
commissions du Congrès d'hygiène, en 1878.

ÉPOQUE GRÉCO-ROMAINE. — Nul n'ignore que chez
la plupart des peuples de l'antiquité, tout venait
fléchir devant ce grand principe — la raison d'Etat —
et quelles en étaient les conséquences au point de
vue de la famille. L'Etat, avec son double objectif
primordial — l'unité et l'immobilité — devait avant
tout se conserver, et il estimait ne pouvoir le faire
que dans des conditions de population déterminées.
De quelle utilité seraient plus tard pour la patrie des
enfants venus débiles ou mal conformés? pourquoi
garder un nombre de *filles* plus grand qu'il n'est
nécessaire à l'entretien de l'espèce? Et comment
telle République dont les moyens de subsistance
étaient limités, pourvoirait-elle à l'alimentation de
générations excédant ces limites?

De là, l'absorption de l'individu par l'Etat, et,
quand l'Etat ne commande pas, la puissance absolue
qu'il délègue au père sur ses enfants.

De là, ces infanticides, ces expositions, ces avortements, toutes ces choses barbares que les auteurs
des temps, historiens, philosophes, jusqu'aux poètes!
nous racontent si complaisamment et avec un si
grand dégagement de cœur. — Eh quoi! n'étaient-ce
pas là choses naturelles et nécessaires, et, du reste,
n'avait-on pas l'exemple des Dieux eux-mêmes?
Qu'est-ce que Saturne dévorant ses nouveau-nés?
Qu'est-ce que Jupiter précipitant du ciel le difforme
Vulcain?

Dans la *Grèce*, au temps même les plus éclatants de sa civilisation, l'infanticide était non seulement permis, mais ordonné par les lois. Ainsi, à Lacédémone, tout enfant nouveau-né est soumis à un tribunal spécial qui, après examen de sa complexion, décide souverainement s'il y a lieu de lui laisser la vie ou de le précipiter dans le gouffre *Apotèke*. — C'est la loi de Lycurgue.

A Athènes, Solon, puis après lui, Platon, le divin Platon, défendent d'élever non seulement les enfants débiles ou mal conformés, mais encore ceux qui proviennent d'un père âgé de plus de cinquante ans et d'une mère en ayant plus de quarante. Quant aux autres enfants, le père peut en disposer à son gré, et s'il ne croit pas devoir les conserver, toute liberté lui est laissée de les faire mourir ou de les exposer. — Ceux qui survivent à l'exposition sont élevés aux frais de l'Etat et vendus ensuite comme esclaves à son profit.

A *Rome*, nous trouvons le même pouvoir absolu de l'Etat et du père de famille. Tout d'abord, Romulus détermine le nombre des enfants à élever. Ce sont *tous* les enfants *mâles* et seulement l'*aînée* des *filles*, avec cette restriction toutefois, pour ces dernières, que celles qui surviendront ensuite ne pourront être mises à mort ou exposées qu'après l'accomplissement de leur troisième année. Elles constituaient une *Réserve*.

En dehors de ces obligations sociales, la puissance paternelle reste illimitée, et trois siècles encore après la fondation de Rome, nous voyons la loi des *Douze Tables* permettre implicitement que ce pouvoir discrétionnaire allant jusqu'au droit de mort, s'exerce jusque sur l'enfant devenu homme.

Mais très explicitement la loi renouvelle l'obligation de détruire sans tarder « *cito necandus* » tout enfant né difforme et reconnu tel par les plus proches voisins.

Ajoutons, toutefois, que pour ceux de ces enfants dont il peut si absolument disposer, le père paraît avoir préféré le plus souvent à son droit de mort celui de l'exposition, lequel, cependant, nous disent quelques auteurs, ne différait guère du premier, car presque tous les enfants exposés, et ils l'étaient en très grand nombre, devant la colonne *Lactaire* ou dans le *Vélabre*, mouraient avant d'avoir été recueillis, — et Juvénal nous apprend que parmi les survivants, la plupart n'étaient recherchés et élevés que pour servir à de coupables calculs — à des substitutions, à des simulations d'enfants, ou bien à la spéculation de misérables mendiants qui, afin de mieux exciter la charité publique les soumettaient aux plus monstrueuses mutilations.

Mais est-ce bien, se demande Senèque (le Rhéteur), causer un dommage à la chose publique que de mutiler ainsi de jeunes enfants ? Et Senèque discute froidement, sérieusement la proposition. — Et cela au temps de Virgile et d'Horace, au temps d'Auguste !

AVÈNEMENT DU CHRISTIANISME. — Ces mœurs ou plutôt ces institutions inhumaines, que l'on a quelque peine à se représenter, disparaîtront sous l'influence des principes et des enseignements du christianisme ; mais ce ne sera que lentement, très lentement, et c'est vainement que retentira tout d'abord la voix des premiers Docteurs et des premiers Conciles.

C'est vainement aussi qu'apparaîtront au IIIe et au IVe siècle les lois protectrices de Constantin et de Valentinien, et, au VIe siècle, celles de Justinien. —

Tout viendra échouer devant la tradition barbare, devant l'ignorance et la misère des peuples.

Mais en ces temps mêmes cependant, la charité chrétienne ne restera pas complètement inefficace. C'est ainsi que, dès l'an 315, Constantin voulant prévenir l'infanticide et l'abandon des enfants, crimes si communs dans les temps anciens, promulgue une loi dont les termes sont trop touchants pour ne pas être rapportés :

« Si un père ou une mère vous apporte un enfant que son indigence l'empêche d'élever, les devoirs de votre place sont de lui procurer la nourriture, le vêtement, sans nul retard, parce que les besoins d'un enfant qui vient de naître ne peuvent être ajournés; le trésor public et le mien indistinctement fourniront à ces dépenses. »

Par cet édit Constantin nous démontre déjà la participation que l'Etat et l'initiative privée doivent prendre au soulagement de la misère; au précepte il joint l'exemple et il recommande avant tout que l'on se hâte de donner les secours nécessaires *parce que les besoins d'un enfant qui vient de naître ne peuvent être ajournés.*

En 329, Constantin autorisa l'esclavage des enfants trouvés, mais ce fut dans le but d'encourager à recueillir et à prendre soin des enfants exposés. En 391, Valentinien, Théodose et Arcadius abolirent cette disposition et rendirent à ces enfants la liberté sans les obliger à se racheter, si toutefois ils avaient rempli le plus petit nombre requis d'années de service, et plus tard Justinien, en renouvelant cette loi, ajouta que celui qui a élevé ces enfants, ayant dû agir par un mouvement de charité, n'en est pas le possesseur.

Dès la fin du Ve siècle et dans plusieurs villes de la

24

Gaule, le Clergé commence à recueillir les enfants abandonnés. Ils sont reçus à la porte de l'église dans une *coquille de marbre*, et offerts ensuite aux habitants, au refus desquels le Clergé les fait élever dans les maisons destinées aux *orphelins*.

Cet exemple est suivi en Espagne et en Italie, et au VIIIᵉ siècle, l'archiprêtre Dathéus fonde à Milan le premier hospice destiné spécialement aux *enfants trouvés*. Il est imité à la fin du XIIᵉ siècle, en France (à Montpellier), par Guidolf de Guillaume, comte de Montpellier, que le pape Innocent III mande ensuite à Rome pour approprier à la même destination l'hôpital de *Sainte-Marie in Sassio* « *où, au dehors, il y avait un tour avec un petit matelas dedans pour recevoir les enfants* ».

Puis, apparaissent successivement dans le même siècle, l'hospice du Saint-Esprit, de Marseille, où les enfants du sexe masculin sont exposés dans un tour dit *Fenestre*.

Et au XIVᵉ siècle, toujours à Marseille, l'hospice de *Saint-Jacques de Galice* destiné aux filles, — et les deux grands hôpitaux des *Innocents* à Florence et du *Saint-Esprit* à Nuremberg.

Ajoutons enfin la maison particulière fondée au XVIᵉ siècle à Valence (Espagne) par l'archevêque Thomas de Villeneuve, ce digne précurseur de Saint-Vincent-de-Paul, — et nous aurons la liste plus que modeste de tous les Établissements destinés aux enfants trouvés qui existaient jusqu'à la moitié du XVIIᵉ siècle, non seulement en France, mais peut-être en Europe.

Paris n'en possède pas !

Ses hospices du *Saint-Esprit*, des *Enfants-Rouges*, de la *Trinité* ne reçoivent que les enfants *légitimes* abandonnés ou orphelins, à l'exclusion formelle des *bâtards* « par la raison, disent les lettres patentes du « 4 août 1445, qu'il pourrait advenir qu'il y aurait « grande quantité d'iceux, parce que moult de gens « s'abandonneraient et feraient moins de difficulté « de eux abandonner à pécher, quand ils verraient « que tels enfants bastards seraient nourris davan-« tage et qu'ils n'en auraient pas de charge première « ni sollicitude; que tels hôpitaux ne les sauraient « ni pourraient retenir. »

Les *bâtards* sont donc laissés à la charge de la charité privée et nous verrons bientôt comment ils se trouvaient de cette charité.

Disons auparavant quelques mots de leur condition dans les Provinces.

Nous savons que la charge des enfants trouvés incombait aux deux grands corps de l'Etat exempts d'impôts, à la Noblesse et au Clergé. Très exception-nellement et dans certaines provinces, les communes étaient appelées à y contribuer. Mais les arrêts des Parlements nous apprennent à quelles résistances, à quels conflits incessants donnait lieu la question soit d'imputation totale, soit de répartition de la charge, et de ce mauvais vouloir, de cette répugnance à peu près générale, on peut, à défaut de données authen-tiques aisément conclure, hélas! à la situation des enfants trouvés. Combien de ces infortunés ont dû périr et, quand ils survivaient, quel sort leur était réservé! Considérés comme *épaves*, ils n'avaient plus à compter sur la liberté : ils restaient à tout jamais les serfs de leurs Seigneurs hauts justiciers ou de quiconque avait consenti à s'en charger.

SAINT VINCENT DE PAUL. — Mais quelle était la situation à Paris jusqu'au moment où on commença à s'en préoccuper, c'est-à-dire vers le milieu du XVIIe siècle? Exposés de part et d'autre, les enfants étaient *ramassés* par quelques filles pieuses qui s'étaient donné mission de les rechercher dans les divers quartiers et de les déposer à l'église Notre-Dame sur un grabat appelé *Crèche*. Ce qu'ils devenaient ensuite, nous allons le savoir par le Roi lui-même :

« Informé, dit Louis XIII dans une lettre patente
« de 1642, que le peu de soins qui a été apporté jus-
« qu'à présent à la nourriture et entretènement des
« enfants trouvés exposés dans notre bonne ville et
« faubourgs de Paris, a été non seulement cause que
« depuis plusieurs années, il serait presque impos-
« sible d'en trouver un bien petit nombre qui eût été
« garanti de la mort, mais encore que l'on a su qu'il
« en avait été vendu pour être supposés et servir à
« d'autres mauvais effets (ne se croirait-on pas au
« temps de Juvénal?), nous avons délaissé auxdits
« enfants, etc., etc. (1). »

Et le Roi accorde un premier secours à l'œuvre naissante de saint Vincent de Paul — car saint Vincent de Paul était venu !

Il est, un jour, en présence d'une victime de ces *mauvais effets* dont parle le roi, d'un enfant mutilé, — d'aucuns disent qu'il est témoin de la mutilation même, — et de ce jour va s'accomplir, de par un simple missionnaire, la plus grande œuvre charitable du siècle.

Saint Vincent de Paul s'adresse d'abord aux dames nobles et riches de la capitale et fonde avec elles un

---

(1) « On pourra », disent plusieurs auteurs, se faire une idée de l'état
« où en étaient encore les choses, lorsqu'on saura qu'à cette époque,
« les nouveau-nés étaient vendus presque publiquement, et que le
« prix de vente de chacun d'eux était de 20 sols. »

modeste asile dont les ressources seront bientôt insuffisantes. Il fait appel alors à l'obole de chacun, et prêchant, quêtant, triomphant de tous les obstacles, de toutes les défaillances, il agrandit successivement sa *petite maison* qui, de transformation en transformation, deviendra plus tard, en 1670, par lettre patente, un des grands hôpitaux de Paris, l'*Hôpital des Enfants trouvés*.

Les admissions y ont lieu en toute liberté, sans condition, sans contrôle, et les enfants sont, dès que faire se peut, envoyés à la campagne où un Comité de dames est chargé de les surveiller.

Mais bientôt, de cette facilité extrême des admissions va surgir l'abus, et l'abus sous toutes les formes. On déposera à l'hospice non seulement les enfants naturels, mais en grand nombre des enfants légitimes, en plus grand nombre encore des enfants provenant des provinces (annuellement plus de 2,000, dit l'arrêt du Conseil du 10 janvier 1779), et les admissions qui, en 1670, ne dépassaient pas 500, s'élèveront graduellement jusqu'à 8,000, en 1772 !

Quelques années après, en 1784, la situation inspirera à Necker ces paroles tristes et prophétiques : « De tous les établissements dus à l'esprit d'huma-
« nité et dont l'utilité est la plus mêlée d'inconvé-
« nients, ce sont, à mes yeux, les maisons destinées
« à servir d'asile aux enfants abandonnés ; cette
« louable institution a empêché sans doute que des
« êtres dignes de compassion ne fussent les victimes
« des sentiments dénaturés de leurs parents ; mais
« insensiblement on s'est accoutumé à envisager les
« hôpitaux d'enfants comme des maisons publiques
« où le souverain trouve juste de nourrir et d'entre-
« tenir les enfants les plus pauvres d'entre ses
« sujets, et cette idée, en s'étendant, a relâché

« parmi le peuple les liens du devoir et ceux de
« l'amour paternel. L'abus grossit toujours et ses
« progrès embarrasseront un jour le Gouvernement,
« car le remède est difficile. On ne peut se défendre
« d'un sentiment pénible, en observant que l'aug-
« mentation des soins du Gouvernement pour sauver
« et conserver cette race abandonnée, diminue le
« remords des parents et augmente chaque jour le
« nombre des enfants exposés. »

C'est sans doute à ces abus qu'elles connaissaient et
dont, on l'a vu, elles ne manquaient pas de profiter,
qu'il faut rapporter le peu d'empressement des provinces à suivre l'exemple de la capitale. Depuis saint
Vincent de Paul, nous ne voyons apparaître que
quelques hospices spéciaux, et encore ne fonction-
nent-ils qu'avec la plus excessive réserve.

Disons, toutefois, que si bien les enfants trouvés,
les *bâtards*, étaient exclus de l'assistance que recevaient partout les enfants légitimes *orphelins* ou
abandonnés, la règle n'était pas tellement absolue
qu'elle ne souffrît de nombreuses exceptions. Il en
était ainsi notamment à Lyon, où, de tout temps,
l'administration hospitalière paraît avoir pris grand
soin des enfants exposés dont elle ne parvenait à
découvrir l'origine, ou que, moyennant redevance,
les seigneurs hauts-justiciers lui envoyaient des
communes.

RÉVOLUTION DE 1789. — L'ère de 1789 sera aussi
une ère nouvelle pour les infortunés voués à la charité publique. On a hâte d'améliorer leur sort, et les
premières dispositions législatives se ressentent manifestement de cette précipitation. Elles se succè-
dent, rapides, parfois confuses, le plus souvent
excessives, et si bien elles revêtent toutes un carac-

tère profondément humanitaire, il faut reconnaître
qu'elles tenaient peu de compte de la question des
voies et moyens, peu de compte aussi de la considération morale, puisqu'elles permettaient les abandons en toute liberté et dans tous les hospices. *(Loi
du 27 frimaire an V)*.

Telle était encore la situation, lorsqu'intervint le
décret impérial du 19 janvier 1811 qui n'a pas cessé
de nous régir, et dont il n'est peut-être pas inutile
de rappeler ici les dispositions fondamentales.

« Les enfants à la charge de la charité publique
« sont :

« 1o Les enfants *trouvés*, c'est-à-dire ceux qui, nés
« de père et de mère inconnus, ont été trouvés
« exposés dans un lieu quelconque ou portés dans
« les hospices destinés à les recevoir ;

« 2o Les enfants *abandonnés*, c'est-à-dire ceux qui,
« nés de père et mère connus et d'abord élevés par
« eux ou par d'autres à leur décharge, en sont dé-
« laissés, sans qu'on sache ce que les père et mère
« sont devenus ou sans qu'on puisse recourir à eux.

« 3o Les *orphelins*, c'est-à-dire ceux qui, n'ayant
« ni père ni mère, n'ont aucun moyen d'existence.

. . . .

« Il y aura *au plus* dans chaque arrondissement
« un hospice où les enfants trouvés pourront être
« reçus. Chacun de ces hospices sera muni d'un *Tour*
« dans lequel les enfants seront déposés. »

Ainsi donc, le décret de 1811 n'avait point pour
but, comme on semble généralement le croire, de
donner plus de facilités aux abandons, et ses dispositions, expliquées, du reste, par l'Instruction ministérielle du 15 juillet de la même année, sont, au
contraire, manifestement restrictives. — Mais tout

autres seront les conséquences, car le maintien du Tour, et du Tour à l'état complètement libre, va annihiler ce que pouvait avoir de bon la limitation du nombre des hospices dépositaires ; loin de diminuer, le mal s'aggravera, et vingt-deux ans plus tard, en 1833, le nombre des abandons s'élèvera de 15,000 à 131,000 ! Enfin, la situation deviendra telle que toutes les administrations départementales et hospitalières se réclameront énergiquement de la protection du gouvernement.

Et leurs doléances n'auront pas seulement pour mobile une question de finances, comme on le dit avec peu de justice, mais aussi une question de haute humanité.

Qui ne sait, en effet, de quelle manière barbare les expositions, devenues pour certaines gens une véritable industrie, se pratiquaient généralement et dans le cas surtout où les enfants provenaient de quelque point éloigné. — Remis à des *raccoleurs* s'entendant avec les accoucheuses, transportés à *forfait* par tous les temps, privés de tous soins pendant un trajet souvent fort long et fort pénible, souffrant du froid, de la faim, ces infortunés arrivaient au Tour exténués, à peine vivants, et l'on a vu plus haut en quel nombre se comptaient les victimes. Bornons-nous à rappeler encore ici que, dans certains départements, sur 100 enfants déposés au Tour, 90 étaient morts avant d'avoir accompli leur première année !

Autre conséquence non moins grave que révélait déjà l'arrêt du Conseil d'Etat du 10 janvier 1729 (1),

---

(1) « Sa Majesté a remarqué avec peine que le nombre des enfants « exposés augmentait tous les jours et que la plupart provenaient de « nœuds légitimes, de manière que les hospices institués dans l'origine « pour prévenir les crimes, devenaient par degrés des dépôts favora- « bles à l'indifférence criminelle des parents. »

le Tour poussait aussi à l'abandon des enfants légitimes, et l'on ne pouvait en douter devant les demandes de retrait qu'amena la mesure du déplacement essayée de 1834 à 1835, et qui permit même de
constater que, parmi les enfants réclamés, un certain nombre provenait des nations limitrophes.

C'est en vain que, pour arrêter le mal, les administrations essayèrent de faire surveiller les expositions; le moyen fut inefficace, et dès lors les Tours,
contre lesquels protestaient si unanimement tous
ceux qui en avaient l'expérience, étaient condamnés.
Ils furent fermés successivement, notamment de 1835
à 1837, et remplacés par l'admission à *Bureau ouvert*,
c'est-à-dire qu'à l'exception de ceux trouvés sur la
voie publique, aucun enfant ne fut plus reçu à l'hospice, sauf exceptions, qu'après constatation de sa
filiation, de son état d'enfant naturel et du lieu de sa
naissance.

Ensuite, les administrations en vinrent à *assister*
la fille-mère qui consentait à remplir les devoirs de
la maternité. Dès lois, on vit le nombre des abandons se réduire rapidement et dans la proportion la
plus considérable.

J'ai traité plus haut la question du Tour avec tous
les développements voulus, montré son influence
détestable, la supériorité du mode actuel d'admission à bureau ouvert; mais à la triple condition,
observée, du reste, dans presque tous les services et
qu'il faut imposer partout : 1º d'assurer le secret à
la mère et même, si elle le désire, de ne pas lui
demander de fournir la filiation de l'enfant; 2º de
ne pas faire de pression sur elle pour la forcer à
garder son enfant; 3º d'éviter toute lenteur administrative préjudiciable au nouveau-né.

Je crois utile de revenir sur cette question pour

montrer combien cette triple condition est indispensable en présence des réclamations de la presse,
dont voici deux exemples typiques. J'en pourrais
citer bien d'autres, car à chaque infanticide qui se
commet (et nous avons vu qu'il y en a que le Tour
n'empêcherait pas), la question se pose. Puissé-je
l'avoir présentée de façon à rallier à notre système
quelques partisans des Tours, et, notamment,
MM. Siebecker et Sarcey, du *Petit National* et du
XIXe Siècle, qui ont publié les articles, dont voici
quelques extraits :

Il s'agit d'une fille-mère accusée d'infanticide et
acquittée par le jury parisien; M. Siebecker constate
que le cas est fréquent, et il ajoute, après avoir
montré que la misère et la faim sont de mauvaises
conseillères pour la malheureuse dans cette situation :

« Qu'elle l'abandonne !

« Où? Sur la voie publique? La police la recher-
chera, elle sera punie, sa honte connue, et on la for-
cera à le reprendre.

« Aux Enfants-Assistés? Il faut qu'elle entre dans
l'établissement, donne son nom, sa demeure, sa profession, l'adresse de sa famille, fournisse des renseignements sur sa situation de fortune, que sais-je ?
Toute la paperasserie administrative est connue, et,
en fin de compte, elle a *quatre-vingt-dix-neuf chances sur cent pour qu'on le refuse* (1).

« Naguère, dans le mur de l'établissement des
Enfants-Assistés, était pratiquée une sorte de lo-
gette fermée. On sonnait, la porte s'ouvrait, et les

---

(1) C'est faux; mais il est vrai qu'il y a trop de paperasserie.

malheureuses déposaient l'enfant qu'elles assassi-
nent aujourd'hui.

« C'est ce qu'on appelait le *Tour*.

« Eh bien ! les infanticides sont acquittés parce
que les jurés, c'est-à-dire tous les citoyens, réclament
le rétablissement des Tours (2).

« Rétablissez les Tours, et alors, comme le crime
n'aura plus d'excuse, la loi sera appliquée aux criminelles. »

M. Sarcey s'occupe d'une affaire du même genre
qui s'est passée à Rouen, et il rappelle des acquittements rendus par les jurés d'Aix, de Paris ; et il dit :

« Ce serait du temps perdu de récriminer contre
le jury, de faire de belles phrases sur le relâchement
des mœurs, sur les doctrines perverses qui empoi-
sonnent la nation... Ce sont là des thèmes de décla-
mation facile.

« Mais ces tirades, pour éloquentes qu'elles soient,
ne servent à rien du tout. Vous nous en dispen-
serez.

« Il est plus utile de chercher les raisons qui ont
déterminé plusieurs jurys, pris au hasard sur toute
la surface du territoire, à rendre des verdicts si
extraordinaires.

« Je causais précisément de cette dernière affaire
avec l'avocat qui avait, par devant la cour de Rouen,
défendu l'accusée. C'est mon vieil ami Delamarre,
un des avocats les plus estimés du barreau de
Dieppe.

« — Mon Dieu ! me disait-il, cette fille était coupable, cela est très certain. Elle eût été infaillible-

---

(2) Je proteste ; ce que réclament *tous* les citoyens, c'est la loi contre
la séduction.

ment condamnée par des juges. Mais les jurés n'ont pas un Code à la place du cœur ; et l'on peut, on doit même, quand on est avocat, faire valoir les raisons qui, déplaçant la responsabilité du crime commis, en rejettent la meilleure partie sur la défectueuse organisation de la société.

« Voilà une jeune fille qui était jolie, honnête et bonne travailleuse. Elle a le malheur de rencontrer sur sa route un séducteur quelconque qui l'abuse par de belles promesses, et la planta là après avoir obtenu ce qu'il désirait d'elle.

« C'est l'histoire commune ; à la bonne heure ! Mais cette histoire est abominable. Le jeune homme a filé, fuyant les suites de son équipée. Nos lois n'ouvrent à la fille aucun recours contre lui. Elle avait été jusque-là vertueuse et sage, il l'a déshonorée ; il l'a laissée mère avec de nouveaux devoirs à remplir et une nouvelle charge à supporter. Il n'a pas voulu en prendre sa part, et elle n'a rien à dire : il est dans son droit.

« Cela est-il juste ?

« Le moment d'être mère approche pour elle. S'il y avait encore des Tours comme autrefois, elle y porterait clandestinement le fruit de sa faute. Elle se remettrait ensuite au travail, et rentrerait dans la société, sinon le cœur content et la tête haute, tranquille au moins, et capable de redevenir une brave femme, qui sait même ? de reprendre un jour l'enfant abandonné, de s'en faire reconnaître, de l'élever (1).

« Mais la société, qui semble avoir tout arrangé pour qu'à un moment donné les filles du peuple suc-

(1) Mais qui donc l'empêchait de le faire ?

combent, *n'a rien prévu* pour parer aux suites de ce faux pas (1).

« Cette même jeune fille, à qui ont manqué pres-que toujours les bons conseils et la surveillance active des parents, qui s'est laissée séduire par igno-rance, par étourderie, par amour du plaisir, si l'on veut, et du luxe, ne trouve plus, une fois tombée dans l'abîme, une branche où se raccrocher.

« Elle a été fatalement poussée à la faute, et de la faute elle a été fatalement traînée au crime.

« — Eh bien ! me disait Delamarre, présentez ces observations au jury, non pas en philosophe, comme je le fais à cette heure, mais avec cette émotion que trouve toujours un avocat quand il se voit en face d'une grande et touchante infortune...

« — Et quand il a du talent, ajoutai-je en sou-riant.

« — Si vous voulez ! Comme ces réflexions sont justes, elles frappent des hommes qui ne prennent d'autres guides que le bon sens et le sentiment.

« Il n'y a pas un de ces douze bourgeois qui ne se dit à lui-même, tandis que je parlais :

« — Au fait, il a raison ! Cette fille est une malheureuse. Le premier coupable est le polisson qui l'a détournée de ses devoirs et l'a lâchement abandonnée, sans assurer, dans la mesure du pos-sible, le sort de la mère et de l'enfant.

« Le second coupable, c'est la société ; c'est moi, c'est vous, c'est tout le monde. Pourquoi n'a-t-on pas préparé à ces infortunes des *asiles discrets* (2) qui

---

(1) Faux, archi-faux ! on l'a vu, il y a le secours temporaire, et, si elle n'en veut pas, l'abandon à l'Hospice.

(2) Que sont donc les Hospices dépositaires ?

sauvent à la fois et la vie des enfants et l'honneur des mères?

« Il *est clair* que, s'il y avait eu à Dieppe un tour ouvert, cette fille n'aurait pas, de gaieté de cœur, cherché à étrangler son enfant, et ne l'aurait pas jeté aux lieux, vivant et criant encore (1).

« La misérable a évidemment perdu la tête. Elle s'est vue déshonorée, perdue, chassée du magasin où elle travaillait. Elle a voulu en finir avec tout ce passé. C'est un coup de folie.

« Elle est plus digne de pitié que de vengeance.

« Oui, je n'en doute pas, chaque juré a trouvé une excuse au fond de sa conscience, et tandis que je les leur rendais plus visibles en les exposant moi-même, je lisais sur leur visage l'assentiment qu'ils y donnaient.

« Voyez-vous, plus nous irons, plus ces acquittements de filles-mères seront nombreux.

« Ces acquittements répétés ne trahissent point un affaiblissement dans l'esprit de justice. Les jurés sont tous d'honnêtes gens qui ont horreur de ces crimes monstrueux. Ils se tournent en accusation contre notre Code et contre notre état social.

« Il est évident que la loi sur la recherche de la paternité doit être refaite; il est évident aussi qu'il faut rétablir les tours. »

J'accepte la première partie de cette conclusion, c'est là la vraie solution de la question. Je serais heureux si M. Sarcey, après m'avoir lu, consentait à modifier la seconde, et à reconnaître que le système actuel, avec les amendements voulus, remplace *avantageusement* le tour; mais, pas plus que le tour, ne pourra empêcher certains infanticides.

---

(1) C'est ce qu'il faudrait démontrer.

Assurer le secret, c'est ôter le dernier, le meilleur, le seul argument des partisans du tour.

Ce n'est pas seulement le corps médical qui le réclame, mais l'Eglise, et en cela elle se montre bien plus humaine et plus sage que certains économistes modernes, car elle professe cette doctrine que sans le secret il n'y a ni réhabilitation, ni repentir possibles.

Elle juge le secret tellement indispensable, qu'en 1204, lorsque le pape Innocent III augmenta l'hôpital du Saint-Esprit pour y recevoir la grande quantité d'enfants nouveau-nés que les pêcheurs retiraient du Tibre, il est dit dans le règlement : « Au dehors de « l'hôpital, il y a un tour, avec un petit matelas de- « dans, pour recevoir les enfants exposés. On peut « hardiment les mettre en plein jour, car il est dé- « fendu, sous de très graves peines, et même de « punition corporelle, de s'informer qui sont ceux « qui les apportent, ni de les suivre. »

On ne pourra pas dire que ces mesures furent édictées par un homme faible ou de mœurs légères, ce reproche qui pouvait s'appliquer à Charles VII, si sévère vis-à-vis des enfants abandonnés, ne peut pas atteindre Innocent III, que l'histoire nous dépeint comme un pape très énergique et ayant fait de grands efforts pour la réforme des mœurs.

Or, ce secret est non seulement possible, mais il existe, on l'a vu, avec le système actuel.

Je reviendrai plus loin sur cette question du secret, mais à un autre point de vue, au nom de l'enfant qui, le plus souvent, a intérêt à ne pas connaître ni porter le nom de sa mère naturelle.

On a vu que, par application du décret de 1811, les enfants confiés à l'assistance publique se divisent en trois catégories, savoir :

1° Les enfants trouvés ;

2° Les enfants abandonnés ;

3° Les orphelins pauvres.

La loi du 5 mai 1869 a organisé et généralisé l'assistance à une quatrième catégorie :

4° Les enfants secourus.

J'ai traité plus haut cette question ; j'y renvoie le lecteur.

Sont assimilés aux enfants abandonnés :

5° Les enfants des prévenus, accusés ou condamnés indigents.

Toutefois, si le père ou la mère seulement est détenu, les enfants restent à la charge de celui d'entre eux qui est en liberté ;

6° Les enfants des indigents traités ou admis dans un établissement hospitalier jusqu'à la sortie du père ou de la mère.

J'ai déjà dit que je n'étais ni un novateur ni même un réformateur ; je le répète, il me suffit d'indiquer les améliorations de détail, dont l'expérience et la lecture de nombreux rapports sur les services départementaux m'ont démontré l'utilité, la nécessité.

Je partagerai, pour plus de commodité, les enfants *hospitalisés* (trouvés, abandonnés, orphelins, pauvres) et les *assimilés* (enfants de détenus, d'indigents traités dans les hospices), en trois classes, d'après l'âge :

1° De 1 jour à 6 ans ;

2° De 6 ans à 13 ans ;

3° De 13 ans à 21 ans.

Pour les premiers, la grande affaire, c'est l'éle-
,vage ; les seconds, l'école ; les derniers, le placement (agricole ou industriel, individuel ou collectif),
le gage, les économies.

Ce sont là les questions qu'il nous faut passer
rapidement en revue pour que les lecteurs aient une
idée suffisante, mais nette du service.

———

Pour la première catégorie, il faut, surtout pour la
première année, élever assez le prix de la pension
pour qu'on puisse leur trouver des nourrices au
sein convenables, sauf pour ceux qui sont douteux,
cela va de soi.

Sinon, ces nourrices seront accaparées par les
parents aisés, par les filles-mères secourues ; il ne
restera, pour les enfants des hospices, ce qui arrive
souvent, sauf pour les départements qui ont des
tarifs élevés, que les mauvaises nourrices au sein
ou des éleveuses au biberon. Et, on sait quelle arme
terrible est le biberon entre les mains des nourrices
peu expérimentées, peu soigneuses et imprudentes
de la campagne !

Voilà la première mesure de protection à prendre
pour les jeunes pupilles des hospices.

La seconde, c'est de surveiller leurs nourrices.

Ils n'ont, pour cette protection, que l'inspection
intermittente des fonctionnaires du service des
enfants assistés. Cela est insuffisant, même en supposant ce service bien fait et à l'aide du personnel
nécessaire, ce qui est très rare et, — soit dit en
passant, — ce qui rend l'inspection presque impossible dans la Loire, vu le nombre, l'éloignement et
la dissémination des enfants.

Il faut donc qu'ils soient l'objet de l'attention toute particulière des membres des commissions locales, de protection du premier âge, des comités de patronage, des maires, des curés, etc.

M. de Guerle (déposition déjà citée), a dit :

« Il n'y a de la part de la nourrice aucune prétention au dévouement. C'est une affaire, et une affaire dans laquelle le département n'a qu'un but, la bonne éducation de l'enfant ; la nourrice, qu'un intérêt, le bénéfice qu'elle pourra en retirer. Or, à cette femme, qui assume une si lourde charge, quelle est la rémunération offerte ? »

(Je n'entre pas dans le détail des tarifs, qui varient suivant les départements, mais qui, en général, sont vraiment insuffisants).

Et, plus loin :

« Il est vrai que l'extension donnée aux secours temporaires diminue chaque jour le nombre des placements ; mais, est-ce une raison pour laisser tenter ainsi la cupidité des nourrices dont on a encore besoin ? Aussi se recrutent-elles dans un milieu de plus en plus misérable. L'enfant ne trouve sous le toit qui le reçoit, ni des conditions hygiéniques favorables, ni les soins de propreté si nécessaires à ces jeunes êtres, ni ces habitudes honnêtes qui se développent plus naturellement dans les familles aisées. Sans doute l'Inspecteur des enfants assistés exige que les conditions du contrat soient exécutées dans leur teneur rigoureuse, sans doute aussi les médecins de circonscription doivent visiter les enfants placés en nourrice une fois tous les trois mois (et encore, suis-je informé qu'ils ne le font pas). Mais, qu'on y songe. Pour que l'Inspecteur puisse

visiter deux fois par an tous les enfants, il lui faut
une activité formidable. Et les enfants en nourrice
ne sont pas ces seuls pupilles, puisqu'il n'abandonne
qu'à 21 ans les enfants placés en apprentissage, dont
il est le tuteur !

« A cela quel remède? Le premier, qu'une modification récente du règlement vient d'appliquer encore
timidement, c'est l'augmentation du salaire des nourrices, surtout pendant les années de l'allaitemeut et
de la première enfance. Ne marchandons pas la
santé aux enfants que nous adoptons, et ne prépa-
rons pas pour la Société des êtres rachitiques et
maladifs. Craint-on une augmentation trop grande
de la dépense des enfants assistés? Outre qu'elle
serait peu considérable ne s'appliquant qu'aux premières années, il y a un moyen fort simple d'y parer.
S'il faut se défier beaucoup de la nature humaine,
quand on ne traite qu'avec des intérêts, il faut
compter qu'elle est vite enlacée par les liens subtils
de l'habitude. Telle femme qui nourrirait mal un
enfant la première année, à cause de l'exiguïté du
salaire, l'élèvera peut-être pour rien trois ans après.
L'enfant aura pris place au foyer : il fait partie de la
famille. Pourquoi donc ne pas s'adresser à l'intérêt,
alors que l'intérêt seul est en jeu, et ne pas attendre
pour diminuer le salaire, le moment où l'affection
deviendra un élément du contrat. Elever la rémunération donnée pour les premières années, et surtout
pour l'année de l'allaitement qui contient pour ainsi
dire en germe toute la vie de l'enfant, et diminuer,
si les circonstances l'exigent, le salaire des années
suivantes, telle est la première mesure à prendre
pour lutter contre la difficulté du placement des
enfants et du choix des nourrices. Il n'y aura plus
concurrence là où il y aura avantage, pour les nour-

rices, à prendre les élèves des hospices du Départ-
tement.

« Mais cette réforme en appelle une autre. Si la
nourrice est mieux rétribuée, on a le droit d'être
plus exigeant à son égard. Or, l'organisation du service permet-elle un contrôle suffisant? Certes l'Inspection des enfants assistés est une excellente institution : elle est confiée à des hommes intelligents
et dévoués; mais je déclare que saint Vincent de
Paul lui-même, revenant sur la terre, n'oserait pas
accepter de pareilles fonctions. Placer, déplacer les
enfants, visiter deux fois par an, non pas seulement
les élèves des hospices, mais les enfants admis au
secours temporaire, suivre d'abord jusqu'à l'âge de
12 ans, puis jusqu'à celui de 21 ans, les pupilles qui
lui sont confiés, souscrire pour eux les contrats d'apprentissage, veiller à leur exécution, rechercher la
filiation et l'état civil, diriger enfin l'administration
centrale du service, qui comprend, comme nous
l'avons vu, l'admission des enfants trouvés ou abandonnés : voilà la tâche de l'Inspecteur des enfants
assistés, sans compter les attributions nouvelles qui
lui ont été confiées, depuis qu'il est devenu inspecteur
des établissements de bienfaisance et du travail des
enfants dans les manufactures (1). Qui pourrait se
flatter d'y suffire? En vain certains départements, et
la Somme est du nombre, ont-ils été dotés récemment d'un sous-inspecteur du service : c'est un allé-
gement, mais il n'est pas suffisant. La visite des
enfants est, à elle seule, une tâche immense, devant
laquelle le zèle le plus ardent doit reculer. On en
avait ainsi jugé au début. Le règlement du service

(1) Cela n'existe pas partout. Ajoutons maintenant la *Loi Roussel*.
E. O.

constitue dans chaque commune, où résident des nourrices et des enfants assistés, un Comité de patronage qui doit joindre à la surveillance continuelle une réunion trimestrielle, dans laquelle il rédige un rapport à l'Inspecteur du service. Mais ce Comité ne fonctionne pas : il se contente de répondre pour la forme à un questionnaire qui lui est adressé tous les ans. Isolé, étranger aux questions qui lui sont soumises, il ne rend à l'Administration aucun service efficace. C'est qu'il est composé d'éléments impropres à l'objet qu'on a eu en vue. Pour surveiller des femmes et des enfants, il faut d'autres femmes ; car chacun sait que les médecins eux-mêmes n'ont en pareille matière qu'une demi-compétence. Il devrait être formé dans chaque canton, auprès du comité cantonal de bienfaisance, un comité de dames chargé de la visite des enfants et de la surveillance des nourrices. Ceux qui ne croient pas même à la possibilité de créer des comités d'hommes, souriront peut-être de la hardiesse de cette tentative. Cependant l'épreuve a été tentée, au point de vue de la bienfaisance, dans le canton de Gamache, je crois, et elle paraît avoir réussi. Elle vaut, dans tous les cas, la peine d'être essayée. Si elle devait échouer, il ne faudrait pas y renoncer trop vite. Il faudrait prendre les ressources là où elles se trouvent déjà. On pourrait faire de chacun des hospices du département le centre d'une circonscription d'inscription, et l'hospice déléguerait une ou plusieurs sœurs, soit pour diriger le comité de patronage des dames, soit au besoin pour inspecter elles-mêmes. Il pourrait y avoir, dans ce dernier cas, à prévoir quelques difficultés administratives, et il vaudrait certainement mieux demander à l'initiative privée son bon vouloir. Mais, dans un cas comme dans l'autre, on se donnerait un moyen puissant de savoir, de contrôler et d'agir.

« Il nous faut courir rapidement dans l'examen des autres parties de ce service, et nous borner aux observations essentielles. Il est certain qu'une des premières et des plus importantes questions à régler serait celle de l'organisatton du service médical des enfants assistés. » ....
....

Le mode le plus simple, adopté assez généralement, c'est d'assimiler les enfants hospitalisés aux malades indigents, quant aux soins médicaux et pharmaceutiques, par la médecine cantonale (quand elle fonctionne bien!). En sus, on accorde aux nourriciers des subventions particulières quand l'état de l'enfant exige des soins spéciaux et, par suite, occasionne des frais supplémentaires.

Dans certains cas, l'enfant est ramené à l'hospice dépositaire pour y suivre le traitement jugé nécessaire.

Quand il n'y a pas de médecin cantonal, ou si l'enfant est placé dans un département voisin, la nourrice appelle un médecin de son choix qui est payé sur présentation de sa note, naturellement au tarif réduit. Il en est de même du pharmacien.

Mais il y a là-dessus, généralement, beaucoup à dire, à regretter et à faire.

Un mot des vêtures: les donner le plus confortables possible et surtout *pas uniformes* :

1º Des couleurs variées, il ne faut pas que ces enfants aient la livrée de l'abandon. On veut leur refaire une famille ; qu'ils soient, au moins, pour le passant, en tout semblables aux autres enfants de leur âge, leurs camarades de jeu, d'école et d'église;

2o Des coupes pouvant varier un peu suivant la taille des enfants. Il faudrait, sur ce point, une sorte de latitude couverte par un crédit supplémentaire sur cet article de dépenses; cela permettrait aussi de fournir des vêtements à certains pupilles qui passent par les hospices dépositaires lors de leurs déplacements, de maladies, etc., surtout de l'âge de 12 à 15 ans, et qui sont véritablement en guenilles, à cet âge difficile où ils ne sont plus habillés par le service et où ils ne gagnent pas encore, et où ils peuvent soit mécontenter leurs patrons qui les rendent, soit rencontrer des patrons peu consciencieux, soit même être dans une famille d'adoption plongée dans la misère.

Il devrait y avoir partout une vêture spéciale dite de première communion.

———

Pour les enfants du deuxième âge, 6 à 13 ans, la grande affaire, c'est l'école.

Je devrais dire 6 à 12, je dis 6 à 13, à cause de la loi sur l'instruction primaire obligatoire qui va rendre cette question de l'école plus difficile et plus délicate que jamais.

Il va de soi qu'il faut augmenter les tarifs de la pension de 6 à 12 ans, payer cette pension jusqu'à 13 ans et donner une douzième vêture en sus de la layette.

En effet, la loi votée en 1882 sera un bienfait pour les pupilles de l'assistance publique; mais, par cela même qu'elle obligera les nourriciers à envoyer les enfants à l'école, elle les privera, en grande partie, des services que ceux-ci leur rendent.

Un des agents du service de la Seine dit à ce sujet (on peut changer les chiffres pour les adapter aux départements, le fond de l'observation a une portée genérale) :

« Il est évident que, dans ces conditions, les propriétaires et fermiers ne prendront plus nos enfants, dont l'élevage leur serait onéreux. Il faudra donc les placer à l'avenir dans des maisons plus ou moins pauvres, chez des gens qui font de l'élevage des enfants une spéculation, et qui veulent bien s'adonner à ce métier s'ils en retirent profit. N'est-il pas à craindre, dans ce cas, que nos élèves n'aient à subir toutes sortes de privations? Il ne faut pas exiger, comme le voudraient certains théoriciens, que nos paysans, rudes travailleurs, qui gagnent péniblement leur vie et celle de leur famille, soient des philanthropes. La philanthropie est un luxe qu'ils ne peuvent pas se permettre; elle peut bien descendre jusqu'à eux; ils ne peuvent pas monter jusqu'à elle. Sans doute, un certain nombre d'entre eux s'attachent réellement à nos élèves, qu'ils ne distinguent plus de leurs propres enfants; je pourrais citer de forts beaux exemples de dévouements et d'abnégation. Cependant il ne faut pas leur demander l'impossible. Il ne faut pas leur imposer l'obligation de dépenser 50 à 60 centimes par jour pour nourrir nos élèves quand nous ne leur donnons que 33 centimes. Leur charité serait du reste bien aveugle, car ils priveraient leurs propres enfants de ressources qui leur sont dues pour en faire don au département de la Seine. Et si nos élèves ont à subir des privations de toute sorte, à qui devra remonter la responsabilité de cet état de choses? Sera-ce aux nourriciers? Non, car ils ne peuvent pas, avec 33 centimes par jour, nourrir convenablement des enfants de dix ans. »

Pour obtenir, en ce qui concerne les pupilles de l'assistance publique, l'exécution de la loi sur l'enseignement primaire obligatoire, il ne suffit pas d'augmenter les tarifs et de payer une année de plus, il faut encore user, dans l'application, du tempérament permis par l'article 15 de la loi, ainsi conçu : « La Commission peut aussi, avec l'approbation du Conseil départemental, dispenser les enfants employés dans l'industrie et arrivés à l'âge de l'apprentissage, d'une des deux classes de la journée ; la même facilité sera accordée à tous les enfants employés hors de leurs familles dans l'agriculture. »

Une autre amélioration qui a une portée plus générale, sur laquelle j'appelle l'attention de qui de droit, et qui m'a été suggérée par les conversations que j'ai eues avec des nourriciers, des instituteurs, des maires, pendant mes tournées d'inspection, et dont j'ai retrouvé la trace dans je ne sais plus quel rapport d'un Inspecteur départemental, peut-être bien d'un des agents de la Seine.

Ne pourrait-on pas apporter utilement quelques modifications dans les heures de classe ?

J'ai la conviction que ce qui conviendrait le mieux dans presque toutes les communes rurales (à hameaux disséminés, dont le territoire est étendu et parsemé de difficultés topographiques), ce serait d'ouvrir la classe à neuf heures du matin et de la fermer à quatre heures ; les enfants appelés à bénéficier de l'article 15 précité pourraient arriver à dix heures et repartir à trois heures. Tous pourraient apporter leur repas et le prendre de midi à une heure, pendant la récréation, comme cela, du reste, se fait souvent.

L'été, cette mesure favoriserait les travaux des champs et la garde des bestiaux.

L'hiver, il y a cruauté, il y a péril à faire ainsi voyager les jeunes enfants avant 8 heures, et après 4 heures, c'est-à-dire de nuit, presque, dans la neige, au milieu des ravins, car, quoi qu'on fasse, il n'y aura jamais assez d'écoles de hameaux pour que certains enfants n'aient pas de très longues distances à parcourir pour aller à l'école.

Je dirai plus, il y a des communes, je le sais, où, pour donner satisfaction aux besoins des habitants, se plier aux habitudes locales, au climat même, il conviendrait de faire, l'été, une première classe de 6 à 8 heures du matin, au moins pour les enfants de 9 à 13 ans, et une autre de midi à 3 heures, sauf à accorder un supplément de traitement ou un adjoint et adjointe aux instituteurs et institutrices qui garderaient les plus jeunes de 9 heures à midi.

Boileau, je crois, a dit que l'ennui naquit un jour de l'uniformité ; c'est l'uniformité des mesures prises qui crée souvent des difficultés pratiques et les règlements académiques devraient pouvoir se plier aux nécessités locales. Cette observation, du reste, peut s'appliquer à peu près indistinctement à tous les services administratifs.

Du jour où le nourricier est tenu, de par la loi, d'envoyer l'enfant à l'école, il n'y a plus lieu, comme on l'a fait jusqu'ici dans les services bien organisés et convenablement dotés, de lui donner, ainsi qu'à l'instituteur, des récompenses pour l'assiduité de l'enfant à l'école.

Cependant, il est bon d'accorder quelques récompenses exceptionnelles aux nourriciers et aux instituteurs, par exemple à chacun d'eux une prime de 50 francs pour les pupilles qui auront obtenu le certificat d'études primaires.

Il y a plus : il serait bon d'encourager, par des

récompenses particulières, les instituteurs à s'occuper
d'une manière toute spéciale de ces pauvres déshérités, et à les entourer d'une surveillance supplémentaire incessante, toujours présente, donc efficace, en
se faisant les collaborateurs du personnel inspectant,
qui sera toujours insuffisant et impuissant, n'étant
pas sur place d'une façon continue. A cet effet, les
instituteurs pourraient signaler, par un bulletin
trimestriel, les progrès de chacun des pupilles en
même temps qu'ils répondraient à un petit questionnaire sur la santé, le caractère des enfants, et les
soins qu'ils reçoivent dans leur placement.

Ce serait là de l'argent bien placé.

La loi de ventôse an V a prévu une récompense
de 50 francs à tout nourricier qui a élevé un enfant
d'hospice de un jour à douze ans. Quelques départements sont plus larges. Sans parler de l'indemnité
dite du premier âge, qui est généralement accordée,
ils donnent 50 francs à la nourrice qui a reçu un
enfant dans le courant de sa première année et l'a
conservé jusqu'à six ans en le préservant de tout
accident.

La nourrice qui conserve cet enfant jusqu'à douze
ans, dans les mêmes conditions, en l'envoyant régulièrement à l'école, reçoit une indemnité de 100 fr.
Celle qui conserve l'enfant pendant 5 ans, à partir de
12 ans, reçoit 100 fr. Enfin, une vêture, dite de
première communion, est accordée aux nourriciers
qui se chargent d'enfants de 12 ans et les mettent en
mesure de gagner leur vie.

Ce sont là des mesures excellentes et dignes d'être
imitées partout.

———

Le pupille a atteint sa treizième année; il reste
généralement jusque vers l'âge de 15 ans, au pair,

c'est-à-dire nourri, habillé, entretenu, en échange des services qu'il rend. A partir de quinze ans, et plus tôt, s'il est grand et fort, il faut lui faire donner un petit gage qui, naturellement, va en augmentant jusqu'à sa 21e année, époque à laquelle il est rayé des contrôles et échappe à la tutelle administrative.

Ici se placent trois questions importantes : le mode de placement, le contrat de placement, les économies des pupilles.

Dans tous les pays où l'assistance publique ou privée s'occupe de l'enfance abandonnée ou délaissée, on a eu recours de tout temps, suivant les circonstances, soit au *placement individuel* des mineurs chez des particuliers ou dans des familles qui les reçoivent quelquefois gratuitement, le plus souvent moyennant salaire, soit à leur *placement collectif* dans des maisons de charité, des orphelinats ou dans des colonies agricoles.

Chacun de ces modes de placement est devenu un système qui a ses partisans ardents, exclusifs.

Tout d'abord, je dois déclarer que pour ma part, je n'ai de parti pris pour ou contre aucun système de placement. Je pousse même l'éclectisme jusqu'à penser que les placements sont tous bons, mais qu'ils peuvent devenir tous mauvais suivant que l'on tient ou que l'on ne tient pas compte des caractères, des aptitudes, des habitudes d'existence, enfin de l'âge de ceux auxquels on les applique.

Cette question va être mise à l'ordre du jour du Conseil général de la Loire par suite du vœu émis à la session d'août dernier, par M. Reuillet, dans son rapport sur le service des enfants assistés, vœu relatif à la création, pour certains pupilles du département, d'un « dépôt régional qui serait à la fois une colonie agricole et une pépinière d'apprentis ». Le moment est donc opportun pour la traiter ici.

Il suffirait, pour le faire amplement, au point de vue en quelque sorte théorique, de rappeler et de résumer les enquêtes de 1860, 1873 et 1881.

Une enquête générale a été faite en 1860 sur ce service. Le questionnaire adressé aux assemblées départementales et aux commissions hospitalières, aux préfets et inspecteurs départementaux comprenait 30 questions dont la 24ᵉ (1ᵉʳ §) était ainsi conçue :

« Est-il placé des enfants dans des colonies agri-
« coles, et dans ce cas, quels sont les résultats
« obtenus ? »

En 1873, une vaste enquête parlementaire a été tentée pour l'organisation de l'assistance publique dans les campagnes. On a consulté cette fois les mêmes sources de renseignements et, en plus, les sociétés médicales et agricoles.

La 27ᵉ question du questionnaire était celle-ci :

« Faut-il développer dans chaque département
« l'institution des orphelinats agricoles? »

Enfin, tout récemment, en 1881, une enquête a été faite à peu près dans les mêmes conditions au sujet du projet de loi sur les enfants délaissés ou maltraités. Je relève les deux derniers paragraphes de la 9ᵉ question :

« Faire connaitre les avantages et les inconvénients
« de ces placements (individuels, chez des particu-
« liers) comparativement avec les placements opérés
« dans les établissements de charité.

« Y a-t-il lieu de favoriser ou de restreindre ces
« divers placements ? »

J'ai lu avec intérêt et dépouillé avec soin les

réponses faites à cette question dans ces trois enquêtes; voici le résumé de cette triple épreuve qui a épuisé la question :

Quand on est en présence d'un enfant tombé à la charge de l'assistance publique, dès sa naissance, il est mis en nourrice à la campagne, le mieux que l'on peut et, autant que possible, conservé là où il a été élevé jusqu'à l'âge de 13 ans.

Il faut s'efforcer ensuite de fixer ces enfants là où ils ont été élevés, ou, au moins, à proximité des nourriciers, pour y gagner leur vie dès que la nourrice, ne recevant plus ni pension, ni vêtures, ne peut les garder, n'ayant pas les ressources suffisantes pour payer ses services.

L'expérience démontre surabondamment que l'avenir des pupilles dépend, le plus souvent, de leur stabilité dans les placements primitifs. Ceux des enfants qui, pour des raisons diverses, ont dû être changés plusieurs fois de placements, ne réussissent pas ou réussissent peu. Aucun lien d'affection ne les retenant, ils ne se plaisent dans aucun des placements qui leur sont procurés, et finissent par se conduire mal. Ceux, au contraire, qui ont demeuré constamment dans leurs placements primitifs, se sont créé une véritable *famille d'adoption*, et, naturellement, donnent satisfaction au service dont ils relèvent.

Une famille d'adoption ! Voilà ce qu'il s'agit avant tout de donner à ces pauvres déshérités.

M. Quentin a dit quelque part :

« Ce qui assure presque toujours à nos pupilles une existence d'honneur et de travail, c'est la constitution d'une nouvelle famille, d'un foyer où ils ont grandi et où ils peuvent venir retremper leurs forces et parler de leurs espérances ; sans cela, isolés, en butte aux sollicitations mauvaises, ils tombent trop souvent dans la paresse et l'inconduite. Aussi je ne cesse de recommander aux directeurs d'agence d'apporter le plus grand soin à ne pas sacrifier l'esprit et les traditions de la famille, en vue d'obtenir pour les enfants un placement peut-être plus avantageux au point de vue financier. »

Ces faits consolants d'enfants devenant partie intégrante de la famille qui les a élevés se reproduisent dans tous les départements ; voici ce que constate à ce sujet l'inspecteur des Alpes-Maritimes dans son rapport de 1880 :

« La grande majorité des enfants au-dessus de 12 ans continuent comme par le passé à demeurer auprès des agriculteurs par qui ils ont été élevés et deviennent souvent, soit par adoption ou par alliance, membres de leurs propres familles, et, comme, je le répète, chaque année, il faut constater que ces enfants s'y fixent d'autant plus volontiers que les localités sont éloignées des grands centres. »

Je pourrais multiplier les exemples de cette sorte et mettre des noms propres si je voulais parler de ce que j'ai vu, avec tant de bonheur, dans mes tournées d'inspection.

Ce qui a été dit suffit pour mettre hors de doute l'axiome suivant :

Le meilleur placement est, en général, le placement individuel, dans une famille à la campagne, famille non misérable, mais de petits fermiers.

Car, ce placement est celui qui offre le plus de chances de donner à l'enfant une nouvelle famille.

Voilà pourquoi il est bon d'encourager les nourriciers en leur assurant des primes aussi fortes que possible, quand ils ont gardé des pupilles de un an à 12 ans, et même après.

L'intérêt est d'abord en jeu, l'affection vient ensuite, l'habitude crée des liens indissolubles ; ajoutons que par un secret et heureux instinct, ces enfants sont généralement très aimants et savent se faire aimer.

Il n'est pas utile d'insister sur cette autre idée, qu'il est juste que l'Administration, à condition toutefois de ne pas contrarier des vocations et même des aptitudes industrielles ou autres, doit s'efforcer d'assurer à l'agriculture, notre mère nourrice à tous, les bras des enfants qu'elle a élevés aux frais de la société.

L'enfant, ainsi placé, s'habitue donc de bonne heure à la vie de famille, au travail, aux devoirs sociaux; il peut en outre se créer plus facilement une épargne que dans les maisons de charité où, trop souvent, il travaille plus pour la maison que pour lui.

Hâtons-nous cependant de reconnaître que le placement individuel à la campagne ne va pas sans quelques inconvénients.

Trop souvent certains pupilles prennent des habitudes nomades dont l'inspection, généralement difficile par suite de l'éloignement et de la dissémination des enfants et surtout, il faut insister sur ce point, par l'insuffisance presque générale du personnel inspectant, est impuissante à les garantir. S'il est vrai qu'ainsi les enfants sont mieux initiés à la vie de famille et au commerce du monde, aux nécessités du combat pour la vie, il faut reconnaître aussi que trop souvent, ils sont placés dans des familles grossières, besoigneuses, où ils n'ont pas ou peu d'instruction et d'éducation surtout, car on ne les a pris que par spéculation d'abord, et ensuite on ne les garde que pour tirer profit de leur travail ; parfois même, ils sont indignement exploités.

Mais somme toute, la balance faite, les avantages l'emportent et c'est l'affaire de l'inspection de réduire les inconvénients au minimum par une tutelle vigilante et paternelle, dans la réalité, et non dans les pages complaisantes d'un rapport optimiste, comme il s'en trouve parfois.

Il serait donc à désirer que les enfants, qui se trouvent recueillis tout jeunes dans les orphelinats, et qui y sont peut-être mieux que les autres sous le rapport de l'instruction et de l'éducation, fussent placés soit à la campagne chez des cultivateurs, soit chez de petits patrons dans les petites villes, une fois qu'ils ont dépassé treize ans.

A cet âge, les placements sont relativement faciles.

On ne peut trop le répéter, il faut à l'enfant le *travail libre*.

Or, cette liberté qui, après tout, est la meilleure école de la responsabilité, il la trouve dans la famille.

Et il ne rencontre généralement à l'ophelinat que discipline, contrainte. Pis que cela : il reste inexpérimenté, il ne sait pas plus tard se tirer des difficultés de la vie d'un monde auquel il est resté étranger, étant habitué à une vie non seulement régulière, ce qui est bon, mais assurée, où tout lui arrive au son de la cloche qui l'appelle au lit, à table, à l'ouvrage.

C'est là, en effet, l'objection générale, fondamentale que l'on peut faire au système de placement collectif dans les orphelinats, les colonies agricoles, etc., etc.

Comme toujours, je vais maintenant citer quelques autorités pour corroborer mes dires précédents :

M. Lavergne, de l'Allier, dit et il résume parfaitement la question :

« Tout en reconnaissant les services rendus par les orphelinats, refuges, etc., on doit dire que les placements à la campagne sont bien préférables à tout autre mode, *sauf de rares exceptions*. Placés chez des cultivateurs laborieux et honnêtes, les enfants s'habituent de bonne heure au travail, à la vie de famille, aux devoirs sociaux. L'orphelinat, au contraire, avec ses pratiques et sa discipline souvent monastiques, habitue l'enfant à une vie passive, monotone, qui nuit souvent au développement de son intelligence et de son corps; il lui procure momentanément un bien-être qui peut cesser brusquement à sa sortie de l'établissement et le laisser sans forces aux prises avec les difficultés de la vie. Pour toutes ces raisons, les placements à la campagne doivent être encouragés par tous les moyens possibles, car ils sont utiles à la fois à l'agriculture et aux enfants. »

Il faut citer la déposition de l'inspecteur du Gers :

« On ne saurait assez, dit-il, insister sur la supériorité du placement des enfants à la campagne sur le placement dans les orphelinats ou autres établissements. Lorsque surtout le placement a lieu loin des centres populeux, la transformation physique et morale se produit avec une rapidité surprenante. L'enfant, adopté par ses camarades de l'école et de l'église, autant que par la famille qui l'élève, rentre dans le rang social et apprend vite que tout ne peut venir que du travail. Dans les établissements de charité, quelques mauvaises natures suffisent pour entretenir le mauvais esprit auquel dispose la misère première. La reconnaissance ne s'établit pas et l'en-

fant s'exagère l'étendue des ressources provenant
de bienfaiteurs invisibles ; il s'habitue à l'impré-
'voyance, comme si la société devait toujours suppléer
aux efforts du travail qu'il ne fait pas. Les éducations
collectives de la charité sont énervantes. Elles ne
donnent ni de bons paysans, ni de bons soldats. Le
but à poursuivre, c'est de remplacer là famille
absente ou détestable par des placements isolés au
milieu de braves gens, robustes, à l'esprit droit, au
cœur viril. »

Le préfet de la Charente-Inférieure dit avec
raison :

« On a remarqué que les pupilles des hospices,
élevés dans les établissements de charité, deviennent
égoïstes et n'aiment personne. Elevés en dehors des
habitudes du monde où ils sont appelés à vivre, ils
ne le comprennent pas et prennent facilement la
société en haine...; ils ne se fixent nulle part et ne
peuvent généralement se faire un avenir. Il y a dans
la Charente-Inférieure une preuve frappante de ce
fait : pendant longues années, le département a
placé à N... 30 élèves des hospices choisis parmi les
meilleurs sujets.

« Lorsqu'à 19 ou 20 ans ils étaient mis en condition
chez des cultivateurs, ils satisfaisaient rarement
leurs maîtres, et ces enfants, qui auraient dû être
des agriculteurs modèles, étaient généralement
ennemis du travail des champs et finissaient par
abandonner l'agriculture pour courir le monde ou
s'enrôler dans l'armée. Des recherches faites à cet
égard ont démontré que les sacrifices faits en leur
faveur par le département n'avaient pas atteint le
but proposé et qu'ils se trouvaient finalement dans
de bien moins bonnes conditions que les enfants
assistés restés chez leurs gardiens. Les orphelinats

conviennent aux enfants pauvres que les occupations de leurs parents ne permettent pas de conserver avec eux, parce que ces enfants, en sortant de ces établissements, rentrent dans leurs familles; mais ils ne sont d'aucune utilité pour les enfants assistés; disons même qu'ils leur sont plutôt nuisibles. *Ce n'est que dans le cas où ces enfants ont de mauvais instincts et que, par suite de leurs défauts, ils n'ont pu former aucun lien de famille, qu'il y aurait lieu de les mettre dans des établissements spéciaux.* •

Là est la solution du problème; le placement individuel doit être la règle, le placement dans un établissement est l'exception.

Et il y a toujours et partout des exceptions.

« Quand le mineur est possédé des défauts ou des vices signalés, le mode de placement à la campagne et chez des familles qui le prennent tout d'abord pour la rémunération qu'il apporte, ce placement est fort insuffisant pour le ramener et améliorer son intelligence et son moral.

« Ces moyens n'existent pas à la campagne : les habitants, par leur ignorance, et aussi à cause des pénibles et continuels travaux de leur existence quotidienne, seraient incapables d'en faire usage, lors même qu'ils les auraient sous la main. »

Qui parle ainsi?

Le docteur Rossignol, inspecteur du Tarn-et-Garonne, avec l'autorité de 26 ans d'études et d'expérience.

Il convient donc de ne pas multiplier ces colonies agricoles qui n'ont pas donné et ne peuvent pas donner de bons résultats, sans compter qu'il y a là une énorme dépense improductive et qu'il y a des difficultés presque insurmontables pour la direction.

Il faut, en effet, pour directeur, un homme capable de gérer une grande exploitation agricole et qui soit à la fois un bon éducateur. Ces deux qualités ne sont pas incompatibles, mais elles sont rarement réunies dans la même personne. Il faut donc avoir deux directions, l'une agricole et industrielle, l'autre morale ; d'où des tiraillements, sans parler des frais.

Les inconvénients sont moindres pour les établissements de ce genre qui sont surtout des écoles industrielles avec une classe annexée, comme celle de Montévrain, par exemple ; il y a là une expérience qu'il faut suivre avec intérêt et imiter si elle réussit.

Restons sur le terrain des colonies agricoles proprement dites, même quand elles ont une annexe industrielle.

C'est le cas de la colonie de Saint-Genest-Lerpt, qui est un modèle du genre, où se trouvent réduits au minimum les inconvénients de ces sortes d'établissements et où on a poussé au maximum les avantages qu'ils présentent.

Aussi y amène-t-on des enfants de très loin.

Mais les hommes comme le directeur de cette colonie sont rares. Il est de l'ordre de Citeaux auquel la maison appartient. Agriculteur consommé en ce qui concerne la culture, l'élevage des animaux, etc.; administrateur émérite, professeur distingué, éducateur hors ligne, il a tout ce qu'il faut pour mener à bien une pareille entreprise et, en sus, il est célibataire et, par ses vœux, voué à la pauvreté, donc, pouvant se contenter d'un traitement qui serait bien insuffisant pour un homme même d'une valeur moindre, ayant des charges de famille et obligé de faire face aux habitudes, aux nécessités de la vie du monde. Cette dernière réflexion s'applique à tous ses collaborateurs.

J'aimerais à dire tout au long ce que j'ai vu et admiré dans cet établissement, mais il faut bien se borner.

J'en ai dit assez, je pense, pour engager les personnes que ces questions intéressent à visiter ce bel établissement, et surtout le premier dimanche d'un mois.

Elles en sortiront émerveillées.

Il n'y a donc pas à se préoccuper de cette question dans la Loire, au moins, puisque l'on sait où mettre un pupille qui, par son caractère, ses habitudes, ne peut se faire au placement individuel. On peut, sans grande dépense, le mettre à Saint-Genest-Lerpt. Là, si on sait l'y mettre à temps, dans un milieu honnête, il sera surveillé, instruit, moralisé, il se refera peut-être ; en tout cas, il apprendra, mieux qu'ailleurs, à travailler, et il travaillera soit à la terre, soit à l'atelier, suivant ses aptitudes et ses forces.

Une colonie de ce genre est indispensable pour plusieurs départements.

Mais s'ensuit-il de là qu'il n'y ait rien à faire dans cet ordre d'idées, même dans la Loire.

Je reste fidèle à mon programme.

Je n'étudie pas ici précisément la question spéciale à la Loire, et ce que je vais dire s'applique à tous les départements qui ont, à proximité, une colonie de ce genre pour les indisciplinés, les difficiles, les nomades.

Ne pourrait-on pas, sinon créer une colonie agricole, du moins agglomérer sur un ou plusieurs points d'un département un certain nombre de pupilles, de 14 à 21 ans, des deux sexes, dont les placements sont difficiles pour diverses raisons, et ce: au moyen de ressources modestes.

Il ne s'agirait, petit à petit, que de placer dans un ou plusieurs établissements de ce genre, suffisamment aménagés, quelques élèves qui, eux-mêmes, prépareraient l'installation de ceux à y introduire plus tard.

Il y a partout, dans tous les services, de ces nomades, de ces insoumis qu'il est difficile de placer et presque impossible de faire rester en place et qui, fatalement, tournent mal. Ils sont lancés dans la vie avec de mauvais instincts et, comme je le disais plus haut, l'éducation qu'ils reçoivent chez les nourriciers de la campagne est insuffisante pour dompter ces mauvais instincts.

Il est évident que lorsque l'enfant est abandonné jeune et remis entre nos mains, nous pouvons le placer dans des conditions telles qu'il nous est facile d'en faire un sujet ordinaire. Mais lorsque l'enfant nous est remis après l'âge de 6 ou 7 ans, qu'il a été, pour ainsi dire, moralement abandonné par ses parents, habitué à vagabonder et témoins de tous les vices, il nous devient extrêmement difficile d'obtenir des résultats favorables. Je ne prétends pas qu'ils sont tous dans le même cas, car parmi eux il y a beaucoup d'orphelins pauvres, enfants légitimes et autres; mais enfin plus du tiers, et je puis même dire presque la moitié, est composée d'enfants dont les instincts sont mauvais. Les patrons et nourriciers s'en débarrassent le plus vite qu'ils peuvent et nous sommes impuissants à faire ce que l'humanité nous commande. Voilà pourquoi nous avons pensé qu'un centre créé *ad hoc* pouvait avoir son utilité.

On pourrait encore arriver au même but par un moyen plus simple, plus économique encore :

Que le département loue une ferme assez grande, qu'il la confie à un agriculteur intelligent et honnête qui l'exploitera à ses frais, à ses risques et périls, sans payer de canon, puisque le département se chargerait de cette dépense, mais à la condition de ne prendre comme domestiques à gages, garçons et filles, ou de préférence à tous autres, des pupilles désignés par l'administration.

Dans cette ferme, — il en faudrait une à proximité de chaque hospice dépositaire, peut-être même une seule suffirait près du chef-lieu du département, — on mettrait ces indisciplinés, ces nomades. Etant sous la surveillance continue, vigilante de l'inspecteur qui s'y rendrait facilement, ils s'amenderaient et finiraient par devenir de bons domestiques.

M. Rossignol, déjà cité, a dit :

« Toutefois, il ne faut pas désespérer, bien loin de là; que d'exemples sont passés sous mes yeux! Aujourd'hui encore, combien n'ai-je pas de ces élèves desquels je me sens enclin à tout redouter?

« J'en ai d'autres qui, après avoir subi une ou deux condamnations plus ou moins légères, et dont je n'ai pas voulu demander l'incarcération dans des maisons pénitentiaires, où ils finissent de se pervertir tout à fait, il en est, dis-je, en assez grand nombre qui, une fois arrivés à l'âge de 16, 17 ans, ont, à ma grande joie, trompé mes funestes prévisions. Ceux-ci me font espérer en faveur de l'heureuse amélioration des autres. »

Mieux encore :

Les hospices dépositaires ont toujours des fermes; ils peuvent s'entendre avec les Conseils généraux et mettre, à certaines conditions, une de ces fermes à la disposition du département. Cette ferme serait, en outre, et sans grands frais de transformation, une *maison de campagne* et pour les infirmières, religieuses ou laïques qui ont si besoin de changer d'air de temps en temps loin des salles d'hôpital, et pour certains pupilles que leur état de santé, une infirmité, ne permet pas de placer à la campagne, ou de ne placer que moyennant une subvention, sans compter qu'ils y trouvent rarement les soins qui leur sont nécessaires, faute de médecin à proximité et d'une nourriture convenable.

De ces enfants, les moins infirmes seraient utilisés dans ces *fermes hospitalières*, suivant leurs forces aux travaux des champs, du jardin, de la cuisine, de l'écurie, du poulailler, que sais-je? En tous cas, même inoccupés, ils se plairaient mieux, se porteraient mieux et coûteraient moins qu'entre les quatre murs froids, sombres et tristes de l'hospice, à proximité des incurables, des infirmes, des malades, etc.

Et quand ils coûteraient autant; quand ils coûteraient plus; ce serait une dépense utile que l'humanité commande.

Je ne fais, bien entendu, qu'effleurer ces idées, soulever ces questions qui demandent à être creusées, discutées, avant de passer de la théorie à la pratique.

Je crois qu'il y a quelque chose à faire en ce sens, et j'ai lieu de penser que je ne suis pas seul de cet avis.

On peut essayer, en tout cas. Le risque n'est pas grand.

Le pupille est placé à la campagne; il a atteint
15 ans, il travaille assez pour gagner plus que son
entretien, il faut donc lui faire donner un gage et,
dès lors, ce sera lui qui, avec le conseil bien entendu
de son patron, de son nourricier surtout avec lequel
il n'a pas cessé, le plus ordinairement, d'entretenir
des relations, s'il a dû le quitter pour *se louer*, s'occupera de l'achat de ses vêtements. Il est bon que
les enfants aient le plus tôt possible cette responsabilité, qui les habitue de bonne heure à ne compter
que sur eux, à diriger leurs petites affaires, à être
économes de leurs vêtements, en un mot à se
débrouiller dans la vie.

Le chiffre du gage varie naturellement, suivant la
force, l'intelligence du pupille, suivant les pays; je
n'ai pas à m'en occuper.

La question théorique à discuter est celle-ci : faut-
il faire un contrat de louage? Je réponds oui, si c'est
possible. Mais, très souvent, cela n'est pas possible,
ou tout au moins fort difficile. Il faut bien reconnaître qu'il est difficile d'obtenir d'un patron qu'il
signe un contrat dont les clauses l'obligent et qui
ne peuvent obliger à un égal degré l'Administration,
laquelle devra rendre l'enfant, s'il est réclamé dans
les formes voulues.

Ensuite, pour stipuler un contrat, il faut être sur
place, et cela est le plus souvent impossible; l'Inspecteur n'a pas le don d'ubiquité, d'autant plus que
généralement la loue des domestiques se fait dans le
même laps de temps, à Noël. Il faut encore observer
que le paysan qui, trop souvent encore ne sait ni lire
ni écrire, ne mettra pas sa croix sur un contrat dont
il craindra la portée. Il y a enfin la difficulté *légale* :
si le contrat n'est pas dûment enregistré, il n'a pas

de valeur ; il est vrai que sur papier administratif, il a une valeur *morale* presque suffisante.

Le contrat n'est donc possible qu'exceptionnelle- ment et surtout quand il s'agit d'un *contrat d'appren- tissage* proprement dit ; pour le cas, le plus ordinaire, du simple louage à l'année, il n'est pas indispensable, il est presque impossible ; mais alors une mesure s'impose et qui, le plus généralement, suffit. C'est que, lors de l'inspection, le préposé ou l'Inspecteur inscrira sur le livret, à la date de sa visite, le gage convenu, sauf à le faire augmenter s'il le juge trop restreint, ou à rompre l'engagement pour en faire contracter un autre avec un nouveau patron, s'il y a refus d'augmentation. Cette simple mesure suffit pour éviter des difficultés de paiement ; l'intérêt du pupille est ainsi sauvegardé. Mais, je suis heureux de reconnaître que, sauf de rares exceptions, les stipulations sont exécutées de bonne foi. Mais, quand il y a abus, exploitation, mauvaise foi de la part du patron, le devoir strict de l'Inspecteur est d'agir rigoureusement, dût-il demander l'autorisation à qui de droit d'ester en justice au nom du pupille. La seule menace d'aller au juge de paix en contradiction avec l'Administration suffit pour faire rendre gorge au mauvais patron ; je le sais par une expérience trois fois répétée, je ne veux pas citer de noms.

Ajoutons qu'il y a utilité à ce que le pupille soit en quelque sorte seul à discuter son gage, dès qu'il atteint 17 ans, cela l'habitue à la lutte des intérêts et le fait homme de bonne heure. Le nourricier est son conseiller ; le maire son protecteur ; l'Inspecteur ratifie, corrige, s'il y a lieu, le contrat verbal, et sur- tout le fait exécuter dans le cas, rare, je le répète, où il y aurait mauvaise foi de la part du patron.

Il suffit que les pupilles sachent qu'ils seront sou-

tenus énergiquement dans leurs justes revendications pour que les abus cessent ; aussi, il faut organiser les inspections de façon à ce qu'ils puissent
voir assez souvent les représentants de l'Administration pour les connaître, les aimer ,et les voir
arriver avec plaisir comme des amis, des protecteurs,
des tuteurs, en un mot ; j'allais dire des pères.

Il faut aussi tenir la main à ce que le pupille fasse
des économies et les place, de préférence à tout
autre placement, à la Caisse d'épargne postale.

La Caisse d'épargne postale est maintenant à la
portée de tout le monde ; elle offre tant de facilités
pour les dépôts et les retraits.

Mais il y a bien des difficultés à vaincre pour y
arriver. Un trop grand nombre de pupilles ont l'habitude de mettre leur argent chez le nourricier, qui lui-
même, les détourne de la Caisse d'épargne dans
laquelle il n'a pas confiance. Il faut dire aussi que le
nourricier, qui a vraiment adopté cet enfant, qu'il
ne distingue pas des siens, regarderait comme une
suspicion, une injure à son égard, le dépôt à la
Caisse d'épargne, et il vient rarement à l'idée de
l'enfant d'exiger un billet qui garantirait son pécule,
en cas de mort subite, de ruine (incendie, grêle,
épizootie, etc., etc.), de mauvaise foi du nourricier
ou de ses héritiers légitimes. L'Inspecteur ne peut
toujours soulever cette délicate question, car il faut
avant tout ménager ces liens de la famille d'adoption
qui est son idéal.

Je crois qu'on peut atteindre ce but d'une façon
détournée et, somme toute, peu coûteuse : ce serait
de décider les pupilles eux-mêmes, et les nourriciers
par contre-coup, à déposer toutes leurs économies à

la Caisse d'épargne postale, en accordant une récompense, tant pour cent, soit 10, ou 1 pour 10, à tout
pupille qui fait des dépôts. Il fait parvenir ses économies à l'Inspecteur. Mieux, il lui envoie son
livret à la fin de chaque année, et le livret lui est
retourné augmenté du tant pour cent des versements
de l'année, qui a été versé par l'Inspecteur, au nom
de l'Administration.

Peu à peu on arriverait ainsi, par l'appât de cette
prime qui serait une belle rente :

1º A faire déposer à la Caisse d'épargne toutes les
économies ;

2º A augmenter le chiffre de ces économies.

Ainsi, ces déshérités de la fortune, après avoir
trouvé une famille d'adoption, se feraient un petit
pécule pour leur majorité. Je ne parle pas de ceux
(et ils sont plus nombreux qu'on le croit), qui héri-
tent de leurs nourriciers et souvent de sommes assez
rondes, et de ceux à qui on constitue, surtout des
filles, de vraies dots de mariage, d'accord avec les
enfants, les parents des nourriciers, qui les traitent
en sœurs, en parentes. Il y a aussi les adoptions.

Rien que dans le service de la Loire, et en moins
de vingt mois, je connais près de dix exemples de
ces faits.

Dans cet ordre d'idées il serait bon que tout pupille
pût avoir, vers l'âge de 14 ans, un livret en son nom,
donné au nom de l'Administration. C'est la première
pièce de cent sous qui est la plus difficile à mettre de
côté. Quand il y a un commencement de dépôt, on
est plus encouragé à faire des économies pour
grossir la pelote, qui fait boule pour l'heure où arrive
la majorité.

On pourrait donc donner un livret de 5 à 25 fr. à

tout pupille qui atteint l'âge de 13 ans, en le gra-
duant; suivant le degré d'instruction; il pourrait
aller jusqu'à 50 fr., en cas de certificat d'études primaires.

Ce serait réaliser, en ce qu'il a de pratique, le
projet curieux du regretté et généreux Tourasse et
de M. Piche, en amendement à celui de M. Nadaud
sur la Caisse nationale des retraites pour la vieillesse.
Comme épigraphe à cet amendement, MM. Tourasse
et Piche, ont choisi deux pensées, dont l'une est
empruntée à Gambetta et l'autre à M. de Bismarck.

Gambetta, dans son discours du 7 septembre 1881,
à Honfleur, disait :

« Il est une série d'institutions que l'Etat ne doit
pas, en se substituant à l'initiative individuelle,
créer de toutes pièces, mais pour la création desquelles *il doit imprimer le mouvement.*

« Nous pensons que ces choses peuvent être faites
sans secousses, en nous informant des meilleurs
moyens d'établir les institutions de prévoyance, de
crédit et d'assistance. »

Et de son côté, M. de Bismarck, en son discours du
17 novembre 1881, s'exprimait ainsi :

« Ceux que l'âge ou les infirmités mettent également dans l'impossibilité de gagner leur vie ont
également le droit à *une existence plus efficace* de la
part de l'Etat que celle qu'on leur a accordée jusqu'ici. Trouver les vrais moyens de leur accorder
cette existence est une tâche difficile, mais une des
tâches les plus élevées d'une société fondée sur les
bases morales du christianisme.

« Toutefois, on ne pourra pas atteindre le but
sans l'emploi de ressources financières considérables. »

C'est sous le patronage de ces deux esprits éminents... (il faut bien admettre que M. de Bismarck,
quelles que puissent être nos défiances contre son
libéralisme d'occasion et nos rancunes contre sa
politique, est un homme d'Etat de premier ordre)...
c'est donc armés de ces deux phrases que MM. Tourasse et Piche proposent leur amendement.

En voici le texte :

Après l'article 2 de la loi, intercaler le suivant :

« Art. 2 *bis*. — Tout enfant, né en France, sera, au
moment de la déclaration de sa naissance à la
mairie, doté d'un livret de caisse des retraites de
cinq francs aux frais de l'Etat.

« Art. 2 *ter*. — Les versements ultérieurs pourront
être faits à la caisse d'épargne postale.

Au premier abord, il est impossible de ne pas
sentir, en lisant cet article de loi, un mouvement de
surprise. Cette idée de faire de tous les Français des
rentiers malgré eux est si nouvelle qu'elle nous
frappe par son étrangeté, par sa bizarrerie.

Mais on se rassure peu à peu en lisant l'exposé des
motifs de ces messieurs, et l'on en arrive à conclure,
comme eux, que si ces deux propositions étaient
acceptées, il n'y aurait, dans soixante ans, presque
plus de malheureux en France.

« Le seul versement de cinq francs, grâce à la
puissance des intérêts composés, assurerait au titu-
laire parvenu à l'âge de soixante ans, une rente
viagère d'environ vingt-cinq francs, somme déjà
supérieure à la moyenne de ce que donnent aujour-
d'hui les bureaux de bienfaisance.

« Mais ce résultat si extraordinaire frapperait à
coup sûr l'imagination des parents, les engagerait à

grossir par de petits versements la retraite de leurs
enfants (en attendant que ceux-ci la complétassent
eux-mêmes), et leur inspirerait souvent l'idée de se
constituer une retraite personnelle à laquelle, sans
cela, ils n'auraient jamais songé.

« Et que coûterait à l'état cette innovation bienfaisante? *Cinq millions* seulement chaque année, car
il naît, par an, en France, environ un million d'enfants.

« Ne serait-ce pas acheter à peu de frais un progrès
social d'ordre supérieur?

« Mieux vaut donner à l'enfant un livret de caisse
de retraites, qu'il grossira par ses épargnes, que
d'être obligé de le secourir quand il sera devenu
vieux.

« A notre avis, grâce à cette seule réforme, le
paupérisme irait en s'éteignant peu à peu, surtout si
l'éducation, s'emparant de l'idée de prévoyance,
l'enseignait aux enfants dès l'école et leur en incul-
quait *l'habitude.* »

De cet exposé des motifs, il résulte que ces messieurs comptent moins sur la rente effective qui serait
produite par cette première mise de fonds de cinq
francs que sur les habitudes d'économie et d'épargne
qui seraient ainsi inculquées à la population et finiraient par lui passer dans le sang.

A ce point de vue, ils ont peut-être raison.

―――――

Ce n'est pas que l'amendement de MM. Tourasse
et Piche ne puisse soulever de très graves objections
dans la pratique. Cette proposition, émanée d'un
esprit généreux, a ce défaut qui lui est commun avec

beaucoup d'autres : elle demande à l'impôt ce qu'il ne faut demander qu'à l'épargne.

L'épargne est moralisatrice et la capitalisation appliquée à l'épargne est féconde.

Mais, dans le projet Tourasse, qui fait la première mise de fonds? Le fisc. Qui paiera la rente? Le fisc. Tout le monde paiera à tout le monde; c'est-à-dire que personne n'aura ni donné ni reçu.

La plus mince somme épargnée par un déposant, et versée dans une caisse de prévoyance, représente une dépense qui aurait pu être faite, une chose qui aurait pu être consommée et qui ne l'a pas été.

Si l'on veut donner au travailleur le goût de l'épargne, il faut que cette épargne lui représente un sacrifice fait par lui-même ou par quelque autre à son intention.

Quand un oncle, un parrain, un bienfaiteur quelconque fait cadeau à quelque enfant d'un livret de caisse d'épargne, la somme qui s'y trouve inscrite a été prise sur une fortune particulière et elle est un don spécial.

Mais l'Etat, c'est tout le monde.

Le jour où il sera reconnu, avéré, que chaque Français en naissant possède cinq francs, ces cinq francs feront l'effet, non d'un commencement d'épargne, mais d'un droit à une rente. Ils ne joueront pas ce rôle d'aiguillon que leur prête si bénévolement M. Tourasse.

La vérité est que ce sont là des enseignements dont l'initiative privée seule est capable. Il faut que chacun, dans notre étroite et humble sphère, nous nous ingénions à répandre autour de nous les idées d'épargne; que nous y amenions peu à peu et par notre exemple, et par nos conseils, et par nos dons même, les petites gens qui, d'instinct, y sont réfractaires. Il faut que nous ayons raison de préjugés qui ont dans le passé de longues racines. Pour cela, je le répète, il faut que chacun de nous, dans sa petite sphère d'action, s'occupe de répandre les idées d'épargne ; qu'il fasse connaître aux pauvres gens les diverses institutions où l'État recueille et fait fructifier leurs économies, qu'il les engage, s'il le peut, à y mettre, par l'appât d'un premier versement fait en leur nom.

C'est là un chemin plus long que celui de M. Tourasse, mais je crois aussi qu'il est plus sûr.

Je me hâte d'ajouter qu'aucune de ces critiques ne peut être faite à ma proposition de faire donner par l'administration tutrice, mère du pupille, un livret à chacun de ses enfants, qui sont, comme on le disait en 89, les « enfants de la Patrie ».

En revanche, elle présente, pour les pupilles et pour leurs nourriciers et voisins, tous les avantages d'encouragement et de bon exemple que MM. Tourasse et Piche attendaient de leur amendement.

L'habitude de donner des livrets de caisse d'épargne aux enfants, à titre de récompense, est tout à fait entrée dans les mœurs scolaires, et certes, on ne peut trouver un meilleur moyen de leur inspirer l'amour de l'ordre et de l'économie.

On ne se fait peut-être pas une idée bien nette de ce que peut produire, dans l'avenir, un modeste livret de 10 ou 20 francs donné à un écolier.

Nous ne pouvons mieux faire que de citer quelques extraits d'un charmant discours prononcé par le maire d'une commune du territoire de Belfort à l'occasion de la distribution des prix des écoles communales :

« Permettez-moi de vous dévoiler par quelques chiffres les miracles de l'épargne, les seuls miracles auxquels, avec ceux de la science, nous entendions essayer de vous initier.

« Savez-vous, mes enfants, ce que peut représenter ce mince livret de 20 francs ? Si vous l'enfermez sans y toucher, comme un de ces doux souvenirs d'une bonne page de l'enfance, la pièce d'or, à vos vingt ans, se sera doublée toute seule.

« Si vous la nourrissez de vos petites économies, de la récolte accumulée de vos bons points, si vous dérobez à son profit quelques pièces aux plaisirs du jeune homme ou à la toilette de la jeune fille, vous serez, à votre majorité, à la tête d'un capital, mince encore, sans doute, mais suffisant déjà pour parer aux premières difficultés de la vie. Êtes-vous pré-voyants, et, assurés du lendemain tant que vous serez abrités sous l'aile de vos familles, oseriez-vous déjà jeter le regard vers les régions lointaines de l'avenir ?

« Eh bien, cette seule pièce de 20 fr., oubliée dès l'âge de 15 ans, confiée à l'une de nos caisses de l'Etat, vous fournirait :

« A 50 ans, 11 fr. 25 ;

« A 60 ans, 27 fr. de rente ;

« Si, dès l'âge de 10 ans, vous aviez fait cet aban-don à la prévoyance, vous auriez :

« A 50 ans, 14 fr. 60 ;

« A 60 ans, 36 fr. de rente.

« Mais, je vous connais, mes enfants, vous ne voudriez pas abandonner, sans le nourrir, ce livret qui vous rappellera votre premier succès.

« Vous entendez bien trouver le moyen de lui offrir le petit sou de poche (quand le jeu du bouchon devrait en pâtir); vous voudrez lui consacrer *ce sou*, *par jour*, quand vos bras seront assez forts pour gagner un salaire.

« Oh! alors, si vous persévérez dans cette bonne pensée, vous voilà classés parmi les rentiers, car vous aurez :

« A 50 ans, 246 fr. de rente;

« A 60 ans, tout près de 400 fr.

« Un dernier exemple :

« Si la bonne mère de famille, dont l'enfant débute à notre école maternelle, veut, elle aussi, réunir ces quelques économies, sur une tête de trois ans, c'est une véritable petite fortune qu'un jour l'enfant est appelé à recueillir, car il aura :

« A 50 ans, 378 fr.;

« A 60 ans, 965 fr.;

« A 65 ans, 1,695 fr. de rente.

« En vérité, je suis presque tenté de dire que l'aisance est dès aujourd'hui entre vos mains, et que si vous n'oubliez pas l'épargne, vous n'avez qu'à le vouloir pour bénéficier de ses miracles. »

Voyons maintenant ce que devient l'épargne quand elle est confiée à la caisse des retraites instituée par l'Etat pour donner aux déposants des rentes viagères.

En mettant de côté UN SOU par jour (18 francs 25 centimes par an), dès l'âge de 18 ans, on aurait 300 fr. de rente à 60 ans, 532 à 65 ans, en réservant son capital; et si le capital est aliéné, 500 fr. environ de rente à 60 ans ; 740 fr. à 65 ans.

En versant 10 c. par jour (36 fr. 50 c. par an), dès la même époque, on arrive à 600 fr. de rente à 60 ans, et plus de 1,000 fr. à 65 ans (capital réservé), ou

817 fr. 55 c. à 60 ans et près de 1,500 à 65 ans (capital aliéné).

Une faible épargne est possible si elle est journalière et tellement minime qu'elle paraisse insensible.

Il est de toute nécessité que l'ouvrier s'habitue à regarder l'épargne journalière comme étant tout aussi obligatoire que la dépense du pain de chaque jour, puisqu'en réalité elle représentera le pain des dernières années, et qu'il sache que, si elle lui impose une faible surcharge pendant sa jeunesse et sa maturité, elle dégrèvera les années où le travail deviendra pénible et allègera le fardeau de ses enfants.

Bien des chagrins et des dangers résultent pour les individus, pour les familles et pour la société même du manque de ressources pendant la vieillesse.

En résumé, donc, comme il est incontestable qu'il importe de donner à tous, dès le jeune âge, l'intelligence et le goût de l'épargne, l'Administration, en prenant cette mesure dont je parle à l'égard des enfants assistés, agirait en bonne et prévoyante mère de famille.

———

Ce qui a été dit jusqu'ici s'applique aux pupilles des deux sexes ; cependant, il est bon de revenir un peu sur la question du placement, en ce qui concerne les filles. La question est délicate, difficile, et je suis heureux de me couvrir de l'autorité de M. Rossignol qui s'exprime ainsi :

« De mon expérience acquise par *vingt-six ans d'études et de pratique*, je conclus que les garçons admis dans les asiles privés doivent y être conservés

jusqu'à l'âge de 12 à 13 ans, terme fixé pour l'instruction primaire ; et, passé cet âge, les administrations
ne peuvent mieux faire : 1° que de les placer à la
campagne chez des agriculteurs ; 2° ou les confier à
des patrons exerçant leur profession dans des villages, loin des villes ; toutefois, je ne méconnais pas la
nécessité de prendre en considération les forces physiques, les inclinations, les aptitudes.

« Ceci, dans ma pensée, est un principe souffrant
toutes les exceptions jugées utiles à l'orphelin, mais
prises uniquement dans le but d'assurer son avenir
selon les meilleures conditions.

« Les avantages et les inconvénients résultant du
placement des mineures dans les asiles privés
me semblent devoir être considérés à un autre point
de vue.

« Ici, comme pour les garçons, j'estime qu'il y a
avantage à les conserver dans les orphelinats non
seulement jusqu'à 13 ans, mais encore jusqu'à 18 ans,
époque où les deux instructions sont complètes. On
ne trouverait pas à placer les filles chez des ouvrières
sans leur payer une indemnité pendant plusieurs
années à titre de prime d'apprentissage.

« Le nombre des chefs d'atelier prenant des pensionnaires, si on en trouvait, serait insuffisant, et ce
n'est que dans les villes qu'on les rencontrerait ; ai-je
besoin de faire ressortir les graves dangers qui résulteraient du séjour dans les villes de mineures
livrées, sans une surveillance sévère et permanente,
à toutes les incitations.

« Cette instruction professionnelle est apprise
dans les orphelinats sous une direction morale
et religieuse qui, plus tard, portera ses fruits bienfaisants.

« Le bien-être matériel est non moins assuré, et, à la sortie, les dons et les épargnes qu'elles emportent sont une première mise de fonds fort utile à leur établissement. On le cherche pour elles, on les confie à des familles honorables ; puis encore un patronage bienveillant, dévoué et maternel les suit dans leur carrière, en s'étendant jusque sur leur famille et sur leurs enfants.

« Serait-il préférable de diriger toutes les mineures des établissements privés vers les travaux agricoles, en les confiant à des familles rurales ? Sans méconnaître les avantages qui en résulteraient, à un certain point de vue, pour leur avenir, et aussi pour favoriser la culture de la terre, cette mère nourricière, hélas! trop délaissée, je ne crois pas, guidé par mon expérience, et vu le petit nombre des demandes qui me sont adressées, qu'il soit possible de trouver une situation dans l'intérieur des familles pour toutes les élèves mineures des œuvres charitables existant aujourd'hui. »

Il y en a assez là pour prouver que M. Rossignol est partisan du placement à la campagne, pour les filles comme pour les garçons, quand elles sont remises toutes jeunes à l'autorité publique.

Ce qu'on vient de lire s'applique, dans sa pensée, aux enfants déjà grandes quand elles entrent dans le service, c'est-à-dire vers l'âge de dix ans et au-dessus.

Il y a aussi une réserve à faire pour les garçons qui sont dans le même cas.

Alors, suivant leur origine, leurs habitudes, leur instruction, leurs aptitudes, il est bon de pouvoir leur donner un apprentissage industriel.

Ils peuvent parfaitement n'être ni assez forts, ni

aptes pour le travail de la terre, ayant vécu dans des villes.

Mais cette question d'apprentissage industriel, de placement, en un mot, de protection pour les enfants déjà grands sera mieux à sa place, plus loin, en parlant de la nouvelle catégorie des abandonnés, délaissés et maltraités, de ceux que M. Quentin a appelé les *moralement abandonnés* et qui fait l'objet de la loi votée en première délibération au Sénat.

Car, il convient de dire que l'assistance actuelle n'admet pas d'enfants, même des orphelins, quand ils ont dépassé leur douzième année, ce qui est une grave lacune, que la loi en question va heureusement combler.

———

J'ai dit, plus haut, en parlant de la nécessité d'assurer le secret à la fille-mère, du moment que le tour est supprimé, que je reviendrais sur cette question au point de vue de l'enfant.

Il est d'usage, quand un enfant naturel est abandonné à l'hospice, de lui changer son nom et de lui conserver seulement son prénom. La mère ne sait pas où il est, elle peut seulement savoir si il est vivant et bien portant.

Cela paraît étrange et même barbare à première vue. En effet, il est permis de croire que la mère, sachant où est son enfant, s'en occuperait, le surveillerait, lui enverrait quelques vêtements, des douceurs, des jouets, etc., etc. C'est possible, c'est probable même dans bien des cas.

Mais, somme toute, cette pratique peut se justifier par des raisons très sérieuses. En effet, l'enfant, ne connaissant d'autres parents que ses nourriciers, s'attache plus complètement à cette famille d'adoption dont il finit, nous l'avons vu, le plus généralement, à faire partie intégrante et où il est presque toujours mieux, matériellement et moralement, qu'auprès de cette mère qui l'a abandonné malgré le secours temporaire, par excès de misère, ou par indifférence et immoralité. Et, il faut dire que les retraits sont relativement assez rares pour les enfants au-dessous de 12 ans. Il est à craindre encore que certains retraits tardifs, si la mère a su où est l'enfant, ce qu'il fait, ce qu'il peut gagner, ce qu'il gagne, ne soient, de la part de la mère, autre chose qu'une abominable spéculation dont l'enfant sera victime.

Cette mesure, il faut le reconnaitre, est discutable ; elle a été discutée, attaquée, blâmée, ici même, par le Conseil général de la Loire, il y a quelques années. Je la crois, somme toute, plutôt bonne que mauvaise au point de vue de l'enfant ; je crois qu'il faut la maintenir comme règle, mais qu'il peut y être accordé quelques tempéraments, quelques exceptions dont l'inspecteur serait juge.

Si l'enfant change de nom, lors de son immatriculation, en revanche, quand il se marie, s'il a besoin de son extrait de naissance pour une pièce authentique quelconque, même en cas de condamnation judiciaire, pour la constitution du casier, il reçoit ou on donne à qui de droit un extrait de naissance qui donne son vrai nom.

De là résulte un triple inconvénient :

1° L'enfant peut être amené à chercher, à retrouver sa mère qui peut être alors mariée, mère de famille, avoir même réparé sa faute par une vie irréprochable comme épouse et comme mère (j'ai vu ce cas ici, il y a peu de temps). Le secret n'est donc pas assuré.

Il ne faut pas fournir cet argument aux partisans du Tour.

Il faut, par avance, enlever ce moyen aux avocats chargés de défendre une mère (fille, femme adultère, veuve) coupable d'infanticide.

Il ne faut pas risquer de troubler des familles.

Oui, l'enfant jeune a droit à sa mère ; mais, si celle-ci, pour des raisons quelconques, veut se soustraire à ses devoirs, elle a droit au secret, dans l'intérêt de l'enfant, qu'elle tuera si ce secret ne lui est pas assuré.

Cette question est si importante, que pour assurer ce secret, M. de Lacretelle, député, a déposé une proposition de loi qu'une Commission de la Chambre examine en ce moment, et qui ne tend rien moins qu'au rétablissement des Tours.

Voici le texte des trois premiers articles arrêtés par la Commission :

Article premier. — Il y aura dans chaque hospice une salle spéciale, destinée à recevoir les enfants abandonnés. Cette salle communiquera directement avec la voie publique et sera accessible le jour et la nuit.

Art. 2. — Des dispositions matérielles, réglées par l'administration publique, garantiront le secret vis-à-vis des mères.

Art. 3. — Le préposé à la réception devra inscrire toutes les indications de nom, âge ou autres qui lui seraient fournies librement par l'auteur du dépôt, et il sera tenu d'en donner un récépissé, s'il est demandé.

Quand le dépôt est pur et simple, l'hospice y supplée en constituant l'état civil de l'enfant.

Je ne veux pas revenir sur cette question du Tour, mais je crois que les améliorations précédemment demandées et celle que je discute en ce moment, rendraient inutile ce projet de loi, gros de conséquences terribles ;

2° L'enfant est amené, par ce besoin naturel, légi-

time de sa part, qu'il éprouve de connaitre sa vraie
famille, à faire des recherches qui sont longues,
pénibles, coûteuses, et quatre-vingt-quinze fois sur
cent, absolument inutiles. C'est là un grave inconvénient pour lui.

Ajoutons que, trop souvent, ce n'est pas la seule
affection filiale qui le pousse à ces recherches : c'est
l'intérêt ; il pense pouvoir faire du *chantage* en
retrouvant une mère sinon riche, au moins aisée,
qui lui paiera son silence. Il y a d'obscurs agents
d'affaires qui ouvrent de vraies officines de recherches de ce genre, et où sont souvent exploités de
trop crédules pupilles. J'en sais quelque chose, j'ai
la preuve de ces agissements à Saint-Etienne et
ailleurs : c'est inévitable, cela doit être général ;

3º Enfin, il y a un inconvénient plus grave encore
poür l'ancien pupille. Il a vécu jusqu'à 25 ans, il a
même fait son service militaire, et est connu
jusqu'à cet âge sous son nom d'hospice (quand ce
n'est pas sous celui de son nourricier, ce qui est fréquent). Voilà, tout à coup, qu'il a un nouveau nom
auquel personne n'est habitué ; de là une source
d'ennuis, même de difficultés. Voici un exemple
typique : Dernièrement, un pupille de l'hospice de
Saint-Etienne, porteur d'un livret militaire à son
nom d'hospice et d'un bulletin de naissance à son
vrai nom, n'a pu entrer comme homme d'équipe au
P.-L.-M., sous prétexte que ses papiers n'étaient pas
en règle, puisqu'ils appartenaient à deux individus
différents. On lui a fait tant de difficultés, qu'il a dû
s'embaucher ailleurs. Cependant, le service des Enfants assistés avait affirmé son identité par lettre
officielle. Il fallait un jugement ; il a cherché à l'obtenir ; il n'a pu prouver sa filiation, le bulletin de
naissance n'étant pas suffisant comme preuve.

Il y a même là un point de droit délicat à discuter. L'Inspection et la Commission des hospices ont été citées. Avaient-elles le devoir de répondre à cette citation ? oui. Mais, avaient-elles le droit de parler ? Pour ma part, je crois que non ; du reste, elles ne savaient rien ; mais elles auraient pu savoir.

Les droits de l'enfant ! c'est à lui à les faire valoir. Les droits de la mère imposent silence à l'administration. Parler, c'est aller à l'encontre même de l'idée qui a institué le service ; le Tour assurait le secret et croyait assurer la vie de l'enfant. Le système actuel doit assurer les deux, puisqu'il le peut.

Et, en effet, pour éviter ces inconvénients, il me semble qu'on pourrait décider que, quand un enfant naturel NON RECONNU est abandonné, l'inspecteur du service fera connaître l'abandon à l'officier d'état civil du lieu de sa naissance. En marge du registre, ce magistrat écrira : abandonné à l'hospice de X***, tel jour, sous tel nom ; cela signifiera qu'il ne doit être délivré à cet enfant, quand il sera majeur (s'il atteint sa majorité, sans avoir été réclamé), qu'un extrait de naissance avec cette mention : un tel (nom d'hospice et son prénom), né à tel endroit, tel jour, *de père et mère inconnus ;* ce bulletin est valable, nous le savons.

Ce n'est pas, comme on me l'a dit à la Commission hospitalière de Saint-Etienne, altérer ou fausser l'état civil, puisque le bulletin de naissance d'un enfant naturel n'a absolument aucune valeur légale, tant qu'il n'y est pas fait mention de la reconnaissance, pour une recherche en maternité, laquelle recherche sera toujours impuissante en justice, tant qu'elle ne s'appuiera que sur la production de ce bulletin de naissance, tant que l'Inspection ne sera pas obligée de communiquer les renseignements qu'elle a eus, sous le sceau du secret, de la part de la mère.

Et qui oserait l'y obliger? quel est l'inspecteur qui accepterait cette obligation?

En cas de retrait, une nouvelle note serait adressée par l'inspecteur à l'état civil; cette nouvelle note détruirait la première, et l'enfant reprendrait son vrai nom.

Ainsi, il n'y aurait pas de crainte de voir le secret de la mère violé par les indiscrétions du bulletin de naissance et les recherches de l'enfant, dirigé par des meneurs qui l'exploitent; ou de créer au pupille des difficultés dans la vie; simplement, de lui susciter des idées irréalisables de retrouver sa famille, impuissance qui lui fait de la peine et lui impose des dépenses inutiles.

J'insiste vivement sur ce point; j'ai vu, ici, depuis moins de deux ans, plusieurs cas qui me font trouver cette mesure nécessaire. Cette mesure, jointe aux précédentes, donnerait peut-être satisfaction à M. de Lacretelle.

On peut, à la rigueur, je le sais, éviter pour le pupille l'inconvénient des deux noms, soit en lui conservant toujours son vrai nom, soit en le faisant inscrire au tirage au sort sous son vrai nom, mais alors on n'échappe pas aux deux premiers inconvénients; au contraire, on les rend inévitables; c'est le procédé de Gribouille se jetant à l'eau pour n'être pas mouillé.

Encore quelques *desiderata* pour les Enfants assistés proprement dits.

Il est utile de les réserver, autant que possible, à l'agriculture, mais il ne faut pas, ai-je dit, contrarier des aptitudes, des vocations industrielles ou autres. Au contraire, quand on les rencontre, il faut leur donner satisfaction. L'enfant et la société y gagneraient, cela va de soi.

Ne pourrait-on pas créer des *dots d'apprentissage*, permettant de placer certains enfants dans des écoles professionnelles, de commerce, d'arts et métiers, d'agriculture, etc. Les villes qui en possèdent pourraient, évidemment, au moyen de bourses départementales, recevoir quelques-uns de ces élèves; mais la pension est chère. S'il le fallait, surtout pour les écoles professionnelles qui ne reçoivent que des externes, on les mettrait en pension chez des particuliers; ils pourraient, après tout, trouver le lit et le couvert dans des établissements spéciaux; il n'y aurait qu'à les habiller. On peut tenter l'essai avec un nombre restreint d'enfants pour commencer.

Il y a aussi le placement comme apprenti chez des patrons, des chefs d'ateliers offrant à l'administration toute garantie. Le département prendrait l'engagement de laisser l'enfant, pendant un temps déterminé, chez le patron qui l'instruirait, l'entretiendrait, le vêtirait, moyennant une somme annuelle convenue.

Enfin, voulant que l'enfant assisté soit entouré, même après l'âge de 21 ans, de tous les soins, voulant le soustraire, autant que possible, à toutes les vicissitudes de la vie, je ne suis pas seul à penser qu'il serait utile de provoquer la création d'une association de patronage qui, au moyen des cotisations de ses membres, de subventions, de dons et legs, formerait un fonds assez important pour : 1° allouer des bourses, des gratifications et secours de toute nature aux enfants assistés; 2° être en rapport continuel, par des délégués, avec les adminis-

trations municipales, les comités locaux de sùr-
veillance et l'inspection départementale, afin de
veiller d'une manière efficace, sur le bien-être de
nos pupilles qui, même après 21 ans, trouveraient
appui et protection dans les différentes carrières
qu'ils auront embrassées. En effet, l'association con-
tinuerait son œuvre à l'égard des pupilles de l'assistance publique, après leur majorité ou leur sortie du
service militaire, en leur procurant du travail ou en
leur facilitant le choix d'une carrière ; ils sont souvent si complètement isolés dans la vie !

L'association n'aurait aucun caractère officiel ;
mais, fondée par l'initiative privée et venant en aide
à l'assistance publique, elle pourrait compter sur de
puissants encouragements de l'administration et des
Conseils généraux.

———

J'ai touché, je crois, à toutes les questions que
soulève le service si intéressant des Enfants assistés
proprement dit, tel qu'il est organisé, et j'ai indiqué
les moyens de le rendre, à mon avis, non parfait —
(la perfection n'est pas de ce monde et il y a toujours
des progrès à réaliser, à chaque jour sa tâche), —
mais aussi satisfaisant que possible, et en rendant
inutile le rétablissement des tours, même d'une
façon détournée, ce qui serait un recul, un grand
malheur.

Or, toutes ces réformes, tout cet ensemble de
réflexions peuvent tenir en quelques lignes qui sont,
après tout, la meilleure réponse à faire à la dernière
partie de la question posée par l'Académie des sciences morales et politiques.

Il y a longtemps, bien longtemps, en l'an 787, qu'un prêtre de Milan, du nom de Datheus, a atteint dans la création d'un établissement pour les enfants trouvés l'idéal du genre, car non seulement il réunit les meilleures conditions d'hygiène pour l'enfant nouveau-né, mais il pourvoit à son éducation et à son instruction professionnelle, jusqu'à ce qu'il soit en état de gagner sa vie.

L'acte constitutif de cette maison est tellement curieux, que je crois devoir le reproduire :

« On commet l'adultère, et on n'ose en produire « les fruits ; avant même qu'ils aient reçu le baptême, « on donne la mort à ces enfants et on les envoie en « enfer, on en fait périr autant qu'il en naît d'un « commerce illicite. On ne verrait pas ces horreurs, « s'il y avait un asile pour dérober aux regards les « traces de crimes honteux ; en conséquence, moi « Datheus, pour le salut de mon âme et celui de mes « concitoyens, j'ordonne que la maison que j'ai « achetée et qui est contiguë à l'église, soit destinée « à recevoir les enfants abandonnés : *qu'on leur pro-* « *cure des nourrices, qu'on leur fasse apprendre un* « *métier* quand ils seront en âge, et qu'ils restent « dégagés de toute servitude et libres d'aller où bon « leur semblera. »

Assurément, c'est le plus beau modèle de la charité réunissant en même temps la condition d'hygiène la plus indispensable pour sauver l'enfant, la présence d'une nourrice, et, plus tard, la meilleure préservation contre le vice, une bonne éducation et une profession mettant l'adolescent à même de gagner sa vie.

Que demandons-nous aujourd'hui ? uniquement la

même chose, et on peut l'avoir, y compris le secret, sans le tour.

Je crois l'avoir prouvé suffisamment.

Une parenthèse à ouvrir :

La question de la loi de la séduction vient de faire un grand pas.

Le jeune député de Grenoble, M. Gustave Rivet, vient de déposer sur le bureau de la Chambre une proposition de loi tendant à permettre désormais la recherche de la paternité.

Du train dont vont les réformes dans notre beau pays de France, nous ne sommes pas près de voir aboutir celle-là ; mais il est bon qu'une telle question soit enfin officiellement posée : cela va permettre à la presse de commencer le dossier de l'affaire et à l'opinion de se fixer pour de prochaines élections.

Avoir écrit dans la loi qu'il est interdit à un enfant ou aux représentants de cet enfant de rechercher quel est son père, si ce père ne s'est pas lui-même déclaré par un acte de reconnaissance bien en règle ; avoir mis sur ce petit paria de la famille, qui naît hors du mariage sans avoir choisi la place où il pousserait, cette tare ineffaçable de l'être sans nom et sans répondant, — c'est une de ces conceptions étroites à la fois et sauvage où se sont trop souvent complu les auteurs du code civil.

Rivet est notre camarade de Sainte-Barbe, nous le félicitons de son initiative, et, dans l'intérêt de sa cause qui est aussi la nôtre, nous lui dirons :

« Tu demandes un bœuf ; il y a gros à parier que tu ne l'auras pas ; mais sois conciliant, et, si on ne veut que te donner un œuf, c'est-à-dire une modeste

28

loi sur la séduction, prends-le ; ce sera toujours cela
de gagné, d'autant plus qu'une bonne loi sur la
séduction, qui effrayerait moins, sera presque aussi
féconde par ses résultats que ta loi sur la recherche
de la paternité, laquelle fera bondir et reculer bien
des gens. »

Voici le texte de cette loi :

Article premier. — La recherche de la paternité est admise,
pourvu qu'il y ait preuves écrites, ou faits constants, ou témoignages suffisants.

Art. 2. — Si le père reconnu refuse d'épouser la mère, celle-ci
est en droit de réclamer des dommages-intérêts.

Art. 3. — La femme peut déclarer sa grossesse, désigner le
père et commencer l'instance trois mois avant sa délivrance.

Art. 4. — Pendant la minorité de l'enfant, l'action en recherche de paternité appartient à la mère ou au tuteur.

Art. 5. — L'action en recherche de paternité se prescrit par
six mois à partir de la majorité de l'enfant.

Art. 6. — La fille âgée de plus de vingt-cinq ans ne sera pas
admise à poursuivre un mineur de moins de dix-huit ans.

Art. 7. — Les revendications de paternité reconnues calom-
nieuses et de mauvaise foi seront poursuivies et punies des
peines applicables en matière de diffamation.

Art. 8. — Est abrogé l'article 340 du code civil et toute disposition contraire à la présente loi.

Mais est-ce bien là tous les enfants qui ont le
DROIT d'être protégés dans leur vie, leur santé,
leur moralité, et la société a-t-elle rempli tout son
devoir, dans cet ordre d'idées, en se contentant de
s'occuper des enfants trouvés, des abandonnés, des
orphelins, des enfants de prévenus, accusés ou condamnés indigents, des enfants des indigents traités
dans les hôpitaux ; en donnant des secours temporaires aux filles-mères qui gardent leurs enfants et
aux mères pauvres ; en subventionnant, dans une

large mesure, les Sociétés maternelles, les Sociétés protectrices de l'enfance, les Crèches, en général, les œuvres de la charité privée, la plus efficace de toutes en matière d'assistance et de protection de l'enfant du premier et du deuxième âge ?

Je réponds : non, à ces deux questions.

Et je laisse à M. Reinach le soin de le prouver.

L'auteur du livre bien connu sur les récidivistes écrit à M. Ch. Quentin, directeur de l'assistance publique à Paris :

« Vous me disiez un jour avec grande raison :
« La criminalité est pareille à la phtisie, dont l'art
« ne peut que ralentir les progrès, qu'il ne guérit
« jamais radicalement. Mais on peut l'empêcher de
« naître. »

« Qu'avez-vous réalisé en fondant l'œuvre des enfants moralement abandonnés, en recueillant l'année dernière six cents enfants ? Vous avez empêché la phtisie de naître chez six cents Français qu'elle menaçait. Vous avez appliqué ce principe de toutes les sagesses, que, s'il est mieux de pardonner que de punir et de régénérer que de pardonner, il est mieux encore de prévenir que de régénérer.

« Toute grande œuvre de répression sociale exige que l'on fonde en même temps une œuvre parallèle de charité préventive. Et, dans cette œuvre, les soins donnés à l'enfance seront au premier rang. Car l'enfant est le commencement de l'homme, et le commencement, comme dit Aristote, est la moitié du tout.

« C'est ce que la République a voulu quand elle a fait l'enseignement primaire obligatoire pour tous.

« C'est ce qu'ont voulu toutes les sociétés civilisées quand elles ont donné à l'enfance abandonnée

l'Etat pour tuteur, quand pour recueillir les orphelins de la rue, l'Angleterre a créé le *bedeau des
enfants* et la Norwége le *persuadant.*

« C'est ce que vous avez voulu, vous et votre
vaillant collaborateur Brueyre, lorsque vous avez
démontré qu'il y a dans nos sociétés des enfants plus
malheureux que ceux qui se perdent : ceux qu'on
perd ; — des enfants plus dignes de pitié que les
orphelins : ceux dont la famille les dresse au mal ;
— des enfants plus délaissés que ceux qui n'ont ni
foyer ni toit : *les enfants moralement abandonnés.*

« Et vous avez fondé l'Œuvre des Enfants moralement abandonnés.

« A cette heure grave où le père ne peut plus rien
pour son enfant que de le perdre à jamais, vous
demandez que l'Etat se dresse devant lui pour lui
dire : « Tu es devenu indigne d'élever ton enfant.
« La nation te le prend, elle l'adopte, elle le fait
« sien. » Et, en attendant que votre projet soit
accepté par les représentants du pays, vous avez —
il faut bien dire le mot — vous avez *acheté* l'enfant à
cet homme.

« Cet homme, qui n'a jamais hésité à le vendre, —
il faut lui rendre cette justice, — ce père en eût fait,
au bout de cinq ans au plus, un vagabond, un voleur
de profession, parfois un meurtrier.

« Vous, en six mois, vous faites de lui le commencement d'un homme de bien.

« Laissé en proie à sa famille, cet enfant allait
grossir l'armée sombre des malfaiteurs de profession, de ces récidivistes qu'il faut bien, une fois
qu'ils existent, frapper sans pitié.

« Repris par cette grande mère, la Nation, et
grâce à cette habile organisation que vous avez si

bien exposée et que je ne chercherai pas à résumer après vous, cet enfant deviendra un bon citoyen, un vaillant ouvrier, un Français de plus.

« Or, je ne sais rien de plus joyeux pour un patriote que de pouvoir dire : « Il y a des Français de plus », comme je ne sais rien de plus douloureux que de devoir constater parfois qu'il y a des Français de moins. »

C'est là aussi ce qu'a voulu la *Société de protection de l'enfance abandonnée ou coupable*, fondée et dirigée par M. Georges Bonjean.

Tout d'abord, dans le premier des établissements qu'il a consacrés à l'éducation de l'enfance abandonnée ou coupable, M. Bonjean, — par un haut raffinement de charité, — recueillit un grand nombre d'orphelins d'insurgés de la Commune.

Petit à petit, il a développé son œuvre.

Toute sa fortune qu'il y emploie ne pouvant naturellement suffire, il a fait appel aux gens de cœur et l'argent ne lui a pas manqué jusqu'ici.

Il faut non seulement maintenir les établissements créés, mais en faire de nouveaux.

Il n'y en aura jamais assez.

Sait-on quel est, en France, le nombre des enfants abandonnés qui échappent aux soins, d'ailleurs insuffisants, de l'assistance publique, insuffisamment dotée ?

Cent mille !

Cent mille enfants à la fois innocents et pervertis, candides et gangrenés, sans parler de *dix mille* jeunes détenus.

Mesurez-vous, à présent, l'étendue du mal, la grandeur de la tâche ?

Qui de nous, en lisant la chronique judiciaire, n'a été souvent frappé des révélations déplorables fournies par les dossiers sur les pires criminels?

« Depuis l'âge de sept ans, disait l'un d'eux, en 1877, devant la cour d'assises de la Seine, je me suis trouvé seul sur le pavé de Paris. Je n'ai jamais rencontré personne qui se soit intéressé à moi. Enfant, j'étais abandonné à tous les hasards; je me suis perdu, j'ai volé: j'ai toujours été malheureux. Ma vie s'est passée dans les prisons et dans les bagnes. »

Cette histoire est celle de la plupart des enfants qui ont grandi dans le vice. C'est à la société à les tirer de cette misère.

Elle le doit pour eux, car ce sont des hommes et des Français. Elle le doit plus encore pour elle même, car un criminel lui coûte beaucoup plus cher à punir qu'un enfant à élever.

La généralisation, dans tous les départements, du service des enfants moralement abandonnés, est donc nécessaire; l'intérêt social, bien entendu, le commande et l'impose; les dépenses qui en résulteront seront largement compensées par les économies réalisées sur les frais pénitentiaires, et aussi sur ce qu'auraient coûté les déprédations de tous genres que ces malheureux, livrés à eux-mêmes, n'auraient pas manqué de commettre.

Cette action de l'Etat et des départements nuira-t-elle à l'initiative privée, qui a déjà rendu de si grands services? Non, elle la corroborera, elle l'aidera, ou, pour mieux dire, ces deux initiatives, unissant leurs efforts, se prêteront un mutuel appui.

Voyons, par un exemple, ce qu'a fait l'initiative privée.

M. Georges Bonjean — qui est vraiment un socia-

liste, mais un des rares socialistes qu'il nous soit
donné de voir à l'œuvre sur le terrain de la pratique — veut disputer les générations à l'abime, et il
a recherché avec prédilection les enfants qui ont
commis les plus graves méfaits. Il dit :

— Laissez venir à moi les petits voleurs, les petits
incendiaires, je vous les rendrai sous forme d'honnêtes gens.

Et ce qu'il promet, il le tient.

Dans son établissement d'Orgeville, les enfants sont
libres, ils vont, ils viennent à leur gré. Les clefs sont
toujours sur les portes. Point de grilles, point de
verrous, point de violences. Dans ce magnifique travail de régénération, tout concourt à développer les
sentiments de la dignité, du devoir, de l'honneur.

Tout d'abord, M. Bonjean s'applique à bien persuader à ses petits pensionnaires qu'ils ne lui doivent rien :

— Vous travaillez, leur dit-il, je vous nourris ;
nous sommes quittes.

Et cette cure morale ne lui a causé que de bien
rares déceptions. Presque tous ses enfants sont
devenus d'excellents agriculteurs, des ouvriers hors
ligne.

Voici un des moyens que cet homme de bien
emploie avec prédilection :

Quand on lui amène un enfant convaincu d'avoir
commis de nombreux vols, il commence par lui
donner des missions de confiance. Il le charge de
veiller sur les objets qui pourraient le tenter. Il lui
donne des sommes d'argent à porter au loin....

Il est sans exemple, à Orgeville, que ces épreuves
n'aient point réussi.

Une fois, on amena à l'établissement un garçon de quatorze ans qui passait pour un incorrigible incendiaire.

M. Bonjean lui dit qu'il ne croyait pas au mal qu'on disait de lui ; que s'il était vrai qu'il eût mis le feu quelque part, c'est que sans doute on l'avait maltraité et qu'il s'était vengé.

— Je suis tellement convaincu, ajouta-t-il, que tu es un honnête garçon et que je puis compter sur toi, que je te charge du service des greniers à fourrages.

Ce fut décisif.

Non seulement l'enfant ne chercha pas à incendier, mais quand la nuit était venue et qu'il avait besoin d'aller chercher de la paille ou du foin, il refusait d'y aller avec sa lanterne, préférant faire ce travail à tâtons, de peur d'y mettre le feu.

Il y a là toute une série d'enseignements superbes.

Croyez-le : dans les créatures les plus perverties, il reste presque toujours, dans un petit coin, cachées, quelques graines de la fleur du bien.

Il ne s'agit que de savoir s'y prendre pour les faire germer et grandir.

Quand les paysans des environs d'Orgeville virent, au début, arriver ce ramassis de petits malheureux, qu'ils savaient avoir été extraits de l'écume des grandes villes, ils se récrièrent et représentèrent à M. Bonjean, « à M. Georges »; que le pays allait être mis à sac par toute cette petite canaille.

Les temps sont bien changés.

Aujourd'hui, ces mêmes paysans recherchent de préférence les probes et vaillants ouvriers formés à l'établissement.

Je jugerais superflu d'indiquer la haute portée

sociale de cette entreprise, sur laquelle le *Voltaire* nous a fourni ces intéressants renseignements.

Sur les cent mille enfants abandonnés qui errent par toute la France sollicités par le mal, plus de vingt mille finissent par s'enrôler dans l'armée du crime.

Que l'œuvre de protection s'empare d'eux, les relève, et au lieu de vingt mille coquins dont elle eût eu à se defendre, la société trouvera vingt mille bons ouvriers, ce qui constituera chaque année une différence de quarante mille hommes au profit de la moralité publique.

Cette petite question-là vaut bien qu'on s'en préoccupe tout autant pour le moins que de la mairie centrale de Paris ou de la révision.

Je plains du fond du cœur ceux qui seront d'un avis contraire.

La loi sur les récidivistes, les proxénètes et les vagabonds sera un topique qui soulagera immédiatement la société.

La généralisation officielle du service des enfants moralement abandonnés; la multiplication, par l'initiative privée, des sociétés comme celle fondée par M. Bonjean, seront d'excellents préservatifs pour l'avenir.

Lorsque, par dépravation morale ou par misère, des parents n'accomplissent point ou ne peuvent point accomplir leur devoir naturel, celui d'élever leurs enfants, il faut que l'Etat intervienne, afin d'empêcher que ne se forment dans son sein des foyers de corruption où s'engendrent, comme des larves, ces jeunes bandits qui sont la honte et le danger permanent de nos villes et de nos campagnes. Par le mot *Etat*, nous entendons la société tout entière et surtout l'association née de l'initiative individuelle. Celle-ci possède, en effet, pour ces sortes de misères, des formes de secours, des pitiés généreuses, attendries, que ne peut comporter la sévère régularité de l'administration de l'Assistance publique.

Pour que ce devoir social puisse s'accomplir vis-à-vis des enfants moralement abandonnés, il faut que le pouvoir législatif intervienne. Nous professons pour l'autorité paternelle tout le respect qu'elle mérite, mais son *droit* correspond au mot *devoir* et, quand ce devoir n'est pas rempli par ceux à qui il incombe, il est bien clair qu'il faut que quelqu'un ou quelque chose se mette au lieu et place de ces parents dénaturés ou misérables. Sur ce point, à peu près tout le monde tombe d'accord, et de récents arrêts des tribunaux prouvent que la justice, entrant dans cette voie, demande que l'on définisse et que l'on règle les cas et conditions qui entraîneront la déchéance paternelle.

Sur cette matière délicate, nous le reconnaissons, des faits malheureusement trop nombreux et trop concluants, démontrent qu'il y a urgence de statuer. Des dernières études faites sur les récidivistes, il résulte que la majeure partie d'entre eux sont nés de parents qui les ont délaissés ou pervertis par leurs exemples. Qu'attendre d'une fille dont la mère, devant elle, s'abandonne à la débauche? d'un garçon dont le père roule d'assommoir en assommoir?

Une loi est donc nécessaire, indispensable ; quitte à laisser crier ceux qui ne manqueront pas de s'indigner de ce que l'on touche à la majesté paternelle.

C'est la loi votée en première délibération au Sénat et dite des Enfants abandonnés, délaissés ou mal-

traités, présentée encore par M. Roussel et plusieurs
de ses collègues.

Décidément, il a la spécialité du bien, M. Roussel !!!

————

Le temps n'est pas encore venu d'apprécier dans
tous ses détails cette loi, qui n'est pas encore, mais
sera certainement votée, peut-être un peu amendée ;
mais il faut au moins montrer son économie générale, sa portée et faire son historique.

On a vu plus haut son urgente nécessité.

Pour faire connaître l'esprit de cette loi, il suffit
de citer le texte de l'article premier, adopté par le
Sénat : « Est placé sous la protection de l'autorité
publique tout mineur de l'un et l'autre sexe qui se
trouve abandonné, délaissé ou maltraité. »

La loi comprend quarante-cinq articles.

Ce projet de loi répond à une nécessité évidente de notre démocratie, et de toute démocratie
sagement organisée. Le nombre est grand d'enfants
non pas abandonnés tout à fait (ceci, c'est l'exception,
et quand un fait de ce genre se produit, on le rapporte dans les journaux), mais d'enfants *délaissés*,
c'est-à-dire constamment en état de vagabondage et
de mendicité, ou d'enfants *maltraités*, c'est-à-dire
dont les parents ou ceux qui remplacent les parents
mettent en péril la vie par des sévices abominables,
ou corrompent l'âme et les mœurs par les exemples
d'ivrognerie et d'inconduite qu'ils leur donnent. Il
est aussi une classe d'enfants digne d'intérêt, et dont
s'occupe le projet de loi, ceux que les parents sont
dans l'impossibilité d'élever pour une cause ou
l'autre. La cause principale, c'est la misère.

L'Etat accepte de se charger de nourrir et d'instruire ces enfants-là, après constatation faite du dénuement des pères et mères ou tuteurs. Tel est, dans ses grandes lignes, le projet actuellement soumis aux délibérations du Sénat et déjà voté en principe. Il a un double but : d'abord d'enlever aux parents indignes leurs enfants qu'ils avilissent et qu'ils exploitent souvent, ensuite de venir en aide aux braves gens qui n'ont pas du pain pour toutes les bouches, et à qui l'amour même qu'ils ont pour leurs enfants fait un devoir de ne point prolonger, en les gardant avec eux, leurs privations et leurs souffrances.

Cette loi, nous l'avons montré, est le complément logique de la loi sur les récidivistes. Réprimer le mal n'est rien, ce qu'il faut, c'est le prévenir. Que tous les affreux gredins qui envahissent le pavé de nos villes, et, rôdant aux portes de nos ateliers, constituent un véritable danger social, soient expatriés, cela est juste et cela est nécessaire ; mais, qui peut dire combien, parmi ces « incurables », qui ne vivent ici que de vols et de métiers infâmes, prêts à faire, l'occasion se présentant, le coup de couteau, ont été pervertis dès leurs premières années, soit par leurs propres parents, soit par les mauvais conseils de la rue et par la faim ? Combien ont « mal tourné », pour n'avoir rencontré personne qui pût leur indiquer le droit chemin ou les y pousser même au besoin ? Et il faut toujours se rappeler que ces dépravations de conscience, outre ce qu'elles ont, au point de vue moral, de profondément triste, se soldent par une déperdition assez grave dans les forces vives de la nation. Assurément, il est des individus qui naissent avec des instincts mauvais, que trop souvent la Société ne peut amender d'aucune façon ;

mais ceux-là forment un total infiniment plus élevé,
qui ont été, tout enfants, menés, entraînés au vice
et au crime par les compagnies suspectes, l'ignorance
et l'intempérance. Il s'agit, grâce à la loi qu'un
philanthrope de grand talent et pas le moins du
monde utopiste, M. Th. Roussel, a proposée le premier au Sénat, de recueillir et de sauver ces malheureux enfants avant que la contagion les ait souillés
ou envahis.

On a dit qu'ouvrir une école, c'était fermer une
prison. Oter leurs enfants à des parents déchus par
leur abjection du droit paternel, du droit de former
des citoyens pour la patrie, ou accepter des mains de
parents honnêtes, mais indigents, leurs garçons et
leurs fillettes, ce sera priver le vol et la débauche
d'un nombre considérable de recrues, et réduire le
personnel des maisons de correction.

Ce n'est pas qu'une loi de cette nature ne présente
dans le fait de grandes difficultés. Il est des esprits
entiers et absolus qui ne voient pas de salut hors de
la toute-puissance de l'Etat dans ces matières. Il en
est d'autres qui, professant la doctrine de la liberté
illimitée, se refusent à accepter aucune ingérence
de l'Etat dans la famille, et regardent cette ingérence
comme une violation manifeste des droits du
citoyen.

La parfaite raison fuit toute extrémité

et s'arrête à une distance égale de ces opinions
extrêmes et erronées. Il est certain qu'il est des cas
où l'intervention de l'Etat est non seulement légitime,
mais indispensable. L'abus que l'Etat pourrait faire
de ces droits supérieurs d'intervention serait intolé-
rable, l'abandon qu'il en pourrait faire, serait au
plus haut degré répréhensible et imprudent.

Mais il faut que l'exercice de ces droits soit avec

soin limité. Il faut découvrir entre l'Etat et la famille,
comme on dit en langage diplomatique, un *modus
vivendi* qui puisse satisfaire tous les gens sensés
n'obéissant à aucun parti pris, et que n'aveugle
aucune théorie de métaphysique sociale. Un projet
de loi comme celui de M. Th. Roussel doit être d'une
parfaite clarté, d'une précision rigoureuse, ne contenir aucune définition vague, aucune formule pouvant prêter à une interprétation arbitraire. Il nous
paraît remplir ces difficiles conditions et entourer de
toutes les garanties requises et les prérogatives du
citoyen et les droits imprescriptibles de l'Etat.

Faire l'historique de cette loi, ce serait compléter
l'historique déjà commencé, au début de cette
deuxième partie, de la protection de l'enfant et de
l'adulte.

J'ai donc cherché à me procurer les documents
parlementaires nécessaires; je n'y ai pas réussi, ils
ne sont pas en vente, même à l'imprimerie de
l'*Officiel*, où je me suis adressé; je n'ai trouvé, et
c'est très suffisant pour remplir mes vues, qu'une
excellente étude de la *République française*, que je
vais reproduire presque textuellement.

Elle a paru sous forme de *Variété* dans ce journal
en avril 1883, et sous la signature de M. Ch.-L.
Chassin:

I

« Le seul moyen de faire disparaître les classes
dangereuses, ce n'est pas de les poursuivre, c'est
d'arrêter leur développement... Pour cela il faut
avant tout s'attacher aux enfants voués à la misère,
au vice, au crime, par l'abandon de leurs parents,
et les ramener par l'exemple, la douceur, l'éduca-

tion.» Ainsi la solution de l'une des difficultés inhé-
rentes au développement même de la civilisation
dans les pays à extension économique presque incal-
culable comme l'Amérique, difficultés plus graves
encore et beaucoup plus imminentes dans les centres encombrés de notre vieille Europe, où il peut
manquer de terres incultes à défricher et d'industries nouvelles à exploiter, a été formulée par Charles Loring Brace, citoyen de New-York.

Ce philanthrope, en vingt ans, a recueilli plus de
90,000 enfants perdus et en a fait des hommes utiles ;
sous son inspiration s'est fondé, le 30 juin 1851, le
New-York Juvenile Asylum.

Cette association libre, expliquait-il au congrès
pénitentiaire de Stokholm (1878), dispose annuellement de plus d'un million de francs. Elle a pour but
de « ramasser les enfants vagabonds, mendiants et
abandonnés et de leur assigner des habitudes
d'amour-propre, d'indépendance et de travail. » Elle
tient ouvertes 21 écoles de jour, 14 de nuit, 6 maisons
de logement et de travail. Elle a pu, en dix années
établir à la campagne 35,000 abandonnés, sans
famille, sans asile. Elle en a eu dans New-York
et Brooklyn, 6,000 instruits aux écoles industrielles
en partie nourris et vêtus, 13,000 admis dans ses
maisons de refuge et d'apprentissage en attendant
le placement.

Sur l'initiative de cette association d'initiative
tout à fait privée, en vue de procurer « des foyers
aux enfants sans foyer, » l'Etat de New-York a pro-
mulgué, en 1854, une loi portant :

1° Les juges de paix et magistrats de police peuvent faire amener devant eux les enfants de cinq à
quatorze ans trouvés errants par les rues ; ainsi que
leurs parents ou tuteurs, s'ils en ont ; exiger de

ceux-ci, par écrit, l'engagement d'occuper ceux-là à un travail honnête ou de les envoyer à l'école, et, si les parents refusent ou sont incapables de remplir l'engagement de confier les enfants à un établissement disposé pour les recevoir ;

2º Une maison de réception des délaissés doit exister dans toute ville et tout village ; les enfants y sont nourris, logés, instruits et occupés jusqu'à ce que l'administration locale les place en apprentissage.

Cette loi new-yorkaise et le Juvenile Asylum se sont propagés à travers la plupart des Etats de la grande République américaine, jusqu'en Californie. De l'autre côté de l'Atlantique est en pleine application la méthode préventive que le secrétaire de l'association nationale des prisons de New-York, le docteur Wines, réduisait à ces trois termes dans ce qu'il appelait son Syllabus de la réduction de la criminalité :

« Assurer à tous les enfants une éducation convenable ;

« Sauver d'une première faute les enfants vicieux, abandonnés, sans foyer et sans ressources ; s'ils sont tombés, les relever et les arracher à la carrière du vice ;

« Ramener les adultes criminels à des dispositions et à une vie meilleures par l'action qu'on exerce sur eux pendant l'emprisonnement. »

L'Angleterre a organisé, par deux actes du Parlement, dont l'origine remonte à 1847 et qui ont été promulgués le 10 août 1866, d'une part, dans les écoles de réforme, l'éducation correctionnelle des jeunes délinquants ou criminels, et, d'autre part, dans les écoles industrielles, l'éducation préventive des enfants abandonnés, maltraités ou insoumis.

Ces écoles, établies par l'initiative privée, sont, dans des conditions déterminées, placées sous le patronage et la surveillance des autorités publiques, subventionnées par les communes et par l'Etat pour l'entretien des enfants sans famille ou de familles sans ressources.

Aux écoles de réforme, l'éducation correctionnelle, si elle a été effective, peut, au bout de dix-huit mois, aboutir à la mise en liberté provisoire.

Aux écoles industrielles, l'éducation est « forcée, » mais le régime n'a rien de « pénitentiaire. » Les directeurs permettent que l'enfant loge chez ses parents ou chez une personne respectable. Ils ont le droit de le confier à cette dernière personne pour trois mois, par licence indéfiniment renouvelable. Ceux des élèves de plus de dix ans qui ont tenté de s'évader ou ont commis des infractions graves aux règlements sont cités en justice, condamnés à l'emprisonnement de quatorze jours à trois mois et ensuite envoyés aux écoles de réforme.

Selon les actes de 1866, toute personne a le droit d'amener devant deux juges ou un magistrat tout enfant rencontré dans les conditions suivantes : Mendiant errant sans gardien, ni demeure fixe, ni moyen d'existence ; orphelin ou ayant ses parents en prison ; enfin, si, garçon, il se trouve en compagnie de « voleurs notoires, » ou, fille, en la maison ou la société de prostituées.

Le magistrat et les deux juges décident de son envoi dans une « école industrielle certifiée. »

Ils y expédient d'office les enfants qui leur sont déférés pour une infraction punissable, mais qui n'ont pas encore été condamnés pour vol ou fait criminel. Ils y peuvent faire entrer les enfants de moins de quatorze ans dont les parents se sont déclarés incapables de les élever et surveiller ; de plus, les enfants recueillis dans les asiles de pauvres, perdus, insoumis ou appartenant à des parents condamnés.

Les écoles industrielles « certifiées » s'engagent à « instruire, soigner, vêtir, loger et nourrir » les enfants qui leur sont judiciairement confiés, pendant toute la période reconnue nécessaire à l'éducation, à moins de retrait autorisé ou de cessation de la subvention soit consentie par les communes ou districts, soit octroyée par l'Etat.

II

Divers Etats européens sont entrés dans la voie ouverte par l'Amérique et par l'Angleterre, en fortifiant leurs institutions d'assistance d'armes légales contre les abus de la puissance paternelle incapable ou indigne. Par exemple, l'Allemagne du Nord, par une loi du 13 mars 1878, a établi le principe de l'éducation forcée des enfants délaissés. L'application en a été confiée aux autorités instituées par une loi précédente du 5 juillet 1875 : le tribunal de tutelle et le conseil des orphelins, ce dernier établi dans chaque commune.

L'Italie, en 1873, a donné un exemple que nos Chambres se sont empressées de suivre en faisant la loi du 20 décembre 1874 sur les enfants employés dans les professions ambulantes.

Cette loi punit de six mois à deux ans d'emprisonnement, de 16 à 200 fr. d'amende, les père, mère, tuteur, patron, qui ont livré des mineurs de moins de seize ans à des acrobates, saltimbanques, charlatans, etc., à des vagabonds et mendiants de profession, ou enfin qui emploient eux-mêmes les enfants à la mendicité habituelle. La condamnation entraîne de plein droit pour les tuteurs la destitution de la tutelle ; les pères et mères peuvent être privés de la puissance paternelle.

Ainsi, a été ajouté un cas à l'unique cas de déchéance de l'autorité paternelle admis par notre Code pénal, article 355, pour les attentats aux mœurs et l'excitation à la débauche. Mais elle est encore bien loin de combler les lacunes de notre législation en matière d'obligations des parents et des droits des enfants, lacunes signalées en 1880 à la Société des prisons par l'avocat général, M. Pradines, qui est allé jusqu'à dire : « La France est de tous les pays celui où la protection de l'enfance est la moins sauvegardée, surtout au sein de la famille (1). »

Cependant notre seconde République avait, par la loi de 1850, sur les jeunes détenus, fourni le modèle qu'ont développé les autres nations, étendant l'éducation préventive et restreignant ainsi les charges de la répression éducative, qui vient souvent trop tard et manque d'efficacité.

C'est notre grande Révolution qui a posé en principe, par le décret du 10 juin 1793 : « La nation se charge de l'éducation physique et morale des enfants abandonnés. Désormais, ils seront désignés sous le seul nom d'orphelins. Aucune autre qualification ne sera permise. »

Déjà la commission de bienfaisance nationale de notre première Constituante, présidée par le duc de La Rochefoucauld-Liancourt, avait posé les bases

---

(1) Pages 59 et 60 de l'exposé des motifs de la proposition Roussel, Bérenger, Dufaure, etc., annexée au procès-verbal de la séance du Sénat (27 janvier 1881).

de l'assistance municipale et de l'adoption individuelle, et fait insérer deans la Constitution de 1791
le devoir national d'élever les enfants abandonnés.

La Convention n'hésita pas, le 4 juillet 1793, à
proclamer l'adoption par le peuple des enfants sans
famille, qu'elle appela « les enfants de la patrie. »

Le décret impérial du 19 janvier 1811, tombé en
désuétude quant aux tours, est resté en vigueur,
relativement aux « enfants dont l'éducation est confiée à la charité publique. »

Ces enfants sont : les trouvés, les orphelins pauvres et les abandonnés, c'est-à-dire « ceux qui, nés
de pères ou de mères connus et d'abord élevés par
eux ou par d'autres personnes à leur décharge, en
sont délaissés sans qu'on sache ce que les pères et
mères sont devenus, ou sans qu'on puisse recourir à
eux. »

Une circulaire du comte de Corbière, ministre de
l'intérieur, en date du 8 février 1823, ordonne qu'aucun enfant abandonné ne soit admis à l'assistance
publique « s'il a atteint sa douzième année. »

En vain, devant le Sénat du second empire, le
président Troplong a-t-il reproché à la Restauration,
d'avoir ainsi violé le décret de Napoléon Ier. La
réforme opérée dans le service des enfants assistés
de 1860 à 1870 a maintenu l'exclusion des abandonnés de plus de douze ans.

Qui pis est, l'exclusion s'étend jusqu'aux orphelins
on ne peut plus légitimes ; et cela par la raison administrative et financière que, dans le service des
assistés, les enfants, à douze ans, cessent de coûter,
passant de la classe des élèves en celle des pupilles,
employés par les nourriciers auxquels ils ont été
confiés tout jeunes, et le plus tôt possible pourvus de
placements avantageux.

De fait, constatait encore en 1880 le Directeur de l'Assistance publique de Paris (1), sauf des exceptions particulières à la capitale et quelques secours qui peuvent être alloués partout sur les fonds des bureaux de bienfaisance, « l'Administration hospitalière ne dispose d'aucun crédit pour aider les parents indigents à élever leurs enfants. Elle ne possède aucune crèche, aucun orphelinat, aucun établissement, soit départemental, soit municipal, soit hospitalier. Orphelinat et Crèches sont entretenus par la charité privée. »

Cette situation frappa les conseils élus de Paris et de la Seine. Diverses propositions furent émises, de création d'un orphelinat départemental, par M. Mallet, d'internats municipaux par MM. Dubois et Boué. Sur celles-ci, M. Prétet fit un rapport concluant au placement d'un certain nombre des enfants administrativement écartés, les uns dans les établissements d'éducation ou de charité existants, les autres chez les industriels ou commerçants, selon la pratique de la Société de patronage des jeunes libérés. M. Lauth, en son rapport du 26 décembre 1878, réclamait l'extension du service des enfants assistés aux abandonnés de toute catégorie, signalant comme particulièrement dignes de l'intérêt public les petits malheureux à la charge d'un ouvrier veuf, où ceux « dont la mère seule, abandonnée, pouvant à peine suffire à ses propres besoins, » les laisse végéter dans la misère et l'ignorance.

Sur le rapport de M. Thulié (6 décembre 1879), le Conseil général de la Seine invita l'Administration de l'Assistance publique à étudier les voies et moyens

---

(1) Ch. Quentin, *Premier rapport sur l'assistance des enfants moralement abandonnés,* 1880, p. 4.

« de placer à la campagne les enfants vagabonds de douze à seize ans, abandonnés par leurs parents et qui, en vertu de l'article 66 du Code pénal, seraient susceptibles d'être dirigés vers une colonie pénitentiaire. »

Au même moment, le 19 septembre 1879, un jeune magistrat, M. Georges Bonjean, lançait un appel à l'opinion publique « en faveur de 100,000 enfants âgés de moins de seize ans et qui, abandonnés de leurs parents ou vivant dans un milieu vicieux ou criminel, forment ce qu'on a justement appelé la pépinière des bagnes et des maisons centrales. » Peu après, le 5 février 1880, il invitait la Société des agriculteurs de France à créer des asiles agricoles pour les enfants délaissés ; il obtenait qu'elle émit les vœux suivants :

« Que l'agriculture, avec ou sans les industries qui s'y rattachent, constitue la base principale d'enseignement professionnel pour les enfants abandonnés ou les jeunes détenus, sauf à diriger vers d'autres professions les enfants dont les aptitudes se refuseraient à l'apprentissage agricole ;

« Qu'une loi permette : 1° de dessaisir de la puissance paternelle, au moins jusqu'à la majorité des enfants, les parents qui les délaissent ou qui sont reconnus incapables de pourvoir à leur éducation intellectuelle et morale ; 2° de conférer l'exercice de la puissance paternelle aux œuvres de bienfaisance qui recueilleront les enfants physiquement ou moralement abandonnés. »

La Société générale de protection pour l'enfance abandonnée ou coupable, fondée par la généreuse initiative de M. G. Bonjean, a été autorisée par arrêté ministériel du 9 septembre 1880.

Elle recueille, disent les articles 2, 3, 7 et 8 de ses

statuts, les enfants délaissés de moins de seize ans, « qui leur sont signalés par l'un de ses membres ainsi que par l'autorité judiciaire ou administrative. » Elle les fait élever soit dans des établissements modèles, institués par elle ou qu'elle subventionne et surveille, soit chez des particuliers. Elle organise le patronage efficace de ses pupilles lorsqu'ils ont terminé leur éducation. Elle s'efforce de lier les unes aux autres « sans leur enlever leur indépendance ni leur initiative individuelle, » toutes les œuvres s'occupant des abandonnés et de patronage.

III

Le 27 novembre 1880, sur le rapport de M. Thulié, le Conseil général de la Seine ouvrit un crédit de 150,000 fr. réclamé par M. Ch. Quentin en son exposé du 25 août précédent, pour la création du service des enfants moralement abandonnés du département et la fondation, à leur usage, de deux écoles professionnelles, l'une d'horticulture et de culture maraîchère, l'autre d'ébénisterie.

Afin de rendre pratique cette idée sortie des conférences du précédent directeur de l'Assistance, M. Husson, avec la commission spéciale du Conseil étudiée par le chef très compétent de la division des enfants assistés, M. Brueyre (1), il avait fallu toute la cordialité populaire des conseillers républicains et toute l'activité du directeur actuel, M. Charles Quentin, faisant sienne une œuvre d'hygiène sociale et de vraie démocratie.

Le service nouveau fut inauguré le 1er janvier

---

(1) Voir la communication dans le *Bulletin de la Société des prisons,* février, mars et mai 1880.

1881. Il ne s'agissait que d'un essai sur 3 ou 400 des 6 ou 7,000 petits Parisiens de douze à seize ans jusqu'alors non reçus parmi les enfants assistés : « mineurs arrêtés pour menus délits ou simplement parce qu'ils sont errants par la ville » et qui, déférés au parquet, acquittés comme ayant agi sans discernement, sont envoyés jusqu'à leur majorité dans les établissements correctionnels; — mineurs conduits directement à l'hospice dépositaire de la rue Denfert-Rochereau, sur impossibilité de retrouver leurs parents ou refus de ceux-ci de les recevoir; — mineurs délaissés ou maltraités, désignés par les conseillers municipaux et généraux et par les maires de la capitale et de la banlieue.

Au 30 juin 1882, le service avait déjà dépassé l'extension prévue. Il y avait été admis 1,151 enfants, dont 849 garçons et 302 filles. 220 avaient été envoyés par le parquet, 169 par la préfecture de police, 762 amenés par les maires et les conseillers ou même par les parents se reconnaissant incapables de les élever.

Le Conseil municipal de Paris et le Conseil général de la Seine se sont prêtés de tout cœur au développement de l'expérience, ouvrant des crédits annuels de 125,000 à 250,000 fr., auxquels se sont ajoutés plus de 100,000 fr. de dons particuliers, qui ont permis d'installer, sans qu'il en coûte rien ou presque rien à l'Assistance, à la ville, au département les deux écoles professionnelles de Villepreux et de Montevrain.

Tout enfant dont l'admission est réclamée est, sans formalité, recueilli à l'hospice dépositaire, où il est mis durant quinze jours « en observation. » On élimine les malades et infirmes, qu'il ne s'agit que de secourir, aussi les vicieux, qui corrompraient les

autres dans les écoles et qu'il n'est pas possible de
placer chez les particuliers. Sur les 1,151 présentés,
il y en a eu 178 refusés pour l'une ou l'autre de ces
causes.

Les définitivement admis sont envoyés, en petit
nombre encore, aux écoles d'horticulture et d'ébénisterie, ou mis directement en apprentissage.

L'Assistance publique (1), sans parti pris, s'applique à approprier les placements aux caractères et
aux antécédents. Les abandonnés qu'elle ne peut, en
raison de leur âge et de leurs habitudes invétérées
de citadins, établir à la campagne par l'entremise
de ses agences d'enfants assistés, elle les met en
apprentissage, soit par groupes, soit individuellement, dans les fabriques ou usines.

Où qu'ils soient, ces enfants sentent toujours que
l'Assistance veille maternellement sur eux. Elle leur
fait distribuer chaque semaine des bons points de
25 centimes pour leurs menus plaisirs; elle leur
donne, au 1er janvier, de petites étrennes, et, à
diverses époques, des récompenses, des livrets de
caisse d'épargne.

« Quand l'enfant arrive dans nos services, disait au
sénateur Th. Roussel le directeur de l'hospice dépositaire de Paris, M. Lafabrègue (2), il est comme un
fauve pris au piège et enfermé. Tout pour lui est un
sujet de méfiance; il cherche une fissure pour prendre la clef des champs. Mais la régularité de l'existence, et surtout ces repas qui viennent à heure fixe,
sans manquer jamais, les calment un peu. Il est tout
étonné de ne plus connaître la faim et de ne pas être
obligé de risquer une poursuite ou une arrestation

(1) Est-il dit dans une note de MM. Ch. Quentin et Brueyre, insérée parmi les annexes du rapport Roussel au Sénat, 1882, tome Ier.
(2) Rapport Roussel, 1882, t. Ier, p. 357.

pour subvenir à ses premiers besoins. C'est alors qu'interviennent les conseils; c'est quand il jouit physiquement du bien-être régulier, qu'on lui fait comprendre qu'avec le travail ce bien-être peut durer toujours, et la satisfaction de l'estomac est pour ce sauvage une preuve plus probante que les meilleures dissertations du monde. »

Aux écoles de Montévrain et de Villepreux, leur satisfaction de l'existence régulière et du travail par eux-mêmes peu à peu productif, dans un milieu où ils ne sont nullement traités en prisonniers subissant leur peine, mais en apprentis se préparant à gagner librement leur vie, ils paraissent peu regretter l'ancien vagabondage, recouvrent vite la gaieté de leur âge et comprennent aisément l'intérêt qu'ils ont à se bien conduire.

Les enfants placés sont très flattés de n'être en rien distingués des autres apprentis, de prendre part aux mêmes travaux, aux mêmes plaisirs, introduits parmi les camarades du pays dans les Sociétés de gymnastique, les orphéons, etc.

En outre de la satisfaction d'un présent bien supérieur à leur passé d'aventures, de famine et de brutalité, ils ont la garantie de l'avenir. — Chacun d'eux se sait un compte ouvert par l'Assistance, qui, les frais de l'apprentissage payés, le mettra, au moment où il deviendra son maître, en possession d'un pécule de 500 à 2,000 francs.

L'administration parisienne, dès la seconde année du service des « moralement abandonnés, » a pu produire ces deux informations d'importance capitale (1) : Que l'expérience réussit pour la presque

---

(1) Rapport du directeur de l'Assistance publique au préfet de la Seine, sur le service des enfants moralement abandonnés, exercice du 1er janvier 1881 au 31 juillet 1882, pages 32 et 36.

totalité des enfants, et que les frais qu'ils exigent ne
s'élèvent guère au-dessus du tiers de ce que coûtent
les jeunes détenus.

Sur cent des enfants admis aux écoles d'ébénisterie et d'horticulture ou placés à la campagne et en
apprentissage, qui auraient été envoyés dans les
établissements pénitentiaires ou seraient restés dans
la mendicité, le vagabondage, exposés, excités au
vice, à la prostitution, au crime, quatre-vingt-treize
justifient les espérances conçues à leur égard. A sept
pour cent seulement, l'éducation préventive semble
ne pas suffire, et il paraîtrait nécessaire de leur
appliquer la répression éducative.

A l'école industrielle de Montévrain (Seine-et-
Marne), défalcation faite des produits vendus, la
dépense de chaque enfant ressort en moyenne à 450
francs par an. Cette dépense, grâce à l'organisation
militaire et au service intérieur, moins la cuisine et
le blanchisssage s'accomplissant par les élèves eùx-
mêmes, ne dépasse pas 350 francs annuellement par
tête à l'école agricole de Villepreux (Seine-et-Oise).

Le calcul étendu à 1,800 mineurs recueillis, qui,
s'ils étaient remis au service pénitentiaire, coûteraient durant la moyenne de six ans de séjour dans
les prisons, 1,620 francs chacun, prouve que le « moralement abandonné, » pendant la même période,
exigeant 200 francs la première année, 50 francs les
trois suivantes et rien après, chacun d'eux conduit à
la majorité n'aura pas dépensé 350 francs de secours
mutuels publics effectifs.

IV

Pour que l'institution de l'Assistance de Paris
prenne tout le développement qu'elle comporte et se

répandc dans la France entière en annexes au service départemental des Enfants-Assistés, sous la haute inspection et direction du ministère de l'intérieur, avec le concours des particuliers, des localités et de l'Etat, il reste à écarter une difficulté considérable.

Il s'agit, disait le docteur Thulié dans son rapport de 1881, il s'agit « de sauver l'enfant de ses parents. » Sans doute, à l'exemple du *New-York Juvenile Asylum*, l'Assistance publique fait signer par les parents l'engagement de lui laisser la pleine et entière direction de leurs enfants jusqu'à la majorité. Mais beaucoup trop de ces parents n'ignorent pas que ce contrat est sans valeur légale. Souvent, et ceux mêmes des abandonnés qui présentent les meilleures dispositions sont repris tout à coup par leurs pères et mères, qui les exploitent dans des industries plus ou moins inavouables.

C'est précisément pour corriger les lois sur la toute-puissance paternelle, qui ont jusqu'à présent rendu la charité et la bienfaisance publique incapables d'arracher des milliers d'enfants abandonnés à la mendicité, au vagabondage, à « tous les dangers de la rue, » pour empêcher « les défaillances, les abus et les excès » de l'autorité paternelle exercée par des parents chez lesquels « la misère, l'ivrognerie, l'ignorance, l'absence de culture, de morale, a effacé les sentiments de l'esprit de famille » et qui ont pour effet de faire devenir « si aisément l'enfance délaissée, l'enfance coupable et bientôt l'adolescence pervertie et criminelle, » que M. Théophile Roussel, avec le concours de MM. Dufaure, Fourichon, Schœlcher et Jules Simon, a présenté au Sénat, le 28 janvier 1881, une proposition ayant pour objet « la protection des mineurs abandonnés, délaissés ou maltraités. » Le 8 décembre suivant, le garde des

sceaux, M. Cazot, a déposé sur le même sujet un
projet de loi élaboré par une commission extra-par-
lementaire instituée sous la présidence de M. Martin-
Feuillée, alors sous-secrétaire d'Etat, aujourd'hui
ministre de la justice, pour « étudier les dispositions
qui pourraient être proposées aux Chambres relativement aux cas de déchéance de la puissance paternelle à raison d'indignité, ainsi qu'à la situation
légale des enfants indigents délaissés par leurs
parents. »

Cette proposition et ce projet de loi ont été ren-
voyés à une commission présidée par notre véné-
rable ami Victor Schœlcher. Elle a naturellement
choisi pour rapporteur M. Roussel, le promoteur
d'un mouvement de protection de l'enfance qui date
de plus de dix ans déjà et qui, dirigé avec une
admirable persévérance, grâce au concours de tous
les philanthropes, patriotes et démocrates, ne tardera
plus guère à produire une reconstitution des services
publics de l'enfance, à donner pour base aux réformes sociales, d'autant plus radicales et effectives
qu'elles seront plus paisiblement entreprises et
plus méthodiquement suivies, « égalisation et point
de départ » offert aux plus délaissés et aux plus maltraités des enfants.

V

Le rapport déposé le 25 juillet 1882, au nom de la
Commission sénatoriale chargée d'examiner la proposition Roussel et le projet Cazot-Feuillée sur la
protection de l'enfance, forme avec ses annexes et
premières pièces justificatives un volume in-4º de
400 pages. Il y a été ajouté, cette année, un second
volume de 680 pages, avec cartes et tableaux, pré-

sentant la statistique expliquée des établissements
de charité consacrés chez nous à l'enfance malheureuse. Un troisième volume sera consacré aux institutions étrangères de la même spécialité.

Nous ne reprocherons certes pas à l'ardent philanthrope, M. Théophile Roussel, ce luxe énorme de
documents à l'appui d'une thèse juste. Cela, cependant, risque de nuire, même dans le milieu parlementaire, à plus forte raison dans le public, à ce
qu'on peut appeler la popularisation rapide d'une
œuvre sérieusement populaire. Mais il y a parmi
nos sénateurs, nos députés et nos administrateurs
assez d'hommes de travail pour suivre avec toute l'attention qu'elle mérite une si volumineuse étude.
Dans notre presse dévorée par l'actualité, affolée
par le reportage, il reste encore quelques publicistes
sérieux ayant la patience de tout lire, se donnant la
mission sévère de mettre leurs confrères et le public
au courant des vastes études indispensables aux
grandes réformes.

La Commission sénatoriale n'estimait pas suffisantes les études préparatoires faites dans l'enquête
sur le régime pénitentiaire ordonné par l'Assemblée
de Versailles en 1872, non plus que celles suivies par
la Société générale des prisons jusqu'en 1880. Elle
réclama du ministre de l'intérieur une enquête officielle sur les établissements de toute sorte s'occupant des enfants abandonnés. Le sous-secrétaire
d'Etat, M. Fallières, s'empressa de rédiger, comme
elle le désirait, un questionnaire en treize points,
qui, expédié le 9 août 1881, au bout d'une année pro-
cura plus ou moins complètement les renseignements désirés.

Cette enquête préfectorale de 1881-1882 constate
l'existence de 110 associations, œuvres et établisse-

ments de charité se consacrant à la garde ou à l'éducation de l'enfance.

210 de ces établissements sont publics, dépendant des hôpitaux, des hospices et des bureaux de bienfaisance.

Sur 713 œuvres de charité privée, 100 seulement sont laïques, et 613, congréganistes. Parmi les laïques, 33 sont consacrées aux garçons, 67 aux filles ; parmi les congréganistes, 34 aux garçons, 516 aux filles.

Ces œuvres sont très inégalement distribuées à travers le territoire. Si l'on en compte, par exemple, dans la Seine, 163 contenant près de 13,000 mineurs, on n'en trouve dans la Vendée que 2, recueillant à peine 56 enfants.

La Creuse, le département où la mortalité infantile est le moins élevée, n'a, pour une population de 268,500 habitants, que 8 enfants dans son orphelinat unique.

La répartition proportionnelle des enfants recueillis dans les établissements de charité est figurée par une carte teintée. Huit départements seulement : Seine, Seine-et-Oise, Bouches-du-Rhône, Alpes-Maritimes, Gard, Eure, Hérault, Marne, ont 1 enfant recueilli sur de 194 à 400 habitants. Quatre : Vendée, Deux-Sèvres, Indre, Creuse, en comptent 1 sur de 3,550 à 7,520 habitants.

Les deux tiers des établissements (584 sur 900 désignés exactement par l'enquête) sont des orphelinats dont beaucoup ne reçoivent pas que des orphelins proprement dits. A peine une trentaine portent le nom d'*asile* ; 9 sont protestants ; les autres, sauf trois ou quatre, laïques.

Les refuges sont tous congréganistes et affectés

aux filles. Les plus importants, dirigés par les religieuses de Notre-Dame-de-Charité, sont cloîtrés. Ce sont, en général, de vastes ouvroirs, avec quartier de correction, préservation et pénitence.

Hormis une, à Vieux (Isère), qui reçoit 70 garçons, dont 20 incurables, les maisons du Bon-Pasteur sont des refuges congréganistes pour les filles insoumises ou vicieuses, sous la direction de la puissante congrégation de Notre-Dame-du-Bon-Pasteur d'Angers, laquelle possède, dit-on, 120 monastères, dont 33 en France et en Algérie, et s'est attribué pour mission propre de « ramener dans les sentiers de la vertu les brebis égarées. »

A la Solitude de Nazareth (Montpellier) et à celles de Saint-Hélier (Rennes), de Marie-Joseph (Doullens), on accueille non seulement des mineures, mais aussi des femmes sortant de prison.

Les établissements dits de la Providence, anciennement annexés aux hospices, sont en partie devenus laïques. Ceux qui sont restés congréganistes continuent à exclure tout enfant naturel, ne secourant que les légitimes.

L'Association évangélique du patronage, de Montbéliard, offre le seul type français d'une œuvre consacrée à l'éducation et à la garde de mineurs des deux sexes d'une religion déterminée, au placement individuel dans les familles, sans aucun internat préalable.

A La Force, près de Bergerac (Dordogne), ont été créés en 1848 par le pasteur Bort et reconnus d'utilité publique, en 1877, les asiles John Bort, qui ne contiennent pas moins de 200 filles et 119 garçons ; plus, des vieillards des deux sexes. On y admet, en outre, des jeunes gens infirmes ou incurables, aveugles ou menacés de le devenir, épileptiques, idiots, faibles d'esprit, des enfants de protestants disséminés, et enfin des « filles placées dans un mauvais entourage. »

Un certain nombre de ces établissements remontent à la fondation des hôtels-Dieu, hospices et hôpitaux, et y sont demeurés annexés sous la surveillance de leurs Commissions administratives. Quelques autres sont réunis aux bureaux de bienfaisance ou, isolés et pourvus de ressources par des fondations particulières, dépendent des municipalités.

Plus des cinq sixièmes des orphelinats ont été institués durant notre siècle, en réaction contre la tendance de l'Assistance publique, depuis Chaptal, de réserver sa tutelle aux abandonnés, déclarant, d'après la jurisprudence formulée par M. de Corbière en 1829 : « Les orphelins, comme tous les enfants de familles indigentes, sont à la charge exclusive des hospices et des secours à domicile. »

Sur les 914 maisons ouvertes à l'enfance dont l'enquête a constaté la situation au point de vue légal, il n'en est que 103 reconnues d'utilité publique, 292 assez régulièrement autorisées.

519 sont absolument « fermées aux représentants de pouvoirs publics. » (III, page 28.)

Mᵉ Céleste Jullien, la fondatrice et directrice de l'ouvroir Saint-Joseph, aux Andelys (Eure), où sont employées au blanchissage et à la confection 110 filles de tout âge qui vivent en commun et ont un aumônier particulier, a répondu à l'autorité préfectorale lui réclamant des renseignements : « Ma maison, bien qu'appelée Saint-Joseph, comme les grands magasins de ce nom, à Paris, est une maison de commerce dont j'ai acheté le fonds; elle ne reçoit ni legs ni dons ; je paye une cote personnelle et une patente. Je ne vois pas la nécessité de répondre au questionnaire ministériel. » (Pages 29 et 147.)

En Seine-et-Oise, sur 51 établissements, on en compte 39 congréganistes, 3 industriels annexes de maisons de commerce, et 9 en tout soumis à la surveillance permanente du département ou des municipalités.

Dans la Marne, sur 18 établissements, 2 seulement ont une existence régulière. Le préfet, M. Delasalle, rappelle que des édits royaux de décembre 1666 et d'août 1749 interdisaient la création de toute maison en communauté, « même sous prétexte d'hospices ou hôpitaux, sans une permission expresse accordée par lettres patentes dûment enregistrées » ; qu'un avis du conseil d'Etat du 17 janvier 1806 porte que « tous les établissemeuts de bienfaisance dirigés par des Sociétés libres et qui rassemblent dans un bâtiment des malades, des orphelins, etc., ne doivent plus être tolérés sans être régularisés » ; que des instructions ministérielles du 5 mai 1852 ont rappelé cet avis et ces édits. Mais, ajoute-t-il, cette ancienne législation est tombée en désuétude, et la bienfaisance publique trouvant dans les orphelinats libres de puissants auxiliaires, les diverses administrations qui se sont succédé depuis trente ans les ont laissés s'administrer par tolérance pure, sans surveillance directe.

« En général, constate M. Th. Roussel (page 32), non seulement dans les orphelinats industriels proprement dits créés en vue de l'exploitation de la main-d'œuvre de l'enfance, mais aussi dans de nombreux établissements couverts de toutes les apparences de la charité, laïque ou congréganiste, qui vivent par le produit du travail des mineurs recueillis, plutôt qu'ils ne font vivre les mineurs par leurs ressources pro-près, le regard protecteur de l'autorité ne pénètre pas. Nous avons vainement cherché les traces de l'intervention des inspecteurs du travail des enfants dans les manufactures.

« Nous voyons les établissements qui ont des écoles organisées visités généralement par les inspecteurs primaires. Mais cette inspection porte seulement sur ce qui concerne l'école.

« De même, tous les établissements qui traitent avec l'Assistance publique pour garder les pupilles dont elle est embarrassée reçoivent la visite de l'inspecteur départemental des enfants assistés; mais cet inspecteur ne voit que ces pupilles et demeure étranger au reste de l'établissement. »

Les orphelinats et asiles tenus par des associations protestantes « recherchent le plus souvent, loin de de fuir », le contrôle de l'autorité publique. Mais si l'enquête a pu être bien accueillie par quelques directeurs et directrices d'établissements catholiques, ce n'est qu'exceptionnel. La tendance des institutions congréganistes, explique un préfet de l'Ouest (page 33, note) « n'est que trop fatalement de s'emparer de leurs pupilles pour en faire les élèves dociles de certaine direction, les instruments passifs de telle ou telle entreprise... » Il est tout un ensemble de faits et de considérations que le public ne peut connaître et que l'autorité même ne saisit guère qu'indirectement; car il est difficile, presque impossible de pénétrer l'organisation, de suivre de près le fonctionnement de tous ces établissements sous forme religieuse qui ont à peu près en réalité le monopole de l'éducation.

VI

Les préfets ont constaté que l'article du questionnaire auquel les chefs d'établissements privés ont le plus mal répondu, lorsqu'ils n'ont pas esquivé ou refusé toute réponse, est celui touchant les ressources, la situation financière et le régime intérieur.

Les maisons religieuses de l'Ouest avaient reçu des supérieures des congrégations l'ordre de ne pas se prêter aux investigations administratives. (P. 40.)

Dans la Charente-Inférieure et dans la Somme, beaucoup d'orphelinats n'ont pas de budget; on n'y tient pas de comptabilité régulière, les recettes et dépenses sont relevées en chiffres ronds.

Le préfet d'un département de l'Est écrit : J'aurais voulu connaître le chiffre de la dépense annuelle d'un enfant et celui du produit du travail des pupilles. Ces détails m'ont été soigneusement cachés, ce qui m'a porté à croire que le but moral, humanitaire, qui existait à l'origine, n'est plus le seul en réalité. En sorte que, sans nier les services rendus par ces établissements, on est porté à craindre que la plupart ne soient des déshérités. Il appartient pourtant à l'autorité de donner sécurité aux droits individuels, d'assurer le développement libre des générations successives, de soustraire même les malheureux et les faibles aux systèmes d'accaparement, d'isolement et d'exploitation déguisés trop souvent sous les dehors de la charité, de remplacer enfin la tutelle naturelle pour l'enfant qui n'a pas de famille digne de ce nom, sans abandonner jamais l'exercice des droits de l'Etat qui constituent en réalité des devoirs, « surtout des entreprises commerciales fondées sur l'exploitation de l'enfant. »

Très peu d'orphelinats subsistent avec le seul produit de leurs fondations en immeubles ou en rentes.

Un certain nombre ont leurs dépenses allégées par des dons en legs ou par des subventions de l'Etat, lesquelles, du reste, ne sont pas très importantes. A l'orphelinat des sœurs de charité de la rue Bucaille, à Cherbourg, le ministère de la marine fournit annuellement 500 fr. pour l'entretien de douze orphelins de marins. L'ouvroir de Saint-Maurice, au camp de Sathonay (Ain), sous la direction du gouverneur de Lyon et tenu par des sœurs de Saint-Charles, est spécial aux orphelines de soldats, qu'il admet de six à huit ans en garde jusqu'à dix-huit ou vingt et un. Le ministre de la guerre lui procure 12,000 fr., et le reste des dépenses, un total de 20,000 fr., est couvert par le travail des élèves et des dames patronnesses.

Les subventions des départements et des communes sont beaucoup plus importantes. Dans diverses régions elles sont le résultat d'une convention par laquelle le service des enfants assistés se décharge sur la charité libre d'une partie des mineurs de douze ans qui ne peuvent pas être placés à la campagne comme salariés. (Page 42.)

Une ressource assez générale, mais inégale et irrégulière, provient des sommes payées pour les enfants à titre de trousseau ou frais d'entrée, et de pension, soit par les familles, soit par des protecteurs.

Beaucoup d'établissements, la plupart congréganistes, font des quêtes, des ventes et loteries de charité. Ils tirent, notamment dans l'Yonne, des rétributions assez fortes de l'assistance des enfants aux funérailles et aux mariages des personnes riches.

La ressource vitale des orphelinats, en très grande majorité, est le travail des enfants.

Dans l'un des mieux notés par l'administration préfectorale, l'orphelinat de Persan, près Beaumont (Seine-et-Oise), fondé en 1855 par M. Chardin, fabricant de soie à coudre et à broder, confié aux sœurs de Saint-Vincent de Paul, surveillé par les inspecteurs d'usines et des enfants employées dans les manufactures, il y a cent cinquante filles reçues de onze à douze ans avec un petit trousseau et une petite somme d'argent, souvent avec rien, et elles doivent y rester jusqu'à vingt et un ans, selon contrat passé avec les parents, contrat, on le sait, sans valeur. Elles dévident de la soie, de huit à neuf heures par jour, ont une heure de classe, avec une heure de couture et travaux de ménage. Elles sont rétribuées suivant leur capacité, de façon à avoir, à la sortie, un trousseau et une somme d'argent.

Ainsi, là même, comme le fait remarquer M. Th. Roussel (page 45), des enfants, dont certains ont moins de douze ans, peuvent être soumises tous les jours à onze heures de travail sédentaire en dehors des travaux du ménage. Que doit-il arriver dans ceux où jamais ne pénètre l'œil de l'autorité publique ? Et combien abusent de l'arrêt de la Cour d'Aix, d'après lequel la loi de 1874 sur l'inspection du travail des enfants n'est pas applicable aux établissements de charité ! Plusieurs préfets font ressortir que, en effet, si les orphelinats ont une utilité incontestable pour les enfants de moins de douze à treize ans, ils présentent les plus graves inconvénients au delà de cet âge. « Les maisons religieuses, écrit l'un d'eux, reçoivent une pension pour les adolescentes engagées jusqu'à leur majorité, et les occupent tout le jour et souvent la nuit à des travaux de couture,

faisant concurrence aux ouvriers ordinaires. L'éta-
blissément, ne payant pas de salaires, fait toujours
des bénéfices. La jeune fille cloîtrée et surmenée est
non seulement privée du fruit légitime de son travail, mais sa santé et son avenir sont souvent com-
promis par le régime intérieur. Elle peut être assez
habile dans certains ouvrages spéciaux, mais elle
est incapable des soins du ménage ; et à sa sortie,
sans instruction, sans expérience, sans épargne, elle
est bien mal préparée à la lutte pour l'existence et
pour éviter tous les dangers auxquels elle va être
exposée. »

Les préfets de la Vienne et de Saône-et-Loire
signalent « l'ignorance des enfants élevés dans les
orphelinats libres », l'exploitation dont ils sont les
victimes « pour enrichir des particuliers ou des congrégations. » Ils réclament une surveillance administrative, afin de prévenir des abus trop évidents et
de « sauvegarder tous les intérêts, surtout ceux des
enfants. » (Pages 45 et 46.)

VII

L'enquête n'a pu procurer une statistique certaine
et complète des mineurs reçus en élèves par la bienfaisance publique et par la charité privée.

Des 840 établ'ssements ayant fait connaître le
nombre de leurs élèves, 191 en ont de 10 à 20 ; 327, de
20 à 50 ; 210, de 50 à 100 ; 102, plus de 100. Les
grands orphelinats appartiennent aux congrégations ; les petits sont des annexes d'hospices ou de
bureaux de bienfaisance.

Afin de savoir combien des enfants recueillis ne
sont que coûteux et combien en travaillant fournissent tout ou partie de leur entretien, l'administration

avait demandé de préciser le nombre des mineurs au-dessous et au-dessus de douze ans.

Il n'a été répondu que pour 40,035, dont 8,367 garçons et 31,668 filles.

Parmi les garçons, 4,727 ont moins de douze ans ; 3,640, plus.

Parmi les filles, 11,442 ont moins de douze ans ; 20,225, plus.

C'est-à-dire que les trois cinquièmes des abandonnés recueillis sont capables de travail plus ou moins lucratif.

Les orphelinats industriels qui s'entretiennent par le travail des enfants — plusieurs en tirent des profits considérables — reçoivent le moins possible au-dessous de douze ans et gardent tant qu'ils peuvent. Dans l'établissement Dom Bosco, à Nice, jusqu'à vingt-cinq ans ; dans les refuges et maisons du Bon-Pasteur, jusqu'à la mort !

Les œuvres réellement philanthropiques — de beaucoup en minorité — admettent dès le plus bas âge « aussitôt que l'enfant peut marcher seul », dit le règlement de l'orphelinat de Cerisy-le-Salle (Manche). Il n'est guère que les petites maisons de Saint-Martin, de Digne et de Saint-Donnin (Basses-Alpes), qui acceptent les orphelins dès trois et deux ans. La crèche protestante de Nîmes les prend au-dessous de cinq ans, les garde jusqu'à six pour les envoyer ensuite aux orphelinats de filles et de garçons de la même ville, de Castres et de Saverdun (Ariège).

L'hospice général de Bourges et l'Hôtel-Dieu de Cherbourg ont dans leurs orphelinats une crèche, une salle d'asile et une école.

Les hospices et hôpitaux, en général, recevant des enfants de n'importe quelle catégorie, et divers établissements libres de création récente ont adopté la pratique de l'Assistance publique de placer leurs pupilles chez des cultivateurs ou de les mettre en apprentissage. Les maisons de charité où l'intérêt de l'enfant est supérieur à tout, lui cherchent au plus vite un placement avantageux.

Il est peu d'orphelinats libres qui soient complètement gratuits. Mais il en est peu aussi qui se refusent aux admissions sans payement. En général, — et c'est utile pour maintenir le délaissé lié à sa famille ou pour le lier à une famille nouvelle, — une contribution quelconque est réclamée des parents ou des personnes s'intéressant à l'enfant.

Dans un très grand nombre d'établissements, le montant des frais d'entretien d'un mineur, déduction faite de son produit de travail, se peut compter entre 150 et 250 fr. par an.

La dépense annuelle d'une élève est évaluée à 400 fr. à l'ouvroir de Louviers. La moyenne varie entre 240 et 260 fr. dans les établissements de Seine-et-Oise.

La pension que les départements où les bureaux de bienfaisance payent aux établissements privés se calcule, par jour, entre 70 et 75 centimes, maximum pour l'enfant vicieux, et 50, même 40 centimes.

Il va sans dire que les orphelinats religieux n'acceptent que les enfants qui doivent être élevés dans leur religion. La plupart exigent une filiation légitime bien établie. Beaucoup ne veulent que des orphelins ou demi-orphelins de père ou de mère, et des enfants indigents placés volontairement par les parents ou amenés par des protecteurs répondant d'eux. Quelques-uns, par exemple dans l'Hérault, sont ouverts à des enfants « maltraités par suite du second mariage de la mère ou du père. »

Les règlements de presque tous mentionnent l'exclusion des vicieux et insoumis.

Les enfants naturels ou d'origine inconnue, dont la bienfaisance publique ne peut réglementairement se charger s'ils sont abandonnés après l'âge de douze ans, se trouvent également écartés du plus grand nombre des orphelinats. Il faut, constate M. Théophile Roussel (page 56), « qu'ils commettent un délit ou un crime pour que la société les recueille. »

Le préfet du Loiret a relevé l'existence, dans son département, de 127 enfants délaissés chez des nourriciers qui les gardaient, les uns par pur attachement, les autres dans l'espoir d'être indemnisés plus tard, ou bien recueillis par des particuliers qui les avaient trouvés sur la voie publique. Il signalait à l'attention du Ministre de l'Intérieur « les abandonnés, qui n'ont de protection ni dans leur famille, ni du côté de la charité privée. » Il proposait « l'inspection des enfants assistés, avec le concours de maires et de comités locaux analogues à ceux institués par la loi du 23 décembre 1874, pouvant être chargés de rechercher tous les enfants abandonnés dans les familles indigentes. L'administration provoquerait ensuite, lorsqu'il y aurait lieu, l'admission définitive de ces enfants à l'hospice dépositaire du département où ils auraient leur domicile de secours. »

VIII

La bienfaisance administrative n'a rien fondé de spécial aux filles abandonnées ; la charité privée s'est seule occupée d'elles jusqu'à présent. L'Assistance publique de Paris ne voulant pas envoyer

celles de ses pupilles dont la conduite devient inquiétante achever de se perdre parmi les jeunes déte-
nues, est obligée elle-même d'avoir recours aux
refuges congréganistes.

Un fonctionnaire de la ville a révélé à la Commission sénatoriale l'inscription, au nombre des prostituées, d'une enfant de quinze ans placée comme
bonne à douze ans, que ses parents n'avaient pas
voulu reprendre et que l'Assistance n'a pas pu recueillir en raison de son âge. Ce fonctionnaire expli-
quait comment la police s'était trouvée forcée d'« en-
carter » huit ou dix autres mineures, la plupart filles
naturelles ou orphelines. Il prouvait que la prostitution des petites filles a pris des proportions effroya-
bles et qu'il y a urgence « d'attaquer le mal à sa
racine, même en frappant sans pitié les parents qui,
par un lâche oubli de leurs devoirs, accroissent
chaque jour le nombre des vagabonds, des mendiants, des voleurs et des filles publiques. »

M. Fallières fit ajouter au questionnaire officiel de
l'enquête de 1881-1882 une treizième question relative aux mineures inscrites sur les registres de la
prostitution, à leur âge, aux causes et circonstances
ayant amené l'inscription.

57 préfectures ont répondu. Presque toutes constatent ou qu'il n'y a pas de mineures inscrites, ou
qu'il y en a très peu, relativement au nombre des
filles de seize à vingt et un ans qui se livrent volontairement à la prostitution.

Le recensement des mineures « en carte » ne
donne, pour la France entière (1881), que le total de
1,338, dont 187 seulement à Paris.

Or, il est établi que sur 2,582 femmes arrêtées au
cours d'une année (1877), pour prostitution clandes-

tine, on a trouvé plus de 1,500 mineures. La préfecture de police, depuis 1882, a cessé de recevoir sur
le registre d'infamie les filles de moins de vingt ans.
Partout la police municipale met de la répugnance à
l'inscription de trop jeunes dépravées.

Les notes fournies par les commissaires de police,
les inspecteurs d'enfants et les préfets permettent
de suivre l'enchaînement fatal qui amène à « l'en-
cartement » la toute jeune fille orpheline délaissée
ou maltraitée par ses parents, trop souvent pervertie par leur exemple, excitée à la débauche,
exploitée, vendue.

Et cependant, fait justement observer le rapporteur sénatorial (page 48), cette adolescente eût pu
être sauvée de l'opprobre à perpétuité si « on l'avait
recueillie et si l'on avait assuré son éducation dès la
la constatation du délaissement et des fréquenta-
tions mauvaises, grâce à une loi comme celle qui
existe en Angleterre. »

On ne saurait nier l'utilité d'établissements tels
que l'asile protestant des Dames diaconesses de la
rue de Reuilly, à Paris, qui reçoivent des mineures en
correction paternelle, soit par ordonnance judiciaire,
soit sur demande des parents eux-mêmes, et qui
procurent aux entraînements vicieux le remède le
plus efficace, dépaysant les égarés, les prenant dans
d'honnêtes milieux libres de Hollande ou d'Angleterre.

Nous ne demandons pas mieux que de reconnaître,
— avec M. Th. Roussel (page 159), — les services que
rendent la correction paternelle privée et même
administrative, les refuges tels que celui des Dames-
Saint-Michel, dans la capitale, et les maisons congréganistes diversement dénommées qui reçoivent

en garde et réforment les petites vicieuses, cherchent à relever et placer les jeunes perverties.

Néanmoins, l'enquête contient des indications de
nature à démontrer que la claustration des filles
repenties est loin de donner des résultats sûrs. Les
préfets de la Charente-Inférieure, de l'Aube, de la
Marne, du Pas-de-Calais, signalent la présence, en
trop grand nombre, parmi les filles inscrites, de
mineures élevées dans les maisons du Bon-Pasteur
et autres orphelinats catholiques. (Page 149.)

Un inspecteur départemental (page 90) prouve que
les filles élevées par l'administration des Enfants-
Assistés, « au milieu du monde, suivant des conseils
inspirés par la réalité des choses de la vie », sont
beaucoup plus capables de rester honnêtes que les
élèves de la charité congréganiste. « L'éducation
qu'elles reçoivent dans ces couvents, écrit-il, ne les
met nullement en garde contre les luttes qu'elles doivent soutenir; femmes de chambre ou ouvrières, on
les voit succomber facilement aux moindres tentatives
des séducteurs. Les passions comprimées subissent
un choc qu'elles ne sont pas de force à supporter;
tout semble étrange à ces pauvres enfants, qui n'ont
vu le monde qu'à travers le trou de la serrure de
l'orphelinat qui les a recueillies. L'inconnu les séduit, les attire; une promesse de mariage les grise
et leur fait tout oublier. »

IX

Sur la triple question des rapports avec les familles,
des contrats entre les orphelinats et les parents et
des retraits d'enfants, l'enquête de 1881-1882 a fourni
les renseignements les plus probants.

Les retraits sont très rares, les contrats presque

toujours respectés, et les rapports avec les parents bons, pour les établissements qui, en outre des orphelins et des tout à fait abandonnés, n'admettent d'enfants qu'après informations sur l'honnêteté de la famille.

Au contraire, dans les maisons — laïques ou congréganistes sans distinction — où sont reçus les enfants délaissés ou maltraités, les rapports avec les familles sont presque toujours déplorables, soit que les parents aient une part quelconque à prendre au solde de pension ou à l'entretien, soit que simplement il leur faille respecter la promesse signée de laisser l'enfant jusqu'à un certain âge approchant de la majorité.

Les établissements — en minorité — qui n'ont pas à se plaindre des rapports avec les parents ni des retraits d'enfants, sont, pour la plupart, ceux qui ne font passer aucun contrat à l'admission.

Plus est rigoureuse la signature d'un engagement préalable, moins les conditions en sont tenues et les relations aisées avec les familles.

Les préfets et les inspecteurs départementaux confirment les déclarations unanimes des directeurs d'orphelinats sur ce point. L'influence des parents et les retraits prématurés des mineurs, exigés par eux au mépris des contrats signés et qu'ils savent sans valeur légale ainsi que les renvois causés par les excitations des familles altérant le caractère des enfants, « sont un des fléaux de la charité et l'un des plus sérieux obstacles à ses efforts pour l'éducation des déshérités. » (Page 80.)

On ne fait plus que des engagements de vive voix dans l'Hérault, dit le préfet, « parce qu'on a reconnu l'inanité des contrats qui stipulent des indemnités à

payer par des familles toujours insolvables. » —
« Aussi longtemps que les enfants ne peuvent être
qu'une charge », ajoute le préfet de la Haute-Marne,
on les laisse ; aussitôt qu'ils peuvent rendre quelques
services, on trouve mille raisons pour les retirer...
Nous avons vu des familles reprendre leurs enfants
pour les faire mendier. »

Des mesures sévères ont dû être prises jusque
dans des établissements laïques et publics pour
restreindre le plus possible les rapports avec les
pères et mères. A l'orphelinat de l'Hôtel-Dieu de
Cherbourg, on ne permet de visites surveillées qu'une
fois par mois, on n'accorde de sorties qu'aux enfants
dont les familles indigentes sont d'une honnêteté
incontestable.

Les retraits prématurés sont, en particulier,
néfastes pour les filles, que d'horribles mères « guet-
tent » écrit le pasteur Durand, de Montauban
(page 86), dès qu'elles seront exploitables, et
« c'est là, bien certainement, un des principaux
aliments de la prostitution. »

Le patronage après la sortie est extrêmement rare.
Toujours, sauf très peu d'exceptions, les garçons,
une fois incorporés dans l'armée, sont absolument
oubliés des maisons où ils ont été élevés.

En constatant ce fait regrettable, les préfets signalent l'utilité de développer par tous les moyens possibles les institutions de patronage, lequel, dit le
préfet de l'Ain, « ne serait pas moins nécessaire
pour les enfants assistés, qui, le lendemain de leur
majorité, se trouvent une seconde fois abandonnés,
isolés, comme ils l'étaient au lendemain de leur naissance. » (Page 90.)

Sur la questionn de conférer aux établissements

privés les droits de garde et de tutelle qu'exercent
l'administration pénitentiaire et l'Assistance publique sur les enfants de leurs services, 745 orphelinats
se sont abstenus d'émettre un avis. Les congrégations
ont déclaré n'avoir pas de conseils à donner aux
législateurs ». (Page 98.)

Sur les 365 établissements qui se sont prononcés,
quelques-uns se sont refusés à se charger d'une responsabilité morale trop lourde. 60 ont exprimé l'avis
qu'il suffit de donner force légale aux contrats avec
les familles, empêchant de retirer les enfants avant
vingt et un ans. Ces contrats et placements, est-il dit
dans un assez grand nombre de réponses, pourraient
être identifiés aux contrats d'apprentissage et entraî-
ner le solde des dépenses faites pour l'enfant jusqu'à
son retrait anticipé. Plus de 100 orphelinats et presque toutes les associations protectrices laïques ont
adhéré sans réserve aux dispositions du projet
sénatorial.

X

Le recensement des enfants indigents ou délaissés
confié à des particuliers n'a pu être obtenu. Les
Préfets ne peuvent se procurer de renseignements
positifs que sur les assistés élèves et pupilles de
l'administration. Sur les autres, on en aura d'exacts
que lorsque la loi de protection de l'enfance sera
appliquée.

Il existe dans les régions agricoles, constatent les
préfets de la Sarthe et de la Haute-Saône, un nombre
assez considérable d'enfants détachés de familles
pauvres dès l'âge de sept ou huit ans, pour la garde
des bestiaux, les uns durant une saison, les autres
pendant l'année entière. Ces petits bergers couchant

dans les étables, mal nourris, malmenés, sans rien à
eux, puisque leur gain revient tout à leurs parents,
sont dans une position bien inférieure à celle des
trouvés et abandonnés, immatriculés sur les registres
de l'assistance publique. (1)

. . . .

M. Rossignol (2) ne croit pas que l'administration
hospitalière puisse ni doive se charger à elle seule
de recueillir et d'élever tous les abandonnés et
délaissés, « dont le nombre va croissant d'année en
année, sans doute sous l'influence des facilités du
déplacement que les chemins de fer ont créées, par
suite des tendances plus prononcées chaque jour,
dans certaines classes, à se dégager de tous les
devoirs, à se soustraire à toutes les difficultés incom-
bant au chef de famille. »

Les nourriciers à la campagne pourraient n'être
pas découverts en nombre suffisant, et il faudrait
payer des primes d'apprentissage. Il serait indispensable d'agrandir les hospices dépositaires; on risque-
rait d'y entasser trop d'enfants, « livrés sans défense
aux attaques des maladies contagieuses et épidémiques. »

Pour parer à ce danger et à ces difficultés faute de
pouvoir subvenir administrativement aux dépenses
énormes que nécessiterait la généralisation du
service public de l'enfance trouvée, abandonnée,
délaissée et maltraitée, l'inspecteur de Tarn-et-
Garonne adjure l'Etat de ne pas décourager la charité
privée et d'utiliser toutes les institutions particulières,
de susciter toutes les initiatives bienfaisantes pour

---

(1) J'ai traité plus haut, avec les développements suffisants, la question des placements individuels ou collectifs; j'y renvoie.   E. O.
(2) Fréquemment cité plus haut.

l'accomplissement d'une si grande œuvre philanthropique et patriotique.

La considération matérielle des frais exorbitants qui résulteraient pour les départements de la protection de l'enfance tout entière assumée par l'administration est représentée avec insistance par d'assez nombreux préfets. Ils rappellent combien déjà il leur est difficile d'obtenir des conseils généraux les fonds indispensables aux deux services des enfants assistés et de la surveillance des enfants en nourrice. Ils démontrent la nécessité d'attribuer au budget de l'Etat une notable part de la charge nouvelle.

Pour la plupart, ils ne comprendraient pas — les orphelinats existants devant être utilisés — que des droits de garde et de tutelle pussent être accordés à d'autres que ceux qui, comme écrit le préfet de Saône-et-Loire « ont été reconnus d'utilité publique et devraient être pourvus d'une commission administrative analogue à celle des hospices, tous soumis à la surveillance et à l'inspection de l'Etat. »

Le préfet de la Marne se montre partisan de la déchéance de la puissance paternelle, pour que « les parents puissent toujours être relevés de cette déchéance lorque les tribunaux jugeront que leur indignité a cessé. »

Le maire de Laon, au nom de l'hospice de cette ville, qui a un quartier d'enfants indigents, émet « sur cette question délicate cet avis : Il n'y a pas lieu de respecter la puissance paternelle lorsqu'elle ne se respecte pas elle-même et ne remplit pas les devoirs sacrés de la famille. Donc, il y aurait utilité à rendre une loi qui enlèverait aux pères et mères dont l'inconduite et le mauvais exemple seraient avérés, la garde de leurs enfants, qui seraient alors élevés par les soins de l'administration. »

Le préfet de la Gironde appuie l'avis de l'inspecteur départemental, M. Albert, en disant : « La loi de
pluviôse an XIII n'a plus de raison d'être depuis celle
du 5 mai 1869, qui a virtuellement et heureusement
transformé le service hospitalier des enfants assistés
en service départemental... Il convient que ce soit
l'autorité publique elle-même, c'est-à-dire le préfet
ou son délégué, qui prenne et exerce la tutelle avec
l'aide d'une commission qui ferait l'office de conseil
de famille. Cette commission existe, c'est le comité
de protection des enfants de premier âge. »

XI

L'enquête spéciale à la Seine, faite par l'Assistance
publique en 1882, a constaté l'existence de 184 œuvres
en faveur des enfants.

. . . .

Nous ne suivrons pas M. Chassin dans les développements où il entre à ce sujet ; il termine ainsi :

« Les écoles-ateliers de Paris, comme l'ont constaté MM. Nadaud et Corbon dans leurs rapports,
offrent, après dix années d'expériences, des types
parfaits pour les fondations des écoles d'apprentissage que les départements, les villes, les Chambres
de commerce, les associations de patrons et d'ouvriers doivent être de plus en plus excités à multiplier avec le concours de l'Etat.

« Mais si ces externats sont appelés à rendre les
plus éminents services aux pauvres familles d'ouvriers, ce sont des internats qu'il faut pour les
enfants sans famille. L'expérience administrative en
a été très heureusement commencée, pour les garçons, par l'école d'ébénisterie de Montévrain et
l'école d'horticulture de Villepreux.

« Quant aux filles, de très bons modèles d'externats sont, depuis une vingtaine d'années, fournis par
la « Société pour l'enseignement professionnel des
« femmes » créée sous l'Empire, en opposition à
l'instruction cléricale et administrative d'alors, par
Mme Elisa Lemonnier. Il reste à ouvrir des internats
qui ne soient ni des couvents, ni des prisons, ni des
établissements d'exploitation de l'enfance. L'œuvre
sociale de préservation et de réparation s'impose,
pour les filles autant que pour les garçons, au
dévouement de la philanthropie privée et au concours intelligent des municipalités, des départements
et de l'Etat. »

Voici les résultats de l'enquête faite à ce sujet
dans le département de la Loire :

Le nombre des enfants recueillis dans les asiles,
orphelinats, refuges, ouvroirs, est de 1,045 ; le nombre des établissements, de 17. Sur ces 17 maisons,
6 appartiennent à des hospices, des hôpitaux, des
bureaux de bienfaisance, et sont soumis à une surveillance de l'Administration ; 11 appartiennent à
des particuliers ou à des congrégations et ne sont
l'objet d'aucun contrôle. Plus de 500 enfants sont
âgés de douze à vingt ans et employés à des travaux
manuels.

Les Directeurs des établissements charitables
de la Loire ont été très sobres de renseignements.
Deux établissements seulement ont communiqué les
chiffres des ressources provenant du travail des
enfants.

L'établissement de la *Providence*, à Montbrison,
qui dépend du Bureau de bienfaisance de cette ville
et qui paraît bien administré et surveillé, porte à
13,800 fr. le produit des ateliers de dévidage et de
couture où travaillent 66 jeunes filles. On peut donc

évaluer à 200 fr. par an le produit du travail de chaque enfant placé dans cet asile. Ce chiffre montre quelle ressource précieuse le travail des enfants offre aux directeurs d'asiles ; il explique en même temps pourquoi certaines congrégations mettent tant d'obstination à dissimuler ce chapitre de leur budget.

Ajoutez à cette population de 1,045 enfants recueillis dans les asiles privés et municipaux, congréganistes ou laïques de la Loire, population qui est probablement, en réalité, de 1,200, si l'enquête avait rencontré moins d'obstacles, qui atteindrait 1,500 si la loi permettait déjà la déchéance paternelle ou l'admission de certains enfants âgés de plus de douze ans ; ajoutez la population actuelle du service des Enfants assistés (1,500 *au moins* en chiffres ronds, dont 600 secourus, 400 élèves de un jour à douze ans, 500 pupilles de treize à vingt et un ans) ; ajoutez encore les enfants protégés en vertu de la loi de 1874, actuellement au nombre de 2,000 environ, chiffre qui sera certainement, avant un an, de 3,000 au minimum si on ne fonde pas beaucoup de crèches, et vous aurez le chiffre total de 6,000 enfants et adultes, sur lesquels s'exercera bientôt l'action du service.

On peut juger par là de l'importance du service dans la Loire, service si insuffisamment doté au point de vue des ressources et surtout au point de vue de personnel.

Le *Rappel* a dit avec raison de cette loi, inspirée à M. Roussel par un sentiment vraiment démocratique, par des vues larges, désintéressées, libérales, partie, en un mot, du cœur, comme dirait Vauvenargues, qui fait sortir de là toutes les « grandes pensées » :

« Cette loi aura contre elle, s'ils sont logiques, tous les partisans de la fameuse liberté des pères de famille. Si un père ou une mère a le droit de faire de son rejeton une brute, à plus forte raison a-t-il le droit d'en faire un assassin ou un voleur. L'un mène à l'autre : corrompre est la même chose qu'abêtir. L'enfant appartient à la famille, dit le catholicisme ; l'enfant appartient à l'Etat, dit Platon. Ce sera l'honneur de la démocratie moderne d'avoir posé ce principe : l'*enfant appartient à lui-même*.

« Cette faiblesse initiale recèle en germe une force; *l'enfant d'aujourd'hui sera l'homme de demain*. Il y a quelque chose de plus respectable que le passé, c'est le présent; quelque chose de plus respectable que le présent, l'avenir. »

TROISIÈME PARTIE

—

On peut, à bon droit, s'étonner que l'œuvre de l'assistance publique, en ce qui concerne les infirmes, les aliénés, les malades, les vieillards indigents, soit si fortement organisée, malgré ses trop réelles imperfections, ses lacunes, ses défauts même, ses monstruosités parfois, alors que l'œuvre de la protection de l'enfant et de l'adulte est à peine commencée. (En effet, la loi Roussel, bien que votée bientôt depuis dix ans, est loin d'avoir produit tous ses fruits; elle commence seulement à être sérieusement appliquée; l'œuvre des crèches, des sociétés maternelles et protectrices de l'enfance est localisée et il y a beaucoup plus à faire qu'il n'a été fait dans cet ordre d'idées. Le service des enfants assistés et secourus demande de grandes améliorations et surtout une nouvelle et plus complète organisation quant au personnel inspectant qui est littéralement presque partout impuissant, n'ayant pas le don d'ubiquité et étant écrasé de besogne, parfois insuffisamment recruté; la loi sur la protection des enfants dans les manufactures laisse encore à désirer dans l'application; la loi sur les enfants délaissés, abandonnés, maltraités, qui sera la généralisation officielle du service inauguré dans la Seine par M. Quentin, sous le nom de *moralement abandonnés*, est encore à faire, mais elle est en discussion; la loi sur l'enseignement primaire obligatoire a été votée récemment, et avant qu'elle puisse être appliquée sérieusement, il faudra terriblement construire d'écoles de hameaux et même de villages; l'enseignement professionnel s'organise seulement; je ne pousse pas plus loin l'énumération.)

Et cependant, comme je le faisais observer au début, cette partie de l'œuvre est de beaucoup la plus importante, puisque bien faite, elle réduirait les autres à de très modestes proportions, je crois l'avoir prouvé.

Logiquement, elle aurait dû être la première.

Et il se trouve que, en fait, chronologiquement, elle se trouve la dernière, sauf pour les enfants hospitalisés qui ont fait l'objet de la deuxième partie de ce travail.

Un mot explique ce fait :

Jusqu'ici, on a fait de l'assistance publique une affaire de *charité*; la République en a fait une affaire de *solidarité*; et c'est de cette nouvelle manière de comprendre les devoirs de l'Etat en cette matière qu'on est arrivé — logiquement — à organiser enfin, ou tout au moins à s'occuper sérieusement de l'organisation de la protection de l'enfant et de l'adulte, dans sa famille même.

Ce qui précède a trait surtout à la protection de l'enfant, quel qu'il soit, en bas âge et à celle de l'enfant du 2e âge et de l'adulte assistés; mais il y a les autres adultes, ceux qui ont une famille, mais une famille peu aisée, dont il faut maintenant s'occuper pour tenir les promesses du titre.

———

Il faut, par un ensemble de lois protectrices des adultes, sans distinction, mettre tous les jeunes prolétaires français en état de gagner convenablement leur vie, en leur donnant d'abord l'enseignement primaire, ensuite l'enseignement professionnel, et, dans certains cas, en leur fournissant l'accession *gratuite*, après examens, à l'enseignement secondaire et à l'enseignement supérieur.

M. Clémenceau a raison de réclamer ce qu'il appelle l'*instruction intégrale* pour tous, mais il a tort de la croire possible et de la vouloir obligatoire pour tous; il suffit qu'elle soit primaire pour tous, et cette fois obligatoire; professionnelle pour le plus grand nombre possible; et secondaire ou supérieure pour ceux qui en sont capables.

Toute la question sociale pour l'avenir (j'ai dit plus haut aux considérations générales, ce que je pensais que l'on pouvait, que l'on devait faire, présentement, pour les hommes faits), toute la question sociale peut se résumer pour l'avenir dans ce mot de Gambetta, qui a été (j'allais dire qui est, on ne peut s'habituer à la disparition de cette grande et sympathique personnalité) coutumier de ces définitions qui restent :

« Accroître la valeur intellectuelle et morale de l'ouvrier, c'est accroître sa valeur productive. »

Et il avait soin de montrer que cet accroissement de la valeur intellectuelle et morale ne peut s'obtenir que par l'instruction et l'éducation du jeune garçon, qui sera un jour un ouvrier, de la fillette, qui sera plus tard une ouvrière et surtout la mère d'ouvriers.

Parmi ces lois protectrices des enfants du 2e âge, que je classe, pour la facilité de la discussion, dans la catégorie des adultes, celle qui tient la première place est la loi qui force les parents ou tuteurs à envoyer les enfants à l'école primaire, communale ou libre, ou tout au moins à justifier qu'ils reçoivent l'instruction primaire dans la famille.

La prospérité de l'école est notre affaire à tous ; le progrès de l'instruction à tous les degrés est une chose à laquelle nul ne doit rester indifférent. Ce qui fait la supériorité d'une nation, c'est le développement intellectuel et moral du peuple. Tout vient de là : moralité, paix intérieure, force de production, perfection du travail, économie, richesse, force militaire.

Quiconque aide au progrès de l'instruction travaille donc pour le bien de tous et concourt à la grandeur de la patrie.

« Le travail de l'homme est d'autant plus productif « que son intelligence est plus cultivée. Le travail « d'un homme ignorant n'a guère plus de valeur que « celui d'un animal de force égale. La propriété a le « plus grand intérêt à ce que l'instruction soit ré- « pandue. Il n'y a pas une ferme, pas une banque, « pas une manufacture, pas une boutique, sauf le « cabaret, dont le revenu ne soit plus grand, si elle « est située dans une localité où la population est « instruite et morale. C'est donc leur propre intérêt « qui commande aux propriétaires de contribuer à « répandre l'instruction dans tous les rangs de la « société. »

Qui a dit cela? Un grand publiciste américain, Horace Greeley.

Et on sait si les Américains sont des gens pratiques.

J'ai dit plus haut quels tempéraments on pourrait apporter à cette loi pour la rendre plus pratique, donc plus efficace.

Mais à la sortie de l'école, au moment où l'enfant du paysan, de l'ouvrier, du prolétaire, en un mot de celui qui n'est pas encore arrivé au capital, est déjà saisi, broyé même par les dures nécessités du combat pour la vie, alors se dresse la grande question dont dépend son avenir, et, par suite, celui de la société, puisque ces enfants sont l'immense majorité, question formidable qui est souvent aussi la pierre d'achoppement de la moralité de l'enfant, la question de l'*apprentissage*.

C'est le devoir de la société d'arracher autant que possible le futur ouvrier au contact direct et personnel de l'homme fait dans un atelier, où, sans être vicieux, un trop grand nombre d'ouvriers ne comprennent pas assez l'influence fatale de certaines conversations, de certains exemples sur de jeunes esprits.

Aux dangers de l'apprentissage tel qu'il est organisé, il n'y a qu'un remède : la création d'écoles professionnelles et d'écoles d'apprentissage proprement dites avec une destination plus spéciale.

Ces *écoles professionnelles et d'apprentissage* devraient en quelque sorte être pour l'enfant du peuple le prolongement de l'*école primaire*, où il serait entré à la sortie de l'*asile*, de l'*école maternelle*, qui l'aurait recueilli dès qu'il aurait été d'âge à ne plus être reçu par la *crèche*.

Je le dis, au risque de froisser peut-être quelques susceptibilités, à mon arrivée ici, et encore aujourd'hui, j'ai été et je suis stupéfait et attristé de voir qu'une ville populeuse, ouvrière comme Saint-Etienne, ne soit pas plus avancée qu'elle ne l'est actuellement dans cette œuvre qui est la base comme elle est le commencement de la réforme sociale, si justement demandée, mais si mal posée par les théoriciens des réunions publiques.

On ne peut guère se permettre de parler de cette question de l'enseignement professionnel après le discours récent de M. Ferry, à Vierzon. Je cite donc, en écourtant, à regret :

« . . . . Nous fondons ici, non pas seulement une Ecole destinée à subvenir à des besoins locaux, mais un établissement véritablement digne de ce nom d'Ecole nationale que nous lui avons décerné. Nous voulons essayer de réaliser dans de vastes proportions une idée que la première République a poursuivie et caressée, qu'elle a formulée avec une précision étonnante et qui s'est retrouvée dans l'esprit public toutes les fois que la démocratie a fait un pas en avant, aussi bien après la Révolution de 1830 qu'après la Révolution de 1848.

« Cette pensée mère, cette préoccupation qui remonte déjà à près d'un siècle dans notre pays et qui voit aujourd'hui la réalité s'ouvrir devant elle, l'idée qu'il faudrait pouvoir graver sur le fronton de cet édifice, c'est que l'Ecole nationale, dans une démocratie de travailleurs comme la nôtre, doit être essentiellement l'école du travail.

« La visée suprême, le but final, la mission sociale de l'école moderne, c'est l'éducation de cette démocratie ouvrière qui n'est pas seulement la majorité du nombre, mais dont les vertus laborieuses font la force du pays.

« De là le caractère professionnel de notre éducation primaire, telle que les nouveaux programmes la constituent.

« Je le dis bien haut, et je signale ce fait considérable aux travailleurs qui m'écoutent et auxquels on ne se lasse pas de répéter que notre politique est, pour ce qui les concerne, stérile ou indifférente, l'école primaire d'aujourd'hui, celle que nous avons organisée d'après l'idéal entrevu par la Révolution française, cette petite école est, dès la première heure, professionnelle, c'est-à-dire qu'elle a pour but de préparer l'enfant à devenir, comme l'immense majorité des citoyens français, un travailleur.

. . . .

« Former dès l'enfance l'homme et le citoyen; préparer des ouvriers pour l'atelier, c'est notre tâche, et si la génération actuelle a le temps de la remplir, elle pourra se coucher glorieuse dans sa tombe !

« . . . . Quand l'enseignement primaire a parcouru ce premier cercle, un vide singulier et inquiétant s'ouvre sous les pas de l'adolescent : plus d'école, plus rien entre la douzième et la treizième année et le commencement de l'apprentissage.

« C'est ce vide que nous voulons combler par l'école professionnelle, et c'est un type d'école professionnelle de cet ordre que nous voulons instituer ici ; je tiens à bien définir le caractère, à en limiter avec précision l'étendue et la portée. Nous ne voulons pas créer à Vierzon une école professionnelle qui double ou qui copie les écoles d'arts et métiers de Châlons, d'Aix, d'Angers. Non, ces écoles ont un but déterminé ; elles se proposent de former des contre-maîtres, des sous-officiers pour l'armée du travail ; ici, nous voulons préparer des soldats pour cette armée.

« Ingénieurs, conducteurs de travaux, dessina-

teurs, contre-maîtres, ce sont les cadres du travail
et de l'industrie française : ce n'est pas de ceux-là
que nous nous préoccupons ici : c'est de la grande
masse ouvrière elle-même ; c'est le travailleur que
nous voulons élever ; c'est à lui que nous voulons
donner une éducation pratique et intellectuelle qui
le rendra supérieur à sa tâche journalière, et qui,
loin de l'en dégoûter ou de l'en distraire, le ratta-
chera à elle par un lien plus intime et plus profond.

« Ah ! Messieurs, je connais la doctrine ancienne,
la doctrine aristocratique, qui disait : Il est imprudent de donner l'éducation au peuple ; il est imprudent d'apprendre à l'ouvrier quelque chose de plus
que ce qu'il faut à sa tâche journalière ; il prendra
son métier en dégoût s'il en dépasse les humbles
horizons. Messieurs, c'est là une conception aristocratique, et une conception fausse. La conception
démocratique, qui est la nôtre, est placée juste à
l'antipode. Nous estimons, en effet, que plus l'ouvrier
sera familiarisé avec les lois naturelles dont il est
trop souvent l'auxiliaire inconscient, mieux il con-
naîtra son travail quotidien, plus il honorera et
aimera son métier.

« Il y a là-dessus un très beau mot de Channing, un
des hommes qui ont le mieux aimé le peuple et le
mieux connu la démocratie moderne. Channing a
fait remarquer que le travail industriel, que le travail des ateliers met en œuvre incessamment toutes
les découvertes de la science, toutes les notions
scientifiques, les plus anciennes comme les plus
neuves, et il recommande aux hommes d'Etat de
répandre dans les ateliers ces connaissances scientifiques, ces conquêtes positives de l'humanité : « Car,
dit-il, il n'est pas de plus sûr moyen d'ennoblir une

profession manuelle que de montrer le rapport intime qui la relie avec les lois naturelles du monde. »

« Ennoblir le travail manuel, Messieurs, nous le
voulons aussi ; ce vœu, nous l'avons inscrit en grandes lettres dans nos programmes. Le programme
d'enseignement moral et civique, arrêté par le conseil supérieur de l'instruction publique, porte un
article ainsi conçu : « Noblesse du travail manuel. »
Et pour que la noblesse du travail manuel soit ré-
connue, non seulement de ceux qui l'exercent, mais
de la société tout entière, on a pris le moyen le plus
sûr, le seul pratique : on a placé le travail manuel
dans l'école même ! Croyez-le bien, lorsque le rabot
et la lime auront pris, à côté du compas, de la carte
géographique et du livre d'histoire, la même place,
la place d'honneur, et qu'ils seront l'objet d'un enseignement raisonné et systématique, bien des préjugés disparaîtront, bien des oppositions de castes
s'évanouiront, la paix sociale se préparera sur les
bancs de l'école primaire, et la concorde éclairera de
son jour radieux l'avenir de la société française.

« Messieurs, l'enseignement professionnel qui
sera donné ici aura pour caractère distinctif de ne
point constituer un enseignement spécial pour une
industrie quelconque : il sera professionnel sans
spécialité ; il distribuera les principes généraux sur
lesquels reposent toutes les industries ; il associera,
par exemple, les notions qui président à l'industrie
du fer à celles qui dirigent l'industrie du bois.

« Et quelle sera pour l'enfant la conséquence de
cette éducation professionnelle générale, qui ne lui
donnera pas encore un métier, mais qui le rendra
capable d'apprendre beaucoup plus vite et beaucoup
mieux celui qu'il lui plaira de choisir ?

« Cette conséquence sera double : d'abord il est

évident que la durée de l'apprentissage lui-même
sera singulièrement réduite, ce qui est un avantage
considérable, et en second lieu, pendant ces trois
ans d'études, l'enfant aura le temps de faire ce qu'il
ne peut pas aujourd'hui, de choisir librement et en
connaissance de cause la carrière qui lui convient,
de déterminer sa vocation. Enfin, il sera armé
contre ce danger de la spécialité mécanique, de la
division du travail à l'infini, qui est une des nécessités du progrès industriel moderne, mais qu'il est
de la sagesse humaine, de la sagesse du gouvernement, des éducateurs du peuple, de prévenir et d'atténuer dans ses mauvais effets; il pourra donc lutter
contre une spécialité tyrannique, il pourra, au besoin, changer de métier, et il ne sera pas nécessairement attaché à l'industrie du fer, puisqu'il sera aussi
bien préparé à celle du bois.

« Voilà, Messieurs, ce que je tenais à dire ici du
caractère distinctif et du but pratique de la nouvelle
école. Je n'hésite pas à déclarer que c'est une des
œuvres les plus populaires et les plus démocratiques
qu'on puisse tenter en ce temps-ci, — et j'ajoute
que c'est une œuvre éminemment nationale. L'enseignement professionnel tel que nous le voulons, nous parviendrons à l'organiser, car nous
sommes merveilleusement secondés par le mouvement de l'esprit public. Il y a à ce sujet des chiffres
magnifiques que je veux vous signaler en passant :
l'enseignement professionnel s'est déjà associé à
l'enseignement primaire supérieur en plus d'un lieu,
sur une moindre échelle, avec un moindre luxe que
dans notre Ecole de Vierzon ; on peut le tenir pour
formé, constitué et sérieusement établi dans 400 villages ou chefs-lieux de cantons de France ; et depuis
combien de temps, Messieurs ? Depuis 1879. En 1879,

il y avait 40 écoles primaires supérieures et professionnelles en France, nées un peu au hasard de la
bonne volonté des municipalités et de la spontanéité
de l'esprit public ; et depuis 1879, sans intervenir
autrement qu'en tendant la main au bon vouloir
naissant, il s'en est créé 400 sur cette terre de France.

« Messieurs, cet enseignement, qui a, comme vous
le voyez, de si profondes racines dans la nation elle-
même, répond à un double intérêt, à un grand intérêt moral et social, à un grand intérêt économique.

« Messieurs, le savoir est pour l'ouvrier, sans
doute, un grand instrument de force, de puissance
sur la matière, mais c'est aussi un grand moyen d'a-
paisement et de pacification ; les passions anarchi-
ques sont toutes filles de l'ignorance.

« Apprendre à l'ouvrier non seulement les lois naturelles avec lesquelles il se joue dans l'exercice de
son métier, mais lui apprendre également la loi sociale, lui faire voir clair dans ces phénomènes économiques que les adversaires de la société actuelle,
qui est pourtant la plus démocratique et la plus libre
des sociétés, cherchent à travestir ou à obscurcir
autour d'elle, donner à l'ouvrier des notions justes
sur les problèmes sociaux, c'est en avancer beaucoup la solution.

« Ce qui n'était dans d'autres temps qu'une résignation religieuse ou sombre à des nécessités incom-
prises, peut devenir, par les progrès du savoir et
l'habitude de la réflexion, une adhésion raisonnée et
volontaire à la loi naturelle des choses, adhésion
qui se rachète et se compense, en quelque sorte, par
une conception plus pratique des moyens à l'aide
desquels on peut en atténuer les rigueurs.

« J'ai dit enfin, Messieurs, qu'il y a dans cette

32

affaire un grand intérêt économique à considérer.
Certes, la France est une grande nation laborieuse ;
elle a remporté, sur les champs pacifiques de la libre
concurrence européenne, de bien grandes victoires !
Mais tout annonce aux yeux clairvoyants qu'ici,
comme sur d'autres champs de bataille, il importe
de ne pas s'endormir sur les victoires passées. Nous
avons tout autour de nous, à nos portes comme au
delà de l'Atlantique, des concurrents extrêmement
redoutables dans l'ordre du travail. Ce qui nous
arrive de leurs produits, les rapports qui nous sont
faits et, par dessus tout, la concurrence que nous
rencontrons sur les marchés du dehors, nous donnent à cet égard des avertissements qu'il ne faut pas
dédaigner.

« Oui, Messieurs, sur le champ de bataille industriel comme sur l'autre, les nations peuvent tomber
et périr : sur ce champ de bataille comme sur l'autre, on peut être surpris, on peut, par excès de confiance, par adoration de soi-même ou par l'inertie
des pouvoirs publics, perdre en peu de temps une
supériorité jusqu'alors incontestée ; c'est à ce grand
danger que doit parer l'enseignement professionnel
dans notre pays ; il n'est pas d'intérêt national plus
considérable, et je puis dire et répéter ici, sans
crainte d'être démenti par personne : à l'heure qu'il
est, Messieurs, relever l'atelier, c'est relever la patrie ! »

Je trouve dans le *Républicain de la Loire*, sous la
signature de l'honorable M. Duché, conseiller général de la Loire, une excellente appréciation de la
haute portée sociale de cet évènement démocratique,
je veux dire de cette inauguration solennelle de
l'enseignement professionnel, comme transition

entre l'école primaire et l'apprentissage à proprement parler. Il me permettra de le citer.

Je continue mon système :

« L'inauguration de l'école professionnelle de Vierzon a fourni à M. Jules Ferry et à M. Brisson l'occasion de s'expliquer sur le principe qui doit diriger l'organisation de notre enseignement national, œuvre propre de la troisième République, et, sans doute, l'œuvre la plus importante et la plus féconde de ce temps.

« Les deux discours qu'ils ont prononcés à cette occasion, tout en caractérisant fort justement l'objet spécial de l'école professionnelle qu'ils inauguraient, dépassent en effet, par leur portée générale, cette branche si intéressante de l'enseignement du peuple, et formulent en quelque sorte la philosophie du mouvement, qui pousse insensiblement la démocratie contemporaine à s'approprier les connaissances.

« Ce mouvement leur apparaît comme un des divers moyens de réalisation du principe d'égalité dans la liberté, qui est l'âme même de la démocratie contemporaine, telle qu'elle s'est manifestée dans notre grande Révolution.

« C'est pourquoi il ne lui suffit pas de répandre dans les masses profondes les simples éléments de l'instruction primaire, tout en réservant à quelques-uns les connaissances et les profits de la science. Il s'efforce, au contraire, et la création des écoles professionnelles n'a pas d'autre but, de mettre les résultats de la science au service du travail manuel, base nécessaire, en définitive, de toute œuvre humaine. Par l'élargissement des programmes de l'enseignement primaire, par la création d'écoles pri-

maires supérieures, par la multiplication des bibliothèques, des conférences et des associations
populaires de toute sorte, il tend vigoureusement à
répandre assez l'instruction pour que, suivant les
paroles de M. Brisson, la masse entière du peuple
connaisse ses droits, puisse les défendre et les
exercer, *soit instruite de ses devoirs* et ne reste
étrangère à aucun des sentiments élevés ou délicats
qui honorent la nature humaine.

« C'est à dire que la tâche entreprise par le gouvernement démocratique, en matière d'enseignement,
tend à répandre de plus en plus également l'éducation
morale et intellectuelle qui doit elle-même favoriser
puissamment cette approximation progressive de
l'égalité politique et sociale qui est le but suprême
de la démocratie moderne.

« Cette conception de l'objet de nos réformes sur
l'enseignement public est-elle chimérique et dangeu-
reuse comme certains le disent ouvertement et
comme beaucoup d'autres le pensent visiblement
tout bas ? A coup sûr il y aurait une grosse part de
chimère à croire que ces réformes peuvent, à elles
seules et dans un avenir prochain, nous donner
l'égalité complète. Il est bon, sans doute, de se
prémunir contre les espérances exagérées et je ne
contredirai pas à l'observation quelque peu banale
qui nous rappelle l'inégalité de nature entre les
facultés individuelles des hommes. Mais, il faut bien
le dire, cette observation n'a qu'un rapport très
éloigné avec l'objet en question. Avant que les
conditions sociales et politiques, qu'il dépend de
l'Etat et de l'initiative individuelle de modifier,
soient devenues telles que les inégalités de nature
soient seules ou même principalement ce qui diffé-
rencie les hommes entre eux, il reste à accomplir

un progrès en comparaison duquel celui réalisé par la civilisation moderne semble peu de chose. Combien de natures d'élite végètent dans l'obscurité et la misère et combien de natures plus que médiocres s'ébattent dans les jouissances vulgaires de la richesse sans profiter même des lumières de la science et de la moralité qui les baignent? Combien de forces perdues par en bas et par en haut.

« Tout aussi bien le danger de voir méconnaitre les inégalités naturelles n'est pas ce qui préoccupe les adversaires de l'enseignement national tel que le comprennent MM. Brisson et Ferry. Autrement ne seraient-ils pas les premiers à reconnaitre que l'état social actuel n'a pas de défaut plus visible que celui-là même et que l'effet le plus ordinaire qu'il produit est de cultiver sans discernement les natures les plus faibles et les plus médiocres, simplement parce que l'hérédité économique les favorise tout en négligeant les natures les plus élevées que cette même hérédité accable?

« A ce point de vue donc, tout ce qui rendra plus accessible la culture générale sera autant de gagné au profit du libre jeu des inégalités naturelles et aussi par une conséquence nécessaire au profit de la fécondité définitive du travail social.

« Mais est-il nécessaire que les inégalités natu-relles dans les facultés intellectuelles et morales produisent, dans l'ordre économique, les mêmes avantages que nous leur voyons produire aujourd'hui? Est-il nécessaire, est-il indispensable que ces avan-tages, une fois réalisés, se transmettent et s'accumu-lent sur la tête des descendants sans aucun correctif? En un mot, la société moderne doit-elle se constituer définitivement en classes, non seulement héréditai-rement riches, mais aussi héréditairement éclairées, et en classes héréditairement pauvres, grossières et ignorantes ?

« Dans le fond, qu'ils s'en rendent compte ou non, les adversaires de tout ordre de l'enseignement national qui se constitue dans la République ont au moins des tendances vers cette dernière conception, et ce sont les dangers qu'elle court par les réformes entreprises qui préoccupent leur pensée.

« C'est pourquoi l'on redoute l'effet que l'instruction peut avoir sur l'ouvrier et l'on s'inquiète du déclassement moral et intellectuel qu'elle peut produire au sein des masses. Il est possible, il est probable, je dirai, si vous le voulez, il est certain que le travail de rénovation entrepris sur la société par la démocratie moderne n'ira pas sans difficultés, sans troubles, sans désordres plus ou moins graves, car c'est ainsi que, dans l'histoire de l'humanité, un ordre nouveau a toujours pris naissance. Mais il ne s'ensuit pas que l'on doive ou que l'on puisse barrer la route au progrès qui tend à se réaliser.

« D'ailleurs, les conditions inéluctables de la vie humaine sont là pour rétablir le classement auquel une société voudrait se soustraire.

« La somme de travail nécessaire pour créer la richesse ne dépend pas de la volonté des hommes et s'impose à eux par des lois impérieuses. Elle restera assez considérable pour les soumettre à une discipline salutaire. Mais ce que l'on peut remarquer aussi avec joie, c'est que l'effet de la civilisation est de rendre l'affranchissement moral et intellectuel de moins en moins dépendant de la richesse proprement dite. Est-ce poursuivre une chimère que de s'efforcer de dégager de plus en plus cette conséquence du progrès démocratique et d'en accélérer autant que possible la réalisation ?

« Si c'est une chimère, cette chimère m'est chère ;
j'y vois le seul but véritablement élevé de la politique
et de la vie publique tout entière. Car, en vérité, je
tiens pour moins que rien la richesse sans la vie
morale. »

J'ajouterai que la démocratie a le devoir strict (qui
concorde avec son intérêt) d'opérer une sélection intellectuelle parmi les enfants qui fréquentent les
écoles primaires. Il faut que les élus, en passant, eux
aussi, par les lycées et les collèges, au moyen de
bourses nationales créées à leur intention, puissent
arriver aux écoles spéciales, aux écoles supérieures, aux écoles d'arts et métiers.

Et, dans cet ordre d'idées, j'appelle de tous mes
vœux la création de nombreuses écoles d'agriculture,
comme j'en connais, par exemple, à Tomblaine, près
Nancy, comme il y en a une à Merchines, dans la
Meuse ; il y a trop peu, en France, de ces écoles.

Une entreprise nouvelle et excellente que je signa-
lerai aussi et qui est en voie de formation, grâce à
une société anonyme d'Alsaciens-Lorrains, c'est
l'Institut commercial de Paris, dont le but est de
favoriser les études pratiques du commerce.

On a remarqué avec raison que le recrutement
des employés de commerce était assez difficile chez
nous, surtout quand il s'agit d'employés à qui on
peut laisser diriger des succursales, et qui ont une
part d'initiative dans les affaires de la maison où ils
sont placés. Cependant notre pays est commerçant
entre tous, puisque le commerce y est exercé par
36 % de la population ! Et notre commerce a des
qualités incontestées, la probité, l'amour de l'économie, une certaine bonne grâce professionnelle. Il
nous manque seulement l'initiative en haut, et

l'initiative encore dans les rangs intermédiaires entre les chefs de maison et les simples employés sans intérêt. C'est ainsi que des ressources précieuses sont perdues pour nous, que le personnel commercial français disparaît peu à peu à l'étranger, que nos propres colonies ne sont pas bien exploitées par nous-mêmes. On peut, à ce propos, citer l'exemple de la Guyane, qui pourrait nous fournir plus de caoutchouc que nous n'en consommons et qui ne le fait pas, faute de développement commercial. Et, comme tout se tient, l'abaissement du commerce arrive à diminuer notre marine. On citait, ces jours-ci, un fait que je livre sans réflexions. Sur la côte d'Afrique, entre la Gambie et le Sénégal, faute de navires français, le frêt de la marchandise française coûte, d'un point à un autre, sous pavillon anglais, la même chose que le frêt de Sierra-Leone à Liverpool!

Le manque d'initiative ne tient pas tant à notre race, qui en a eu souvent beaucoup, qu'à notre manque d'instruction. Faute de savoir les langues étrangères, de connaître assez la géographie commerciale, les ressources des places, la statistique des importations et exportations, etc., etc., nos commerçants suivent un train-train qui n'est pas suffisant, avec la concurrence devenue la loi du travail moderne. Cette concurrence, l'étranger nous la fait, non seulement à côté de nos colonies, mais dans nos colonies mêmes. Il faut pouvoir lutter, et la première condition de la lutte est une instruction solide donnée à notre pacifique armée de commerçants, depuis les généraux jusqu'aux lieutenants. Or, dans toute la France, nous n'avons que huit écoles de commerce, trois à Paris, une dans chacune des villes suivantes : Lyon, Marseille, Rouen, Le Havre,

Bordeaux. Les Allemands en ont *deux cents*, et les élèves de ces écoles absorbent la représentation commerciale à l'étranger, même des maisons françaises !

C'est ce qui a décidé quelques hommes bien intentionnés à fonder la *Société centrale pour favoriser le développement de l'enseignement* pratique commercial. Cette société aura pour but : de créer de nouvelles écoles de commerce à Paris et en province; d'accorder des subventions, sous forme de gratuité ou de mi-gratuité, aux élèves qui justifieront de l'insuffisance de leurs ressources; enfin de faciliter un séjour à l'étranger aux jeunes français ayant reçu une bonne éducation commerciale, soit en leur procurant des emplois, soit en leur accordant des subventions de voyage ou même d'entretien pendant un temps déterminé.

C'est ainsi que se formera, ou plutôt que se grossira plus vite une élite, une sorte d'aristocratie du travail qui sera l'honneur, la gloire et la richesse du pays.

C'est précisément dans cette élite, formée par l'instruction républicaine et recrutée en grande partie dans les couches les plus humbles de la société, que le gros de l'armée du travail prendra ses officiers, qui seront les chefs désignés des ateliers corporatifs, des associations ouvrières de production (qui ne doivent venir qu'après celles de consommation). Ces officiers de l'armée du travail représenteront l'élément de talent qui, SEUL, peut permettre aux associés de fonder, de gérer de vastes usines, au lieu d'être toujours restreints au petit commerce, à la petite industrie.

Que les ouvriers qui me lisent — si toutefois ils me lisent, ce langage n'étant pas celui que leurs flatteurs (je ne dis pas leurs amis) ordinaires leur tiennent — me permettent de leur répéter encore :

Pour arriver au capital qui fait l'objet — et bien légitimement du reste — de leur ambition, ils n'ont pas d'autre voie à prendre que le *travail*; guidé par la *science*; complété par l'*économie*, l'*épargne* et la *prévoyance*; aidé par l'*association* sous toutes ses formes et par dessus tout, rehaussé, ennobli par la *moralité.*

Hors de là, il n'y a que mensonge, illusion, folie ou crime !

———

L'instruction primaire, l'enseignement profession- nel nous donneront des enfants, donc, plus tard, des hommes plus instruits, plus heureux, par con- séquent, *meilleurs.*

La formule de Henri Regnault serait incomplète, si l'on ne les rendait simultanément *plus forts.*

Il faut, après avoir conservé les petits enfants à la vie, et permis à leurs parents, pour courir au plus pressé, de vivre mieux en dépensant moins, et par là de mieux nourrir leur nichée à la table modeste de la famille, il faut songer à la régénération musculaire du peuple français, et cela, pour avoir, à la fois, des ouvriers et des soldats plus robustes, pour le plus grand bien de la patrie qui a besoin d'avoir des enfants aux bras solides pour l'enrichir pendant la paix et la défendre pendant la guerre.

Je n'insiste pas sur le côté économique, je veux m'occuper surtout de la portée militaire de cette question, qui est nationale au premier chef.

Ludus pro patriâ!

En Prusse, après les guerres de l'Empire, les sociétés

de gymnastique ont été une des principales causes du développement de l'esprit patriotique. L'apôtre populaire de la gymnastique de l'autre côté du Rhin, le fameux Jahn, était en même temps l'apôtre de la nationalité germanique. Il estimait que ce n'est pas seulement par de belles phrases qu'on assure à la patrie une jeunesse vigoureuse, capable d'affronter les périls et les fatigues de la guerre; il pensait que le physique soutient le moral, que les meilleurs soldats sont ceux qui mettent un corps dispos au service d'une âme vaillante, et que rien ne contribue plus à rendre brave que de se sentir fort. Sans doute, il y a bien des hommes de grand cœur qui ont des muscles chétifs; mais ceux-là même doivent regretter, le cas échéant, que la nature ne les ait pas mieux préparés à la lutte et que l'éducation n'ait pas suppléé à l'erreur de la nature.

L'expérience démontre que toutes les sociétés de gymnastique, par les exercices auxquels elles se livrent et les fêtes dont elles sont l'occasion stimulent le sentiment patriotique et fortifient les vertus militaires. Les anciens Grecs et Romains, qui ont porté au plus haut degré l'art de tirer des armées redoutables d'une population peu nombreuse, regardaient la gymnastique comme l'une des deux bases de l'éducation. Au moyen âge, la séparation entre la caste guerrière des nobles et la masse de la nation, fit négliger le développement régulier de la force physique chez la majorité des enfants. Dans les temps modernes, les doctrines et les méthodes pédagogiques, s'inspirant surtout d'une pensée religieuse, puis d'une idée scientifique, ont visé uniquement à faire des clercs, puis des savants, des demi-savants et des dixième de savants; on a continué de laisser le corps se développer comme il pouvait, sous l'oppression d'un système d'études forcées. Il semble que jusqu'à nos jours les maitres de l'enfance et de la jeunesse aient pris pour devise : « Tout pour l'esprit par le cerveau. »

De toutes parts on réagit contre cette indifférence funeste, et nous assistons à une réhabilitation de la chair, plus morale et plus sérieuse que celle qu'ont rêvée les saint-simoniens. Nos malheurs nous en ont prouvé la nécessité ; la guerre de 1870 a cruellement achevé la démonstration d'une vérité que la raison commençait à soupçonner. Si le suffrage universel ne va pas sans l'instruction obligatoire, le service universel ne va pas sans la gymnastique obligatoire.

La République a besoin de soldats robustes autant que de citoyens éclairés, et la situation de la France exige qu'aucune force ne soit perdue, dans l'ordre physique comme dans l'ordre intellectuel.

Nous avons encore beaucoup à faire pour organiser un enseignement qui doit augmenter la valeur de notre armée en augmentant l'aptitude des recrues. Avec le service militaire à court terme, on ne doit plus compter sur la caserne pour donner au corps l'éducation qui lui manque, pour transformer en combattants exercés et entrainés, des conscrits gauches et mous.

Depuis quelques années, les pouvoirs publics ont fait le nécessaire pour l'instruction générale ; il reste à organiser d'une façon plus régulière, sur toute la surface du territoire, l'enseignement universel de la gymnastique. La démarche récente et le langage de M. Waldeck-Rousseau, à Angoulême, à l'occasion de la grande fête fédérale des sociétés de gymnastique de France, les circulaires nombreuses du ministre de la guerre au sujet des bataillons scolaires, prouvent que le gouvernement se préoccupe aussi de cette partie de sa tâche.

———

Ce sera l'éternel honneur de la troisième République (la dernière, je pense et j'espère, en ce sens qu'elle est définitive) d'avoir :

1° Edicté la loi de protection du premier âge, appelée communément *loi Roussel* ;

2° D'avoir édicté la loi sur l'enseignement primaire obligatoire ;

3° D'avoir encouragé le développement de l'enseignement professionnel ;

4° D'avoir institué l'enseignement universel et obligatoire de la gymnastique à l'école, au collège, au lycée, et organisé les bataillons scolaires ;

5° D'avoir mis à l'étude le complément et la réorganisation du service des enfants assistés.

C'était son devoir, il l'a fait.

———

Mais il faut qu'en cela, comme en toutes choses, l'initiative privée vienne seconder et stimuler l'action de l'Etat, des départements et des municipalités, si l'on veut faire vite, bien et grand.

C'est à l'initiative privée, nous l'avons dit, que revient le soin de fonder, partout où cela est utile, des *sociétés maternelles* et des *crèches* pour assurer la protection de l'enfance en bas âge ;

C'est à l'initiative privée que revient encore le soin de fonder des *sociétés* d'encouragement à l'*instruction primaire*, des *ligues de l'enseignement,* comme il y en a dans presque tous les chefs-lieux de canton de Meurthe-et-Moselle, par exemple, afin de développer cet enseignement primaire par des concours cantonaux, des distributions de prix, etc., etc.; de fonder des sociétés plus modestes encore, dites du *pot au feu des écoles primaires*, *œuvre des vieux vêtements*, qui, pour assurer et faciliter l'exécution de la loi sur l'enseignement primaire, distribuent, comme dans les montagnes des Vosges, vivres et vêtements, afin de récompenser les enfants pauvres de leur assiduité et de leur travail, et de venir en aide à leurs parents réduits, pour les nourrir, à leur demander les services que leur âge et leurs forces peuvent comporter, et qui, par là, sont presque obligés de les envoyer peu ou point à l'école.

Il faut organiser partout les *cours d'adultes*, les *conférences populaires*. L'*Union de la Jeunesse lorraine de Nancy* est un modèle du genre.

On peut demander des renseignements à son président. La Loire va entrer dans ce mouvement à la suite du récent passage de M. Hément, inspecteur général. Le personnel des conférenciers est trouvé, tant mieux !

C'est encore à l'initiative privée qu'il revient de créer des écoles professionnelles et surtout des écoles d'apprentissage.

Des écoles de ce genre devraient être annexées à toutes les grandes usines, à tous les grands ateliers, à toutes les grandes exploitations, sans compter celles que créeraient l'Etat, les départements et les communes.

Il est impossible que les industriels ne comprennent pas qu'eux-mêmes ont intérêt à ces créations, puisqu'ils y trouveront des ouvriers plus habiles, plus ponctuels, plus honnêtes, étant plus instruits.

Il faut aussi que, de son côté, l'ouvrier des champs

ou de la ville comprenne, lui aussi, qu'il est de son
devoir de s'imposer de nouveaux sacrifices pour se
passer des petits services que peuvent lui rendre ses
enfants, afin de les laisser tout le temps nécessaire à
l'école primaire, puis à l'école professionnelle et
d'apprentissage, quand il y en a à sa portée. Ces enfants seront ainsi plus sûrement des ouvriers habiles
et d'honnêtes gens.

Enfin, c'est encore, c'est toujours à l'initiative
privée qu'il appartient de créer des sociétés de
gymnastique.

Qu'il me soit permis de reproduire, ici, une *Variété* que j'ai, l'an dernier, publiée dans le *Républicain de la Loire*, sous ce titre : *Le Lundi de Pâques
en Lorraine.*

Ce n'est pas ma faute si je suis toujours obligé de
prendre des exemples de progrès, d'initiative, de
libéralisme, de patriotisme, dans ce département
patriote, éclairé, républicain, instruit plus que tous
les autres par les cruelles épreuves de 1870, absolument à la hauteur des devoirs que lui a créés sa
situation à l'extrême frontière allemande.

Dans cette Variété, je racontais comment la jeunesse lorraine employait les jours de congé, alors que
les lycées, les collèges, les écoles primaires et les
ateliers sont fermés.

On trouvera, aux *annexes*, les statuts de la Société
de gymnastique de Pont-à-Mousson, qui sont le résumé éclectique et complet des statuts de Sociétés
de ce genre.

Le *Sport mussipontain* a mérité, à plusieurs reprises, d'être cité, par la presse, comme un modèle
du genre.

Je pourrais, à ce sujet, invoquer des articles du *Petit National*, du *XIX° Siècle*, du *Progrès de l'Est*, etc., etc.

Voici cette *Variété* :

L'Eclaireur, de Lunéville, nous apprend que le lundi de Pâques, vers huit heures du matin, la société de gymnastique la *Lorraine*, de Lunéville, a fait son entrée à Nancy, accompagnée par la musique du *Sport nancéien*, qui s'était rendue à sa rencontre jusqu'à Jarville.

Notre confrère de Meurthe-et-Moselle, quelques jours après, revient sur ce voyage et publie la note suivante qui a son importance :

Nous avons rendu compte de l'excursion de la *Lorraine* à Nancy, où une brillante et cordiale réception fut faite à nos gymnastes par le Sport nancéien. Dans ce voyage, le premier trajet (23 kilomètres) s'est exécuté en 3 heures 50, soit une moyenne de 6 kilomètres 272 à l'heure.

Le retour (29 kilomètres) fut fait en 5 heures, soit une moyenne de 5 kilomètres 800 à l'heure.

La *Lorraine*, dit notre confrère, avait quitté Lunéville dans l'après-midi du dimanche et avait fait étape à Laneuveville, d'où elle est partie lundi matin, à six heures. Reçus à Jarville par la musique et une délégation du Sport, les gymnastes se sont rendus au café du Cours, où des rafraîchissements leur ont été offerts. Chacun d'eux a trouvé l'hospitalité chez un des membres du Sport nancéien.

Dans l'après-midi, une réunion a eu lieu au gymnase municipal où différents exercices ont été exécutés ; puis, à trois heures, les deux sociétés ont repris le chemin de Jarville. Au café de la Belle-Croix, où l'on fit halte, M. Herzog, au nom du comité du Sport, a porté un toast aux gymnastes de *la*

Lorraine, et leur a assigné rendez-vous pour le 29 juin prochain, à Nancy, époque à laquelle une fête aura lieu.

M. Koffmiller, lieutenant de la *Lorraine*, a remercié le Sport de la bienveillante réception qui a été faite à ses camarades.

Le clairon sonne, on se serre les mains et l'on se dit au revoir, aux cris de : Vive la République !

Toutes les personnes présentes ont rendu hommage à la bonne tenue de ces jeunes gens, et des applaudissements frénétiques les ont salués.

La *Lorraine* a continué aussitôt sa route vers Lunéville, où elle devait rentrer le soir même. Nos compliments à ces vaillants gymnastes.

Il n'y a pas, à Nancy, que le *Sport nancéien* qui reçoit les enfants et jeunes gens de 8 à 18 ans.

Ceux qui sortent à 18 ans du Sport s'enrôlent dans la *Nancéienne*, qui est une vraie compagnie de francs-tireurs, dont les membres sont encore le plus souvent inscrits parmi ceux du *Sport nautique*.

Le *Courrier de Meurthe-et-Moselle*, l'ancien journal de la Moselle qui, comme tant d'autres Alsaciens-Lorrains a émigré à Nancy, nous apprend comment la *Nancéienne* a passé le lundi de Pâques.

Ces jeunes volontaires, sous la conduite de M. A. Barbier, président; de M. J. Jacquot, capitaine, et de leurs officiers, quittaient Nancy à six heures et demie du matin, pour se rendre à Flavigny, où ils avaient été convoqués.

A partir de Bonsecours, le capitaine fit prendre l'ordre de marche en campagne et l'avant-garde prit sa distance pour aller assurer l'emplacement du campement et préparer le combustible.

33

M. le maire de Flavigny avait envoyé à Richardménil la fanfare et M. le lieutenant des pompiers
pour souhaiter la bienvenue aux sociétaires de la
Nancéienne, et c'est musique et clairons en tête que
l'on entre à Flavigny, où l'on est reçu à la mairie.

Aussitôt sur le lieu du campement, les feux sont
allumés, les gamelles s'emplissent et chaque escouade
prépare sa cuisine. Une foule d'habitants de Flavigny
sont venus voir nos jeunes chasseurs nancéiens et
goûter de leur cuisine.

Pendant une heure et demie, on se restaure, on
chante, les uns fument, se couchent, d'autres font le
café. Les sentinelles gardent les abords du camp et
les officiers réunis au centre du campement, ont tous
leurs hommes sous les yeux.

La gaîté la plus franche règne jusqu'à midi et demi.
On sonne l'assemblée. Sac au dos, la compagnie se
rend pour manœuvrer devant la mairie, où elle est
attendue, et où on lui offre sitôt après quelques
rafraîchissements.

Repos jusqu'à quatre heures. Un certain nombre
assistent à la conférence de M.-J. V. Barbier, secrétaire général de la *Société de géographie de l'Est*, à
MM. les instituteurs venus des environs à cet effet.
Nous y remarquons une nombreuse assistance;
pendant ce temps les jeunes gens se divertissent.
Les uns font de l'escrime devant la mairie, au café
d'autres chantent et font une quête fort raisonnable
au profit du Sou des écoles laïques dans le tronc de
l'établissement.

A quatre heures, la compagnie reformée est
reconduite par la fanfare jusqu'à Richardménil, et
elle rentre à Nancy, à sept heures et demie, d'un
pas aussi dégagé qu'à son départ, après avoir fait 33
kilomètres en six heures.

Nous engageons vivement cette jeune société à continuer dans la voie qu'elle s'est tracée et à maintenir cette discipline rigoureuse qui est une des causes principales de sa réussite aussi prompte que méritée.

A son tour, le *Patriote mussipontain*, journal publié à Pont-à-Mousson, nous apporte les renseignements suivants :

Le *Sport mussipontain* a recommencé ses exercices de tir à la cible avec l'arme de guerre.

La prochaine séance aura lieu dimanche matin au champ de tir militaire. Départ du Gymnase à 5 heures 1/2 du matin.

Lundi les deux premières compagnies du Sport ont fait, sac au dos, une promenade militaire d'environ 23 kilomètres.

Partis de Pont-à-Mousson à 9 heures du matin, ces jeunes gens ont passé par Norroy, Villers-sous-Preny, Vilcey, ont fait halte dans la forêt, à la Fontaine du Père Hilarion, où la troisième compagnie avait été les rejoindre, et sont rentrés ensemble au Gymnase municipal à 5 heures du soir.

Et, ce ne sont pas seulement les villes de Meurthe-et-Moselle qui se préoccupent ainsi de l'éducation et de l'instruction militaire de la jeunesse; les plus petits villages entrent dans le mouvement. Nous n'en voulons d'autre preuve que les lignes suivantes extraites d'un autre journal républicain de Nancy, le *Progrès de l'Est* :

Bralleville. — Le conseil municipal a voté 100 fr. en vue de l'établissement d'un gymnase, et la commune vient de recevoir du ministère des appareils et agrès pour être mis à la disposition des élèves.

Ceintrey. — Vote d'une somme de 1,500 fr. en vue de l'établissement d'un gymnase scolaire.

Montigny. — M. Alix (Joseph,) ancien sergent, a bien voulu consacrer gratuitement deux heures par semaine à l'enseignement de la gymnastique aux élèves de l'école communale.

Pierreville. — Vote d'une somme de 100 fr. pour l'installation d'un gymnase.

Pulligny. — Vote d'une somme de 80 francs pour l'installation d'un gymnase.

Saint-Firmin. — Vote d'une somme de 300 francs pour l'installation d'un gymnase.

Xirocourt. — Vote d'une somme de 1,000 francs pour l'installation d'un gymnase.

Voilà un bel exemple à imiter pour la Loire, où les dévouements ne sont pas rares, où les cotisations seront nombreuses, où, surtout, les armes ne coûtent pas cher et où l'on sait, dès l'enfance, les manier et les entretenir.

L'Echo toulois nous apprend, enfin, qu'un simple village, célébrant sa fête patronale, a eu l'ingénieuse et patriotique idée de donner, comme réjouissance publique, un concours de tir, de gymnastique et d'escrime.

Il dit :

La fête de Valcourt de dimanche et lundi dernier a eu, grâce au beau temps la réussite prévue. Lundi surtout, l'affluence était énorme.

Le concours de tir n'avait pourtant attiré qu'un nombre restreint d'amateurs. Le nombre des séries limité à dessein dans un but de justice, afin de ne pas laisser aux plus fortunés le moyen de gagner des médailles à tout prix, avait éloigné, paraît-il, la plus grande partie des amateurs habituels.

Le concours de gymnastique, travail libre à la barre fixe, a été véritablement admirable.

Le concours d'escrime n'a pas été moins brillant.

Puis il donne les noms des lauréats qui ont obtenu, par récompenses, des médailles de vermeil, d'argent et de bronze, et parmi lesquels figurent plusieurs jeunes gens faisant partie de la *Société de Gymnastique de Toul*.

Nous rendons aux *Touristes foréziens*, et avec le plus grand plaisir, le sympathique témoignage qui leur est dû; mais il faut bien reconnaître que les volontaires de la *Nancéienne*, les membres de la *Lorraine*, et les pupilles des *Sports* nancéien et mussipontain font plus et mieux qu'eux.

A quand le *Sport stéphanois*, la *Roannaise*, la *Ripagérienne*, les bataillons scolaires de Montbrison, Saint-Chamond, Firminy, etc. ?

Depuis que ces lignes ont été écrites, un bataillon scolaire a été formé à Firminy ; les *Touristes stéphanois* se sont reconstitués; on parle de la reconstitution des *Touristes ripagériens*. Cela marche.

Une remarque s'impose : la différence des noms adoptés indique la différence des buts. On recherche, ici, une distraction hygiénique; là-bas, un entraînement patriotique. L'exemple de Firminy arrive à point, pour donner la note vraie et indiquer la bonne voie.

Au congrès de la *Ligue de l'enseignement*, à la quatrième et dernière séance, M. Henri Martin a prononcé un discours qui se termine ainsi, et ce sera la meilleure conclusion que nous puissions donner à ce développement :

« C'est à la Ligue à aider le gouvernement, afin de répandre le nouvel enseignement, l'enseignement civique, qui doit surtout inspirer l'amour de la patrie. Un peuple qui veut assurer son indépendance est toujours prêt à la défendre.

« Il faut que tout Français apprenne, dès l'âge de douze ans, à manier les armes ; cela commence : Paris a déjà ses bataillons scolaires, mais ce n'est pas tout.

« Après l'école il y a un intervalle pour aller jusqu'au régiment : la loi doit le combler et surtout l'initiative privée.

« Là encore est la mission de la Ligue ; elle doit, à côté du ministère de la guerre, entreprendre l'œuvre d'éducation militaire. »

A chacun son dû ; nous tenions à constater, comme Lorrain, comme Mussipontain, nos droits d'antériorité sur Paris même, en ce qui concerne la création des bataillons de jeunes écoliers et de jeunes apprentis et ouvriers, s'occupant, à la fois, de gymnastique, de tir, de marches, de maniement d'armes et d'exercices militaires.

Le *Sport nancéien* a été fondé en 1873, à peine les Prussiens partis ; le *Sport mussipontain* était en pleine prospérité, dès 1876.

Depuis quelque temps, le mouvement en faveur de la gymnastique a été grandissant en Lorraine.

Toul, qui n'avait qu'une société de gymnastique, va avoir un *Sport* comme Nancy et Pont-à-Mousson.

A *Mandres*, le conseil municipal a voté une somme de cent cinquante francs pour achat de fusils scolaires. Le conseil municipal de *Viterne* a également voté une somme de quatre cents francs en vue de l'achat d'un tir et de l'acquisition de fusils scolaires. A *Pompey*, M. Baudoin, instituteur, vient d'organiser un bataillon scolaire qui comprendra environ cent cinquante enfants. Il a réuni, à l'aide d'une souscription faite dans la commune, une somme de onze cents francs qui a été employée à l'habillement et à l'équipement du bataillon. Le conseil a voté, pour le même objet, une somme de cinquante francs.

Le bataillon scolaire du Collège de *Lunéville*, après avoir été reconnu officiellement, le 2 juin, à fait sa première promenade militaire jeudi 7 juin, formant un effectif de 235 élèves, *musique en tête*. C'est là le signe caractéristique de toutes ces sociétés lorraines qui forment un vrai régiment.

Gerbéviller était le but de l'excursion; l'embarquement s'est effectué avec une exactitude militaire.

Les « rhétoriciens » ont raconté eux-mêmes leur promenade dans le journal de la localité.

« A notre arrivée à *Gerbéviller*, disent-ils, notre joie a été grande: *le bataillon scolaire* de cette ville nous attendait, en armes, à la gare. On s'est dirigé vers l'Hôtel de Ville, où nous a reçus la Municipalité, là, notre musique a joué les meilleurs morceaux de son répertoire, et tous les spectateurs ont applaudi aux mâles accents de la *Marseillaise*. Ensuite, le Collège a défilé, escorté de toute la population. Parlerons-nous de l'émulation des élèves ? Jusqu'aux plus petits, tous marchaient crânement, la tête haute, fiers de suivre le drapeau tricolore qui flottait devant eux.

« Après une courte halte, le bataillon s'est dirigé sur Moyen, où l'on devait visiter un monument historique, le château de *Qui qu'en grogne*. Deux voitures attendaient pour porter les fusils et les instruments de musique. La grosse caisse seule a été voiturée ; aucun élève n'a voulu se séparer de son fusil. Les cinq kilomètres qui séparent Gerbéviller de Moyen ont été franchis au pas de route, gaiement et lestement. A droite, une belle prairie traversée par la Mortagne ; à gauche, une colline couverte de vignes. Sur la route, le *bataillon scolaire de Moyen* est venu à notre rencontre, clairons en tête ; et l'on est entré dans Moyen au milieu du concours de la population.. .... »

Je passe les détails de cette FÊTE qui a réuni les enfants et les parents de TROIS communes considérables.

C'est un point important aussi à considérer, et je désirais appeler l'attention de mes lecteurs sur les excellents effets qui peuvent résulter de ces visites mutuelles que se font les bataillons d'enfants et jeunes gens des villes et communes voisines.

Firminy, arrivé bon premier dans la Loire, a un grand devoir de propagande à remplir par de simples excursions de ce genre.

———

Le journal le *Temps* vient de publier un article dont je citerai quelques extraits, comme le meilleur résumé que je puisse faire de ce que peut produire l'initiative privée :

Les Cercles cantonaux.

« Il se fait depuis quelques mois, particulièrement dans les départements de l'Est, qui sont véritablement, à tous les points de vue, l'avant-garde de la patrie, une propagande fort active en faveur d'une idée excellente. Nous voulons parler de la création

des *cercles cantonaux* destinés à grouper dans chaque canton toutes les bonnes volontés, toutes les
ressources, tous les dévouements pour entreprendre
et développer les œuvres d'éducation physique et
morale, d'intérêt patriotique et de progrès social qui
seraient jugées utiles et possibles.

« Cette idée est partie, si nous ne nous trompons,
de Lunéville, où existe et fonctionne déjà un ceicle
cantonal de cette nature.........................

« Que doivent être ces cercles et de quelles œuvres doivent-ils s'occuper? Les statuts de celui de
Lunéville, approuvés par le congrès de la *Ligue de
l'enseignement*, expliquent avec précision ces deux
points. Supposons un canton offrant des ressources
suffisantes. Les citoyens décidés à travailler à l'œuvre d'éducation nationale sous une forme ou sous
une autre, se réunissent, font choix d'un local qui
leur sert de lieu de réunion, de salle de bibliothèque
et de lecture. Ils examinent ensuite ce que les conditions et les besoins de leur canton leur permettent
ou leur conseillent d'entreprendre : société de gymnastique, bataillon scolaire, bataillon d'adultes, promenades militaires, fêtes de la jeunesse, musées
cantonaux, jardins d'expériences agricoles et horti-
coles, orphéons, fanfares, sociétés de secours mutuels, bibliothèque roulante entre les communes,
série de conférences données au chef-lieu. Le champ
est vaste : nul n'est tenu de l'embrasser tout entier;
il suffit de faire quelque chose de patriotique et de
bienfaisant.

« Nous ne voulons pas entrer ici dans les détails
pratiques d'organisation de ces cercles. Cette organisation variera nécessairement avec les localités.
....

« Les promoteurs de l'idée ont très sagement fait appel sans distinction à tous les hommes de bonne volonté. Il est entendu qu'on ne doit laisser pénétrer dans l'institution nouvelle ni l'intérêt politique, ni les discussions religieuses. Ces prescriptions sont faciles à mettre sur le papier, mais chacun sait qu'il en va autrement dans la politique. La lutte politico-religieuse a été si violente, qu'elle a eu son contre-coup et produit ses effets de division intestine jusque dans le moindre village. Partout les citoyens forment deux camps hostiles, si bien que tout ce qui part de l'un est suspect aux regards de l'autre.

« C'est cette division que les cercles dont nous parlons devraient avant tout se donner la mission de combattre. Faire renaître la confiance réciproque, rétablir la paix, en se montrant tolérant, large, ouvert à toute pensée généreuse, en évitant tout conflit à force de patience et de patriotisme élevé, c'est une œuvre digne de tout hommage, mais aussi d'une extrême difficulté. Il ne faut pas oublier que la vraie, l'utile propagande à faire dans ce pays, c'est aujourd'hui la propagande de la solidarité et de la tolérance. La lutte violente a donné aux partis tout ce qu'elle pouvait leur donner. La victoire finale restera désormais à celui qui saura se montrer le plus compréhensif et le plus soucieux des intérêts du plus grand nombre. Il faut que l'œuvre entreprise reste une œuvre d'utilité générale et ne devienne pas l'instrument d'un parti; que ceux qui l'ont conçue la maintiennent soigneusement à la hauteur première où ils l'ont placée; qu'ils se défient des concours intéressés et des succès faciles, toujours plus apparents que réels. Sans doute, les cercles en question ne pourront manquer d'avoir une couleur politique; les adversaires suffiraient à la leur donner; mais

qu'ils se gardent de devenir des coteries politiques,
qu'ils restent des cercles d'éducation physique et
morale ; en faisant peu de bruit, ils feront beaucoup
de bien........ .... »

Un cercle de ce genre est en voie de formation à
Blâmont, chef-lieu de canton de l'arrondissement
de Lunéville.

Je n'aurais rien à ajouter aux appréciations d'un
organe, dont l'autorité est acceptée partout, si je ne
voulais, par esprit d'équité, rétablir ce que je crois
être la vérité.

Cette idée, qui a été appliquée par la ville de
Lunéville, la première en France, est due, sauf
erreur, à l'infatigable M. Groult, avocat à Lizieux,
qui a le premier fondé des musées cantonaux,
organisé des fêtes de l'enfance qui s'imposent à
l'attention des municipalités désireuses d'organiser
de belles fêtes patriotiques, au 14 Juillet, avec la participation des enfants ; en un mot, s'est fait le promoteur d'œuvres frappées au coin du libéralisme le
plus élevé et du patriotisme le plus ardent.

Suum cuique!... à chacun le sien.

La part de mes amis de Lunéville est assez belle
pour que cette petite rectification soit ratifiée, même
par eux, surtout par eux, si elle est fondée, comme
je le crois.

CONCLUSION

———

Dans le journal *la France* du 16 avril dernier, on lit ce magnifique *Conte du dimanche* :

LE PROSCRIT

Errant dans la campagne, mourant de faim, je m'étais endormi à l'ombre d'un buisson dont les rameaux sauvages faisaient à ma tête alourdie comme une couronne d'épines ; et pour un homme à jeun qui venait de déjeuner de merises et de noisettes, je tombai dans un rêve extraordinairement aimable, m'imaginant que j'étais parti à la recherche de la plus belle femme du monde...

* *

A peine m'étais-je mis en route que j'aperçus, au bord du chemin, une maison à l'aspect hospitalier et riant.

Devant la porte, une jeune femme d'une grande beauté, au regard sympathique et doux, allaitait un magnifique enfant. D'autres enfants jouaient dans le sable ensoleillé, aux pieds d'un vieillard heureux qui les regardait avec amour. Autour de la maison,

bien close par une haie de troënes en fleurs, s'élan-
çaient de grands peupliers où chuchotait le vent.

Dans la vigne voisine, un homme aux bras ner-
veux versait dans un tonneau béant des paniers de
grappes vermeilles et, au-dessus de sa tête, passaient
des grives en faisant entendre leur petit refrain de
chanson à boire... -

* *
*

Je m'arrêtai :

— Où vas-tu ? me dit la jeune femme aux beaux
enfants.

— Je vais à la recherche de la plus belle femme du
monde, et je crois bien que ma course ne sera pas
longue, puisque je t'ai rencontrée. Comment te
nommes-tu ?

— Je m'appelle la Famille. Voici mon foyer, mon
père, mon époux, mes enfants, et, là-bas, sous ce
vieux saule, dort ma mère comme, plus tard, y dor-
miront mes enfants. La pierre noircie de mon foyer
est, à la fois, la base des sociétés et le rempart
des nations ; c'est l'autel immuable et sacré des peuples.

— Ah ! tu es bien la plus belle femme du monde ;
c'est toi, Famille, que je cherchais et que je veux
aimer. Attends ! je vais te cueillir des fleurs...

* *
*

Et, je partis, marchant à travers les champs et les
bois, les collines et les vallons.

Je ne trouvai pas de fleurs ; mais, au bord d'un
grand fleuve, au pied d'une haute montagne, je ren-

contrai une femme au regard imposant et doux, à l'air noble, au front majestueux.

Elle n'allaitait point d'enfant; mais dans les plis de sa tunique se cachait une épée et dans sa main brillait une clef d'or...

— Où vas-tu ? me dit-elle d'une voix pénétrante et souveraine qui me fit tressaillir.

— Je vais à la recherche de la plus belle femme du monde.

— Et tu l'as rencontrée ?

— Sans doute ; elle s'appelle la Famille et je vais lui chercher des fleurs. Mais quel est ce fleuve ? Quelle est cette montagne ?

— C'est la Frontière.

— Tu n'as pas d'enfant ?

— Moi ? dit-elle en souriant, j'en ai quarante millions et quelques centaines de mille que j'aime tous du même amour ; et, qu'ils soient riches ou pauvres, grands ou petits, chétifs ou puissants, tous me sont dévoués comme un seul fils ! Chacun d'eux travaille, dans sa mesure, à mon bien-être, à mes progrès, à ma sécurité, à ma richesse, à ma gloire ; chacun apporte une fleur à ma couronne, une perle à mon diadème ; et quand je suis en danger, il suffit de prononcer mon nom, pour qu'aussitôt tous mes enfants se lèvent pour me défendre ou pour mourir.

— Et comment t'appelles-tu ?

— La Patrie !

— O Patrie ! tu es plus belle encore que la Famille. Tu me sembles plus grande, tu m'apparais plus noble, et, quand tu parles, je sens que mon cœur bat plus fort. C'est toi que j'aime. Attends, je vais te chercher des fleurs...

*
* *

Et je repris ma course à travers les champs et les bois.

Je ne trouvai pas de fleurs ; mais, au delà des collines et des rivières, des fleuves et des montagnes, des cités bruyantes et des déserts muets, j'aperçus une femme d'une taille gigantesque, d'une beauté presque divine, qui marchait, une étoile au front, un flambeau à la main, souriant au monde avec une douceur infinie ! Sur son écharpe aux mille couleurs, qu'on aurait prise pour un arc-en-ciel et dont les bouts flottaient à tous les horizons, on lisait ce mot : Fraternité !

Arrêtant sa marche, ou plutôt son vol, elle me demanda où j'allais.

— Je vais à la recherche de la plus belle femme du monde.

— Et l'as-tu rencontrée ?

— J'en ai trouvé deux : la Famille et la Patrie. Mais quel est ton empire ?

— Je n'ai ni empire, ni royaume ; mon domaine s'étend d'un pôle à l'autre, et tous les hommes sont mes enfants. Je ne distingue aucune race, et je n'ai qu'un drapeau, cette écharpe !

Quelles que soient leur langue et leur couleur, leur civilisation ou leur barbarie, leur décadence ou leur grandeur, tous les peuples me sont également chers et, dans la tribu la plus infime comme dans la nation la plus puissante, je vois une fille ! et au Japonais comme au Cafre, à l'Esquimau comme au Nubien, je dis : « Mon enfant ! »

Je ne connais d'autres frontières que les flots de

la mer et les nuages du ciel et j'ai pour foyer le monde !

— Mais comment te nommes-tu ?

— L'Humanité !

— O grande Humanité ! A la douceur de la Famille, à la noblesse de la Patrie, tu mêles la céleste beauté d'une déesse. Ah ! tu es bien la merveille que je cherchais.

Je veux t'aimer, et, pour toi j'oublierais la Famille, j'oublierais la Patrie, si tu n'étais à la fois la Patrie et la Famille ; c'est à toi que je veux offrir des fleurs...

* *

J'étendis la main... et tandis que je croyais cueillir des fleurs pour l'Humanité, une longue épine du buisson où je rêvais pénétra dans mes chairs et fit couler mon sang.

Je me réveillai en jetant un cri de douleur et je songeai, alors, que ma Famille m'avait oublié, que ma Patrie m'avait proscrit et que l'Humanité me laissait mourir de faim...

Fulbert DUMONTEIL.

———————

Depuis que je suis entré dans le service de l'assistance publique, combien en ai-je vu de ces proscrits de la Famille, qui, grâce à la Patrie et aux sentiments d'humanité de leurs nourriciers, ont retrouvé une famille d'adoption !

A l'œuvre tous, *socialistes pratiques*, hommes de cœur, croyants, libres-penseurs, républicains ou autres ; à l'œuvre, et bientôt, dans notre belle France, il n'y aura plus de proscrits de la Famille, de la Patrie, de l'Humanité, puisque, en ce qui le concerne, le gouvernement fait son devoir. Et il a raison ; il est non seulement humain, honnête, mais habile.

On a dit : « La République sera conservatrice ou ne sera pas. »

C'est parler pour ne rien dire, car un gouvernement ne peut pas chercher le suicide. Il serait plus juste de dire : « La République sera *maternelle* ou ne sera pas. »

On s'est un peu moqué de M. Jules Ferry pour avoir dit, il y a déjà longtemps, à l'inauguration d'une école professionnelle dans les Vosges, que la République était maternelle, parce qu'elle s'inquiète, plus qu'aucun autre gouvernement, de l'éducation et de l'instruction de l'enfant et de l'adulte, ce qui est la meilleure manière de les protéger.

M. Ferry a exprimé alors, sous une forme vive et précise, comme toujours du reste, une vérité qu'il est presque devenu banal de répéter.

Nul gouvernement n'est plus tenu que la République à considérer la préservation de l'enfant du premier âge, l'instruction primaire, l'éducation morale et civique de l'enfant du deuxième âge ; la formation professionnelle et le développement physique de l'adulte comme le plus essentiel de ses intérêts et le plus élevé de ses devoirs ; notre République a été pour l'enfance sciemment, volontairement mater-

nelle ; nous retenons le mot et nous attendons avec confiance les résultats de la chose.

Cette confiance suffirait à nous garder du pessimisme ; elle nous porte à escompter l'avenir et à fermer les yeux sur les faiblesses ou les erreurs des hommes, pour les ouvrir tout grands et pleins d'un joyeux espoir sur les promesses de l'enfance, qui est non seulement l'avenir, mais l'espoir de la Patrie.

Sursùm Corda !

Paix et union à tous les gens de bonne volonté !

En avant ! pour la Patrie, par la République !

ANNEXES

PONT-A-MOUSSON

Imprimerie, Lithographie et Imagerie de VAGNÉ

1883

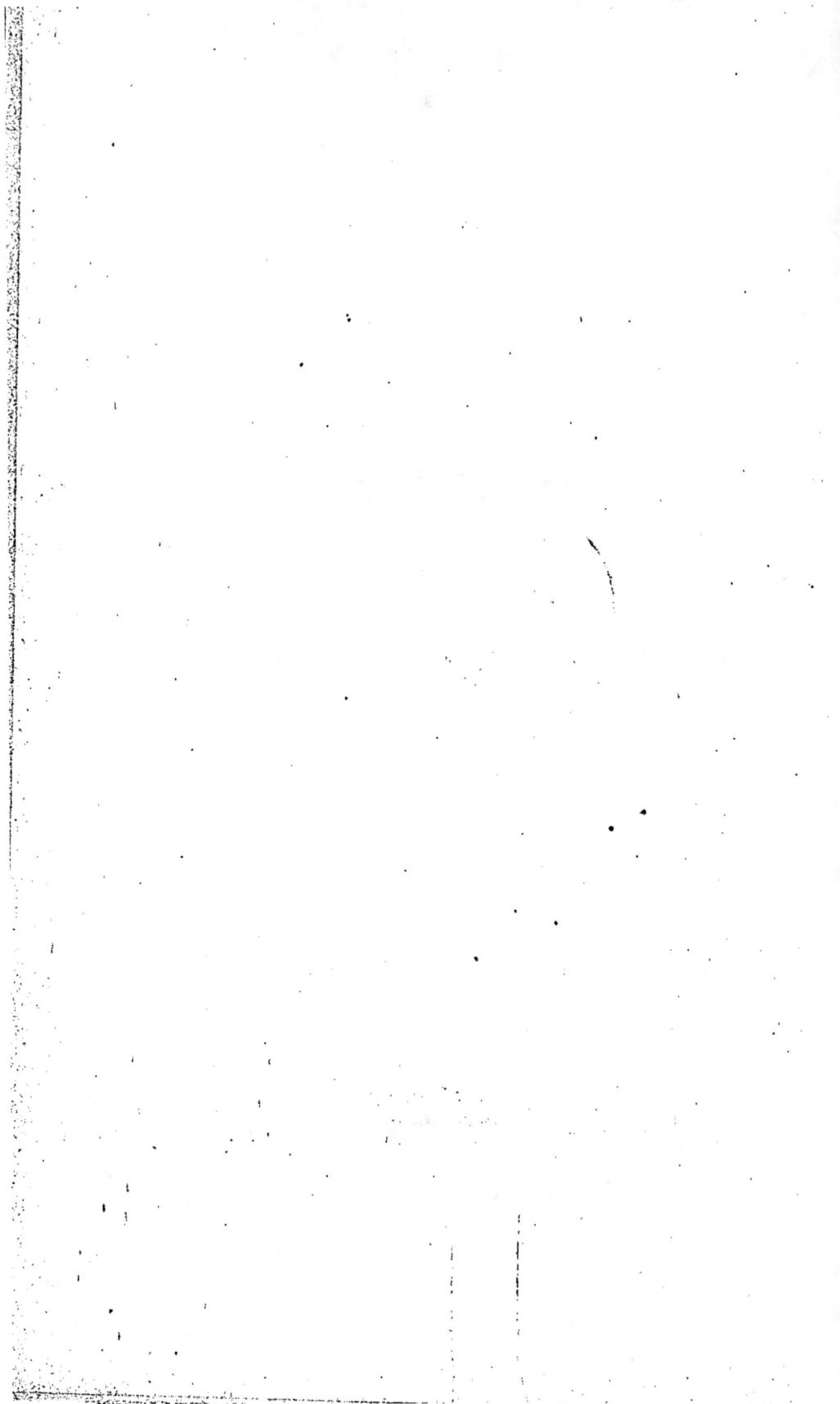

ANNEXES

DÉCRET IMPÉRIAL

NAPOLÉON, par la grâce de Dieu et la volonté nationale, Empereur des Français,

A tous présents et à venir salut.

Sur le rapport de notre Ministre Secrétaire d'État au département de l'intérieur;

Sur la connaissance que nous avons des services rendus par les Crèches ou asiles du premier âge dans les communes où des mères ouvrières demandent leurs moyens d'existence à des travaux qui les éloignent de leur domicile;

Voulant contribuer au développement d'une institution si utile à la partie la moins aisée de la population de l'Empire et donner en même temps à l'Impératrice Eugénie, notre chère et bien-aimée épouse, une nouvelle preuve de notre affection,

Avons décrété et décrétons ce qui suit :

ART. 1er. — L'institution des Crèches, dont le but est de garder et de soigner les enfants en bas âge, dont les mères travaillent hors de leur domicile, est placée sous la protection de l'Impératrice.

ART. 2. — Nulle Crèche ne pourra être ouverte avant que le Préfet du département ait déclaré que les locaux qui y sont affectés satisfont aux conditions d'hygiène et que les personnes qui y sont préposées présentent des garanties suffisantes. Ces conditions et ces garanties seront déterminées par un règlement spécial.

Aʀт. 3. — Les Crèches dont l'organisation sera approuvée par l'Impératrice participeront seules aux encouragements de l'État.

Ces secours seront annuellement répartis par Sa Majesté, sur la proposition de notre Ministre Secrétaire d'Etat au département de l'intérieur.

Aʀт. 4. — L'Impératrice nommera à la présidence et à la vice-présidence des Crèches approuvées.

Aʀт. 5. — Notre Ministre Secrétaire d'État au département de l'intérieur est chargé de l'exécution du présent décret.

Fait au Palais des Tuileries, le 28 février mil huit cent soixante-deux.

Signé : NAPOLÉON.

Par l'Empereur,

Le ministre Secrétaire d'État au département de l'intérieur,

Signé : F. DE PERSIGNY.

Arrêté réglementaire pour l'exécution du décret.

Le Ministre de l'intérieur, sur la proposition du Conseiller d'État directeur général, arrête :

TITRE PREMIER

DISPOSITIONS GÉNÉRALES

1. Les enfants reçoivent à la Crèche, jusqu'à ce qu'ils puissent entrer à la Salle d'asile ou qu'ils aient accompli leur troisième année, les soins hygiéniques et moraux qu'exige le premier âge.

Ils ne peuvent y être gardés pendant la nuit.

Les enfants sevrés seront séparés, autant que possible, de ceux qui ne le sont pas.

2. La salle ou les salles doivent contenir au moins huit mètres cubes d'air par chaque enfant.

Elles doivent être éclairées par des fenêtres qui se correspondent, à châssis mobiles en tout ou partie, ou offrir des renouvellements d'air artificiels.

Toute Crèche doit être pourvue d'un promenoir à ciel découvert, ou au moins d'une cour, d'un balcon ou d'une terrasse.

3. Nulle Crèche ne peut être ouverte avant que le Préfet du département ait fait constater qu'elle réunit les conditions de salubrité ci-dessus prescrites. L'arrêté préfectoral qui en autorisera l'ouverture fixera le nombre d'enfants qui pourront y être réunis.

4. Les Crèches sont exclusivement tenues par des femmes.

Nulle ne peut tenir une Crèche si elle n'a pas vingt et un ans accomplis et si elle ne justifie d'un certificat d'aptitude signé par deux dames notables de la commune et visé par le curé et le pasteur. Les lettres d'obédience délivrées par les supérieures des communautés religieuses régulièrement reconnues tiennent lieu d'un certificat d'aptitude.

Nulle ne peut être gardienne des enfants si elle ne justifie d'un certificat de moralité et d'aptitude délivré par le maire, sur l'attestation de deux dames notables.

5. La Crèche doit être visitée tous les jours par un médecin.

On ne doit y admettre que des enfants en état de santé et qui ont été vaccinés ou dont les parents consentent à ce qu'ils le soient dans le plus bref délai.

TITRE DEUXIÈME
DES CRÈCHES APPROUVÉES

6. Toute Crèche qui désirera obtenir l'approbation de Sa Majesté l'Impératrice devra faire parvenir, à cet effet, une demande au Ministre de l'intérieur, par l'intermédiaire du Préfet.

A l'appui de cette demande seront joints :

1º Un avis du Conseil municipal,

2º Deux copies du règlement de l'œuvre,

3º Les comptes rendus des deux derniers exercices,

4º Le budget de l'année courante,

5° Une notice indiquant les dimensions des salles, le nombre d'enfants qui fréquentent habituellement la Crèche, etc.

7. Toute Crèche approuvée est administrée par un Conseil composé de personnes des deux sexes.

Le Conseil d'administration pourra s'adjoindre un comité composé de dames, qui lui prêtera son concours soit pour recueillir des souscriptions, soit pour surveiller la tenue des divers services de la Crèche.

8. Le Conseil d'administration adressera au Ministre de l'intérieur, par l'intermédiaire du Préfet, deux listes comprenant chacune trois candidats pour fonctions de présidente et de vice-présidente. Ces listes seront soumises à Sa Majesté l'Impératrice, à qui appartient le choix de ces dignitaires.

9. Le maire ou son délégué et le curé ou le pasteur de la circonscription dans laquelle une Crèche est établie font nécessairement partie du Conseil d'administration de ladite Crèche, à titre de présidents honoraires.

10. Les personnes appelées à faire partie du Conseil d'administration d'une Crèche sont nommées, pour la première fois, au scrutin de liste et à la majorité absolue des suffrages, par les souscripteurs réunis en assemblée générale.

Le Conseil se renouvelle ensuite, chaque année, par fractions. Pendant les premières années, les membres sortants seront désignés par le sort jusqu'à ce que le roulement soit établi. Le Conseil procède au remplacement des membres sortants, qui peuvent toujours être réélus.

En cas de vacances pour d'autres causes, il est pourvu au remplacement, dans le délai de deux mois, par le Conseil réuni à cet effet. Les personnes choisies ne seront nommées que pour le temps pour lequel les membres sortants auraient dû rester en fonctions.

Toute Crèche approuvée doit tenir :

1° Un registre matricule sur lequel sont inscrits les nom, prénoms et âge de chaque enfant; les nom, adresse et profes-

sion de ses parents; la date de l'admission et l'état physique
de l'enfant à son entrée;

2° Un registre sur lequel est constaté nominativement le
nombre des enfants présents chaque jour;

3° Des registres où sont portées les prescriptions et les observations des médecins;

4° Des registres où sont consignées les observations des
inspecteurs et des visiteurs.

12. Ces Crèches doivent avoir une berceuse pour six nourrissons et une gardienne pour douze enfants de dix-huit mois
à trois ans. Il est interdit aux gardiennes et aux berceuses
d'accepter des parents aucune espèce de cadeaux.

13. Les mères qui s'engagent à venir allaiter leurs nourrissons sont seules admises à profiter de l'institution des Crèches. L'usage pourra en être refusé aux mères dont la conduite
habituelle donnerait lieu à de graves reproches.

Elles doivent payer, pour chaque journée de présence de
leur enfant, une rétribution fixée par le Conseil d'administration, eu égard au salaire moyen des ouvrières dans la commune.

14. Chaque Crèche approuvée a un règlement général et des
règlements de service intérieur. Le premier renferme les conditions fondamentales de l'œuvre; les seconds, les dispositions
secondaires ou de détail. Ces derniers règlements seront affi-
chés dans un endroit apparent de la salle.

Les Crèches sont surveillées par les membres du Conseil
d'administration et par les dames du Comité.

Elles peuvent être visitées par le public.

15. Le maire, le curé ou le pasteur de la circonscription et
le médecin de l'œuvre, veillent, chacun en ce qui le concerne,
à ce que la Crèche ne s'écarte pas de son but hygiénique et
moral.

16. Au 31 mars au plus tard, la présidente du Conseil d'administration soumettra au Préfet, en double expédition :

1° Le compte des recettes et des dépenses pendant l'exercice précédent;

2° Le compte moral de l'œuvre pour la même période de temps.

Le Préfet, après avoir approuvé ces documents, en transmettra un exemplaire au Ministre de l'intérieur.

17. Les Crèches approuvées pourront recevoir des encouragements sur les fonds de l'État.

Les demandes de subvention seront adressées par l'intermédiaire des Préfets, au Ministre de l'intérieur, qui les soumettra à la haute appréciation de Sa Majesté l'Impératrice.

TITRE TROISIÈME
DES CRÈCHES PRIVÉES

18. Les Crèches privées fonctionnant en ce moment ou qui pourront être créées à l'avenir seront administrées conformément à leurs règlements particuliers. Mais elles devront se conformer aux prescriptions du Titre premier du présent arrêté.

Elles seront tenues d'adresser une copie de leurs règlements au maire de la commune.

L'autorité administrative pourra faire inspecter ces établissements, afin de s'assurer s'ils ont satisfait aux conditions qui leur sont imposées.

Fait à Paris, le 30 juin 1862.

Signé : F. DE PERSIGNY.

Quant il s'agira de fonder dans un centre important une Société pour établir plusieurs Crèches, nous recommandons le modèle suivant pour les Statuts et le Règlement :

STATUTS

DE LA

SOCIÉTÉ DES CRÈCHES

DE · NANCY

ARTICLE PREMIER.

CRÉATION ET BUT DE LA SOCIÉTÉ.

Pour le service des pauvres de tout culte résidant à Nancy, il est fondé, en cette ville, une Société charitable ayant pour objet l'établissement de crèches destinées à recevoir et à soigner, pendant la durée ouvrière de chaque jour ouvrable de l'année, les enfants, âgés de plus de quinze jours et de moins de trois ans dont les mères se conduisent bien et travaillent hors de leur domicile.

ART. 2.

SIÉGE ET DÉNOMINATION DE LA SOCIÉTÉ.

La Société a son siége à Nancy.

Elle prend le nom de *Société des crèches de Nancy.*

Art. 2.

DURÉE DE LA SOCIÉTÉ.

Le but à atteindre le plus prochainement possible est, au profit de la Société, la déclaration légale d'institution d'utilité publique et la dotation, par l'Autorité, de statuts définitifs, le tout de manière que l'Œuvre des crèches, présentement provoquée, devienne une personne civile, ayant à Nancy son existence individuelle et indépendante, sous la seule protection de loi et des citoyens.

Mais le moment, où l'Œuvre sera définitivement organisée, fonctionnera à l'aise et sera devenue apte à exister seule civilement, ne pouvant être précisé, il est, en tant que de besoin, stipulé que la durée de la Société sera de vingt années, à compter du jour de sa constitution, et qu'à l'expiration de ce délai, cette durée pourra être prorogée par décision de l'assemblée générale des fondateurs prise dans le cours de l'année qui précédera la date d'expiration ci-dessus fixée.

Art. 4.

LE FONDS SOCIAL.

Le fonds social se compose :

1º Des sommes versées par toute personne pour acquérir le titre et les droits de fondateur de l'Œuvre ;

2º Des sommes versées par toute personne pour fondation de berceau ;

3º Des cotisations annuelles des bienfaiteurs-souscripteurs de la Société ;

4º Des dons en nature, notamment en lingerie et en objets mobiliers, faits à la Société pour augmenter son matériel ;

5º Du montant des rétributions quotidiennes payées par les parents des enfants recueillis ;

6º Du produit des troncs placés dans chaque crèche ;

7° De l'importance de tous dons et legs faits par toutes personnes au profit de la Société;

8° Du produit des sermons de charité, des quêtes, des réunions, concerts, loteries et ventes de bienfaisance autorisés, et généralement des ressources obtenues par les moyens usuels de charité;

9° Des subventions accordées par l'État, par le Département, par l'Administration municipale, par le Bureau de bienfaisance, par les Administrations hospitalières et généralement par tous établissements ou sociétés accordant des secours charitables;

10° Des immeubles et du matériel acquis par la Société, en emploi des fonds sociaux, pour le fonctionnement de l'Œuvre;

11° Des placements faits de fonds sociaux, par la Société, soit comme capital de dotation, soit comme emplois temporaires; ensemble de tous les revenus fournis par ces placements.

Le fonds social est destiné à s'accroître indéfiniment, pour étendre le plus possible le bienfait de l'institution des crèches à Nancy.

Ce fonds fait face, à lui tout seul, à tous besoins et à toutes dépenses quelconques de la Société.

Il est la propriété exclusive de l'être moral appelé « la Société », et il ne peut, sous aucune forme, rentrer aux mains des fondateurs, des donateurs et des bienfaiteurs quelconques de l'Association, non plus qu'aux mains de tous tiers, du chef de ceux-ci : le principe de toute association de bienfaisance étant que tous fonds aliénés en faveur de l'Œuvre sont complétement perdus pour ceux qui les ont avancés et pour les ayant-cause de ceux-ci, et sont définitivement et irrévocablement acquis à l'institution secourue.

Pour la légalité toutefois, et seulement jusqu'à la déclaration d'utilité publique obtenue, la propriété du fonds social reposera sur la collectivité des membres fondateurs de la

Société, et cette propriété apparente sera administrée par la Commission administrative ci-après désignée.

ART. 5.

LES FONDATEURS DE L'ŒUVRE.

La qualité de fondateur de l'Œuvre s'acquiert par le versement à la Société, — soit en une seule fois, soit au plus en quatre annuités égales, — d'une somme d'argent dont l'importance ne peut être moindre de cent francs.

Les fondateurs-bienfaiteurs sont ceux qui bornent leur concours à un don pur et simple de cent francs au moins.

Les fondateurs-souscripteurs sont ceux qui, outre le don dont il vient d'être parlé, soutiennent l'Œuvre par la cotisation annuelle de dix francs.

La qualité de fondateur n'entraine, pour celui qui l'a acquise, aucune resposabilité pécuniaire relative à la Société, à son fonctionnement, à ses engagements et à son passif. Moyennant sa mise sociale effectuée, le fondateur est et reste individuellement étranger aux affaires financières de la Société, et il ne peut, par qui que ce soit, être recherché pour cause d'engagement de toute nature pris par la Société ou à l'occasion de la Société.

Pareillement, le fondateur ne prend aucune part individuelle au capital ni aux bénéfices de la Société.

Il n'est, au fond, qu'un bienfaiteur volontaire, sous une forme particulière et légale.

Il ne transmet pas entre vifs les droits attachés à son titre de fondateur. Ces droits lui sont personnels pendant sa vie.

Après sa mort, ces droits passent à ses héritiers; mais ceux-ci sont tenus de s'entendre entre eux pour désigner un bénéficiaire unique de ces droits, lequel dès lors reste seul investi du titre de fondateur et de ses conséquences, du chef du défunt, à charge par lui de verser la cotisation annuelle de dix francs et de devenir ainsi souscripteur,

Les droits attachés à la qualité de fondateur-souscripteur se résument purement et simplement: dans le privilége de s'intéresser, à titre direct, aux affaires et au bien-être de la Société; de prendre part aux délibérations et aux votes, dans les assemblées générales des fondateurs de l'Œuvre; et d'être apte à être appelé, par les suffrages, aux fonctions de membre de l'un des groupes directeurs de la Société.

ART. 6.

LES FONDATEURS DE BERCEAUX.

Moyennant le versement d'une somme de cinquante francs, à effectuer d'une fois, à la Société, toute personne est admise à fonder un berceau.

Ce berceau porte le nom de son fondateur.

Le fondateur d'un berceau est un bienfaiteur spécial, mais non pas un sociétaire: il ne prend part ni aux délibérations, ni aux votes de l'assemblée générale.

Les berceaux fondés ne peuvent être mis en exercice qu'au fur et à mesure de l'extension de l'Œuvre. En attendant, un registre d'inscription maintient le rang de priorité des fondateurs de berceaux.

ART. 7.

LES SOUSCRIPTEURS ANNUELS.

Toute personne qui veut prendre place parmi les bienfaiteurs de l'Œuvre, verse annuellement à la Société une cotisation de dix francs.

Cette contribution annuelle, purement volontaire, est prolongée autant seulement qu'il convient au souscripteur. Elle ne confère aucun droit particulier.

Art. 8.

ADMINISTRATION DE LA SOCIÉTÉ.

La Société est administrée par trois groupes distincts d'associés fondateurs nommés, sur bulletins de liste, par l'assemblée générale, et dont les fonctions sont gratuites.

Ces trois groupes sont :

Le Comité des Dames patronnesses,

La Commission administrative,

Et le Comité médical.

Ces trois conseils, chacun dans ses attributions respectives ci-après définies, représentent seuls la Société vis-à-vis des tiers.

Chacun d'eux statue définitivement et en dernier ressort, dans les limites de sa compétence.

Toute dépense votée par l'un ou l'autre de ces conseils est faite au comptant.

Les fonctions des membres de chacun de ces groupes durent trois années. Chaque conseil se renouvelle annuellement et par tiers : les deux premiers renouvellements ont lieu par la voie du sort ; les renouvellements suivants s'opèrent à l'ancienneté.

Tous les ans, les membres composant chacun de ces groupes constituent entre eux leur bureau particulier.

Chaque conseil se réunit séparément, sur convocation adressée, par son secrétaire au nom de son président, à chacun de ses membres.

Les trois conseils, ou seulement deux d'entre eux, peuvent être réunis pour délibérer sur des questions d'importance spéciale. Dans ce cas, les convocations sont faites au nom du président du groupe qui provoque la réunion et par le secrétaire de ce conseil.

Les délibérations de chacun des conseils, isolés ou réunis, sont prises à la majorité des votes des membres présents.

Chaque membre ne dispose que d'un vote.

En cas de partage, le président a voix prépondérante.

Pour être valable, une délibération exige la présence effective et le vote de moitié au moins des membres du groupe délibérant.

En cas de vacance, dans l'intervalle de deux assemblées générales, par suite de décès, départ ou démission d'un des membres de l'un ou de l'autre des trois groupes directeurs ci-dessus désignés, il est pourvu, d'urgence et à titre provisoire, au remplacement du membre manquant, par décision du groupe dont doit faire partie le nouvel appelé. Cette décision, qui préalablement doit être approuvée par les deux autres conseils, devient définitive, si elle est confirmée par la plus prochaine assemblée générale.

Le nouvel appelé ne siége que pour le temps restant à courir de l'exercice du membre qu'il remplace.

ART. 9.

LE COMITÉ DES DAMES PATRONNESSES.

Le Comité des Dames patronnesses so composé de trente membres, Dames ou Demoiselles.

Le bureau de ce comité comporte : une présidente ; trois vice-présidentes ; deux trésorières, dont l'une adjointe ; et deux secrétaires ; dont l'une adjointe. Toutes les autres dames, membres du comité, sont inspectrices.

La compétence du Comité des Dames patronnesses s'étend à tous les détails du fonctionnement intérieur des crèches.

Ce comité est le directeur suprême des crèches.

Il en surveille l'installation pratique ; il ordonne les achats du matériel mobilier ; il nomme et révoque les gouvernantes, les surveillantes, les berceuses et généralement toutes les employées ; il fixe les traitements et les salaires annuels, mensuels ou quotidiens de toutes ces employées ; il arrête le chiffre de la rétribution quotidienne à verser par les familles pour la garde des enfants; il constate et surveille la tenue des divers services intérieurs de la crèche et notamment des registres qui y sont en exercice permanent; il veille et il préside enfin, à tous les points de vue, au bien-être matériel et au bon fonctionnement pratique, moral et largement charitable des établissements dépendant de l'institution.

Le Comité des Dames patronnesses présente chaque année le rapport général de la situation morale et financière de l'Œuvre à la Commission administrative, qui le communique à l'assemblée générale.

En dehors des prévisions budgétaires, tous faits financiers du Comité des Dames patronnesses sont, préalablement, à la dépense effectuée, soumis à l'approbation de la Commission administrative.

ART. 10.

LA COMMISSION ADMINISTRATIVE.

La Commission administrative est composée de neuf membres, hommes exclusivement, qui constituent leur bureau en choisissant parmi eux un président, un ou deux vice-présidents, un trésorier, un rapporteur et un secrétaire.

Ce Conseil administre seul la fortune sociale.

Il est, de droit, investi de tous les pouvoirs imaginables, relativement à la gestion des affaires financières de l'Œuvre. Ainsi notamment: il achète, il vend, il emprunte, il transige, selon les besoins de la Société et en vertu de ses seules délirations personnelles. Toutes les questions financières, mobilières ou immobilières, d'intérêt général lui appartiennent exclusivement.

Il fait le budget; il arrête les comptes; il vote les mesures nécessaires pour soutenir l'Œuvre dans ses détails prédominants, le tout d'accord avec le Comité des Dames patronnesses.

Son trésorier est un trésorier général qui reçoit les comptes de la trésorière du Comité des Dames patronnesses; qui encaisse les versements faits par cette Dame, et qui fournit à celle-ci les fonds nécessaires pour le roulement des dépenses du Comité des Dames.

Vis-à-vis des tiers, les décisions de la Commission administratives sont manifestées par un extrait, délivré par le secrétaire de cette commission, du procès-verbal consigné au registre des délibérations de ce groupe. Ces décisions sont exécutées sur la seule signature du président, virtuellement délégué à cet effet par la présente clause.

Dans le cas où la Commission administrative aurait, dans les limites de sa compétence, à prendre une mesure grave, engageant sa responsabilité au moins morale, elle convoque le Comité des Dames patronnesses et, s'il y a lieu, le Comité médical lui-même, et elle discute et arrête, d'acord avec les membres présents de ces comités, l'opportunité et les détails d'exécution de cette mesure.

Art. II.

LE COMITÉ MÉDICAL.

Le Comité médical réunit cinq docteurs en médecine qui constituent leur bureau par l'élection, parmi eux, d'un président, d'un rapporteur et d'un secrétaire.

Ce comité a la direction hygiénique des établissements à usage de crèche.

Il les inspecte, les surveille, les visite et il y ordonne et y fait exécuter toutes mesures sanitaires, notamment celles ayant trait à l'alimentation des enfants et à la salubrité des locaux.

Il donne son avis sur l'admission, le maintien ou l'exclusion du personnel employé dans les crèches.

Art. 12.

L'ASSEMBLÉE GÉNÉRALE.

L'assemblée générale se compose de tous les fondateurs de l'Œuvre réunis sur la convocation faite, au nom de la présidente du Comité des Dames patronnesses, par la Dame secrétaire de ce Comité.

Cette assemblée est souveraine: ses décisions portent sur toutes questions quelconques, financières ou pratiques, intéressant la Société, à quelque titre que ce puisse être. Elle les tranche tout en dernier ressort.

L'assemblée générale entend le rapport annuel de la situation morale, matérielle et financière de l'Œuvre; elle vérifie les inventaires; elle apure les comptes de l'exercice, et son approbation emporte ratification pure et simple de tous faits accomplis et décharge définitive de leur gestion aux différents groupes directeurs respectivement, et notamment encore à leurs trésoriers.

Elle procède à l'élection des membres des trois conseils, aux renouvellements de ces membres. Elle peut réélire les membres sortants.

Elle désigne, dans son sein, des commissions spéciales de vérification ou d'études.

Elle décide sur les modifications à apporter aux présents statuts, sur l'opportunité de la présentation de la demande en reconnaissance légale de l'Œuvre comme institution d'utilité publique, sur toutes progations de la Société, enfin, le cas échéant, sur sa mise en liquidation.

L'assemblée générale se réunit de droit une fois par an dans le courant du mois de mars.

Elle peut être convoquée extraordinairement, dans le cas où il y aurait à prendre des décisions graves en dehors des resposabilités normales des différents groupes directeurs.

Les décisions de l'assemblée générale sont prises à la simple majorité des votes des membres présents.

Ces décisions engagent les fondateurs absents.

La mise en liquidation de la Société ne peut être utilement votée que par les trois quarts au moins des fondateurs.

Chacun des membres de l'assemblée générale ne dispose que d'une voix, quelle qu'ait été l'importance de la somme par lui versée pour acquérir la qualité de fondateur de l'Œuvre.

Le droit de vote, à l'assemblée générale, est personnel et ne saurait être délégué d'une façon quelconque. Toutefois la femme d'un fondateur est apte à remplacer son mari à l'assemblée.

Le procès-verbal de la séance de l'assemblée générale est rédigé par la Dame secrétaire du Comité des Dames patronnesses, et il est signé par les présidents et par les secrétaires des trois groupes directeurs, le tout sur un registre spécial ouvert à cet effet.

Une copie de ce procès-verbal énonçant, à la fin, les noms des fondateurs en exercice de l'Œuvre, des fondateurs de berceaux, des souscripteurs et des bienfaiteurs, est adressée à chacune des personnes intéressées à l'Œuvre; elle est de plus répandue dans le public.

Art. 13.

LA SÉANCE PUBLIQUE.

Chaque année, dans le courant de mai, a lieu une séance publique à laquelle sont appelés les fondateurs, les souscripteurs et les bienfaiteurs à tous titres de la Société, comme aussi le public sympathique à l'Œuvre.

Dans cette séance, qui a pour but de mettre en lumière et de faire apprécier les mérites de l'institution des crèches, il est rendu compte de la situation et des progrès de l'Œuvre et des résultats consacrés dans la dernière assemblée générale.

Art. 14.

LES RÈGLEMENTS DES CRÈCHES.

Indépendamment des présents statuts et par les soins Ju Comité des Dames patronnesses, deux règlements seront dressés :

L'un, le règlement général, s'occupera des détails de l'installation et du fonctionnement des crèches ;

L'autre, le règlement intérieur, aura trait à la police de la crèche. De ce dernier règlement un exemplaire imprimé sera affiché dans chacune des salles des berceaux.

ART. 15 ET DERNIER.

CONSTITUTION.

La présente Société sera constituée par acte notarié, sur l'initiative du président de la Commission administrative et sur sa simple déclaration, avec énonciation des noms des fondateurs-initiateurs, de la somme totale par eux souscrite, et de la composition des trois groupes directeurs nommés par la première assemblée générale.

SOCIÉTÉ DES CRÈCHES DE NANCY

RÈGLEMENT

ARTICLE I.— *Ouverture de la crèche.* L'ouverture de la crèche
aura lieu, du 1er mars au 1er novembre, de 6 heures du matin
à 8 heures du soir; du 1er novembre au 1er mars, de 7 heures
du matin à 7 heures du soir. Elle est fermée le dimanche et
les jours de fêtes. Aucun enfant n'y passe la nuit.

ARTICLE II. — *Position des parents.* On y reçoit sans distinction de religion, les enfants dont les mères travaillent hors
de leur domicile et se conduisent bien.

ARTICLE III. — *Admission des enfants.* Les enfants sont admis
à la crèche depuis l'âge d'un mois au moins, jusqu'à deux ans
et demi accomplis, sauf les exceptions commandées par la position des parents, la santé ou le développement des enfants et
appréciées par les Dames inspectrices.

ARTICLE IV. —*Conditions de l'admission.* Avant l'admission,
les parents présentent aux Dames directrices l'acte de naissance de l'enfant et son certificat de vaccine; en même temps,
ils doivent prouver qu'ils habitent la ville de depuis au moins
une année. (Les cas exceptionnels devront être jugés par les

dames inspectrices). Et indiquer près de qui l'on peut prendre des renseignements. L'enfant est ensuite visité par le médecin, et sur le vu du bulletin de santé délivré par lui, l'admission est prononcée, s'il y a lieu, par les Dames directrices, et ratifiée dans le délai de 15 jours par le Bureau.

Si l'enfant n'est pas vacciné, les parents devront consentir à ce qu'il le soit dans le plus bref délai.

ARTICLE V. — *Obligations des mères.* La mère doit apporter son enfant en état de propreté. Quand elle nourrit elle même, elle vient l'allaiter régulièrement au moins deux fois par jour, aux heures des repas. Elle paie 15 cent. par jour pour un enfant, et 25 cent. pour deux. Elle doit reprendre son enfant le soir avant la fermeture et se conformer aux règles de l'établissement.

ART. VI. — *Présence des enfants à la Crèche.* Quand un enfant a été malade, ou qu'il a cessé de paraître à la Crèche pendant 15 jours, il ne peut y rentrer sans un nouveau bulletin de santé.

ARTICLE VII. — *Fonctions de la Surveillante.* La Surveillante, toujours présente à la Crèche, dirige les berceuses, et donne aux enfants les premiers soins moraux que comporte leur âge.

Le matin, elle reçoit les enfants, refuse ceux qui lui paraissent malades; le soir, elle veille à ce que les enfants soient assez couverts pour ne pas souffrir du froid pendant le trajet.

Elle distribue le service entre les berceuses et les empêche de recevoir des visites personnelles; elle veille à ce que les enfants soient également bien nourris et soignés, à ce qu'ils aient toujours dans la Crèche une température uniforme (entre 15 et 16° centigrades en hiver). Elle fait exécuter les prescriptions des médecins et leur communique ses observations personnelles sur la santé des enfants.

Elle perçoit la rétribution maternelle dont elle est responsable, paye les berceuses chaque semaine, paye également toutes les petites dépenses quotidiennes; elle surveille et entretient la lingerie dont elle répond, ainsi que du tronc et de tout le mobilier.

Elle propose, quand il y a lieu, des gratifications pour les berceuses; elle veille enfin à la bonne tenue de la crèche dans tous ses détails et conformément aux dispositions du règlement hygiénique. Elle tient les Dames directrices au courant de tout ce qui peut intéresser l'Établissement.

Article VIII. — *Devoirs des berceuses.* Les berceuses sont sous les ordres de la Surveillante, à laquelle elles doivent obéissance et respect.

Elles doivent être proprement vêtues et tenir les enfants, la crèche et tout le matériel dans la plus grande propreté.

Elles doivent être polies envers les mères, donner aux enfants tous leurs soins également, et pourvoir avec douceur à tous leurs besoins comme s'ils étaient leurs propres enfants. Elles doivent tout leur temps à la Crèche et ne peuvent s'absenter sans permission. Il leur est interdit de recevoir des mères aucun supplément ou cadeau sous quelque forme que ce soit. La berceuse qui manque gravement à ses devoirs est congédiée et n'a droit à aucune indemnité. En aucun cas les berceuses ne peuvent être nourries aux frais de la Crèche.

Article IX. — *Visites des médecins.* Le médecin de service visite chaque jour la Crèche et prescrit les mesures hygiéniques qui lui paraissent nécessaires.

Article X. *Visites des Dames inspectrices.* Les Dames inspectrices désignées entre elles font aussi une visite quotidienne à la Crèche, et consignent leurs observations sur le registre d'inspection.

Article XI. — *Visites des étrangers.* La Crèche peut être visitée sans autorisation par les étrangers. Les visiteurs sont invités à consigner leurs observations sur un registre.

DISPOSITIONS GÉNÉRALES

Toute observation doit être adressée à Mesdames les directrices ou à Madame la présidente.

Les dispositions de détail non indiquée font l'objet de délibérations spéciales du Bureau, qui les soumet à l'approbation du Comité des Dames.

———————

Copie exacte du règlement intérieur suspendu à la Crèche Saint-Nicolas. Cette première Crèche, pour la ville de Nancy, fut ouverte le 23 avril 1878.

Nancy, le 1er décembre 1881.

Le Président du Comité administratif,

Signé : MAGUIN.

———————

S'il s'agit d'une Crèche unique, dans un centre moins important, nous recommandons le modèle suivant.

(Il faut encore se rappeler l'origine particulière de cette Crèche de Toul. A ce titre ce modèle est doublement intéressant.

CRÈCHE

FONDÉE A LA MAISON-DIEU

**Extrait du registre des délibérations
du Bureau de Bienfaisance de la ville de Toul**

Séance du 14 septembre 1875

Règlement concernant la fondation d'une Crèche

Le Bureau de bienfaisance de Toul fonde dans la ville une œuvre protectrice de l'enfance et une crèche dans le but :

1º De mettre en honneur et de propager l'allaitement maternel ;

2º De préserver les enfants, dès leur naissance, des dangers de tous genres qui les menacent, de les protéger dans toutes les circonstances où ils ont besoin de protection ;

3º De vulgariser dans les familles les préceptes les plus utiles de l'hygiène de l'enfance ;

4º En un mot de combattre la mortalité excessive qui frappe les enfants nouveau-nés.

Art. 1er

Sont admis comme fondateurs de l'œuvre les membres des deux sexes qui verseront au bureau de bienfaisance la somme de cent francs.

Sont souscripteurs et Dames de l'œuvre les personnes don
nant une cotisation annuelle de dix francs.

Art. 2.

Les recettes de l'œuvre se composent :
1º Des cotisations annuelles ;
2º Des legs, dons et offrandes qui peuvent lui être faits ;
3º Des subventions accordées par le Bureau, par la ville, par
le département, par l'État ;
4º Du produit des fêtes, concerts, etc., etc., qui pourront être
organisés au profit de l'œuvre.

Le Bureau de bienfaisance, représentant légal de la Société,
accepte les dons et les legs faits à l'œuvre, autorise, par délibération spéciale, les acquisitions, ventes, placements de
fonds, etc.

Art. 3.

Le bureau s'adjoint un médecin chargé de l'inspection et un
comité de vingt Dames patronnesses dont font partie de droit
les Dames fondatrices, lors même que leur nombre serait supérieur à 20. Le dit comité est chargé de recueillir les souscriptions et surveiller la tenue des différents services.

Art. 4.

Les Dames patronnesses visitent les mères nécessiteuses, se
rendent compte de leurs besoins et soumettent les résultats de
leurs enquêtes avec des demandes de secours, au Bureau de
bienfaisance qui les examine, et, suivant l'importance des ressources dont il peut disposer, vote des layettes, des secours
en argent ou l'admission de enfants à la Crèche.

Art. 5.

La Crèche est destinée à recevoir les petits enfants pauvres,
âgés de huit jours au moins et deux ans et demi au plus, sauf

les exceptions commandées par la position des parents ou la santé des enfants, et appréciés par les Dames inspectrices.

Les parents devront avant de présenter leurs enfants à l'admission, prouver qu'ils habitent la ville, depuis au moins une année.

La Crèche ne devant pas venir au secours des mères qui ne travaillent pas, ou dont les travaux ne sont pas incompatibles avec les soins qu'elles doivent à leurs enfants, les mères laborieuses et obligées de travailler hors de leur domicile y apporteront seules leurs nouveau-nés.

Il sera tenu un tableau de tous les enfants présentés, avec indication de la demeure, de la profession des parents, de la date de naissance des enfants.

Art. 6.

Le Comité constitue son bureau, nomme une Dame présidente, une vice-présidente et un secrétaire.

Art. 7.

Le Comité admet ou refuse les enfants; les Dames inspectrices, désignées entr'elles, s'occupent des soins à donner aux jeunes enfants, surveillent l'alimentation et la lingerie.

Le bureau de bienfaisance se réserve de statuer sur l'admission des enfants naturels.

Art. 8.

Les enfants sont admis à la Crèche après la visite du médecin qui surveille l'hygiène et indique le régime à suivre.

Tout enfant atteint d'une maladie contagieuse reconnue comme telle par le médecin, et remis, jusqu'à parfaite guérison, entre les mains de sa mère.

Le médecin jugera du moment opportun pour la vaccination qui se fera dans le plus bref délai après l'admission.

Art. 9.

Le Comité se réunit sur la convocation de Madame la présidente toutes les fois qu'il en sera besoin.

Une fois par an, le Bureau de bienfaisance réunira en assemblée générale toutes les adhérents à l'œuvre, fondateurs et souscripteurs pour entendre le Compte rendu de l'état de la Crèche. La séance sera présidée par le maire, et à son défaut, par le vice-président du Bureau.

ART. 10

L'ouverture de la Crèche aura lieu, du 1er mars au 1er novembre, de six heures du matin à sept heures du soir, et du 1er novembre au 1er mars, de sept heures du matin à six heures du soir.

ART. 11.

Les enfants sont allaités au sein ou au biberon. La mère apporte son enfant emmaillotté proprement, doit l'allaiter aux heures des repas et le reprendre chaque soir.

La série de sevrage comprend les enfants qui ne sont plus allaités. La mère garnit pour la journée un petit panier qu'elle dépose à la Crèche avec son enfant. Le Comité peut, dans le cas d'indigence extrême, dispenser la mère de la fourniture des provisions.

Les mères ne devront point entrer dans l'intérieur de l'établissement, mais elles pourront visiter leurs enfants à certaines heures.

ART 12.

Les berceuses et les gardiennes attachées à l'établissement y entretiendront la plus grande propreté, ainsi que sur elles-mêmes et sur les enfants. Il leur est interdit d'accepter des parents aucune espèce de cadeaux.

ART. 13.

Afin de pourvoir à la nourriture des enfants, la Crèche reçoit des dons et aliments en nature : riz, semoule, pâtes, sucre, sirop, vêtures.

ART. 14.

Les mères doivent être respectueuses pour les sœurs, pour

les Dames inspectrices, à peine d'exclusion immédiate prononcée par celle de ces Dames qui aurait à se plaindre.

Art. 15.

Toute personne sera admise à fonder un berceau à la crèche, en versant une somme de cinquante francs, représentant les frais d'acquisition du berceau et de la layette.

Ce berceau portera le nom du fondateur.

Art. 16.

Lorsque des circonstances l'exigeront, le Bureau, sur le rapport du Comité, pourra décider que des enfants, à titre exceptionnel, resteront à demeure dans l'établissement jusqu'au moment où cesseront les causes graves qui auront motivé cette mesure.

Art. 17.

Il sera perçu dix centimes par jour pendant tout le temps que l'enfant restera dans l'établissement ; en cas d'indigence absolue, le Bureau, sur le rapport du Comité, pourra dispenser les parents de cette redevance.

Le présent règlement pourra être modifié lorsque les circonstances et l'expérience auront rendu cette mesure nécessaire. Toutes dispositions de détail non indiquées, feront l'objet de délibérations spéciales du Bureau, qui seront soumises à l'approbation de M. le sous-Préfet.

Fait et arrêté en séance, le 14 septembre 1875, et les membres présents ont signé au registre, lecture faite. Signé : Arnould, Bancel, Caro, Husson, Mansuy et Deligny, maire de Toul, président.

Vu et approuvé :

Toul, le 2 octobre 1875.

Le Sous-Préfet, signé : PAUL ROBIN.

OBSERVATION GÉNÉRALE ET IMPORTANTE

D'après le règlement type proposé par le *Manuel de la Crèche* et adopté par la plupart des Crèches de Paris, la Crèche doit être ouverte de cinq heures et demie du matin, et fermée à huit heures et demie du soir. Il est très important que le règlement intérieur de chaque Crèche fasse concorder les heures d'ouverture et de fermeture avec celles des ateliers du voisinage; autrement le principal but de la Crèche serait manqué.

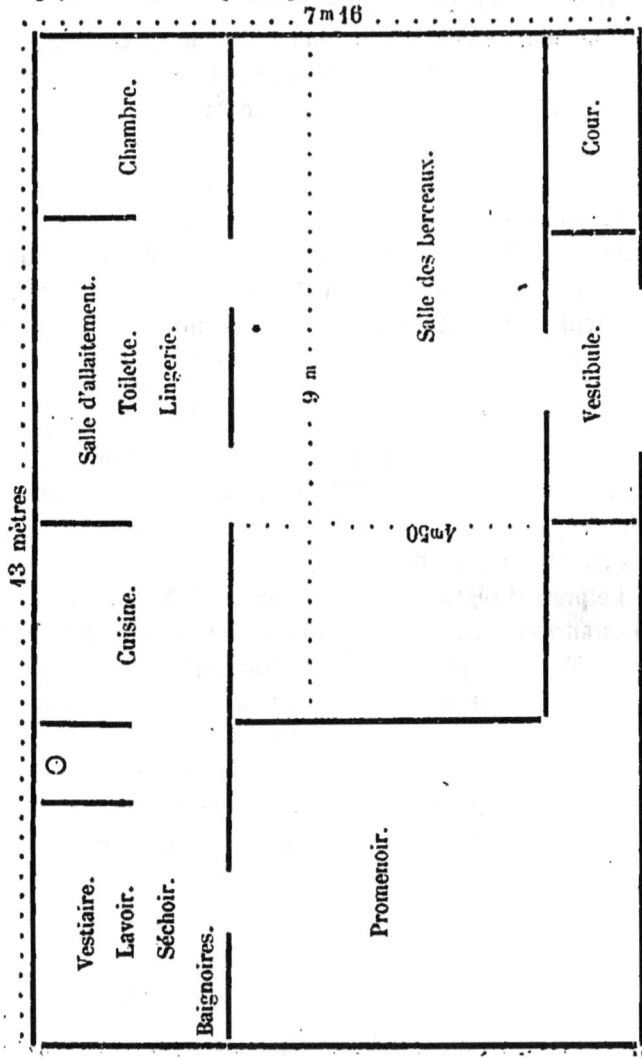

PLAN D'UNE CRÈCHE POUR 20 ENFANTS

Modèle du bulletin d'admission et des instructions que la Crèche donne à la mère.

Instructions pour les mères.

Ne mettez pas votre enfant en nourrice : il y perdrait la santé.

Allaitez-le vous-même : il se portera mieux, vous aimera plus et vous coûtera moins.

Apportez-le à la Crèche dès que vous pourrez sortir sans danger.

Couvrez-le bien dans le trajet.

Venez l'allaiter au moins deux fois par jour.

Ne gênez pas ses mouvements dans le maillot; ne couvrez pas trop sa tête.

Ne gênez pas sa respiration.

Ne le laissez pas assis longtemps sur le pot ni ailleurs, ni couché dans la même position.

Donnez-lui toujours un lait pur, un air pur, une nourriture saine et régulière; le sein aussi souvent et aussi longtemps que vous pourrez.

Ne sevrez pas votre enfant sans l'avis du médecin.

Faites-le vacciner au moment indiqué par le médecin.

Tenez-le proprement; ne croyez pas que la crasse ou la vermine soient jamais utiles à sa santé.

Bercez-le le moins possible.

Faites-lui prendre l'air le dimanche, s'il fait beau.

Ne le baignez jamais que deux ou trois heures après son repas.

Ne l'enlevez jamais par le bras.

Relevez sa tête quand il boit ou mange; n'excitez en ce moment ni ses rires ni ses cris.

Ne laissez entre ses mains rien d'assez petit pour qu'il puisse le mettre en entier dans sa bouche.

Ne laissez à sa portée rien de nuisible.

Pieds chauds, ventre libre, tête fraîche, voilà ce qu'il faut à la santé.

S'il est malade, consultez, non des commères ni des charlatans, mais le médecin de la Crèche.

Voyez les soins et les précautions que la Crèche a pour lui ; faites en sorte qu'il ne perde pas chez vous le bien qu'elle lui fait.

Aidez à le rendre fort et bon.

L'éducation commence au berceau.

L'enfant est pour sa mère une source de bonheur ou de chagrin, suivant qu'il a été bien ou mal élevé.

Les impressions de l'enfance agissent sur toute la vie.

Soyez sobre et sage, pour le mieux nourrir et élever.

Apprenez-lui à prier Dieu. son premier protecteur; à aimer ceux qui lui font du bien.

Apprenez-lui à aimer son père, à le respecter, afin qu'il vous aime et vous respecte.

Apprenez-lui à être aimable, aimant, poli, bon, réconnaissant.

Apprenez-lui le nom des dames qui s'occupent de lui avec le plus de soin, le nom de son berceau, de sa berceuse.

Ne lui donnez que de bons exemples et de bonnes habitudes.

Envoyez-le à l'Asile aussitôt qu'il peut en suivre les exercices.

Apprenez-lui tous ses devoirs : à mesure qu'il grandit, ils grandissent; sachez-bien qu'*il ne peut être heureux, que vous-même vous ne serez pas heureuse, s'il ne remplit exactement tous ses devoirs.*

Ne lui donnez pas de frayeurs, ne le battez pas; traitez-le toujours avec douceur : on corrige en ne récompensant pas.

Conservez précieusement ses yeux, ses membres et tous ses organes, afin qu'il puisse un jour soutenir sa mère si elle a besoin d'appui. Semez du bien, vous récolterez du bien.

EXTRAIT DU RÈGLEMENT

La Crèche est ouverte depuis cinq heures et demie du matin jusqu'à huit heures et demie du soir; elle est fermée le dimanche, le 1er janvier, les jours de l'Ascension, de l'Assomption, de la Toussaint et de Noël.

Les *conditions d'admission* sont : que la mère ait besoin pour vivre de travailler hors de son domicile et qu'elle se conduise bien; que l'enfant ait moins de trois ans; qu'il ait été vacciné ou qu'il le soit dans le plus bref délai; qu'il ne soit point malade; que la mère s'engage à exécuter le règlement affiché.

L'acte de naissance de l'enfant, le certificat de vaccine et le bulletin d'admission doivent rester en dépôt à la Crèche tant que l'enfant continue à y être apporté.

La mère doit apporter son enfant en état de propreté, fournir le linge nécessaire pour la journée, venir au moins deux fois par jour pour allaiter le nourrisson, garnir le petit panier de l'enfant sevré et payer   centimes pour chaque *journée de présence.* Quand la mère a deux ou trois enfants à la Crèche, elle ne paye que   centimes pour tous.

L'enfant qui tombe malade cesse d'être reçu à la Crèche et ne peut y rentrer que sur un nouveau bulletin d'admission, visé, comme le premier, par le médecin de l'établissement.

Il est défendu aux berceuses de recevoir des mères aucun supplément, SOUS QUELQUE FORME QUE CE SOIT.

Toute réclamation doit être adressée à Madame   présidente, rue   ou à Madame   directrice, rue

CERTIFICAT D'ADMISSION (1)

Madame la directrice de la Crèche   , certifie que l'enfant   fil   de

né le   à   à été admis sur la recommandation de   et après vérification des conditions exigées par le règlement.

Vu par le médecin de la Crèche,   (Signature de Mme la directrice.)

(Signature du médecin.)

A   *le*   *18*

(1) Les instructions, l'extrait du règlement et le certificat tiennent sur quatre pages. On remet cette feuille à la mère au moment de l'admission et on lui recommande de la lire ou de se la faire lire souvent, dans l'intérêt de son enfant.

MODÈLE DU REGISTRE DES ADMISSIONS

Mois de

188

Numéros d'ordre	NOM ET PRÉNOMS de l'enfant	Age de l'enfant.	Vacciné ou non.	État sanitaire de l'enfant lors de son entrée à la Crèche.	Professions		Mariés ou non mariés	Date de l'admission	Date de la sortie de l'enfant de la Crèche.	Cause de sa sortie.	Observations.
					du père.	de la mère					
							(*)				

(*) Je préférerais la suppression de cette colonne ; il y a là une sorte d'inquisition vexatoire.

MODÈLE DU REGISTRE DE PRÉSENCE DES ENFANTS
Mois de

Nos d'ordre	NOMS DES ENFANTS.	Adresses de leurs mères.	1	2	3	4	5	6	7	8	9	10	11	12	13	14	15	16	17	18	19	20	21	22	23	24	25	26	27	28	29	30	31

MODÈLE DU REGISTRE D'INSPECTION

Mois de

Jour et heure de la visite.	Nombre total des enfants inscrits au registre de présence.	Nombre des enfants présents au moment de la visite.	Combien de degrés indique le thermomètre de la Crèche	OBSERVATIONS.	SIGNATURE DES DAMES INSPECTRICES.

MODÈLE DU REGISTRE DES MÉDECINS

Mois de

Jour et heure de la visite.	Combien d'enfants présents.	Combien d'enfants nouvellement admis.	État sanitaire des nouveaux au moment de leur entrée	PRESCRIPTIONS ET OBSERVATIONS DU MÉDECIN	SIGNATURE DU MÉDECIN.

OBSERVATIONS GÉNÉRALES

Nous n'avons pas besoin de donner un modèle pour le registre des délibérations du conseil d'administration, ni pour celui sur lequel les personnes qui visitent l'établissement ont la faculté d'inscrire leurs éloges, leurs critiques ou leurs observations. Il suffit de mettre sur la première page de ce dernier que « la Crèche accueillera avec reconnaissance toutes les bonnes idées que des personnes charitables voudraient bien lui donner. »

Pour le registre des recettes et dépenses, il est inutile aussi de faire un modèle. Nous recommandons seulement de faire, après chaque mois et chaque trimestre, un résumé qui permette de suivre pour ainsi dire jour par jour la comptabilité de l'œuvre.

On n'affiche pas les règlements entiers, mais ce qu'il est essentiel de faire connaître aux berceuses et aux mères.

La gouvernante ou surveillante doit les savoir tous par cœur. Mme la trésorière-directrice les connaît aussi parfaitement.

Quand on a fait des modifications à l'un des règlements, il faut avoir soin de les afficher.

L'affiche doit être mise dans un endroit où elle puisse être lue facilement.

STATUTS

DU

SPORT MUSSIPONTAIN

§ I. BUT ET TITRE DE LA SOCIÉTÉ

ARTICLE 1er. — Augmenter, par des exercices gymnastiques et militaires, la force, l'adresse et l'assurance des enfants et des jeunes gens, préparer, pour le pays, des soldats robustes, assouplis et endurcis aux exercices du corps et à la fatigue tel est le but que se proposent les fondateurs de la Société.

ART. 2. — La Société a pris le titre de *Sport mussipontain*. Elle adopte : pour sceau et timbre, les armes de la ville de Pont-à-Mousson et, pour devise, les mots : HONNEUR, DEVOIR, PATRIE.

§ II. COMPOSITION DU SPORT

ART. 3. — Le Sport se compose :

De *membres actifs*, de *membres honoraires*, de *membres d'honneur*.

Nul ne peut faire partie du Sport s'il ne jouit d'une honorabilité reconnue.

ADMISSION

ART. 4. — *Membre actif*. Pour faire partie du Sport comme membre actif, il faut être *Français* et âgé de plus de 8 ans.

Le candidat doit être présenté par un membre, être autorisé s'il est mineur, par son père ou son tuteur; et être muni, au préalable, d'un certificat délivré par un des médecins faisant partie du Comité. L'admission se fait par le Comité, après un stage de 15 jours, pendant lequel le candidat sera tenu d'assister aux exercices de la section dans laquelle il devra entrer.

ART. 5. — Les noms des candidats seront inscrits, pendant le temps de leur stage, sur le tableau de la candidature.

ART. 6. — *Membre honoraire*. Pour faire partie du Sport comme membre honoraire, il faut être agréé par le Comité.

ART. 7. — *Membre d'honneur*. Le titre de membre d'honneur du Sport est décerné, sur la proposition du Comité, par l'Assemblée générale, aux membres qui se seront distingués par un acte de dévouement ou une action d'éclat, et à ceux qui auront rendu au Sport des services éminents.

Un tableau où seront inscrits les noms des membres d'honneur sera affiché en permanence dans la grande salle du Sport.

DEVOIRS ET DROITS DES SOCIÉTAIRES

ART. 8. — Les *membres actifs* sont tenus d'assister régulièrement aux exercices et aux assemblées générales. Ils doivent prendre part aux exercices dans les séances solennelles. Ils doivent acquitter régulièrement leurs cotisations. Ils doivent la déférence et l'obéissance aux membres du Comité, aux professeurs, moniteurs et instructeurs.

A partir de seize ans, ils ont le droit de vote dans les assemblées générales.

ART. 9. — Le membre actif qui ne peut assister à un cours ou à une assemblée générale doit en prévenir un membre du Comité. Celui qui est obligé de manquer à plusieurs cours doit en prévenir personnellement le Président.

Un congé limité peut lui être accordé sur sa demande.

ART. 10. — Les congés ne dispensent pas des cotisations.

ART. 11. — Le membre actif, obligé de quitter la localité, pourra continuer, sur sa demande au Comité, à faire partie du Sport avec dispenses de cotisations.

ART. 12. — Les *membres honoraires* ont le droit d'assister aux exercices du Sport et aux séances solennelles, sur la présentation de cartes qui leur seront délivrées, en retour de leur cotisation. Les membres honoraires ont droit de vote.

ART. 13. — Tout sociétaire est tenu de se soumettre aux prescriptions des articles des Statuts et du Règlement.

§ III. ORDRE ET DISCIPLINE

ART. 14. — En cas d'infraction aux présents Statuts et au

Règlement, ou sur la plainte des Professeurs, Moniteurs et Instructeurs, seront prises par le Comité, à l'égard des membres actifs et dans cet ordre les quatre mesures suivantes : Avertissement. — Blâme. — Suspension. — Exclusion.

ART. 15. — La *suspension* ne pourra excéder trente jours ; elle sera prononcée en outre :

1º Pour un retard de deux mois dans le paiement des cotisations ; 2º Pour une absence non motivée à une réunion solennelle.

ART. 16. — L'*exclusion* est prononcée par le Comité contre tout membre actif :

1º Pour un retard de trois mois dans le paiement des cotisations ; 2º Pour refus formel de payer la cotisation ; 3º Pour récidive d'absence, dans la même année, à une séance solennelle ; 4º Pour un refus formel d'assister à une séance solennelle ; 5º Pour des infractions trop fréquentes aux Statuts et au Règlement ; 6º Pour une conduite déshonorante portant atteinte à la dignité et nuisible aux intérêts du Sport.

ART. 17. — Toute *démission* sera adressée par écrit au Président ; un démissionnaire ne sera reconnu comme tel que lorsqu'il aura fourni la cotisation mensuelle courante.

ART. 18. — Toute *discussion politique* ou *religieuse* est interdite au Sport.

ART. 19. — Il est expressément interdit :

1º De provoquer des discussions ou du désordre pendant les exercices gymnastiques et militaires ; 2º De plaisanter sur la faiblesse ou l'inexpérience de ceux qui s'exercent ; 3º De fumer dans le local ; 4º D'introduire dans la salle et dans l'enceinte du Sport toute espèce de boissons.

§ IV. ADMINISTRATION

COMITÉ.

ART. 20. — Le Sport est administré par un Comité de vingt-cinq membres élus en Assemblée générale.

Art. 21. — Le Comité se compose de :

Un Président, un Vice-président, un secrétaire, un Trésorier, Un Secrétaire-adjoint, un Trésorier-adjoint, un Directeur de gymnastique, un directeur militaire, un directeur du matériel, plus seize membres dont *trois actifs*. Pour faire partie du Comité, il faut être âgé de vingt-et-un ans accomplis.

MM. les Médecins, membres honoraires du Sport, font partie de droit du Comité, afin de donner aux parents, par leur surveillance, des garanties de sécurité, au point de vue sanitaire et hygiénique.

Art. 22. — Le Comité constitue lui-même son bureau.

Art. 23. — Pour l'élection la majorité relative suffit.

Art. 24. — Le Président, le Vice-président, le Secrétaire, le Trésorier, le Directeur de gymnastique, le Directeur militaire, le Directeur du matériel, sont élus pour trois ans.

Art. 25. — Les dix-huit autres membres sont soumis à la réélection annuelle par séries de six membres, dans lesquels figurera un des trois membres actifs. L'ordre de réélection des séries sera désigné par le sort.

Art. 26. — Les membres sortants sont rééligibles.

Art. 27. — Les élections se feront à l'Assemblée générale de Janvier. Les élections auront lieu la première fois en Janvier 1878.

Art. 28. — *Comité* gère le fonds social, veille au maintien de l'ordre et de la discipline, interprète les Statuts en cas de difficulté, entretient les relations extérieures, prend toutes les mesures qui ne sont pas du ressort de l'Assemblée générale. Tous les semestres il doit rendre compte au Sport de la situation financière.

Art. 29. — Le Président est le représentant officiel du Sport, il préside le Comité et les Assemblées générales, il veille à l'observation des Statuts du Règlement.

Art. 30. — Le Vice-président remplace le Président dans ses fonctions, en cas d'absence, de maladie ou d'empêchement de ce dernier.

Art. 31. — Le Secrétaire fait les convocations aux membres du Comité et aux Sociétaires, rédige le procès-verbal de chaque réunion du Comité et de chaque Assemblée générale et en donne lecture à la première réunion du Sport, il est chargé de la correspondance et de la conservation des archives

Art. 32. — Le Trésorier perçoit les cotisations, il ne doit payer les dépenses que sur mandat ordonnancé par le Président.

Art. 33. — Les Secrétaire et Trésorier-adjoint aident et remplacent au besoin les Secrétaire et Trésorier.

Art. 34. — Le Directeur de gymnastique dirige le Sport dans ses travaux de gymnastique. Un Professeur et des Moniteurs lui sont adjoints.

Art. 35. — Le Directeur militaire dirige le Sport dans les exercices militaires. Un Professeur et des Instructeurs lui sont adjoints.

Art. 36. — Le Directeur du matériel a sous sa surveillance l'entretien des appareils et des armes, le service de l'éclairage, l'installation de nouveaux engins, la bonne tenue de la salle et devra tenir au courant l'inventaire du matériel de la Société.

ASSEMBLÉES GÉNÉRALES

Art. 27. — Le Sport se réunit en Assemblée générale deux fois par an, aux mois de janvier et de juillet. Il peut en outre être convoqué en Assemblée extraordinaire par le Comité.

Art. 38. — Toutes les décisions sont prises à la majorité relative des membres présents.

Art. 39. — Sur la demande de vingt membres, le vote secret est obligatoire.

Art. 40. — Le Comité se réunit tous les mois pour statuer sur les mesures à prendre dans l'intérêt général du Sport.

§ V. DU FONDS SOCIAL

Art. 41. — Le fonds social se compose : 1º des cotisations

mensuelles des Membres actifs fixées à un franc (*); 2° des cotisations annuelles des membres honoraires fixées à un minimum de 10 fr.; 3° des dons et legs faits ou Sport.

ART. 42. — Les cotisations des Membres actifs sont dues pour le mois où ils entrent dans le Sport. Elles doivent être payées au local du Sport où le Trésorier les percevra le 1er et le 2e lundi de chaque mois, à des heures qui seront déterminées par le Règlement.

ART. 43. — Les cotisations des Membres honoraires seront perçues à domicile par les soins du Trésorier dans le courant du mois de janvier de chaque année ou lors de leur entrée dans le Sport. La cotisation pour l'année 1876 est due; elle sera mise en recouvrement aussitôt que l'approbation préfectorale aura été donnée aux présents Statuts.

ART. 44. — En cas de dissolution du Sport, le fonds social sera versé au bureau de bienfaisance.

ART. 45. — Tout membre démissionnaire ou exclu aura connaissance que les avances de cotisations, qu'il aurait pu faire, resteront au Sport.

§ VI. DU TRAVAIL

ART. 46. — Les cours et exercices auront lieu aux jours et heures et suivant l'ordre indiqués au Règlement.

ART. 47. — A l'approche d'une séance solennelle, le Comité peut décider que les cours seront plus fréquents ou d'une durée plus longue.

ART. 48. — L'appel nominal sera fait par le Professeur, le Moniteur ou l'Instructeur présent.

ART. 49. — L'appel sera rendu au membre du Comité de service.

ART. 50. — Les membres actifs du Sport seront classés d'après leur âge et suivant leurs forces.

(*) Réduites déjà à 0,50, souvent supprimées entièrement ; de plus, on prélève, chaque année, sur le fonds social, des fonds pour habiller les sociétaires pauvres.

Art. 51 — Les exercices de gymnastique comprennent : les exercices d'ensemble, le travail par sections aux appareils et les exercices à volonté.

Art. 52. — Les exercices militaires comprennent : l'école du soldat, l'école de compagnie, le tir, l'école de tirailleur, le service en campagne et l'école de bataillon, s'il y a lieu.

Art. 53. — L'escrime ne sera pas comprise dans les exercices réguliers du Sport, néanmoins une salle sera mise à la disposition des Sociétaires qui voudraient prendre des leçons particulières, dont les frais resteront à leur charge.

Art. 54. — Afin d'habituer les membres actifs du Sport aux fatigues des longues marches, des courses auront lieu régulièrement à des époques déterminées par le Comité, suivant la saison. La discipline et l'ordre exigés pendant les cours et les exercices le seront aussi et avec la même rigueur pendant ces sorties. En outre de ces courses, des promenades et excursions auront lieu pendant la belle saison. L'exercice de la natation sera aussi pratiqué à la même époque.

SÉANCES SOLENNELLES

Art. 55. — Nul ne pourra prendre part à une séance solennelle, s'il ne fait partie du Sport depuis un mois, à moins que le Comité, sur la proposition ou l'avis des Professeurs transmis par les Directeurs, ne décide que le concours d'un membre actif soit utile au succès de la séance.

Art. 56. — Le Comité se réserve d'adresser, pour satisfaire les intérêts du Sport, des cartes d'invitation aux personnes étrangères au Sport.

Art. 57. — Il est délivré, par le Comité, un nombre égal de cartes d'invitation à chaque membre actif. Ce nombre sera discuté par le Comité, avant chaque séance solennelle.

§ VII. DE L'UNIFORME

Art. 58. — L'uniforme des membres actifs se compose de :
1° Une vareuse avec boutons métalliques spéciaux ; 2° Une

casquette, dite américaine, avec galon aux couleurs nationales et écusson aux armes de la ville ; 3° Un pantalon de
coutil pendant l'été, et de couleur foncée, noire de préférence
pendant l'hiver ; 4° Des guêtres blanches pendant l'été.

Le tout d'après un modèle qui sera ultérieurement fixé par
le Comité, de façon à imposer aux membres actifs la dépense
la plus minime possible. Tel est le costume pour les réunions
officielles et les sorties.

Art. 59. — Pour les séances ordinaires de cours et d'exercices, le costume est entièrement facultatif. Une tenue propre
et décente est seule exigée.

Art. 60. — Il est formellement interdit de porter l'uniforme
en dehors des réunions officielles du Sport. La latitude s'étendra à deux heures avant et deux heures après.

Art 61. — Les membres du Comité seuls, pendant les réunions officielles, seront porteurs d'un insigne spécial.

§ VIII. DISPOSITIONS GÉNÉRALES.

Art. 62. — En votant les présents statuts, tout sociétaire
prend l'engagement d'honneur de se soumettre à leurs prescriptions et à celle du Règlement.

Art. 63. — En cas de décès d'un des membres du Sport,
ainsi que le veulent la solidarité et la bonne confraternité, les
derniers devoirs lui seront rendus officiellement, par le Sport,
dans la forme et le cérémonial qui seront ultérieurement fixés
par le Règlement.

§ IX. DISPOSITIONS TRANSITOIRES

Art. 64. — L'inscription des membres actifs actuels reste
sous la réserve de l'application des Statuts par le Comité.

Art. 65. — Les présents Statuts, préparés par le Comité provisoire nommé à cette effet, dans l'assemblée générale du 30

Juillet 1876, et votés par l'assemblée général du 6 Août suivant, devront être soumis à l'approbation préfectorale.

Pont-à-Mousson, le 6 Août 1876.

Le Secrétaire du Comité Provisoire,

E. ORY, Imprimeur.

Directeur-Gérant du Patriote Mussipontain.

Le Président du Comité Provisoire,

L. MUNIER.

RÉGLEMENT

—

§ I. DES COURS.

ART. 1er. — Les cours ont lieu les mardi, jeudi et samedi dans la soirée, et le dimanche dans la journée, à des heures qui seront fixées ultérieurement.

ART. 2. — L'appel sera fait à chaque réunion un quart d'heure après l'heure fixée pour l'ouverture des cours.

ART. 3. — Les membres actifs du Sport doivent, chacun à leur tour, satisfaire à la corvée du local, avant, pendant et après le travail, suivant l'ordre du tableau et sous la direction du chef de matériel. Les moniteurs et les gradés en sont dispensés.

ART 4. — La cotisation des membres actifs sera perçue par les soins du Trésorier aux heures qui seront fixées pour les séances.

ART. 5. — Un certificat constatant la durée du séjour des membres actifs dans le Sport, et l'état de leur instruction militaire et gymnastique, sera délivré à tout membre qui en fera la demande, soit lors de son appel au service militaire, soit pour toute autre cause qui rendrait l'usage de ce certificat utile ou nécessaire.

§ II. ORDRE ET DISCIPLINE.

Art. 6. — Toute personne étrangère au Sport ne peut être admise au local que sur la présentation ou l'autorisation écrite d'un membre du Comité. Elle ne pourra assister pendant plus de 8 jours aux exercices sans faire partie du Sport, à moins d'une décision spéciale du Comité.

Art. 7. — Les dégradations faites à l'Établissement, aux appareils ou aux armes seront à la charge de celui qui les aura commises par sa faute.

Art. 8. — Un des membres du Comité sera spécialement chargé d'assister à chaque séance. La durée de ce service sera d'une semaine.

Le tour de service sera dressé d'avance par voie de tirage au sort.

Tout membre du Comité empêché pourra se faire remplacer par un de ses collègues.

§ III. MONITEURS ET GRADÉS.

Art. 9. — Provisoirement et pour l'organisation, les officiers, sous-officiers et caporaux, sont nommés par le Comité, sur la présentation du Directeur militaire et les moniteurs de gymnastique, sur la présentation du Directeur de gymnastique.

Ultérieurement ces nominations seront faites par voie d'examen.

§ IV. CLAIRONS ET TAMBOURS

Art. 10. —Les clairons et tambours du Sport sont au nombre de 12 en nombre égal, sous la direction d'un caporal clairon et d'un caporal tambour. Ils sont tour à tour de semaine pour l'exécution des sonneries et batteries réglementaires, portent alors l'uniforme et sont dispensés des corvées du local.

Art. 11. — Les clairons et tambours sont nommés sur la présentation du Directeur militaire, par le Comité qui peut les destituer pour négligence, incapacité ou mauvaise volonté dans leur service.

ART. 12. — Ils sont tenues d'assister aux répétitions décidées par le Comité. Ils sont responsables des détériorations
qui peuvent survenir par leur faute ou leur négligence à l'instrument qui leur est confié.

§ V. UNIFORME

ART 13. — L'uniforme se compose de la vareuse en molleton
bleu foncé, à boutons en étain, et de la casquette américaine
avec visière rabattue.

La casquette sera munie d'un insigne en métal blanc, représentant les armes de la ville avec les mots: SPORT MUSSIPONTAIN.

ART. 14. — Le Sport fournira les boutons, l'insigne et les
galons du grade à chaque membre qui, en cas de départ ou de
renvoi, sera obligé de les rapporter au Comité. Ces différents
objets resteront la propriété du Sport.

ART. 15. — Le Trésorier est chargé de tenir un registre
matricule des membres actifs.

ART. 16. — Le Trésorier ne peut conserver en caisse au-delà
de 300 fr., à moins d'une décision spéciale du Comité. Il est
autorisé à déposer l'excédant de ses recettes à la caisse d'é-
pargne.

Pont-à-Mousson, le 13 Octobre 1876.

Le Secrétaire,   Le Président,
E. MANGENOT.   L. MUNIER.

TABLE ET SOMMAIRE
DES MATIÈRES CONTENUES DANS CE VOLUME

cette œuvre et surtout des DAMES au nom de l'Humanité et de la Patrie, abstraction faite des diverses croyances religieuses, convictions
philosophiques et opinions politiques; — secours dans les derniers
jours de la grossesse; — accouchements soit A DOMICILE, soit dans les
MATERNITÉS, soit dans les MAISONS D'ACCOUCHEMENT; — rôle de la
CHARITÉ PRIVÉE et de l'ASSISTANCE PUBLIQUE (sociétés maternelles,
sociétés protectrices de l'enfance, bureaux de bienfaisance communaux, services départementaux) qui doivent s'aider, se compléter l'une
l'autre; — importance du rôle des DAMES VISITEUSES; — nécessité de
l'accession des enfants légitimes aux secours départementaux en cas
de manque, d'insuffisance ou d'impuissance de la charité privée ou de
l'assistance locale; — supériorité de l'ASSISTANCE A DOMICILE sur
l'ASSISTANCE HOSPITALIÈRE; — actif et passif du TOUR; — actif et passif du SECOURS TEMPORAIRE A LA FILLE-MÈRE; — conclusion en faveur
du système actuel, sa supériorité sur l'ancien régime du tour;
— améliorations à y apporter pour le rendre plus efficace : 1° pour la
protection de l'enfant naturel; 2° pour la moralisation de la fille-mère;
— LA LOI SUR LA SEDUCTION, complément nécessaire du secours temporaire, à ce double point de vue; — la loi du DIVORCE, protectrice de
l'enfant dans certains cas.

— 1er âge (un jour à 6 ans), élevage; — 2e âge (6 ans à 13 ans), école; tempéraments à apporter à l'exécution de la loi sur l'enseignement primaire obligatoire; encouragements aux pupilles, nourriciers et instituteurs, — 3e âge (13 ans à 21 ans), exercice de la tutelle administrative, placement, avantages et inconvénients du placement individuel et du placement collectif, supériorité, en général, du placement individuel, utilité du placement agricole, placement industriel, nécessité, dans certains cas, du placement collectif, des colonies agricoles, la colonie de St-Genest-Lerpt, conditions de placement, contrat de louage, gages et économies des pupilles, — faut-il laisser leur vrai nom aux pupilles de l'assistance publique (provenant de l'abandon par les mères naturelles)?

Résumé et DESIDERATA.

Catégories nouvelles d'enfants assistés de plus de 12 ans : les délaissés, moralement abandonnés, maltraités. — Historique, portée, nécessité de la nouvelle Loi ROUSSEL en voie de discussion au Parlement.

TROISIÈME PARTIE : Protection de l'adulte en général, — enseignement primaire, éducation morale, instruction civique, enseignement professionnel, écoles d'agriculture, de commerce, d'arts et métiers, enseignement de la gymnastique, rôle de l'initiative privée et de l'État dans cette œuvre.

CONCLUSION : Réalisons au plus tôt ce programme de SOCIALISME PRATIQUE et il n'y aura plus de PROSCRITS en France, proscrits de la Famille, de la Patrie, de l'Humanité.

La République sera MATERNELLE ou ne sera pas!

ANNEXES : Décret impérial et règlement d'administration publique des Crèches. — Modèles : de statuts et règlement pour une Société de Crèches dans un centre important (statuts de la Société de Nancy, règlement d'une des Crèches de cette ville), de statuts et règlement pour une Crèche unique (ville de Toul), plan d'une Crèche de 20 berceaux, instructions aux mères qui mettent leurs enfants aux Crèches, bulletin d'admission, registres divers, — observations générales sur les Crèches. — Modèle de Statuts et Règlement d'une Société s'occupant d'exercices gymnastiques et militaire (SPORT de Pont-à-Mousson).

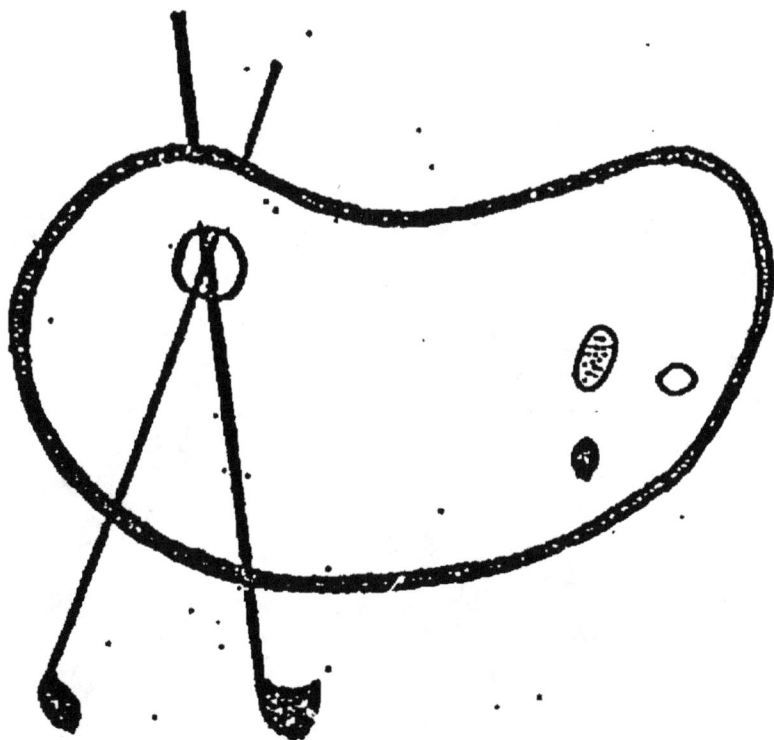

ORIGINAL EN COULEUR
NF Z 43-120-4

www.ingramcontent.com/pod-product-compliance
Lightning Source LLC
Chambersburg PA
CBHW070615270326
41926CB00011B/1694